A mes chers petit-fils Manu et Léo, une fontaine de joies et allégresses qui font battre mon cœur plus fort.

Table des matières

Remerciements

Je remercie avant tout mes élèves ainsi que toutes les personnes ayant participé à mes activités de Biodanza pour leurs encouragements constants. A travers leurs demandes incessantes de date de parution de ce livre et l'impatience à le lire qui s'y devinait, ils m'ont poussé jour après jour à enrichir et perfectionner cet ouvrage. Ils me connaissent, et savent à quel point je peux être perfectionniste et, derrière ce trait de personnalité, se cache un besoin d'écriture et d'expression sans fin. Merci pour leur constance et la source d'inspiration permanente qu'ils représentent pour moi.

Je remercie sincèrement Lydie Perry qui, avec beaucoup de patience, a lu et corrigé ce tapuscrit, en apportant des idées d'expression enrichissantes. Cela me tenait à cœur de lancer une deuxième édition améliorée et corrigée, après six ans d'accompagnement de personnes à la guérison de la fibromyalgie.

Je remercie de tout mon cœur ma fille Ira Mélanie, qui a tenu à relire ce tapuscrit. Ses conseils et remarques, très pertinents, ont considérablement amélioré la structure de ce livre. Etant elle aussi perfectionniste dans son travail, cet ouvrage a beaucoup gagné en clarté dans la présentation générale.

Ce livre, que j'imaginais être une alchimie entre autobiographie, disciplines scientifiques destinées à la recherche sur la douleur chronique et développement personnel, est un ouvrage facile à lire et accessible. C'était mon plus grand souhait.

Je vous remercie vous, lectrices et lecteurs, par avance, pour la bienveillance avec laquelle vous accueillerez mon histoire de vie. Me livrer au monde fut une décision réfléchie et pesée, faire le pas d'y mettre des mots une grande délivrance. Je vous souhaite de la curiosité heureuse à découvrir et à mettre en place mon approche dans le processus de guérison de votre maladie ou vos douleurs, le déploiement du courage et de la force de volonté sans faille pour dépasser ce qui est à dépasser, de l'humilité afin d'accepter ce qui doit l'être, de la joie et du plaisir de vivre quand vous y parviendrez. Ancrer en chaque lectrice et lecteur que l'amour de soi est la plus infaillible des médecines pour rester en bonne santé, voici ma principale motivation à partager ces lignes.

Elizabeth Rojas Ruiz

Introduction

Après un accident très grave survenu en 1980, une chute libre de 35 mètres dos au vide, je commence à ressentir des douleurs qui deviendront par la suite chroniques en 1986. A la suite de dizaines de consultations et analyses médicales, le diagnostic de fibromyalgie tombe en 1996. Dix-sept ans de traitements médicamenteux, avec leur cohorte d'effets secondaires très lourds, laisseront des traces indélébiles dans mon corps.

Ce n'est qu'en 1997 que je commence à m'orienter vers la pratique et l'étude des médecines naturelles. Ces dernières m'apporteront alors une approche différente du fonctionnement de l'être humain. L'idée que toute souffrance subie par notre corps doit pouvoir s'exprimer commence alors à se forger dans mon esprit. Lorsque cette expression est réprimée ou inhibée, divers symptômes apparaissent, laissant ainsi le le champ libre à la maladie de s'installer sournoisement. Progressivement, je comprends que notre inconscient renferme des souffrances lesquelles trouvant pas le moyen de s'extérioriser, se manifestent alors dans notre corps. Sigmund Freud l'a résumé dans une phrase devenue célèbre « La maladie, c'est quand le psychique fait un saut dans l'organique ».

Vous avez certainement fait l'expérience de vous retrouver face à un médecin qui vous a dit : "Madame ou Monsieur, tous les examens montrent que vous n'avez aucune lésion dans votre corps, tout se passe dans votre tête !» Et vous, de vous sentir furieux ou furieuse parce qu'il ne vous croit pas ! Pourtant, vos douleurs sont bien réelles, et elles vous font vivre un cauchemar au quotidien.

Depuis de nombreuses années, les algologues du monde entier se sont attelés à comprendre ce qui se passe dans la tête et le corps des personnes qui souffrent de douleurs chroniques. Les études et recherches ont donné lieu à de nombreuses publications démontrant que chaque individu joue un rôle majeur afin de soulager les symptômes de la fibromyalgie. La plupart de ces recherches prouvent que les pratiques proposées par ces médecines naturelles ont un impact significatif dans l'amélioration des symptômes de la fibromyalgie pouvant même permettre d'éradiquer les causes responsables des douleurs physiques.

Ce guide « Fibromyalgie : causes, symptômes et conseils » nous propose un regard neuf sur cette maladie, exposant ainsi toutes les causes possibles donnant lieu à la manifestation de la douleur. Y sont détaillés les symptômes ressentis par la plupart des malades. Chacune et chacun s'identifieront à leurs propres souffrances. Ce guide regorge de conseils préconisés par la médecine moderne qui, suivis au quotidien, améliorent grandement la vie des personnes atteintes de fibromyalgie.

Ces précieuses recommandations m'ont permis de laisser derrière moi les nombreux symptômes qui m'ont fait tant souffrir pendant 17 ans.

1. Chapitre I : Eléments clés du processus de guérison

« Votre corps est la harpe de votre âme, il vous appartient d'en tirer une douce musique ou une cacophonie. »
Khalil Gibran

Quand nous sommes déterminés à nous prendre en charge, il est difficile d'évaluer l'envergure de l'ouvrage. Tout dépend d'où vous démarrez. Il se peut par exemple que vos règles alimentaires soient très bonnes mais que vous omettiez de travailler votre physique. Peut-être faites-vous beaucoup d'exercice physique mais votre niveau de stress reste très élevé. Ou encore, que vous maîtrisez totalement votre stress mais manquez cruellement de créativité. Toutes les situations sont possibles.

Je vous propose de lire ce livre et d'apprécier ce qui vous manque pour que votre style de vie soit voué à préserver votre «capital de santé», dans tous les sens du terme.

Je commencerai par décrire une étape préalable qui est en soi indispensable pour continuer ou commencer ce processus. Il ne sert à rien de bien se nourrir si nous sommes continuellement tendus et stressés. La digestion risque d'être perturbée. Dans la même logique, si notre sommeil est de mauvaise qualité, ou que le nombre d'heures de sommeil est insuffisant, la fatigue, le stress ou le surmenage auront des effets néfastes sur votre santé générale. Dès qu'un facteur de notre existence est perturbé, c'est la totalité de l'organisme qui en pâtit. Notre être est un hologramme vivant, ne l'oublions pas.

Quand nous parlons de processus, nous parlons aussi de temps. Tout changement doit se faire avec progressivité. Il faut beaucoup de courage et une grande dose de volonté pour changer radicalement son alimentation quand cela est nécessaire. L'autre possibilité est de le faire progressivement.

Je vous propose cette deuxième alternative. A moins que vous soyez déterminé et que cette détermination vous pousse à faire table rase des mauvaises habitudes. Cela est aussi possible.

Chaque étape qui sera décrite plus bas demande de prendre le temps et de bien l'intégrer. Si cette intégration n'a pas lieu, il vous sera difficile de comprendre et de pratiquer la suite. J'entends ici par intégrer le fait de lui donner un sens, que ce sens devienne une motivation, et que cette motivation soit le moteur pour améliorer votre qualité de vie.

Déconditionner nos habitudes est plus long qu'en apprendre des nouvelles. Mais changer nos mauvaises habitudes est tout à fait abordable. J'exposerai plus loin comment la plasticité neuronale nous facilite tout nouvel apprentissage. Je suis de nature optimiste et je suis convaincue que chaque être humain veut le meilleur pour lui-même. Les exercices que je vous propose vont dans ce sens-là, afin d'améliorer votre vie dans tous les domaines et profiter alors pleinement de toutes les merveilles qu'elle nous offre. Et ce pour longtemps.

Ecouter les messages du corps est une étape incontournable pour sentir ce qui nous fait du bien. Il est essentiel d'en faire l'expérience pour entrer dans le monde des ressentis. Penser qu'un tel aliment sera facilement assimilable par notre organisme n'est pas la même chose que l'ingérer et *sentir* comment la digestion se passe. Dans cette partie du livre je vous propose une première étape pour sentir les effets des exercices au lieu de les penser. Ces deux fonctions font appel à des parties différentes de notre cerveau et de notre corps. Penser est une fonction inhérente à l'esprit, sentir engage le corps en entier. Ecouter le corps en entier s'apprend et cet apprentissage est accessible à tous. Chacun aura son rythme est c'est très bien ainsi.

Pour faciliter l'apprentissage de l'écoute du corps nous explorerons, via des exercices spécifiques, sa déliaison pour l'unifier. Les souffrances éprouvées pendant notre enfance, et parfois plus tard, ont pu provoquer de véritables séparations, des dissociations des différentes parties de notre corps. Nous reverrons, à l'appui des excellents travaux de Wilheim Reich, les segments corporels et les cuirasses musculaires qui y sont attachées, et comment les souffrances de l'enfance sont à l'origine de ces tensions chroniques dans le corps de tous les individus. Les exercices indiqués nous aideront à les dépasser pour nous sentir unifiés. L'unification, nous le verrons, nous aide à expérimenter la vie d'une façon plus harmonieuse et en accord avec nos véritables désirs. Corps, cœur et mental avancent à l'unisson vers notre véritable et authentique nature.

Pour tout un chacun changer ses habitudes peut paraître insurmontable. Il est certain que les habitudes s'inscrivent profondément dans notre cerveau et que leur modification peut demander des efforts considérables. Bonne nouvelle de la part des neurosciences cognitives : notre cerveau est plastique et donc modifiable à volonté et à l'infini. Nous en reparlerons plus en détail ultérieurement. Chaque individu a la possibilité d'apprendre de nouvelles activités et de nouvelles habitudes jusqu'à son dernier souffle !! Notre cerveau en a la capacité et nous explorerons ces capacités pour avoir la certitude que tous les exercices proposés ici, et le changement de style de vie préconisé, est à la portée de chaque volontaire.

Dans un prolongement logique, nous aborderons notre santé et notre responsabilité. En Effet, nous seuls pouvons approuver les habitudes que la préservent. Et chaque fois que nous adoptons une attitude, une activité ou une habitude plus salutaire, son intégration, afin de la pérenniser, sera nécessaire. Nous explorerons aussi comment développer l'intégration et la radicalisation des aspects positifs nouveaux dont ce livre traite.

Progressivement, nous sentirons qu'acquérir de bonnes habitudes de vie et les garder pour toujours est très facile. Il n'y a pas de retour en arrière. Et tant mieux !

1.1.   ÉCOUTE TON CORPS, IL TE PARLE !

Pour faire ce parcours, ma première expérience forte a été d'écouter mon corps. Cette écoute équivaut à commencer à prendre sa santé physique et psychique en main. C'est aussi commencer à se *responsabiliser* de l'apparition de malaises et de maladies. Toute la société y gagne avec cette attitude. Vous gagnerez en temps de consultation, parfois en argent quand la prise en charge n'est pas totale, et surtout en santé, car la consommation de médicaments chimiques sera ostensiblement réduite. Votre corps ne s'en portera que mieux. Votre corps ne s'en portera que mieux ! Le travail d'élimination de produits toxiques par votre organisme sera allégé, et ce dernier pourra alors consacrer davantage d'énergie à se rénover pour rester plus longtemps en bonne santé et plus jeune.

Ecouter son corps consiste tout d'abord à être attentif aux habitudes de vie, c'est-à-dire au style de vie que l'on mène. Que cela soit au niveau de l'alimentation, du temps et de la qualité de votre sommeil, de l'activité physique que vous réalisez, de la qualité et quantité des relations sociales, du bonheur ressenti au travail, de votre lieu de vie, tout rentre en ligne de compte. De nombreux ouvrages nous parlent de tout cela, mais peu donnent des exercices concrets à faire afin de commencer à modifier peu à peu les habitudes délétères pour guérir de nos douleurs chroniques et améliorer notre santé générale.

La plupart des exercices proposés dans cet ouvrage ont été utilisés depuis de nombreuses années, certains ont été conçus pour me libérer - moi-même - de mes douleurs chroniques. Ils ont été retenus pour le bien-être considérable qu'ils ont apporté aux milliers de participants à mes activités, aussi bien dans le corps, l'esprit, le cœur et la vie en générale. Pour certains, ils permettent de faire reculer la maladie, pour d'autres, de guérir des maladies... Tel est mon cas !

D'autres bénéfices considérables ont été rapportés au

niveau de l'estime, de la confiance et de l'affirmation de soi, du contrôle du stress, du dépassement de l'alexithymie (c'est l'incapacité à exprimer ses émotions par des mots), du développement du courage pour affronter les vicissitudes de l'existence, de la créativité pour se forger un nouveau départ au niveau du travail, le dépassement des états dépressifs modérés, surmonter les deuils de la vie, et bien d'autres troubles.

Pour faire ce chemin, on doit inéluctablement passer par notre corps. L'écoute du corps est un processus global et séquentiel en même temps. Il s'agit de commencer par l'observer. Observer d'une façon *objective*, sans juger ni analyser. Juste être présent à ce qui advient. Ensuite, accueillir « *ce qui est* » *sans* ne se blâmer ni culpabiliser. L'étape suivante consiste à accepter les pensées, les ressentis et les actions, quel qu'ils soient. Ils nous parlent de nos ombres et de nos lumières. Comme disait Jung, de ce qui est conscient et de ce qui loge dans l'inconscient.

Quand ce travail d'écoute commence, il s'agit de se connecter à ses sensations les plus intimes. Elles nous parlent de notre enfance, cette étape où nous avons fait des expériences sans que la conscience puisse les éclairer. Ainsi, revivre nos douleurs et nos émotions d'antan est une étape cruciale pour notre évolution.

L'expression de nos souffrances de l'enfance est aussi un processus d'évolution humaine. Elles nous rapprochent des autres, nous aident à comprendre la douleur et leurs émotions. Tant que nous restons coupés de nos propres émotions et ressentis, ce travail de comprendre les autres est impossible. Tout le temps que nous restons coupés de notre propre ressenti, nous avons tendance à *intellectualiser* ce que nous observons chez les autres. Et qui dit « intellectualiser » dit expliquer, analyser, rationaliser, juger et justifier mais, jamais, partager et compatir. *Ressentir qui nous sommes nous permet de nous comprendre et de comprendre les autres.*

Je travaille depuis plus de vingt-cinq ans avec l'expression des émotions et leur transformation. A ce jour je peux faire le constat suivant : tant que nous ne rentrons pas pleinement dans nos émotions et, ensuite, dans leur expression, nous ne pouvons pas nous transformer. Or qui dit « transformer » dit s'accueillir, s'accepter, se comprendre, s'aimer. Voilà un résumé intéressant de ce qu'est la véritable transformation. Se transformer soi pour transformer notre vision des autres et du monde.

1.1.1. Notre corps, ce sage oublié

Est sage celui ou celle qui apprend à intégrer dans les cellules ce qui est bon pour soi. De cette place, aucune bonne habitude ne peut être délogée.

Le guide Fibromyalgie : symptômes, causes, solutions nous propose d'acquérir la connaissance de soi comme la seule possibilité d'être libre de nos choix et que ces derniers répondent à nos désirs profonds et authentiques.

Devenir libre du regard et du jugement d'autrui demande de faire un travail qui peut durer toute une vie. Ce travail commence par l'écoute de notre corps, par apprendre à le délier.

Le processus proposé dans ce livre est de l'ordre de l'expérimental, de l'empirique, du vécu corporel. C'est dans le corps que les apprentissages se ressentiront et intégreront ensuite notre conscience où émergera alors une nouvelle vision de nos actes de vie. Cette nouvelle vision concerne notre mental, notre esprit. De là, elle devra à nouveau descendre dans notre corps modifiée, renouvelée, transformée. Cette transformation impliquera de nouveaux comportements, actes et gestuelles plus porteurs de vie pour notre être, notre corps, notre cœur, notre esprit, notre mental...

Ce travail s'appelle « intégration », une étape fabuleuse où notre conscience s'amplifie, s'expanse, s'enrichit par la nouvelle connaissance qui a pris place dans notre corps (cellules, tissus, muscles, os, organes, membres). Tout est nourri par une nouvelle connaissance d'où émerge une nouvelle conscience. La biologie devient culture. La culture devient biologie. Un cercle mille fois vertueux commence à voir le jour au plus profond de notre être.

Intégrer ce qui est bon pour nous est un travail long, parfois la vie entière est nécessaire.

Lire, comprendre et intégrer sont trois étapes successives mais distinctes. Lire c'est s'informer, prendre connaissance. Comprendre implique d'établir quelles causes provoquent quels effets et par quels mécanismes. C'est un processus plus complexe qui demande davantage de temps et de réflexion. Les deux premières étapes, lire et comprendre peuvent, cependant, être fort utiles pour compléter le travail et lui donner un sens. Parfois l'expérience devance la connaissance écrite et la conscience surgit. D'autres fois, l'expérience devient connaissance et la conscience vient après. Ceci est possible quand l'expérience est fulgurante. Lire n'est pas toujours nécessaire pour comprendre. Dans tous les cas, l'être humain, à la différence des animaux, a besoin de comprendre pour faire. Il a aussi besoin de connaître le sens des choses. Et il a surtout besoin d'intégrer pour changer ce qui est à changer.

Assimiler n'est possible que par l'expérience vécue. L'intégration est entendue ici comme la connaissance qui s'inscrit dans la cellule, dans la matrice vivante qui constitue notre corps. Tant que la connaissance n'est pas intégrée dans les cellules, la conscience survient difficilement. Le changement est alors impossible. Je peux certes comprendre une situation, l'accepter ou la subir, mais tant que je ne connaîtrai pas ce qu'elle provoque dans mon organisme et dans ma vie, tant que je n'aurai pas la conscience des effets de la situation sur mon être en entier, je ne changerai rien. L'expérience ne devient réelle connaissance que quand le corps en garde les effets, les ressentis, les émotions, les sentiments. Une personne ne pourra pas avoir la conscience des effets délétères de la contamination de l'air tant qu'elle n'aura pas vécu dans une ville où respirer est une réelle difficulté, où les maladies respiratoires, et la mort des enfants, sont une réalité quotidienne.

1.1.1.1. C'est l'expérience corporelle qui nous donne accès à la conscience

Pour réaliser ce processus d'intégration, la cellule doit être ouverte, réceptive et disponible. Les apprentissages englobent l'être tout entier et chaque être humain est constitué de milliards de cellules. Chacune d'elles doit intégrer les nouvelles expériences vécues si nous voulons transformer, véritablement et durablement, notre vie.

Lorsque vous réalisez de nouvelles expériences, de nouvelles attitudes ou de nouveaux comportements, visualisez que ceux-ci pénètrent au plus profond de chaque cellule de votre être. Mettez-y la présence, consciente, toute entière dans cette étape. La cellule pulse. Elle vibre. Elle est vie et la vie est pulsation et vibration. Rentrez dans cette pulsation et cette vibration pour inscrire ce que vous désirez acquérir de nouveau. Vous pouvez y rajouter une forme, une consistance, une lumière. Tout est permis pour inscrire dans la cellule ce qui est bénéfique pour nous, pour pérenniser ce qui nous rend plus forts, plus beaux, plus accomplis, plus libres, plus courageux, plus conscients. L'ancrage des attitudes et des comportements plus salutaires pour nous et notre vie sera facilité. Nous y reviendrons lors de certains exercices.

L'apprentissage le plus important est certainement notre capacité à raisonner sagement sur nos propres vies, à apprendre à mobiliser toutes nos forces, nos compétences et nos habilités pour notre bien-être. L'amour de soi, des autres et du monde, reliés à la lucidité nous concernant, sont des atouts majeurs pour œuvrer pour notre santé.

Des études récentes confirment qu'il n'y a pas de sujet sage mais seules les attitudes sont sages. Effectivement, selon des études réalisées, les réactions des individus en réponse à diverses situations quotidiennes ont été observées afin d'étudier la sagesse humaine. Parmi leurs résultats : la perception que le raisonnement sage est celui que la personne met en pratique par une combinaison d'habilités, telles que l'humilité intellectuelle, la prise en compte de la perspective des autres et l'engagement. Ainsi, la sagesse ne dépend pas exclusivement de la personnalité, mais plutôt de la mise en pratique de ces caractéristiques selon les circonstances. Notre corps renferme donc une sagesse infinie.

Tous les aspects ci-dessus indiqués peuvent être pratiqués par tout un chacun, ils sont présents dans chaque être humain. Nous pouvons être humbles à la lecture des livres et des articles qui nous parlent des attitudes et des comportements qui sont bénéfiques pour notre organisme. Nous pouvons amplifier notre vision du monde pour considérer et prendre en compte la perspective, au niveau de la santé et du bien-être, de la vision des spécialistes, des écrivains et de toutes les personnes ayant acquis une expérience dans ce domaine. Nous avons la capacité de nous engager pour changer notre style de vie, si cela s'avère nécessaire. Tout est possible, toutes les sagesses sont en nous.

Notre corps dans sa globalité est le siège de toutes les expériences qui nous fondent, depuis notre conception et jusqu'à aujourd'hui. Ne pas oublier le poids de la génétique. A travers nos gènes nous héritons aussi des expériences vécues par notre mère, notamment lors de la grossesse, et aussi de notre père. Et peut-être avant aussi ? Rien n'est tranché.

Une chose est certaine. Nous devons, si nous voulons prendre notre santé en main, retrouver le chemin vers notre corps et rester à son écoute. Il nous parle à chaque instant, de moment présent en moment présent, et ses paroles sont les émotions, les ressentis, les sensations, les sentiments. Tout ceci bat dans les cellules. Les ressentis dansent et imprègnent les cellules, les tissus, les membres, les organes.   « La peau, les tissus et les os ne sont pas des concepts abstraits » nous dit T. Janssen (1). Bien au contraire, c'est de la matière vivante, absorbante, plastique, malléable qui exprime la réalité du vécu du moment. A nous de l'écouter, de l'accueillir, de l'accepter, de la cajoler parfois.

La sagesse durant ce nouveau millénaire consiste à donner à notre corps la place royale qu'il mérite dans notre vie. C'est bien lui qui détient la vérité ultime et absolue. C'est bien lui qui détient le savoir avant que ce dernier n'atteigne notre mental et notre conscience. C'est aussi lui qui réagit, via le système autonome, avant que nous puissions en prendre conscience lorsque la situation le mérite. En cas de danger par exemple.

Il est donc indéniable que sa place dans notre chemin de connaissance et d'amélioration de notre santé, et donc de notre vie, est primordiale. La relation étroite et amoureuse à notre corps est incontournable si nous voulons rester en bonne santé et jeunes plus longtemps.

Lors des prochaines pages, il est déterminant de garder en mémoire que, quand nous parlerons des exercices, nous parlerons des expériences corporelles, le corps étant entendu comme *un tout*. Tout ce que nous sommes est contenu dans notre corps, même l'énergie que nous dégageons provient de notre corps et est reliée à son état de santé.

La sagesse première consiste donc à lui donner une place d'honneur dans notre vie. C'est l'objectif de cet ouvrage.

1.1.2. Pour une écoute aimante de Soi

S'aimer dans ce que nous sommes nous aide et nous permet d'aimer les autres dans ce qu'ils sont.

Cela implique d'accepter nos imperfections, de vivre avec nos failles, de se complaire de nos inaptitudes, de se combler de la beauté de ce qui est en chemin, c'est-à-dire, nous. Observer nos actions et les ressentis que ceux-ci déclenchent dans notre être est une étape fondamentale. Cette étape sollicite la conscience totale, cette lumière que nous pouvons développer pour illuminer nos ombres. Ce processus se clôt avec le changement, la transformation de ce qui est vécu comme délétère, néfaste, chaotique parfois pour le corps et l'esprit, et qui nécessite toute notre volonté pour être dépassé. On pourrait associer l'émergence de cette volonté au bien-être expérimenté quand les actions sont positives, et que ces actions positives génèrent des ressentis corporels de joie, de paix, de plénitude et de sérénité.

L'écoute du corps est alors un processus qui peut prendre longtemps. Il est inutile de vouloir se presser. Il est préférable de faire ce parcours étape par étape, de s'entraîner comme on le fait pour une épreuve d'envergure, jour après jour. Les grands sportifs le savent. Rien ne sert de vouloir faire les 100 mètres de course à pied en moins de 10 secondes le premier jour d'entraînement. Cela équivaudrait à maltraiter notre corps. Or, ici, il s'agit de tout le contraire, il est question de commencer à le respecter, à l'aimer, à devenir bienveillant envers lui. La patience est de rigueur et est signe d'amour de soi.

Je vous invite à intégrer que tout processus nécessite de la progressivité. Voici le premier signe qui montre que vous commencez à vous aimer, à aimer ce corps qui vous permet d'être dans le monde pour l'expérimenter. Quelle que soit la maladie dont vous êtes atteint, sentez combien votre corps est une machine parfaite et aimez-le, il vous permet de vivre.

Ecouter son corps et en prendre soin est la première étape pour commencer à prendre sa santé physique et psychique en main. Personne d'autre que vous ne peut savoir ce qui se passe à l'intérieur de votre organisme, de votre psyché, ni comprendre le sens de vos émotions. Il est déjà très difficile, pour certaines personnes, de se dire et de dire à autrui ce qu'elles ressentent. Il est aussi parfois difficile d'identifier nos ressentis physiques ou émotionnels, de les nommer, de les communiquer. Cette étape est donc cruciale pour commencer un chemin destiné au mieux-être.

Il est désolant de constater que dans notre culture, notre société et notre éducation, le parcours de connaissance de soi ne fassent pas partie de l'éducation au sens large. Non seulement à l'école mais aussi au sein de la famille. Dans certains milieux (à l'école, le travail, le milieu social) et dans de nombreuses familles, l'expression des émotions est taboue. Les avancées spectaculaires en neurosciences nous disent aujourd'hui que la répression dans l'expression des émotions conditionne notre amygdale, petite aire cérébrale située dans le cerveau où les émotions restent cristallisées à vie. Nous verrons plus loin comment, à travers les expériences, nous arrivons à les débloquer pour libérer notre être profond en le délestant des souffrances accumulées.

Le conditionnement dans l'expression des émotions nous vient de très loin dans notre enfance. Déconditionner l'amygdale est aussi possible, mais cela prend un certain temps. Durant mes vingt-cinq ans de travail avec des groupes j'ai constaté combien pour la plupart des participants l'étape de commencer à écouter leurs corps peut sembler longue. De là à pouvoir identifier les sensations, ressentis, émotions et sentiments, la persévérance reste la seule possibilité. Mais le temps que cela demande peut débouter plus d'une personne. Et pourtant...

Pour Antonio Damasio, médecin, professeur de neurologie, neurosciences et psychologie, travaillant à l'Institut du cerveau et de la créativité à l'Université de Californie, la connaissance de soi passe obligatoirement par ce chemin de reconnaissance des ressentis corporels et des émotions qui nous constituent (2). Sans la volonté de le faire, il n'y a pas de connaissance de soi, et l'être humain reste embourbé dans un chaos où toutes les souffrances finissent par le déstabiliser physiquement et psychiquement. C'est la porte grande ouverte pour l'apparition des maladies ou l'aggravation de celles-ci.

Apprendre ou réapprendre à écouter son corps relève de la responsabilité de chaque individu. C'est le chemin aussi pour identifier tôt les signes des malaises, physiques et psychiques qui, pris en charge trop tard, peuvent devenir des maladies.

L'être humain est multidimensionnel, et cette complexité dans sa constitution nécessite, tout d'abord, de la collaboration de la personne elle-même. Or, cette coopération de l'individu qui souffre passe, obligatoirement, par le fait de se connaître soi-même. Personne d'autre que vous ne peut savoir ce que vous ressentez et comment ces ressentis affectent votre équilibre psychique, corporel et existentiel. La médecine conventionnelle en général, appliquant une approche mécaniciste de la maladie et du corps, ne s'intéresse pas forcément à vos ressentis. Et pourtant, les ressentis sont la clé pour savoir quand quelque *chose* ne va pas dans notre corps.

1.1.3. Commencer à se responsabiliser de sa santé

Il est indéniable que l'individu a un rôle majeur à jouer dans la préservation de sa santé. Néanmoins, dans beaucoup de situations de maladie, les individus confient complètement leur guérison aux mains des médecins. A tort. Car chaque personne détient en soi les clés, ou du moins en partie, de sa propre guérison, du fait que chaque personne est unique, que son histoire est unique, et que sa psyché est unique également, et que tous ces facteurs jouent un rôle important dans le déclenchement des maladies. Chaque individu peut faire un travail pour comprendre comment les situations qu'il vit le rendent malade, comment sa psyché influence son corps, ou plutôt, comment les situations vécues comme difficiles pour cette dernière, notamment dans leur aspect émotionnel, au quotidien, affectent son être en entier.

Une abondante littérature et ma propre expérience de la maladie soutiennent cette thèse. Dans la bibliographie consultée pour rédiger cet ouvrage, je me suis appuyée sur différents livres qui traitent de ce sujet. Plusieurs de ces livres ont été écrits par des médecins. Ces derniers, après de nombreuses années d'exercice et des milliers de patients rencontrés dans leur cabinet, nous disent aujourd'hui qu'il est temps de prendre notre santé en main. Et ce travail est parfois le travail de toute une vie. Et je suis pleinement d'accord.

Prendre sa santé en main ne signifie pas rejeter la médecine conventionnelle. Avec une technologie de plus en plus performante, la médecine conventionnelle est d'une grande aide dans le diagnostic et le traitement de certaines pathologies (malheureusement, les effets secondaires sont, vraisemblablement, incontournables). Cependant, cela ne suffit pas. Car prendre sa santé en main signifie prendre *sa vie en main*, ou plus précisément, prendre *son mode de vie en main*. Il s'agit donc de prévenir l'apparition des maladies.

La prévention reste et sera une règle d'or à appliquer dans l'ère que nous vivons. Notre système de Sécurité Sociale est déficitaire, financièrement parlant, depuis de nombreuses années et chacun d'entre nous peut faire des gestes simples pour pallier cette situation. Nous sommes tous confrontés au fait que les remboursements et les prises en charge diminuent d'année en année. Mais ceci a déjà été traité dans d'autres ouvrages et n'est pas notre priorité ici.

Ce qui compte aujourd'hui c'est que chaque personne, en France et dans le monde, commence à *prendre soin de sa santé et à favoriser sa guérison*. Que chaque personne commence à changer ses mauvaises habitudes pour adopter les bons gestes, les réflexes adéquats pour faire reculer, voire disparaître, la maladie. Et cela est possible et ne dépend que de notre propre volonté et d'une bonne dose de courage. Ces termes - *volonté et courage* - sont très importants. Nous y reviendrons plus loin.

Les exercices ici proposés ne prennent pas plus que 15 minutes lors de votre préparation après le réveil. Aussi, avancer votre réveille-matin vous évitera de vous stresser. Au fur et à mesure de l'intégration des propositions, elles feront partie intégrante de vos habitudes de vie et il n'y aura plus besoin de temps supplémentaire.

Les neurosciences nous confirment qu'il suffit de 40 jours de pratique pour qu'une nouvelle habitude s'ancre dans notre mental. Je viens d'en faire l'expérience et c'est tout à fait vrai ! Je trouve cette capacité de notre cerveau exceptionnelle. Rappelez-vous, si vous êtes déterminé à prendre votre santé en main, décidé à vaincre votre fibromyalgie, vos douleurs chroniques ou toute autre maladie qui pèse lourd sur votre vie, votre corps et votre moral, ne lâchez pas pendant 40 jours et cette pratique sera enracinée à vie.

1.2. LE RÔLE DE L'OBSERVATEUR

Je propose de faire appel à l'observateur en nous pour réaliser certains exercices où la problématique est telle que nous n'arriverons pas par des voies d'écoute directe de nos émotions, ressentis ou pensées. Je me suis inspirée des travaux d'Eckart Tollé et de Thierry Janssen pour proposer cette méta-position qui nous permet d'observer ce qui se passe en nous d'une façon plus détachée.

L'observateur nous aide à voir, avec une méta-position, ce qui est difficile de voir quand nous avons la tête dans le guidon. Quand nous sommes submergés par une situation où tout se mêle : idées, émotions, jugements, justifications…trop d'informations noient l'essentiel.

C'est une technique utilisée en Programmation Neurolinguistique (PNL), qui consiste à se mettre en « méta-position », c'est-à-dire prendre du recul et s'observer par rapport à une situation donnée (le préfixe d'origine grecque « méta » signifie notamment « à côté de », « plus loin »). Vous avez cette capacité à vous élever au-dessus de vous-même, de vous observer de « haut » en train de faire ce que vous faites, et de devenir ainsi à la fois acteur et spectateur de votre vie. En prenant cette position d'observateur, vous créez une dissociation qui aura pour effet de diminuer l'intensité de vos émotions et de vous apaiser. Ainsi détaché, vous serez alors beaucoup plus serein pour jauger les données du problème de façon différente (1).

La position méta, l'observateur, facilite l'analyse de tous les éléments en jeu dans une situation déterminée. Cette position *agrandit notre champ de vision*, comme lorsque nous sommes dans un avion et que nous voyons une grande partie d'une ville, ce qui est impossible quand nous sommes dans une de ses rues.

1.2.1. Mais, quel est l'intérêt d'agrandir notre champ de vision ?

Reprenons notre place dans l'avion. Confortablement assis, je peux voir depuis l'avion la configuration des rues, si les habitations sont des maisons ou des immeubles, s'il y a des usines, le type de végétation, l'importance des surfaces végétalisées, l'infrastructure routière et ses entrelacements, les rivières et leurs tracés dans la ville, l'environnement qui entoure la ville, la mer, les collines, les montagnes, la campagne, etc. Le nombre d'éléments à ma portée est bien plus important que si je suis dans une de ses rues où tout l'agencement et l'aménagement de la ville m'échappent, mon champ de vision étant restreint.

Quand j'observe d'en haut je vois plus de choses, plus d'éléments, je comprends mieux leurs interactions et ma vision de l'ensemble augmente et devient plus claire.

C'est exactement la même chose pour les êtres humains. *M'observer* facilite la prise en compte de tout ce qui se joue dans une situation donnée et de comment ses divers éléments me touchent, me changent, me transforment. Je comprends que tout a une incidence dans ce que je vis et expérimente.

Observer, c'est accepter tout ce que comprend une situation. C'est-à-dire tous les éléments qui en font partie, sans jugement, puisque cela *est*. Et « *tout ce qui est* » *est à accepter*. Se battre pour changer la réalité est inutile, une perte de temps et d'énergie. Accepter tous les tenants et aboutissants d'une situation - même si celle-ci est contre notre volonté ou nos désirs - facilite aussi sa possible transformation, le changement de cap.

1.2.1.1. Accepter c'est traverser vite le cap difficile, résister c'est souffrir inutilement

Observer et accepter sans justifier quoi que ce soit, comprendre que nous vivons des expériences et que celles-ci impliquent des réponses et des comportements de notre part, pas toujours adaptés, c'est crucial pour éviter de ressentir de la culpabilité.

Notre observateur, lui, connaît notre histoire, sait comment nous nous sommes construits, reconnaît nos mécanismes de défenses, nos faiblesses et nos forces. Lui donner l'opportunité d'agir en nous c'est nous libérer de notre juge intérieur, toujours à l'affût de la moindre erreur commise pour nous blâmer, nous dévaloriser, nous ridiculiser face à nous-mêmes. A quoi bon ?

L'observateur est cette entité qui fait partie de nous et qui regarde, sans juger, ce qui se passe dans la réalité de notre vie, dans notre corps et nos pensées.

Lors des états de confusion par exemple, l'observateur est un allié très important pour nous aider à décrypter ce qui se passe en nous.

Je me souviens d'un jour où j'ai été prise d'un violent mal de tête dont j'ignorais la véritable cause. J'ai décidé alors de sortir marcher dans la campagne avec ma chienne et je m'étais donnée pour objectif de savoir ce qui me l'avait provoqué. Dans un premier temps je me sentais tellement confuse et j'étais incapable de mettre de l'ordre dans un méli-mélo de pensées, d'émotions et de ressentis. Je me suis mise alors en position méta et j'ai fait appel à mon observateur. J'ai commencé à analyser mon vécu de la journée. Une situation vécue avec un être aimé m'est venue à l'esprit. Nos échanges me sont apparus clairs comme de l'eau de source. Lors d'une conversation, cette personne m'avait blessée par sa réponse et surtout par sa façon de me l'adresser. Je me suis sentie maltraitée, injustement. La douleur est descendue de ma tête à ma gorge, elle s'est ensuite nouée pour finalement laisser place à la tristesse. J'avais compris l'origine de mon mal de tête. C'était la non-expression de mon émotion et de mes ressentis.

L'observateur ayant joué son rôle de méta-analyse, j'ai continué à marcher et j'ai réfléchi à la meilleure façon d'exprimer ce qui se passait en moi. Afin d'évacuer ce sentiment de tristesse de mon corps j'ai décidé le soir même d'appliquer un protocole que je décrirai plus loin. J'ai remercié mon observateur de son aide précieuse.

Ainsi, observer simplement comment notre corps réagit peut-être fort utile pour accepter d'abord, puis comprendre notre réaction à la situation que la vie nous impose. Comprendre implique également parfois de lier ce qui vient de nous arriver à d'autres évènements similaires vécus durant notre enfance et d'en prendre conscience.

Cette prise de conscience nous permet de dépasser la difficulté à l'aide des exercices et des protocoles, à aller de l'avant avec un amour grandissant pour nous même.

Observer, accepter, comprendre ce qui se passe en nous est une étape essentielle pour mieux accepter, comprendre ce qui se passe chez les autres et pour comprendre leurs propres réponses aux situations, sans juger.

L'observateur est à utiliser dans ce processus chaque fois que vous vous sentirez noyé par une situation. Ce livre s'adressant aux personnes qui souffrent à cause des maladies et aussi des situations de la vie, il est certain que certaines réminiscences ne seront pas faciles à revivre. Placer dans ces circonstances notre observateur, afin de nous illuminer de sa méta-conscience de nous-mêmes et de sa grande vision des faits peut nous faciliter le travail pour vaincre nos malaises et maladies.

La proposition ici est de mettre votre observateur au service de ce processus quand le besoin s'en fera sentir.

1.3.   ECRIRE POUR SE DIRE

Il m'a fallu de nombreuses années pour m'asseoir et commencer à rédiger ce livre. Je me trouvais toutes sortes d'excuses pour ne pas le faire. A tort. Depuis que je l'ai commencé j'ai découvert que j'adore écrire, pour dire et pour me dire. C'est devenu un besoin de parler de ma vision de la santé, de mon approche de la guérison des maladies terribles comme la fibromyalgie, les douleurs chroniques, l'ulcère et tant d'autres.

Ecrire me passionne, m'ouvre les portes d'un univers infini. Je sens que j'ai tellement de choses à dire que je pense déjà à mon prochain livre.

Ma principale appréhension avant de commencer cet ouvrage était de parler de moi et de mes souffrances. J'avais la sensation de me dévoiler tout entière, de me dénuder face aux inconnus. Par moments, j'appréhendais que les gens puissent me trouver fragile, ce qui me déroutait. Moi, qui me sens tellement forte, les autres qui me voient aussi invincible, cela s'oppose totalement à cette apparente fragilité qui n'en est pas vraiment une. Je suis plutôt une femme très sensible. Tout me touche et m'émeut, pour ne pas dire vulnérable, surtout face à la souffrance d'autrui.

Mon travail actuel est orienté à diminuer la souffrance et je souhaiterais porter un message d'espoir au monde entier. Avoir traversé un accident extrêmement grave, une fibromyalgie, des douleurs chroniques, un ulcère et tant d'autres maladies et moments difficiles, m'ont rendu l'espérance que dépasser les maladies est à la portée de tous. Ecrire alors pour diffuser ce message me remplit d'une joie *quasi* indescriptible. Je tressaille lorsque je m'assieds à mon ordinateur et les idées affluent comme l'eau d'une source de montagne, imparables ! Relater mon expérience soulage et libère mon corps du poids des mots qui ont tant tardé à sortir. Mais nous y voilà, si vous lisez ce texte c'est que je suis parvenue à le finir, à l'éditer et donc à diffuser mes paroles d'espérance.

L'expression écrite est un remède très efficace pour

nous libérer de ce qui nous encombre, de tous ces mots qui parlent de nous et qui nous pèsent sur l'esprit, le cœur et le corps. Avec authenticité, transparence, spontanéité et simplicité. Voilà pour moi une écriture-remède, efficace pour l'âme.

Ecrire sur soi fait partie intégrante de mon protocole, proposé ici, pour guérir de beaucoup de maladies. Les mots accompagneront ce processus comme un témoin de tout ce que vous découvrirez sur vous, de toutes les prises de conscience réalisées, de toutes les révélations venues des profondeurs de votre être, de la mise en lumière des désillusions et des frustrations longtemps engrammées dans vos cellules, de l'apparition des nouveaux désirs et motivations pour vivre, des joies lointaines enfin accomplies, des nouveaux plaisirs éprouvés…et tout ce que ce processus vous fera vivre et revivre.

Vous l'écrirez avant tout pour vous, comme une façon de *dévoiler à la vie* votre parcours, vos pensées, émotions et ressentis. Tout cela doit quitter votre corps pour l'alléger des peines et des souffrances si péniblement endurées.

Car chaque exercice aura comme objectif de vous reconnecter à un pan de votre histoire, une parcelle de vous-même, alors, des tonnes et des tonnes de mots seront libérés des chaînes qui les emprisonnaient dans les corps douloureux ou malades. Lorsque nous souffrons, les mots soulagent les maux qui peinent à se dire. Un jour, vers la fin de ce processus, ces mots écrits seront, peut-être - communiqués aux personnes auxquelles ils sont destinés. C'est vous qui déciderez.

L'écriture fait appel à notre mémoire - en tout cas deux types de mémoire – la première est celle où les souvenirs, liées aux émotions, se sont stockés. C'est l'amygdale qui est impliquée dans notre mémoire émotionnelle inconsciente. Et il s'agit d'une partie de notre mémoire implicite inconsciente qui est au cœur de notre sujet : c'est la mémoire des événements émotionnels située dans l'amygdale.

Un autre type de mémoire, dite explicite, concerne les souvenirs accessibles à la conscience. Cette mémoire explicite, consciente, passe par l'hippocampe (3).

« Le souvenir d'un évènement très émotionnel nous dit Gueguen s'imprime durablement dans notre mémoire inconsciente grâce à l'action de la noradrénaline sur les récepteurs bêta-adrénergiques de l'amygdale ». Tous les souvenirs de peur vécus durant l'enfance gardent une empreinte dans l'amygdale, aire du cerveau qui stocke ces souvenirs et n'oublie pas. Un traumatisme précoce pourra donc perturber durablement l'enfant puis l'adulte qu'il deviendra, par des mécanismes inaccessibles à la conscience (3).

Lorsque nous écrivons sur nos traumatismes et nos souvenirs pénibles – quelle que soit la situation vécue - nous réévaluons la situation en prenant du recul, et modifions ainsi l'impact émotionnel. Gueguen cite A. R. Hariri qui explique « ...En nommant ce que nous ressentons, nous agissons sur l'amygdale, elle se calme ». Si, au moment où le souvenir fait surgir la peur nous nous parlons, puis écrivons des mots qui lui ôtent l'intensité, le souvenir sera « réencodé » avec un impact émotionnel amoindri (3). C'est le propre des psychothérapies, dès lors que nous partageons nos événements pénibles ou traumatismes avec notre thérapeute, qui nous propose une vision différente de la situation, nous libérons progressivement l'émotion de l'évènement en réencodant le souvenir.

Les *mots ont ainsi cette capacité* de modifier la manière dont le cerveau enregistre nos maux. « Ecrire pour se dire » nous permet de nous libérer du joug des émotions si précocement cristallisées.

Ce travail comprenant l'affirmation de Soi (thème qui sera abordé dans le dernier chapitre), notre être tout entier trouvera le moment et les paroles adéquates pour se raconter, pour communiquer aux autres tout ce qui a été expérimenté, « vivencié » durant la maladie et après, une fois celle-ci surmontée.

Je propose que ces mots soient consignés dans un document que j'appellerai Journal *de guérison*, qui devra vous accompagner à chacune des étapes du processus proposé. N'oubliez jamais d'écrire tout ce qui vient, tout ce qui émerge pendant et après la réalisation de chaque exercice. Le processus faisant appel à la progressivité de rigueur, il est destiné à vous faciliter l'écoute de ce qui se passe dans votre intérieur, de comment vous réagissez à vos propres stimuli, des réactions et réponses de votre être à autrui, des répercussions de l'environnement sur votre être en entier.

Cette écoute, de par le processus lui-même, sera progressive. Nous allons du plus simple au plus complexe, il n'y a pas d'autre voie possible. La facilité des exercices pratiques vous donnera envie de les refaire souvent. Leur répétition vous procurera alors des bénéfices physiques et émotionnels. Dites-vous que cette répétition est la clé pour l'acquisition des nouvelles attitudes positives face à la vie. Un cercle vertueux se met en route, la parole écrite le fermera avec la consignation de vos ressentis et émotions. L'écriture fera ainsi office de *témoin muet* de votre progression et évolution, à lire sans mesure pour vous l'approprier.

1.4. UN BON SOMMEIL POUR COMMENCER A PRENDRE EN MAIN SA SANTÉ

Nous responsabiliser de notre bien-être et de notre régénération est aussi lié au fait d'identifier nos besoins de repos et de sommeil. Une très mauvaise habitude de vie consiste à regarder la télévision le soir avant de se coucher ou de rester à votre ordinateur après le dîner. Je sais, vous me rétorquerez que « vous avez besoin de vous changer les idées… ». Besoin que je comprends fort bien. Il n'empêche que les écrans émettent une lumière bleue qui rend difficile et retarde l'endormissement. Résultat … vous volez des heures à votre organisme pour bien se régénérer. Peut-être qu'une bonne alternative à appliquer un jour sur deux serait de lire ! (sur un thème qui vous distrait ou vous passionne), ou de faire plus souvent l'amour ? Ou d'échanger des massages ? Chaque individu peut trouver une activité qui lui permette de mieux dormir et d'avoir le nombre suffisant d'heures de sommeil.

Le temps de sommeil est variable selon les individus, de nombreuses études réalisées le confirment. Néanmoins, elles s'accordent pour définir qu'en moyenne une personne adulte a besoin de sept heures de sommeil minimum par nuit. Cependant, chaque individu est différent. Mais attention, les heures de sommeil que vous perdez pendant la semaine ne sont pas rattrapables le week-end, à contrario des rumeurs qui courent. Les heures de sommeil perdues sont irrécupérables !

Le sommeil a pour fonction d'améliorer différents processus biologiques tels qu'économiser de l'énergie et une réduction notable de l'activité cérébrale ; assainir le cerveau via un élargissement des espaces entre les cellules, ce qui permet d'évacuer plus facilement des substances toxiques ou superflues vers la moelle épinière ; opérer une plasticité neuronale, notamment au niveau de l'affaiblissement des nombreuses connexions synaptiques, afin d'éviter une extension intempestive des réseaux neuronaux permettant ainsi que seulement les synapses les plus utilisées conservent leur vigueur.

Les souvenirs pertinents et chargés d'émotions positives sont alors renforcés, tandis que les informations inutiles seraient éliminées. Le sommeil permet une restructuration des acquis. C'est-à-dire que, lorsque nous cherchons à résoudre un problème difficile, la solution nous vient souvent après une nuit de repos, le cerveau pourrait, pendant que nous dormons, traiter l'ensemble des informations à intégrer dans la solution(4).Et ne parlons pas du coût pour notre pays du manque de sommeil de la population française. En effet, plus d'un Français sur trois rencontre des difficultés liées à son sommeil, avec des multiples conséquences sur la santé : augmentation du risque de dépression, de diabète, d'AVC, d'obésité, d'hypertension, mais aussi d'accidents de la route, en raison des sautes de concentration que cela entraîne.

Des calculs financiers ont été extrapolés en fonction des études réalisées en Australie, donnant pour la France un chiffre de plus de 103 milliards d'euros, soit près d'une fois et demie le déficit annuel du pays ! (4)

Ainsi, commencez à surveiller le nombre d'heures de sommeil dont vous avez besoin pour être en forme le lendemain et ce quel que soit votre âge. Si vous dormez sept heures et que vous êtes fatigué, changez vos horaires pour aller au lit plus tôt car cela s'avère nécessaire. Ajouter une heure de plus à votre temps de repos vous permettra d'être plus performant dans la journée.

Au niveau du sommeil et de la digestion, il peut arriver qu'après votre déjeuner vous ressentiez de la fatigue et un besoin de dormir. Ceci est tout à fait normal. Mais attention de ne pas faire un repas trop copieux à midi, ceci ne ferait qu'alourdir votre sensation par une digestion difficile. La bonne habitude de la sieste s'est perdue au fil du temps. Pourtant de nombreuses études montrent que dormir un bref moment augmente considérablement vos performances au travail.

Ainsi, plusieurs entreprises mettent à disposition de leurs employés des espaces de détente et de repos. Vous verrez que parfois 10 minutes de repos pendant votre journée de travail, surtout après le déjeuner, suffisent à vous sentir régénéré. Si vous ne disposez pas d'un endroit adapté à cet effet, installez-vous dans votre bureau, déconnectez vos appareils téléphoniques, mettez des boules Quies, posez les bras sur le bureau et avertissez vos collègues que vous allez dormir afin de ne pas être dérangé. Vous donnerez peut-être un bon exemple à tout le monde. Nous consacrerons un chapitre à *l'affirmation de Soi* et de nos besoins face au monde !

1.5.   COMMENCER À MIEUX VIVRE, EXERCICES PRATIQUES

Quand nous parlons de guérison nous parlons de temps. Inutile de vouloir tout changer en une journée, le surmenage serait assuré.

Je diviserai la méthode en deux parties. La première partie comporte des exercices *à faire au quotidien*, il s'agit des bonnes habitudes à prendre et à observer tous les jours, comme par exemple les étirements, le rituel de la douche et du corps, prendre le temps de prendre son petit déjeuner, boire de l'eau toute la journée, exprimes ses émotions, etc., tout ce qui est décrit dans ce volume.

D'autres exercices plus spécifiques seront proposés dans le volume deux de ce guide, et concernent un travail à faire pour vaincre définitivement la fibromyalgie et les douleurs chroniques comme c'est fut mon cas et les centaines de personnes ayant déjà pratiqué la méthode MIGERR. Quel est le poids des pensées sur notre santé ? Être à l'écoute de son corps nous fait prendre conscience de comment les fonctions naturelles et autonomes, dites végétatives, se réalisent. Ces fonctions sont la respiration, les battements du cœur, la transpiration, le rythme de la digestion, etc. Aujourd'hui nous savons que ces fonctions autonomes peuvent être modifiées par nos pensées. Dans le cas des pensées anxiogènes par exemple, la respiration s'accélère, le rythme cardiaque s'emballe, la transpiration augmente, la digestion se bloque. Le système végétatif fait partie du système nerveux central et il est le siège de toutes les fonctions du corps. Les pensées modifient donc nos fonctions organiques.

Pour se rendre acteur de sa santé, il faut aussi prendre conscience de ses tensions musculaires, avant qu'elles ne deviennent chroniques. Dans le mode de vie actuel, de plus en plus sédentaire, la *mauvaise* posture assise crée de véritables ravages et beaucoup de maladies au niveau de la colonne vertébrale. Entre 65 et 75% de personnes auront, au moins une fois dans leur vie, une lombalgie liée aux mauvaises postures.

Nous verrons pendant les explications des *mouvements segmentaires*, comment le corps doit se tenir, même assis, afin d'éviter des souffrances. Le stress joue un rôle non négligeable aussi sur les tensions musculaires. Adopter une respiration ample, incluant l'abdomen, nous aide à nous apaiser et à réduire nos tensions musculaires.

Pour les personnes souffrant de douleurs chroniques et de fibromyalgie, apprendre la bonne posture à adopter debout, assis et couché, est essentiel. De même, le contrôle du niveau de stress joue un rôle essentiel dans la détente des muscles.

Pour ces personnes, dont le dos est la principale partie du corps touchée par les douleurs, dans toutes les positions assises, et quel que soit le support sur lequel on est assis, il est fondamental que la colonne vertébrale soit droite et que le ventre soit rentré. Cet effort évite la déformation de la colonne car il fortifie les muscles abdominaux, ainsi que les muscles intervertébraux de la colonne. Ceci demande au début un effort et une prise de conscience constante. Au fur et à mesure que vous adopterez la bonne posture et que vous ressentirez ses effets bénéfiques, en plus d'un ventre plat et musclé, vous éloignerez la plupart des douleurs dorsales.

1.5.1. Rituels du matin pour bien commencer la journée

Pour rester en bonne santé il est nécessaire de prendre du temps pour vous, pour votre bien-être. Depuis des années où je prends ce temps pour moi, mon niveau de stress a énormément diminué, je commence la journée plus en lien avec moi-même, mon corps est plus détendu et je suis mieux préparée à mon quotidien et à son lot d'activités.

Avec les exercices d'étirements à réaliser dès le réveil, le corps retrouve sa tonicité, l'énergie commence à circuler à nouveau.

Le rituel de ma toilette est devenu le moment idéal pour ressentir l'état de mon corps, prendre conscience de l'énergie disponible, adopter les bons réflexes pour le tonifier si nécessaire ou le détendre si j'en ressens le besoin. Je commence la journée en lien étroit avec lui, la respiration profonde et régulière m'aidant considérablement.

Un bon style de vie commence dès que vous vous réveillez. Sortir du lit tout de suite après le réveil est un stress pour le corps. Pour sortir d'un état de conscience modifié dans lequel le corps a été plongé pendant le sommeil et se mettre en état de vigilance que demandent les activités de la journée, il est nécessaire de prendre quelques minutes. Pendant ce temps vous pouvez réaliser les exercices donnés à continuation.

1.5.1.1. Les étirements du corps après le réveil

Pour mieux comprendre la description qui va suivre, vous pouvez regarder les bonnes habitudes des chats quand ils se réveillent. En général les animaux, même les chiens, s'étirent et roulent leurs corps après chaque moment de sommeil. Nos amis les animaux ont beaucoup à nous apprendre.

Durant le sommeil, quand celui-ci est de qualité, le corps est en mode régénération. Ceci implique une diminution du travail musculaire afin que l'énergie soit bien utilisée pour la rénovation cellulaire. Au sortir du sommeil, il est donc fondamental de prendre quelques minutes pour mettre vos muscles en activité. Les étirements des membres du corps sont bénéfiques pour que l'énergie circule à nouveau.

Exercice N° 1 : étirements après le réveil

- Commencer par étirer le corps en entier. Continuer en ouvrant, puis en poussant vers le bas les orteils, puis vers vous lentement. Ouvrez et fermez les orteils. Répétez ces mouvements 12 fois.
- Ensuite allongez les jambes et en même temps passez

les bras au-dessus de la tête, comme si vous vous étiriez. Répétez ces mouvements 3 à 4 fois. Exercez une légère tension musculaire comme si vous vouliez durcir vos membres. Relâchez et secouez vos jambes pour les détendre.

- Autre étirement, ramenez les jambes pliées sur votre poitrine et entourez-les de vos bras. Poussez vos jambes vers votre poitrine avec une pression moyenne. Vous pouvez ressentir quelques craquements bénéfiques pour votre colonne vertébrale. Répétez ces mouvements 3 à 4 fois.

 - Toujours allongé, pliez vos jambes en les ramenant sur votre poitrine, croisez la jambe droite en posant le pied sur le genou de la jambe gauche, les orteils pliés vers vous. Enveloppez la jambe gauche au niveau du tibia avec vos deux bras et ramenez-la doucement vers votre poitrine, tout en respirant. L'exercice doit tirer la fesse de la jambe droite. Faites de même pour l'autre jambe. Cet exercice aide à prévenir la sciatique.

 - Allongez-vous sur le côté gauche du corps et sur le bord du lit et laissez aller la jambe droite pliée à hauteur de la taille vers le vide, délicatement. La poitrine revient vers la position horizontale en regardant le plafond, le bras droit est sur le lit à 90 degrés du corps. Restez 3 minutes dans cette position. Ce sont les muscles du dos qui s'étirent. Revenez doucement à l'horizontale et restez ainsi 1 minute. Changez de coté en mettant la tête aux pieds du lit et étirer l'autre côté du dos. Respirez toujours profondément.

 - Un dernier étirement pour délier tout votre corps consiste à rouler les épaules vers l'arrière, en accompagnant les mouvements avec votre tête et une respiration abdominale profonde. Vous pouvez sentir que les épaules craquent. Le corps est allongé sur le lit.

La durée de tous les exercices est donnée dans le calendrier référentiel inséré à la fin de ce livre. Il est impératif de tenir compte du temps de réalisation proposé ; le succès de votre processus MIGERR pour éloigner définitivement la fibromyalgie et les douleurs chroniques de votre vie en dépend.

Il est impératif que chaque mouvement soit accompagné de profondes respirations. A chaque inspiration vous pouvez visualiser que vous prenez l'énergie de l'univers, la joie de vivre, le plaisir des sens et que vous les amenez dans vos cellules, muscles et tendons. L'énergie occupant une place dans le corps, ces bonnes énergies vous feront gagner en souplesse. A chaque expiration, vous pouvez visualiser que vous éliminez des tensions, des peurs, des émotions désagréables, des douleurs. Pour mieux les matérialiser, vous pouvez leur donner une couleur ou une forme. Nous aborderons la fonction de la respiration plus loin.

1.5.1.2. Prendre le temps de prendre son petit déjeuner

Une des plus mauvaises habitudes consiste à manger vite. L'ingestion rapide des aliments facilite l'absorption d'air – générant des gaz - ce qui nous donne la sensation de lourdeur en plus de rendre plus difficile la digestion.

Prendre le temps de préparer son petit déjeuner, de consommer des aliments très nutritifs et énergétiques le matin est important pour bien commencer la journée. Dans ce livre j'aborderai quelques fondements d'une bonne nourriture, car avoir une alimentation équilibrée est la base d'une bonne santé. Je sais qu'il existe plusieurs approches sur l'alimentation et que cette pléthore d'informations peut compliquer la décision de nos choix alimentaires, de comment nourrir le corps et le cerveau. J'ai l'habitude toutefois de dire que notre corps sait mieux que n'importe quel nutritionniste, ce qu'il tolère et digère bien. Un chapitre sera dédié à ce thème fondamental.

Chaque organisme est un univers, différent les uns des autres. Aussi, je peux dire que tester les aliments me semble judicieux et salutaire. Ceci peut sembler un processus long, il n'en est rien. Comme nous le verrons plus loin, un mois suffit à faire le tour de la question.

Choisissez de préférence des aliments de culture biologique ou biodynamique. Votre corps et vos cellules apprécient d'ingérer moins de substances toxiques et des dérivés des médicaments et des toxines contenus dans les viandes. Le choix de se nourrir Bio implique de manger moins de protéines animales (1 fois par jour est suffisant), dont le coût est élevé, pour privilégier une diète plus végétale. Votre corps sera heureux aussi de manger moins de graisses et plus de vitamines et de protéines d'origine végétale. Vous préserverez ainsi votre « capital santé » plus longtemps.

Exercice N° 2 : des réflexes simples pour une alimentation optimale

- Préparez votre environnement des repas, en privilégiant des lieux calmes. Le repas est un rituel !
- Habituez-vous à prendre le temps de préparer et de prendre vos repas. Si vous mangez dans votre lieu de travail ou autre, préparez-vous un pique-nique ou une gamelle, ça sera toujours de meilleure qualité que les repas achetés dont la préparation se fait, en général, avec des aliments industriels.
- Evitez de trop parler ou lire. Parler est une fonction qui nécessite de l'air et celui-ci se transforme facilement en gaz et ensuite en flatulences.
- Profitez de ces moments pour prendre contact avec les aliments et apprécier leurs couleurs, saveurs, parfums, goûts et textures.
- Prendre le temps pour bien mastiquer faclite énormément la digestion. N'oubliez pas que les dents sont dans notre bouche et non dans l'estomac ! Si la nature

nous a donné des dents c'est pour mastiquer les aliments et diminuer ainsi le travail des sucs gastriques.

- Un rituel bénéfique à adopter pour le bien-être est de remercier la nature pour les aliments qu'elle vous donne.

1.5.1.3. Boire de l'eau pour faire reculer les maladies

Comme déjà énoncé, le processus de guérison de ma fibromyalgie, douleurs chroniques et ulcère m'a demandé de revoir complètement mon mode de vie. Quand j'ai fait cette *révision* j'ai inclus tous les aspects de ma vie, je savais que je devais changer certaines habitudes afin d'avoir une vie plus saine. Un des aspects fondamentaux était de boire plus d'eau.

Lorsque j'ai compris que j'avais mis dans mon corps une quantité considérable de toxines *via* les injections de cortisone (à l'époque c'était le seul traitement qui existait), sans oublier antalgiques et anti-inflammatoires, j'ai compris que mon corps était dans un état d'intoxication important. Dès lors, une première étape importante a été de changer mes habitudes et de me mettre à boire de l'eau, entre et 2 et 2,5 litres par jour, immanquablement ! La formule est simple : vous divisez votre poids en kilogrammes par 7. Par exemple, si vous pesez 63 kilos, vous devez boire 9 verres d'eau de 250 ml par jour.

Actuellement il y a de nombreuses thérapies avec l'eau froide, tiède, chaude. J'ai choisi les trois pour vous les présenter. L'objectif étant que vous fassiez votre propre expérience afin d'identifier laquelle s'adapte le mieux à votre organisme.

1.5.1.4. La bonne habitude de boire de l'eau

Prendre l'habitude de boire de l'eau est très bénéfique pour notre organisme, non seulement parce qu'elle le purifie, mais surtout parce que l'eau fait reculer les maladies par son effet de *lavage constant* des effluves. Les liquides de notre corps sont multiples, ils accomplissent de nombreuses fonctions et permettent le bon déroulement de celles-ci.

Nous savons tous que notre organisme a besoin d'une grande quantité d'eau au quotidien pour se maintenir bien hydraté et fonctionner correctement. Ce liquide, si précieux pour l'humanité, est rempli de bienfaits pour notre santé qui sont parfois sous-estimés ou méconnus, alors qu'ils sont tout bonnement fondamentaux.

En accord avec de nombreuses études, il est admis que 75% de nos muscles, 90% de notre cerveau, 22% de nos os et 83% de notre sang sont faits d'eau. En prenant en compte ces données, il est aisé de réaliser à quel point boire de l'eau au quotidien est une habitude indispensable pour se maintenir en bonne santé.

Nous verrons tout ce qui peut vous apporter cette manière étonnante de consommer de l'eau.

1.5.1.5. Les bienfaits de boire de l'eau avant le petit-déjeuner

La consommation d'eau chaque matin va vous apporter de nombreux bienfaits pour votre santé, dont vous pourrez profiter si vous suivez cette bonne habitude tous les jours. Dans ce sens, les bénéfices sont atteints seulement s'il y a une régularité dans l'action.

Tous nos organes ont besoin d'eau pour fonctionner correctement, et il est donc recommandé de les hydrater dès notre réveil.

Boire de l'eau l'estomac vide permet de contribuer à l'élimination des toxines et d'autres déchets dont notre organisme n'a pas besoin, et qui peuvent affecter notre santé. Pour les personnes douloureuses chroniques qui consomment régulièrement des médicaments, des toxines s'accumulent dans les organes en les encrassant. Ces organes, toxifiés, fonctionneront au ralenti avec le temps.

Lorsque nous consommons de l'eau l'estomac vide,

nous aidons notre organisme à se purifier et notre métabolisme à se stimuler.

Boire de l'eau à jeun aide également d'autres fonctions de notre corps car cela nous permet de réguler notre température intérieure, d'améliorer le fonctionnement de tous nos organes, d'absorber d'une manière plus efficiente les nutriments de la nourriture que nous ingérons et d'oxygéner nos cellules.

Cette excellente habitude peut aussi nous aider à perdre du poids, car elle provoque une sensation de satiété qui freine les envies de manger tout au long de la journée.

Il est très important d'apprendre à consommer de l'eau correctement pour profiter de tous ses bienfaits. Les experts nous recommandent d'en boire au moins deux litres par jour (voir formule ci-dessus), dont 4 verres l'estomac vide le matin à jeun.

Cependant, il ne s'agit pas de boire les verres d'eau d'affilée et trop vite, car cela peut avoir des effets plus négatifs que positifs. Pour profiter de tous ses bénéfices, vous devez l'ingérer calmement, lentement, en y allant petit à petit.

Convertir sa consommation d'eau à jeun en une habitude quotidienne doit se réaliser progressivement, sans exagération. L'idéal est de la consommer l'estomac vide et de patienter au moins 45 minutes avant de prendre le petit-déjeuner.

L'eau que vous allez boire doit être de qualité, sans fluor, sans calcaire et sans produits chimiques. Le résidu sec à 180°C doit être minimum (marqué sur les étiquettes). Elle doit être, de préférence, à température ambiante. Vous pouvez lui ajouter quelques gouttes de jus de citron pour démultiplier ses effets.

1.5.2. La thérapie de l'eau

Le Japon est l'un des pays où la population consomme le plus d'eau à jeun, dès le réveil. Les japonais suivent une thérapie appelée « thérapie de l'eau » qui a été approuvée par l'association médicale japonaise (Japan Medical Association) (5).

En effet, elle permet de lutter de manière efficace contre de nombreuses maladies telles que les maux de tête et de certaines parties du corps, les problèmes du système cardiaque, l'arthrite, l'épilepsie, le surpoids, la bronchite, l'asthme, la tuberculose, la méningite, les maladies des reins et urinaires, les vomissements, la gastrite, la diarrhée, les hémorroïdes, le diabète, la constipation, les maladies des yeux, les maladies de l'utérus, le cancer, les troubles menstruels, les maladies affectant l'oreille ou le nez, et les maux de gorge (5).

1.5.2.1. Comment réaliser une thérapie de l'eau à la japonaise ?

Juste après vous être levé, consommez quatre verres d'eau avant de vous brosser les dents ou de manger un quelconque aliment. Rappelez-vous que vous devez boire l'eau lentement, en faisant de petites pauses entre chaque verre.

Puis, vous pouvez vous brosser les dents, mais ne mangez rien avant au moins 45 minutes.

Après ce laps de temps, vous pouvez petit-déjeuner ou manger ce que vous désirez. Ensuite, ne mangez plus rien pendant au moins deux heures.

Si vous ne vous sentez pas capable de boire 4 verres d'eau le premier jour, commencez par boire un ou deux verres, puis augmentez progressivement votre consommation pour arriver à la quantité recommandée.

La thérapie de l'eau japonaise n'a aucun effet secondaire négatif, hormis peut-être des mictions plus fréquentes, ce à quoi vous êtes déjà habitué.

Certains problèmes typiques d'une désintoxication peuvent également se présenter, tels que des démangeaisons, des nausées, des maux de tête, un mal-être stomacal, de l'anxiété ou de la diarrhée, entre autres. Cependant, ce sont des symptômes normaux qui surviennent lorsque notre corps élimine les toxines et combat les corps étrangers.

1.5.2.2. Nettoyage de l'organisme à l'eau tiède

Plusieurs ouvrages et sites internet en parlent, je résume les bienfaits et procédure de cette thérapie.

Les bénéfices de l'eau tiède ne cessent d'être vantés. Je vous propose de faire des tests avec ces deux thérapies et de décider laquelle est la plus bénéfique pour vous. Je tiens à vous expliquer la portée de chacune, et, selon vos problématiques, d'en expérimenter l'une et puis l'autre. Une chose est certaine, il faut boire de l'eau à longueur de journées afin de maintenir notre santé par un organisme nettoyé tous les jours.

Habituellement, nous commençons presque tous la journée avec une tasse de thé chaud ou un café. Un rituel pour émerger de notre sommeil et attaquer la journée de bon pied. Et parce que nous sommes conscients que pour être en bonne santé il faut au moins un litre et demi d'eau par jour (cela dépend du poids, la formule est partagée ultérieurement) nous ne négligeons pas le nombre de verres qu'il faut durant la journée. Cependant, quand il s'agit d'eau, nous la préférons fraîche, voire glacée. Ce que la plupart de gens ignorent c'est que l'eau tiède et l'eau chaude ont d'autres avantages que l'eau froide. Il est ainsi important de boire de l'eau tiède régulièrement, notamment le matin, cette habitude étant bienfaisante pour la santé globale de l'organisme.

Au saut du lit, boire un peu d'eau tiède relance notre organisme et ses fonctions. Elle stimule la digestion et élimine les déchets métaboliques. En effet, la nuit, non seulement on se déshydrate, mais la position allongée entraîne l'accumulation des toxines dans l'organisme, notamment au niveau du gros intestin.

La médecine chinoise insiste sur le fait que l'eau doit

être à la température du corps pour le réhydrater rapidement. D'où les recommandations de boire de l'eau tiède chaque matin, à jeun, car elle évite de chasser brutalement dans l'intestin tous les acides contenus dans l'estomac et réveille le système digestif. Il est plus facile d'assimiler son petit déjeuner 45 minutes plus tard. Voici les raisons pour lesquelles nous devrions suivre ce rituel chaque matin.

1.5.2.3. Nettoyer le tube digestif

Un seul verre d'eau tiède à jeun aide à détoxifier le corps. Lorsqu'on en boit, la température de notre corps commence à augmenter, ce qui se traduit par la sueur. Cela aide à libérer les toxines de notre corps et à le nettoyer correctement. En effet, la digestion des aliments se déclenche grâce à l'eau et à d'autres liquides préservant le tube digestif.

L'eau chaude est donc particulièrement salutaire pour la digestion. Des études ont montré que la consommation d'eau froide pendant ou après un repas peut durcir les graisses présentes dans les aliments consommés. Cela peut créer un dépôt de graisses sur la paroi interne de l'intestin. Toutefois, si vous remplacez le verre d'eau froide avec de l'eau chaude, vous pouvez éviter ce problème.

En outre, l'eau est bénéfique pour la digestion, elle peut vous aider à avoir des selles normales. La déshydratation peut entraîner des problèmes chroniques de constipation. Comme les selles sont accumulées dans votre intestin, le mouvement de l'intestin devient plus lent. Il est toujours recommandé de boire un verre d'eau chaude ou tiède chaque matin quand votre estomac est vide. Elle décompose tous les résidus d'aliments et rend le déplacement des particules moins douloureux à travers l'intestin. En manquer provoque des crampes et des ballonnements. Boire un verre d'eau tiède le matin est recommandé afin de stimuler nos intestins et aider le corps à maintenir un bon fonctionnement.

La position sédentaire, de plus en plus fréquente dans notre culture, ainsi que le manque d'activité physique, participent à la prise de poids. Lorsqu'on souhaite perdre du poids, notre premier réflexe doit être de boire un verre d'eau tiède chaque matin pour brûler les graisses. Cette dernière augmente la température du corps et stimule le métabolisme. Par conséquent, notre corps peut brûler plus de calories. Elle maintient également le bon fonctionnement de nos organes vitaux, y compris les reins. La meilleure façon de le faire est de stimuler notre métabolisme tôt le matin avec un verre d'eau chaude mélangée à du citron. En outre, elle nous aidera à dégrader la structure du tissu adipeux (les graisses corporelles) dans notre corps.

L'eau tiède favorise aussi la circulation sanguine et aide le corps à évacuer les toxines.

Nombreuses sont les publications qui préconisent que l'eau tiède aide à ralentir le processus de vieillissement. Le vieillissement prématuré est une véritable épreuve. Le processus de vieillissement est accéléré à cause des substances toxiques présentes dans le corps, or l'eau tiède détruit les toxines. Elle ralentit donc le vieillissement, notre peau devient plus souple.

D'autres effets positifs de cette thérapie sont le décongestionnement de la gorge et du nez. Un excellent remède naturel contre le rhume, la toux et le mal de gorge. Elle dissout le flegme et aide également à le supprimer de votre système respiratoire. L'eau tiède peut soulager les maux de gorge.

L'eau tiède ou chaude est utilisée également pour lutter contre les crampes menstruelles et soulager l'inconfort menstruel en général. La chaleur de l'eau a un effet calmant et apaisant sur les muscles abdominaux, ce qui peut éventuellement aider à guérir les crampes et les spasmes, soulageant ainsi la douleur.

D'autres atouts liés à la santé et la vitalité des cheveux ont aussi été relevés.

Personnellement je bois, religieusement, plus de deux litres d'eau par jour depuis plus de 30 ans (exactement 9 verres de 250 ml). J'ai aussi acquis l'habitude de boire de l'eau tiède et/ou chaude le matin et d'ajouter quelques gouttes de citron. Les effets ont été très positifs, j'ai gagné en vitalité, certainement due à l'élimination de toxines, et aussi à une évacuation plus régulière et de consistance normale.

A ce propos, il est intéressant de concevoir, comme le fait la médecine ayurvédique, que les difficultés d'évacuation intestinale peuvent être à l'origine des souffrances du dos, notamment les lombaires. Dans leur protocole de cure les lavements intestinaux, à base de plantes ou de café, sont fréquents. Lors des deux dernières cures réalisées en Inde on a m'a fait des lavements intestinaux et, à ma surprise, le médecin m'a indiqué qu'ils n'étaient pas destinés qu'aux intestins mais surtout à soulager le dos. Les résultats ont été probants.

Je n'aborderai pas cependant ce thème, une abondante littérature existe sur ce sujet. Il s'agit toutefois d'une possibilité à adopter pour soulager vos douleurs lombaires.

1.5.3. Se purifier en pleine présence et conscience

La présence à chaque acte de notre vie est le meilleur tremplin pour rester heureux. A ce moment nous réalisons que nous sommes vivants, que nous respirons, que nous sommes entourés des personnes qui nous aiment, bref, que nous sommes en vie ! Au final, *le seul moment que nous avons est le moment présent.* Ceci est aussi valable quand nous faisons notre toilette. Se laver en pensant à ce qui nous attend au cours de la journée c'est perdre l'opportunité de rester relié à soi, de garder le lien avec notre corps, notre moyen de percevoir la vie et la réalité.

La toilette est un espace-temps privilégié pour sentir notre corps, pour prendre soin de lui, pour commencer à l'accepter et à l'aimer. Notre corps est une machine sensible d'une extrême perfection et merveille. Glisser nos mains sur lui avec tendresse et délicatesse, lui donner un massage vigoureux avec une crème ou des huiles essentielles, lui parler quand il souffre, l'accueillir quand nous sentons que quelque chose ne va pas, le remercier de tout ce qu'il nous permet d'expérimenter, sont des attitudes qui nous lient indéfectiblement à cette enveloppe charnelle qui nous accompagne lors de notre passage sur terre.

<u>Exercice N° 3 : s'aimer sous la douche</u>

- Lorsque vous prenez une douche sentez l'eau qui coule sur votre corps, qui le lave, le purifie, non seulement de la transpiration, des effluves et des cellules mortes, mais aussi des préoccupations, des soucis. Laissez partir tout cela avec l'eau de la douche ou du bain. L'eau étant par essence un élément purificateur.
- Respirez profondément en sentant l'eau couler sur votre peau (voir exercice N° 5).
- Sentez aussi le savon qui glisse sur votre peau, qui enlève les impuretés et qui nettoie les pores et la peau en profondeur. Privilégiez les produits naturels et biologiques. Votre peau et votre corps le méritent bien.
- Le séchage peut devenir un moment délicieux pour caresser ou frictionner votre peau. C'est un moment pour aimer ce corps qui nous permet d'interagir avec et dans le monde.
- Adoptez le bon réflexe de le crémer, de l'hydrater, de le nourrir. Une excellente alternative est de fabriquer soi-même des crèmes à base de produits naturels. Des centaines de recettes existent sur Internet. Pendant que vous étalez la crème sur votre peau, prenez contact avec elle, sentez sa texture, sa turgescence, sa fermeté, sa douceur, ses plis, parfois ses bourrelets et sa cellulite, aimez votre peau.
- C'est aussi le moment idéal pour vous faire un petit massage de détente ou de stimulation de la circulation

sanguine. Pour ce faire, faites des mouvements ronds avec un appui modéré sur votre corps. Vous pouvez commencer par vos pieds, continuer par les jambes, les fesses, le bas du dos, le ventre, la poitrine, les seins, les bras, le cou, la tête. La peau nous sépare d'autrui et nous permet aussi de nous unir aux autres. Faites du moment de la toilette un véritable rituel de bien-être en prenant le temps pour la faire, en total conscience et présence.

- C'est aussi un moment propice pour s'aimer chaque jour un peu plus. Dans ce sens, vous pouvez faire déjà un petit exercice : regardez-vous dans le miroir et dîtes-vous combien vous êtes belle ou beau, combien vous êtes radieux ou radieuse, souriez-vous et souriez au monde.

- Finissez ce rituel avec la phrase que j'utilise tous les jours, *« je m'aime et je m'accepte totalement, infiniment et inconditionnellement »*.

Après ces rituels du matin, à répéter chaque jour, vous pouvez vous habiller, en totale présence, et démarrer votre journée.

Au fur et à mesure que vous allez ancrer ces bonnes habitudes, vous verrez que votre journée se passera beaucoup mieux qu'auparavant. Vous serez plus présent à vous-même et plus conscient de votre être.

1.5.4. Bien planifier sa journée

Les agendas de chaque individu sont aujourd'hui surchargés. Afin de ne pas sombrer dans le stress et la surcharge mentale dès le matin, planifiez votre journée la veille ou en début de semaine par exemple, en posant des objectifs réalistes à accomplir. Apprenez à différencier ce qui est *urgent* de ce qui est *important*. Ces deux acceptions m'ont sauvée et m'évitent régulièrement de sombrer dans le stress, voire la panique.

Chaque activité mérite un traitement différent. Ce qui est urgent doit occuper votre temps et votre esprit en priorité. Cela vous désencombre le mental et le corps. Il s'agit des choses qui ne peuvent pas attendre et les traiter en temps et en heure vous permet de trouver la paix pour continuer votre journée et surtout pour bien dormir.

De même, il est inutile de passer un petit moment à faire le ménage, un autre petit moment à faire le courrier, encore un autre petit moment à s'occuper des enfants, et encore un autre petit moment à travailler. Vous disperser est une perte de temps considérable. Destiner une heure ou deux à traiter les activités à fond est beaucoup plus profitable que passer des petits moments à faire plusieurs choses pour ne rien finir. Cette dernière mauvaise habitude engendre du chaos, parfois de la culpabilité, sentiment assez néfaste pour la santé.

Les urgences doivent donc être traitées en priorité et se trouver en tête de liste des choses à faire. Faire des *check-list*, ou listes de vérification, permet aussi de libérer l'esprit pour bien s'occuper des choses au présent.

Exercice N° 4 : prioriser les activités
pour soulager votre mental

- Partagez une feuille de votre agenda en trois ou faites trois listes avec des couleurs différentes : une avec les tâches urgentes, l'autre avec celles considérées importantes, une troisième avec les autres.
- Engagez-vous avec des délais raisonnables pour chaque obligation afin de les accomplir.
- Si vous n'arrivez pas à les réaliser dans le temps imparti, remettez la tâche pour le lendemain en indiquant qu'il s'agit d'une *urgence* (soulignez avec un marqueur si nécessaire).
- Prenez l'habitude de rayer, les unes après les autres, les choses qui ont été faites.
- Une fois que vous avez traité les urgences, occupez-

vous des affaires importantes. Parfois elles peuvent être traitées à un autre moment, apprenez donc à reporter. Attention toutefois à ne pas procrastiner, celle-ci est une très mauvaise habitude.

-    Félicitez-vous pour chaque affaire dispatchée ! Cette dernière action vous donnera le courage de continuer.

Gérer son agenda nécessite donc une organisation. Pour les mères de famille cela est fondamental. Surtout si vous voulez consacrer du temps à votre bien être personnel. Apprenez aussi à partager les obligations familiales avec votre conjoint, quel que soit son emploi du temps et ses obligations. Pour l'équilibre du couple cela est nécessaire, voire obligatoire.

Chaque parent a besoin de temps pour soi, du temps pour la famille et des moments à deux.

Il est certain qu'il y a d'autres aspects de la vie à traiter. Pour bien entamer la journée, je vous propose les petits rituels-exercices expliqués plus haut. Réalisés au quotidien ils amélioreront considérablement votre bien-être.

Les exercices proposés à continuation peuvent être faits selon une périodicité journalière, tous les deux ou trois jours, d'une façon hebdomadaire tout au plus, ou quand vous en ressentez le besoin. Ils vous aideront également à rester à l'écoute de votre corps et de ses besoins.

Dans ce sens, il est impératif de faire des pauses tout au long de la journée pour écouter les messages du cœur et du corps. Cette bonne habitude aura comme bénéfice supplémentaire de nourrir votre vie intérieure.

Nous verrons par la suite d'avantage d'exercices destinés à l'écoute de ce qui se vit à l'intérieur de notre enveloppe charnelle. Être attentif à ce qui vibre en nous, quel que soit la nature de la vibration, est la mesure parfaite pour avancer plus sain sur notre labyrinthe existentiel.

1.5.5. Exercices pratiques pour se reconnecter à son corps

Durant plus de vingt ans, j'ai testé au sein de mes groupes tous les exercices présentés dans cet ouvrage, ceux-là même qui ont fait partie intégrante du processus suivi pour enrayer les douleurs chroniques et autres maladies dans mon quotidien. Des milliers de participants à mes activités de Biodanza ont par ailleurs témoigné du bien-être considérable apporté par ces exercices, aussi bien dans le corps, l'esprit, le cœur et la vie en générale.

Certains de mes stagiaires affirment, à l'occasion de leurs témoignages oraux ou lors de l'écriture de leur monographie de fin de formation de facilitateurs de Biodanza, combien ces exercices leur ont permis de se rétablir plus rapidement du cancer du sein, d'hyper et hypothyroïdies, de scléroses en plaques, de la maladie de Crohn, de problèmes de prostate, de dépressions légères à modérés, parmi d'autres maladies.

D'autres bénéfices considérables ont été rapportés lors d'une étude faite en 2010 à l'Université de Rome, avec la participation des spécialistes de l'APRI en Italie et avec la collaboration des facilitateurs de Biodanza. La conclusion générale de l'étude indique que ces exercices améliorent la santé. Au niveau du bien-être ils apportent :

- Plus de relations positives,
- Augmentation de l'autonomie,
- Plus de contrôle de l'environnement,
- Trouver d'avantages du sens aux expériences de la vie.

Au niveau du stress les bénéfices identifiés sont :

- Réduction du stress,
- Diminution du contrôle,
- Diminution des états dépressifs et de l'anxiété,
- Atténuation des sensations psychophysiques délétères ;

Dans le domaine de l'alexithymie les bénéfices reportés sont :

- Diminution de la sensation d'effort existentiel,
- Baisse du sentiment de confusion émotionnelle,
- Diminution des douleurs musculaires et corporelles en général,
- Baisse de l'hyperactivité (6).

Lors de la présentation de chaque exercice proposé, je parlerai des bénéfices que celui-ci apporte, en restant le plus explicite possible, bien que ce soit parfois tâche délicate tant les mouvements corporels impliquent une précision destinée à enrichir de sens l'existence. Aussi, des objectifs seront décrits pour chacun d'entre eux. En dépit de cela, chaque personne pourra faire des expériences différentes et atteindre d'autres objectifs non décrits ici, en fonction de son histoire de vie et de sa vision de la vie et du monde.

Le corps vit grâce à différents systèmes (respiratoire, digestif, circulatoire, reproducteur, nerveux, musculaire et squelettique). Chaque système est composé de plusieurs organes qui travaillent ensemble pour accomplir la même fonction ou des fonctions différentes mais liées. Les organes et les systèmes sont en relation les uns avec les autres, de façon coordonnée.

Le premier groupe d'exercices consiste à *prendre conscience* des différentes fonctions qui se réalisent dans notre corps. Dans ce sens, la respiration occupe une place prépondérante. Je dirais que la respiration est une fonction remarquable !

1.6. LA RESPIRATION

Notre corps est une unité dont les parties sont indissociables de la totalité. Si je respire mal, par exemple, c'est tout l'organisme qui en pâtira et non seulement les poumons. La respiration est une fonction glorieuse. Elle nous permet de prendre de l'air chargé en oxygène, et cet oxygène est un carburant essentiel pour les cellules. Sans oxygène, elles ne peuvent fonctionner correctement. Or, quand la respiration est incomplète, la quantité d'oxygène absorbée est insuffisante et les cellules exécutent difficilement leur travail de régénération.

Se sensibiliser au corps, c'est aussi percevoir la qualité de la respiration. Reste-t-elle bloquée au niveau du diaphragme ou descend-elle jusqu'à l'abdomen ? Les émotions jouent un rôle important sur la qualité de notre respiration, ce pourquoi il est primordial de travailler sur la gestion de celles-ci, notamment grâce à notre respiration.-Prenons l'exemple : lorsque nous sommes angoissés ou stressés, notre respiration est modifiée. Elle devient agitée, saccadée, entrecoupée... Nous pouvons alors agir et l'apaiser avec la respiration abdominale. A la fin de ce chapitre, vous trouverez de plus amples explications et des exercices spécifiques pour bien respirer. Votre corps sera renouvelé par la maîtrise du stress !

Si en écoutant votre corps, vous sentez ou vous vous apercevez que votre respiration est courte, profitez de quelques étirements pour l'amplifier. Le stress et la vie trépidante nous empêchent de prendre le temps de respirer profondément. Nous perdons ainsi tous les bénéfices de cette fonction glorieuse de notre corps, laquelle a pour objectif de nous procurer l'oxygène nécessaire pour nourrir nos cellules et l'ensemble des tissus, organes, muscles et tendons.

La respiration permet aux hommes de récupérer l'oxygène dont ils ont besoin pour survivre et rejeter les déchets gazeux tel que le gaz carbonique. La fonction respiratoire nécessite la participation et la collaboration de plusieurs organes. Le mécanisme de cette dernière est simple : l'air chargé d'oxygène pénètre dans nos poumons au cours de l'inspiration. Une fois dans les poumons, l'air se *décharge* de son oxygène dans les alvéoles pulmonaires, situées à l'extrémité des bronchioles (1).

Les alvéoles pulmonaires sont de tous petits sacs

remplis d'air, présentant une paroi très fine au niveau de laquelle ont lieu les échanges gazeux respiratoires. Le très grand nombre d'alvéoles pulmonaires permet une surface totale d'échange absolument astronomique d'environ 100m². Les alvéoles se gonflent d'air à l'inspiration et se vident lors de l'expiration. La fine paroi est recouverte de très nombreux et très fins vaisseaux sanguins, les capillaires, au travers lesquels se réalise un véritable échange gazeux. Par ailleurs, afin de protéger le corps, des cellules appelées « macrophages » digèrent poussières et microbes grâce aux enzymes qu'elles contiennent au niveau des alvéoles pulmonaires. L'oxygène va alors "enrichir" le sang. Au cours de l'expiration, on rejette les déchets, notamment du gaz carbonique, "récupérés" au cours de cet échange gazeux. (1)

La respiration est un phénomène automatique et inconscient. Au repos, le rythme ou fréquence respiratoire d'un adulte moyen est de 16 respirations par minute. Chaque jour, un adulte inspire environ 8 000 litres d'air (à raison de 0,5 litre d'air environ par inspiration).

Quand nous respirons nous absorbons de l'oxygène, sève vitale qui nourrira notre sang et se dispersera comme un flux d'énergie puissante dans chacun de nos organes, tissus, cellules et même l'ADN.

La *base de tout processus de guérison* est de sentir notre corps. Notre vie hyperactive, le stress, la rapidité des actions, l'agenda très chargé du quotidien, la pensée omniprésente et toute cette vie qui passe très, trop vite, sont l'antithèse pour se reconnecter à notre corps et donc à ses besoins. Le fait de se concentrer sur le rythme respiratoire favorise et facilite la conscience de soi, les ressentis corporels à l'instant présent. La méditation de la plaine conscience utilise ce mécanisme de lien pour devenir pleinement conscients de ce qui se passe en nous dans le présent.

Nous avons besoin, en premier lieu, de pratiquer des mouvements faciles, très simples même, pour nous relier à chaque partie de notre corps. Être en contact avec notre respiration, se concentrer sur l'inspiration et l'expiration, sentir l'air qui remplit notre cage thoracique, notre abdomen et de là se connecter à l'ensemble de l'organisme, aller remplir chaque membre jusqu'aux orteils des pieds, les doigts des mains et le cuir chevelu, est une étape indispensable. Vous verrez, quelques minutes par jour, pour commencer, suffisent.

Il est possible que pendant cette première étape du processus de guérison durable de votre vie et de votre santé, vous commenciez déjà à libérer des émotions. Et tant mieux. Le blocage de notre respiration est dû à l'anxiété et au stress, source de la plupart des malaises et des maladies. Plus nous sommes stressés et plus nous sommes anxieux. Et plus nous sommes anxieux et moins nous respirons. Et moins nous respirons et plus nous sommes anxieux et stressés. Libérer, amplifier, sentir notre respiration est une étape fondamentale. C'est la clé même de la vie. Un processus vertueux s'enclenche.

Retrouver une respiration régulière et en être pleinement conscient est l'étape indispensable pour parer à beaucoup de malaises et de maladies.

Exercice N° 5 : le bonheur de respirer

Si vous avez la possibilité de réaliser cet exercice à l'air libre n'hésitez pas. Un balcon, une place, un parc, la mer, la montagne ou la campagne sont des lieux privilégiés car calmes, ouverts, parfois moins pollués et verdoyants.

- Mettez-vous en position debout, jambes légèrement séparées, genoux déverrouillés, les bras le long du corps. Le corps est droit et sans tensions. La tête est alignée avec le corps. Si vous avez de la difficulté à rester debout prenez place assis.
- Fermez les yeux et commencez à prendre contact avec votre rythme respiratoire. Ecoutez sa cadence, ressentez son ampleur et la température de l'air entrant par vos narines, identifiez si la respiration descend au thorax ou

si elle va jusqu'au ventre. Accueillez sans juger ce que vous ressentez ou observez.

- Portez maintenant toute votre attention sur la respiration. Inspirez puis expirez calmement.

- La respiration la plus complète est celle qui descend jusqu'à l'abdomen, c'est le but de cet exercice.

- Lors de 'inspiration l'air doit remplir l'abdomen puis petit à petit monter jusqu'au thorax. Retenez l'air quelques secondes puis expirez. Répétez l'exercice plusieurs fois.

- Ensuite, à chaque inspiration suivante, permettez à l'air de se répandre partout dans le corps, jusqu'aux orteils. Votre souffle commence dans l'abdomen, il gagne progressivement votre pelvis, jambes, pieds, orteils, puis remonte vers le thorax, les bras, les mains, les doigts, le cou, la tête. Il doit conquérir tout l'espace corporel.

- L'inspiration se fait calmement, sans précipitation. La présence reste totale. Si toutefois vous commencez à penser à autre chose, ramenez votre conscience à la respiration, sans vous juger.

- Ensuite, expirez aussi calmement que vous avez inspiré. L'expiration est deux fois plus longue que l'inspiration (rapport de 4/8 : 4 temps pour inspirer, 8 temps pour expirer). Vous pouvez imaginer lors de l'inspiration qu'une lumière ou des bulles de lumière entrent par vos narines et emplissent votre corps. Pendant l'expiration vous pouvez en profiter pour éliminer tout ce qui vous semble toxique, douleurs comprises, appropriez-leur alors la forme, la consistance et la couleur que vous souhaitez.

- Répétez plusieurs fois cette séquence, inspiration et expiration, en toute conscience.

- Il se peut qu'à certains moments vous ressentiez de fortes émotions et une envie de pleurer. Laissez-vous aller. La respiration consciente nous ramène dans l'ici et maintenant et nous fait sentir intensément vivants. Pour certaines personnes cet exercice peut être initiatique.

Au fur et à mesure de la pratique de cet exercice vous allez sentir que votre corps se détend et grandit, que votre esprit s'apaise et se clarifie, que les émotions positives vous envahissent, que vous vous sentez plus présent, plus vivant.

Répétez cet exercice plusieurs fois par jour. Vous pouvez le faire même en conduisant votre voiture, les feux rouges étant les moments les plus pertinents, mais également dans le bus, le train, l'avion…

Dans les trajets en avion ou en métro, où les espaces sont réduits, la respiration consciente favorise le dépassement de la claustrophobie.

La respiration consciente est excellente en cas d'anxiété, de peur soudaine ou de crise de panique. Le contrôle de soi est fondamental afin de ne pas se sentir envahi par ces états émotionnels néfastes. Mettre en pratique cette forme de respiration vous aidera à retrouver la sérénité et reprendre ainsi la pleine possession de vos moyens d'agir en totale conscience.

Certaines personnes ont une respiration appelée *courte*, dénomination donnée quand l'inspiration de l'air n'arrive pas jusqu'à l'abdomen. Cette forme de respiration est aussi associée à des états d'angoisse et d'anxiété, car c'est cet état qui la génère et l'entretient. Certaines personnes ressentent une véritable coupure juste en-dessous de la poitrine ou des seins qui les empêche de laisser l'air de l'inspiration circuler jusqu'à l'espace abdominal, perdant ainsi tous les bénéfices que cela comporte. L'exercice qui suit est destiné à rendre consciente cette difficulté et à acquérir cette forme de respiration, très complète, et hautement salutaire pour votre organisme. La position couchée favorisera l'intégration de cette forme très bénéfique de vous oxygéner.

Exercice N° 6: respiration abdominale couchée

- Couchez-vous par terre sur un tapis ou sur un lit, de préférence relativement dur. Il est nécessaire que le corps soit à plat. Les jambes sont allongées. Si vous ressentez le besoin d'alléger la pression sur vos disques lombaires, posez un coussin plutôt rond et long au-dessous de vos genoux et posez totalement les genoux sur le coussin, détendus.

- Posez les mains sur votre ventre ou demandez à une personne proche de poser une main sur votre ventre. La main doit être aussi légère qu'une plume.

- Commencez à respirer normalement. Si la main qui sert de témoin ne se lève pas, poussez votre inspiration plus profondément jusqu'à votre abdomen, jusqu'à ce qu'elle se lève par le fait de votre propre inspiration. C'est-à-dire que vous devez gonfler votre ventre avec l'air que vous prenez lors de votre inspir.–Commencez par inspirer par vos narines, ensuite l'air remplit votre abdomen, pour finir par gonfler votre cage thoracique, puis votre poitrine. Vous pouvez retenir l'air 3 secondes dans chaque partie du corps, pour ensuite l'expirer longuement, toujours par les narines, en dégonflant votre ventre ou en le contractant légèrement. Videz alors complètement vos poumons de l'air qu'ils contiennent.

- Répétez cet exercice aussi souvent que vous le pouvez jusqu'à adopter la respiration abdominale.

Vous pouvez également réaliser cet exercice en sentant que l'air inspiré remplit jusqu'à vos orteils et ensuite vos bras jusqu'aux doigts comme indiqué dans l'exercice N° 5.

Nous pouvons aussi réaliser cette respiration dans le but de soulager nos tensions musculaires et laisser partir, avec elle, nos douleurs quotidiennes.

Il arrive que notre corps se tende, d'une façon soudaine, après une pensée ou une situation où nous ressentons un danger et à la suite de laquelle le corps entre en état d'alerte. Cette respiration abdominale, associée à une expulsion de vos tensions en même temps que l'expir, vous aidera à diminuer la sensation de stress, d'angoisse, de tension, de douleur et même de peur. En cas d'insomnie, avec l'intention d'expulsion des émotions et sensations corporelles douloureuses et répétée plusieurs fois, elle s'avèrera très relaxante, se transformant en une véritable méditation de la pleine présence. Toutes vos préoccupations, émotions et souffrances qui vous empêchent de trouver le sommeil se dissipent, se dissolvent afin de vous permettre de rentrer paisiblement dans un sommeil réparateur.

Cette respiration est, pour certaines personnes, une révélation. Je la propose souvent dans mes ateliers et me suis rendue compte qu'elle n'est pas si évidente que cela puisse paraître. C'était le cas de Claudine dont je partage le témoignage avec vous.

Pendant la pratique de mon processus de guérison, j'utilisais très souvent cette forme de respiration-soulagement des tensions et des douleurs. Elle est même le pilier d'un protocole. Je l'associe à la visualisation de « comment j'expulse les douleurs », et ce, définitivement, grâce à la répétition et la reprogrammation de mon corps. A cette époque, j'ai fait appel, d'une façon intuitive, à un mécanisme neurologique d'ancrage des nouveaux comportements plus positifs lorsque nous les répétons régulièrement. Les neurosciences affirment que 40 jours seraient nécessaires pour les intégrer à notre être. Mon processus a duré environ 3 mois.

La notion de « processus » faisant appel à la progressivité, nous allons aborder une partie de celui-ci pour ensuite l'élargir et l'approfondir.

Exercice N° 7: libération des tensions et des douleurs par la respiration abdominale

- Prenez position debout, assis ou couché, selon votre

ressenti ou possibilité du moment.
- Le corps est détendu, les épaules sont baissées, les bras reposent sur vos genoux ou sur le côté de votre corps (en position assise ou debout), le ventre est rentré, facilitant la posture droite du thorax, les pieds sont à plat sur le sol (en position assis et debout) ou relâchés (en position couché), la tête est détendue, légèrement en avant en posture débout ou assise.
- Commencez par pratiquer la forme de respiration abdominale couchée (exercice N° 6), quelle que soit votre posture, trois fois. Inspirez par le nez, l'air descendant jusqu'à gonfler notre ventre. Faites-le remonter ensuite jusqu'à votre thorax, puis à votre poitrine, sans monter les épaules, puis expirez longuement.
- A la quatrième respiration, pendant l'inspir, retenez votre respiration en haut du corps 5 secondes, puis expirez en expulsant vos tensions et douleurs. Dans le but de « matérialiser » ces dernières, associez-leur une couleur, (par exemple le bleu ou le noir). Répétez 3 à 5 fois, ou jusqu'à ce que vous ressentiez votre corps soulagé.
- Pour finir en beauté, vous pouvez remplir votre corps d'une couleur (par exemple du blanc ou du doré) et/ ou d'une sensation agréable (des bulles colorées, d'une brise tiède, d'une eau pétillante). Il sc peut que vous frétilliez de plaisir !
- Etirez-vous à la fin de l'exercice et reprenez vos activités.

L'avantage de cette pratique étant qu'elle peut être faite n'importe où et à n'importe quel moment de la journée. Extrêmement efficace, elle soulage durablement vos tensions et douleurs.

Si la visualisation de couleurs et de sensations peut être un peu difficile au début, sachez qu'un entraînement régulier fera disparaître cet obstacle.

L'avantage de cet exercice est qu'il peut être fait à n'importe quel endroit et moment de la journée. Il est extrêmement efficace et soulage durablement vos tensions et douleurs.

Si la visualisation de couleurs et de sensations peut être un peu difficile au début, l'entrainement régulier fera disparaitre cet obstacle.

1.6.1. La joie de s'ancrer dans l'ici et maintenant

Nous ne sommes pas tous égaux dans notre capacité à rester ancrés dans le présent. Un travail sur les éléments dominants de notre personnalité nous aide à savoir dans quelle proportion l'élément *terre* est constituant de la nôtre. Il est reconnu que les personnes qui ont le soleil dans les cases capricorne, taureau et vierge ont *plus de terre* que les autres, elles sont donc plus *ancrées*. Mais ceci n'est pas une fatalité. Notre personnalité étant en partie culturelle, donc acquise, peut se façonner afin d'augmenter notre sentiment d'ancrage à la terre, à la réalité.

Ce dernier, quel qu'il soit, est fondamental. Finalement, c'est *accepter ce qui est*, sans vouloir le changer, même si la situation que nous vivons est douloureuse. Nous leurrer que ce qui est n'est pas, est une perte de temps et d'énergie. Vouloir changer cette *dure* réalité c'est nous évader d'elle ou la nier. C'est aussi nous créer plus d'illusion et cette illusion ne fera que biaiser notre réaction à la situation présente. Un cercle vicieux !

Si la réalité s'avère difficile à accepter, il est intéressant de réaliser un travail d'écoute du corps et de ses signes (sensations, émotions et sentiments), *objectivée*, par la mise en place de l'observateur.

Ecouter, observer, accepter, comprendre et agir sont des phases fondamentales dans toutes les situations de notre vie. Ce processus nous fournit une quantité considérable d'informations sur qui nous sommes, d'où nous venons (expériences durant l'enfance) et comment nous fonctionnons ou réagissons dans le présent.

Activer ce processus crée un cercle vertueux qui nous fait nous sentir plus confiants. L'assurance nous aide à nous ancrer dans l'ici et le maintenant pour accepter la réalité. L'acceptation nous procure une économie d'énergie et de temps, ces derniers nous préparant pour y faire face, pour être plus réactifs et plus pertinents. Les bénéfices en sont donc considérables.

Ce processus est à faire à chaque situation que nous vivons dans le présent. Ne jamais oublier que le passé n'existe plus et le futur est à écrire et à créer. Plus le moment présent est vécu en conscience totale, plus le futur sera en accord avec qui nous sommes et ce que nous voulons vraiment pour nous.

Exercice N° 8: je m'ancre dans la réalité

La discrétion de l'exercice d'ancrage permet de le faire en tous lieux et même en posture assise, la posture débout étant toutefois plus adaptée.

- Mettez-vous en position débout, jambes légèrement séparées afin d'augmenter la base sous votre corps. Adaptez l'écartement de vos jambes à votre aise. Ecoutez votre corps ! Hanches et genoux nous indiquent notre position de confort.
- Vous devez vous sentir *présent*. Les genoux sont fléchis avec la sensation de tonicité et de confiance dans le pelvis et les jambes.
- Le Tai-Chi nous parle du *tan tien*, le point de gravité qui est situé au centre du bassin, à quelques centimètres en-dessous du nombril. Quand nous nous concentrons sur le *tan tien*, la sensation d'ancrage et de stabilité devient puissante.

- Le thorax est droit mais sans tension. La tête est bien alignée avec le thorax, le pelvis et les hanches. Les yeux sont ouverts et la mâchoire fermée sans tension. Ceci est aussi important. Vous n'allez pas à la guerre !
- Le regard est face à vous, sur un point précis. Tâchez de le fixer sur un point agréable, par exemple un arbre, l'horizon, une image qui ait un sens positif pour vous. Confirmez la base sous vos pieds et vos jambes, elle doit vous procurer une sensation de solidité.
- Dans cette posture continuez à respirer de plus en plus amplement, selon l'exercice N° 5 proposé plus haut dans ce chapitre. Cette respiration doit gagner l'ensemble de votre corps. Vous inspirez, vous expirez. L'expiration étant plus longue que l'inspiration.
- Commencez à imaginer que l'air inspiré circule tel un flux de lumière dans tout votre corps. Cette lumière est radieuse. Choisissez des couleurs claires, dans des tons blancs, dorés ou verts.
- Petit à petit, l'inspiration, auréolée de cette couleur puissante, descend à travers vos jambes et traverse le sol. Sa puissance ne faiblit pas durant son parcours. Expirez. Avec les prochaines inspirations, cette couleur se consolide et pénètre encore plus profond le sol. Vous imaginez qu'elle prend la forme de racines. Des dizaines de racines lumineuses et puissantes descendent de votre corps, ne passent pas votre *tan tien*, vos jambes et pénètrent de plus en plus profondément la terre. Ces racines lumineuses, solides et puissantes, vous ancrent à la terre.
- Répétez cet exercice autant de fois que vous en ressentez le besoin. Vous pouvez utiliser les couleurs que vous ressentez bénéfiques pour vous, mais toujours claires et lumineuses.

1.7. UN CORPS SOUPLE ET UNIFIÉ

« Notre corps est un hologramme vivant, un système dans lequel chaque partie est liée au Tout et le Tout est contenu dans chaque partie »
Elizabeth Rojas Ruiz

Notre corps est une unité inséparable. La médecine occidentale nous a induits dans l'erreur de croire que la guérison pouvait passer par une intervention quelconque sur un organe ou un membre. Il n'en est rien. Si nous souffrons du ventre par exemple, c'est l'ensemble du corps qui en ressentira les effets. Nous serons perturbés et le dérèglement du ventre pourra affecter, non seulement notre digestion, mais aussi notre sommeil, notre travail, notre humeur, bref, toutes les activités de la journée se verront gênées par ce malaise.

Il est simple de le vérifier. Un rhume nous ôtera parfois l'envie de nous lever et de faire nos activités quotidiennes. Nos malaises et maladies nous conduisent à sentir qu'il est nécessaire de comprendre ce qui se passe dans nos vies dans sa globalité. Tout est relié. Nous sommes une entièreté dont les parties sont inséparables du Tout. Nous sommes, chacun d'entre nous, un Tout. Quand une partie de nous souffre, c'est notre être tout entier qui est en souffrance. Il est fondamental de le comprendre, de l'intégrer dans la vision que nous avons de nous-mêmes et de nos maladies.

La vision de l'être humain que je vous propose nous parle du lien essentiel qui existe entre la pensée et la matière, l'esprit et le corps, la biologie et la culture. Tout est relié. Nous sommes cette unité qui se meut dans l'espace et qui interagit avec son environnement. Nous modifions notre environnement autant qu'il nous façonne. L'épigénétique, une nouvelle discipline de la biologie, l'étudie depuis quelques années déjà. Nous sommes interdépendants avec la nature et aussi avec les autres êtres humains. On peut même postuler que ce qui arrive à autrui nous affecte aussi. De même que ce qui arrive à notre maison, la planète, nous perturbe, nous dérègle, nous transforme.

Expérimenter cette unité demande parfois d'entamer

un processus sensible d'écoute de soi. Le soi étant notre être tout entier, corps, cœur et esprit. Nous aborderons ce thème complexe plus loin. L'être compartimenté que nous ressentons demande de commencer un travail de *réunification* qui aura comme objectif principal l'analyse de notre mode de vie, afin de l'adapter à nos besoins profonds et authentiques de joie, légèreté et bonheur. Il ne s'agit pas de faire vite mais de faire *bien*. Le « bien » étant entendu dans cette approche comme la recherche infatigable de qui nous sommes, de ce qui nous motive, d'actualiser nos désirs profonds, de les identifier, de les accepter, de les honorer en développant le courage de les réaliser. Il s'agit, parfois, du travail de toute une vie. Pas de précipitation. La patience, signe de l'amour du soi est nécessaire, voire essentielle.

Ce chemin de réunification peut commencer assez facilement avec la pratique des exercices proposés dans ce chapitre. Au moindre signe de tension, de dissociation de nous avec nos douleurs et tensions, nous pouvons les réaliser. Ils nous parlent de l'écoute de notre corps, de l'accueil des petits signes qu'il nous envoie. C'est parfois un travail d'orfèvre. La méthode proposée - après avoir été expérimentée avec succès pour me délester définitivement de mes maladies - a débuté avec cette expérience de *sentir* mon corps, pour commencer à surmonter les maladies et goûter chaque jour un peu plus au bonheur.

Et ce qui est merveilleux c'est que ce travail peut se faire à tout moment de la journée, dans n'importe quelle situation. Au travail, à la maison, pendant nos activités ludiques ou sportives. A cet instant précis où j'écris ces lignes, je ressens une petite tension dans mes épaules, l'écriture me demandant de rester en position assise à pianoter sur mon clavier. Réflexe ? M'arrêter deux minutes, respirer profondément, faire un mouvement segmentaire du cou, lever les bras et les étirer, mouvement segmentaire de la taille, relâcher ma mâchoire, masser avec douceur et fermeté mon cou et mes épaules...et c'est reparti pour une heure de plus d'écriture !

Ce qui compte, c'est d'écouter les signes que notre corps nous envoie. Si cette écoute s'avère difficile au début, nous pouvons faire appel à notre observateur, il aura alors la mission de « scanner » notre corps pour identifier nos tensions, nos petites douleurs.

Soit en position d'acteur, soit en position de spectateur (l'observateur), *sentez* ou *observez* régulièrement les tensions et douleurs de votre corps, elles nous parlent parfois de mauvaises postures adoptées depuis trop longtemps.

L'important est de commencer l'expérience d'écoute de notre corps et *de sentir* pour identifier ce qui lui fait du bien de ce qui le détruit.

Mise à part les exercices de relaxation des segments du corps, une possibilité complémentaire est de nous masser les parties du corps qui deviennent douloureuses.

L'automassage est un geste d'amour de soi. Une manière de prendre soin de notre corps avec une grande dose d'affection. A pratiquer sans modération. Après un long moment assis, se masser le cou, les épaules, les mains, les reins, les bras, procure un intense effet de soulagement ce qui nous donnera forcément envie de réitérer l'expérience très souvent.

Cette écoute sera affinée au fur et à mesure de la pratique des exercices proposés (segmentaires, respiration, automassages), et notamment quand nous ressentirons qu'à la fin d'une matinée ou d'une journée de travail, nous sommes moins tendus et moins fatigués qu'auparavant. Notre corps sera plus souple, plus délié et nous percevrons une amélioration de la circulation de l'énergie vitale Les bénéfices étant constatés corporellement, nous prendrons assurément plaisir à recommencer l'expérience.

1.7.1. Comment la cuirasse caractérielle prend-elle une inscription corporelle ?

Dès le début des années 1930, Wilhelm Reich, médecin, psychiatre et psychanalyste autrichien, s'intéresse à la question d'une possible influence du vécu psychologique sur la morphologie. Il conclut que les émotions inhibées prennent une place dans notre corps. Ainsi, l'inhibition de l'agressivité et la cuirasse psychique s'accompagnent toujours d'un accroissement de la tonicité et même d'un raidissement de la musculature.

Or, l'agressivité est un instinct qui a pour objectif de nous protéger des dangers *perçus* par l'enfant, constituant ainsi une fonction vitale pour tous les individus. Dès lors, l'inhibition des fonctions vitales (libido, agressivité, angoisse, destruction) s'est opérée sous forme d'une cuirasse musculaire. La rigidité psychique et la rigidité somatique ne sont pas l'expression l'une de l'autre, mais toutes deux forment une unité indissoluble.

Dans mon travail je peux constater aisément l'unité fonctionnelle entre les cuirasses psychiques et physiques. Le *corps a un langage propre pour se dire et ce langage est le fruit de notre histoire.*

Les corps gracieux et harmonieux sont en général détendus, les muscles s'expriment avec élégance, rondeur et souplesse, et quand ces personnes s'expriment, leurs gestes et leurs mouvements sont associés aux modulations agréables de leur ton de voix, celle-ci résonnant comme une musique. L'approche de ces êtres est facile, l'accueil est chaleureux. Nous sommes à l'aise !

A contrario, l'individu cuirassé observe une attitude générale de *retenue* et laisse entrevoir facilement une tension, voire une rigidité de son corps et ses muscles. L'organisme de cet individu exprime le fait qu'il retient quelque chose. Lors de ses mouvements, nous constatons que ses épaules sont tirées vers l'arrière, le thorax est relevé, l'attitude du menton rigide, la respiration superficielle, le bas du dos bombé, le bassin semble sans vie, les jambes sont raides, et les genoux verrouillés.

L'individu cuirassé ne se rend pas compte par lui-même de ses cuirasses. Si, malheureusement, ces dernières sont anciennes, ayant eu le temps de s'ancrer dans les tissus des organes, elles provoquent chez ce sujet ulcères de l'estomac, rhumatismes, arthrite, cancer ou encore angine de poitrine. En effet, la cuirasse physique comprend le tissu conjonctif, les artères, les veines, les os, les organes internes et les muscles.

Il est donc fondamental de commencer à dissoudre les cuirasses avant qu'elles ne se transforment en maladie grave. La dissolution des tensions musculaires, qui sont la partie somatique du refoulement psychique, est la garantie de libérer toutes les souffrances émotionnelles restées cristallisées dans notre cerveau puis dans le corps.

1.7.1.1. Corps cuirassé, corps insensible

Reich, ancien élève de Freud, postule l'existence d'un *inconscient corporel*. Avec sa méthode il tente d'identifier les traces physiques des douleurs psychiques. Ainsi, l'analyse reichienne vise à comprendre *comment* l'enfant exerce un contrôle sur ses émotions. L'émotion étant exprimée dans le corps, c'est là que Reich étudie les mécanismes de sa répression.

Selon sa pensée, la peur, le chagrin, la douleur, la colère et chaque événement émotionnel engendrent des mouvements et des postures caractéristiques. De ce fait, des tensions et des déséquilibres apparaissent dans le corps. Quand ces émotions sont trop fréquentes, l'individu a de plus en plus de mal à relâcher la tension, l'organisme n'arrive plus à se réparer, le fonctionnement des cellules est perturbé. A force d'éviter de ressentir la souffrance de nos émotions et sentiments, nous devenons une sorte de *paralysé affectif*. Notre corps et notre esprit se rigidifient.

Reich soutient que les contractions musculaires engendrées par nos émotions désagréables (peur, colère, tristesse, anxiété, honte, dégoût, rage, hostilité, etc.) mènent à la formation d'une *cuirasse caractérielle* qui a pour but de nous préserver de la souffrance, mais qui a aussi comme conséquence d'empêcher la circulation de l'énergie de vie, qu'il appelait « *orgone* », et qui possède une identité fonctionnelle en relation avec la cuirasse musculaire.

Lors de son travail et après l'analyse de plusieurs de ses patients, Reich définit des *types de caractères*. Le caractère, d'origine biologique – inné, étant pour lui *une modification chronique du Soi*. Le Soi cherchant sans cesse à se protéger et se préserver, toute modification interne ou externe qu'il *sent menaçante* engendre ainsi une *chronicité* des réactions caractérologiques d'une personne. Ces cuirasses qui ont pour fonction la protection du Soi, sont de véritables armures qui nous séparent des autres et du monde en figeant la *mobilité psychique* (7).

Une fois ces cuirasses constituées, le long de la vie, toute modification – positive ou désagréable apportée de l'extérieur et/ou de l'intérieur– peut être perçue comme menaçant l'intégrité de l'individu. La vie psychique se réduit considérablement, se figeant seulement à ce qui est connu et s'éloignant des nouveaux stimuli.

Le fonctionnement des cuirasses est relativement simple. Référons-nous aux guerriers des croisades d'antan. Face à une situation agréable, la cuirasse se relâche. Face à une situation déplaisante, elle se resserre.
Mais chaque cuirasse étant fonctionnelle, leur construction n'est pas le *fruit du hasard*. Face aux souffrances émotionnelles, physiques ou sexuelles, le Soi, notre noyau, a besoin de se protéger. L'enfant que nous étions n'avait pas la conscience pour élaborer et comprendre les souffrances, il les subissait. L'apparition des cuirasses, relevant de l'inconscient, a pour objectif de nous préserver d'un danger trop imminent pour le Soi, qui cherche à survivre.

Il est évident aussi que l'individu cuirassé nous apparaît comme rigide, blindé, raide, engoncé. Ces caractéristiques ont pourtant la capacité d'arrêter les difficultés de l'existence, de nous barricader pour ne pas recevoir les coups qui nous blessent, de nous protéger de ce que nous sentons comme menaçant... Le bémol ? Les cuirasses rendent l'individu moins sensible à toutes les sensations du corps et de l'environnement, aussi bien le plaisir que le déplaisir, la joie que la tristesse, l'éblouissement que l'indifférence, le confort que l'inconfort. Les personnes deviennent par conséquent indifférentes, voire impénétrables à tout ce qui vit et vibre, tant à l'intérieur qu'autour d'elles.

Insidieusement, les cuirasses nous coupent de toutes les sensations, de ce qui nous fait du bien, nous répare et nous structure comme de ce qui nous nuit, nous sépare, nous disloque. Cette mesure de protection du Soi l'enferme en l'empêchant d'évoluer. Le caractère se rigidifie, se paralyse, s'enkyste, s'immobilise, et l'individu devient imperméable à toutes les situations qui pourraient le nourrir. Nous verrons plus loin que les émotions, agréables et désagréables, ont pour fonction de nous construire, de forger notre identité par l'expérience.

Nous en protéger impliquerait donc de rester à un stade identitaire fragile. Néanmoins, aucun sentiment de culpabilité n'est à développer. Ces structures caractérielles ne sont pas la résultante d'une volonté individuelle, *et sont issues de relations conflictuelles entre l'enfant et ses parents,* toutes exprimant ainsi une certaine façon de les régler et de les perpétuer.

Evoluer implique de revisiter notre histoire, grandis et fortifiés par les expériences de la vie qui ont l'objectif de renforcer le Soi - notre identité totale – d'accepter ce qui est à accepter, de surmonter ce qui est à surmonter, de transformer ce qui est à transformer.

Cette étape est fondamentale pour vaincre les douleurs psychiques et les maladies, elles peuvent avoir comme origine des souffrances vécues dans notre plus tendre enfance, à un moment où nous n'avions pas de ressources suffisantes pour les comprendre et faire le deuil de nos manques, frustrations, déceptions et de la cohorte d'émotions désagréables qui nous submergeaient.

Libérer notre Soi de ces cuirasses, avec patience et amour, est une étape incontournable sur le chemin du bonheur.

1.7.2. L'insidieuse formation des cuirasses caractérielles

La formation de la cuirasse caractérielle ne se fait pas en un jour. Le cumul de souffrances liées à la répression et à l'inhibition des comportements innés chez l'enfant fait leur lent travail. On peut aisément parler de strates, une superposition d'expériences difficiles vécues qui ont nécessité la mise en place de protections, de forces défensives par l'individu, les unes après les autres.

Chaque souffrance émotionnelle ressentie laissera une trace corporelle, une couche supplémentaire séparera la personne de ses propres ressentis, de ceux d'autrui et du monde. Le caractère, à chaque souffrance, se fige davantage. Les réactions restent inchangées, rien de nouveau n'habite l'être. La *répétition* prend ainsi la forma d'un cercle vicieux sans fin. Nouvelle souffrance, nouvelle carapace, même réponse. Le corps est incapable de réagir autrement, il ne connaît que cela.

Les personnes qui développent des maladies comme la fibromyalgie et les douleurs chroniques ont connu et connaissent beaucoup de souffrances émotionnelles. Au-delà des séquelles émotionnelles liées aux accidents, maladies, violences et/ou pertes affectives et autres, qui ont laissé des traces si fortes dans la psyché qu'elles ont donné lieu à l'apparition des douleurs qui se sont chronicisées avec le temps, la souffrance des douleurs en elles-mêmes renforce les cuirasses musculaires et caractérielles qui ont pu se forger durant l'enfance et plus tard suite aux vicissitudes de l'existence.

Elles sont la *mémoire vivante* de tensions, maladies, émotions et traumatismes non-résolus. Ces souffrances psychologiques se sont gravées, à feu et à sang, dans nos organes, os, muscles et tendons.

Reich a formulé sept segments qui regroupent des muscles particuliers attachés sur le devant, les côtés et l'arrière du corps et forment ainsi sept anneaux, sept cuirasses musculaires, prenant une disposition segmentaire qui entoure le corps.

Reich décrit ainsi la disposition des cuirasses : « Les différents blocages musculaires ne correspondent pas à certains muscles ou nerfs isolés. Si l'on recherche les lois qui règlent inéluctablement ces blocages, on découvre que la cuirasse obéit à une *disposition segmentaire.* » (7). Ce terme, segmentaire, indique que la disposition de la cuirasse agit sur le devant, sur les côtés et à l'arrière à la manière d'un anneau. On peut aisément penser à un étau qui enferme le segment du corps.

Les sept segments des cuirasses comprennent donc tous les organes et groupes de muscles qui entretiennent un contact fonctionnel entre eux, capable de les faire participer au mouvement expressif. Reich écrit plus loin « La structure segmentaire de la cuirasse est toujours perpendiculaire à la longueur du torse, jamais dans le sens de celle-ci. » (7).

Reich a identifié 7 anneaux cuirassés dans le corps : l'anneau oculaire, oral, du cou, thoracique, diaphragmatique, abdominal, pelvien. Chaque anneau physique est directement relié à un anneau affectif, psychique. A chacun des anneaux cuirassés correspondent des souffrances, émotions et attitudes mentales qui maintiennent la cuirasse corporelle en place.

1.7.3. Les segments corporels, les cuirasses musculaires et l'intégration du corps

L'inscription des émotions refoulées pendant notre enfance génère des cuirasses musculaires dans le corps qui nous font sentir morcelés, coupés, dissociés. C'est comme si le thorax était séparé du pelvis et des jambes, les bras dissociés du thorax, la tête distincte du reste du corps, et ainsi de suite. Nous nous déplaçons dans le monde avec une sensation d'être divisés, les ressentis ne pouvant circuler librement dans l'ensemble du corps. Parfois les sensations ne peuvent être ressenties, les cuirasses musculaires sont alors de véritables armures qui nous séparent des autres et du monde, mais surtout de nous-mêmes.

Notre mental avec ses pensées, notre corps avec ses sensations, et notre cœur avec ses sentiments, sont perçus comme trois entités distinctes.

Pour Reich, initier notre guérison passe par le relâchement des tensions. Les exercices proposés plus loin ont pour objectif, non seulement de dissoudre nos tensions, mais également, à partir de cette dissolution, de *réunifier* notre corps. Cette dernière nous permet de sentir que nos pensées, nos ressentis et nos sentiments cheminent de la main vers une même direction : l'accomplissement de notre Soi authentique. Notre essence tout entière y est. Il n'y a plus de combat. Fini le morcellement chaotique, terminé le déchirement de notre être.

L'intégration de ces segments, avec l'exercice intégration *des trois centres*, est à faire régulièrement tant que cette réunification n'est pas ressentie dans la vie de tous les jours et dans les décisions du quotidien. Cet exercice est destiné à cela : que les décisions qui concernent notre existence soient prises en accord avec ces trois entités indissociables, constitutives de notre essence humaine : mental, cœur et corps.

Répétez-les chacun une fois par jour. Très souvent, vous serez pris d'une grande émotion, c'est un excellent signe. Les émotions cristallisées dans votre corps commencent à se libérer, à s'exprimer. Laissez-les couler et continuez l'exercice. Libérez tout ce qui est resté séquestré dans votre corps, dans ses cellules, ses muscles, ses tendons, ses tissus, ses organes. Si des souvenirs regagnent votre conscience, accueillez-les. Et continuez l'exercice.

Chacun de ces exercices dure environ trois minutes. L'exercice N°5 accompagne, toujours, leur pratique.

1.7.3.1. Premier segment : les yeux

Les yeux accomplissent la fonction de la vue. Ils sont donc liés à ce sens. Dans la médecine ayurvédique ils correspondent au 6ème chakra, celui de l'intuition, située entre les yeux. Ceux des êtres humains ont un angle de vision différent selon leur état de santé. Le sens de la vision est très développé en occident, souvent au détriment d'autres sens comme le goût ou l'odorat. Une certaine rigidité des yeux est liée à des traumatismes subis pendant notre enfance, des moments pendant lesquels nous avons été littéralement *sidérés*, sidération qui a provoqué une fixation du regard. C'est comme si ces traumatismes, non exprimés, avaient figé nos yeux.

Avec le temps, ces émotions bloquées raidissent notre regard, avec une grande difficulté à ouvrir notre champ de vision. Vous avez peut-être rencontré des personnes qui vous fixaient des prunelles, et vous vous êtes posé la question sur ce qu'elles cherchaient dans la profondeur de vos yeux. Ce sont des personnes avec lesquelles nous ne nous sentons pas très à l'aise, car nous percevons une certaine tristesse, voire une vacuité dans ce regard qui nous fixe. Il y a comme un manque de vie, un vide.

L'exercice qui va être expliqué a pour objectif de délier notre regard en dissolvant la cuirasse qui le fige, qui le raidit.

Exercice N° 9 : dissolution de la cuirasse oculaire

-   Prenez position debout, droit mais détendu. La tête est bien droite sur votre cou, mais détendue, les épaules sont en arrière, le thorax est droit, le ventre est rentré mais souple, le pelvis bien calé sur vos jambes, les bras sont le long du corps, sur les côtés. Le corps est aligné tout en gardant en permanence sa souplesse. Si vous avez de la difficulté à rester debout, prenez place sur une chaise à l'assise assez dure, ou du moins rigide, et observez une posture droite comme indiqué précédemment, les pieds à plat sur le sol.

- Commencez par pose votre regard à environ 2 mètres de vos pieds, face à vous. C'est un regard détendu, la mâchoire l'est aussi. Puis, avec les orbites regardant vers le sol, déplacez vos yeux à gauche puis à droite le plus loin possible, lentement, sans bouger la tête, comme si vous balayez le sol. Répétez l'exercice 6 fois. Maintenant déplacez les orbites vers le haut comme si vous regardiez le plafond en maintenant la tête droite. Balayez le plafond de droite à gauche et de gauche à droite, 6 fois.

- Ensuite, et toujours avec la tête droite bien calée sur vos épaules, mâchoire détendue, commencer à balayer l'espace avec vos yeux en dessinant des cercles, très lentement, de gauche à droite, puis de droite à gauche. Il se peut que vous ressentiez une petite gêne au début, n'ayez aucune inquiétude, c'est normal. Répétez 6 fois.

- Terminez en dessinant des diagonales avec vos yeux, de bas à gauche vers le haut à droite et de haut à gauche vers le bas à droite. Faites ces mouvements 6 fois.

- Tous les mouvements doivent être fait très lentement.

- De même que nous pouvons ressentir de la douleur quand nous commençons à utiliser les muscles du corps, commencer à délier les muscles des yeux relève du même effort. Au fur et à mesure que vous allez les pratiquer, dans votre vie courante vous commencerez à suivre vos propres mouvements du regard, accompagnés de la tête et du cou, ainsi que les mouvements de votre entourage et de votre environnement.

Cet exercice, que vous retrouverez plus loin, accroîtra votre sens de la perception et facilitera grandement la contemplation.

Afin de favoriser la souplesse de votre regard et de votre cou, je vous invite à suivre dans la nature les mouvements des oiseaux ou des animaux avec l'ensemble de votre tête, regard inclus. Si vous avez l'opportunité d'être dans une campagne bien ventée, le mouvement de la végétation, notamment celui des arbustes qui sont très souples, des bambous ou encore des arbres à grand feuillage, est un excellent point d'observation pour assouplir votre regard. Contempler leur flexibilité gracile, leur facilité à plier sans se casser, est un émerveillement pour l'âme, un apprentissage de fluidité aussi, et un excellent exercice pour adoucir un peu plus encore votre regard. Pour aller un peu plus loin, les mouvements oculaires facilitent le transfert de l'information d'un hémisphère cérébral à un autre, ce qui est très bénéfique pour nos nouveaux apprentissages. N'oublions pas que chaque hémisphère a des fonctions bien distinctes, et que le fait de faire circuler nos perceptions, nos émotions, nos ressentis, nos pensées et nos comportements d'un hémisphère à l'autre via les mouvements oculaires, enrichit substantiellement notre cerveau en accroissant ses connexions synaptiques. Le protocole pour surmonter les événements douloureux, EMDR (sigle américain qui veut dire *Eye Movement Desensitization and Reprocessing*) utilise les mouvements oculaires.

1.7.3.2. Deuxième segment : la mâchoire

La mâchoire est une partie très importante de notre corps. Elle sert à la mastication, mais elle est aussi le siège de la dégustation des aliments avec des milliers de papilles gustatives contenues dans la langue. Elle est, dans certaines cultures comme l'occidentale, utilisée aussi pour le baiser, pour embrasser tendrement nos enfants, amis et parents en général, ou passionnément notre amoureux ou amoureuse. Elle est aussi l'organe de la communication. A travers elle, nous

nous exprimons, nous communiquons.

Elle est aussi un important centre de contrôle involontaire relié à notre cerveau ancien ou reptilien. En cas de stress soudain, d'activation de notre système sympathique-adrénergique, notre mâchoire se crispe pour nous préparer à l'action. En cas de suractivation de ce système, lors des situations de stress fréquents ou permanents, notre mâchoire se rigidifie, se contracte continuellement, parfois au point d'en avoir mal et ce même durant le sommeil. Le bruxisme est une maladie assez commune qui finit par déformer les dents. La crispation de la mâchoire est aussi responsable de tensions cervicales, puis dorsales, puis lombaires. Tout le corps se détraque. Elle peut être donc le siège des blocages importants, qui avec le temps se transforment en cuirasses musculaires, puis caractérielles comme les nomme Reich.

Il est fondamental que notre maxillaire soit détendu le plus longtemps possible dans la journée. Vous pourrez vérifier aisément sa détente en surveillant que votre langue est collée à votre palais et que la mâchoire inférieure est détendue, légèrement affaissée en relation à la mâchoire supérieure.

Exercice N° 10 : dissolution de la cuirasse orale

- L'exercice pour détendre la mâchoire a l'avantage de pouvoir se pratiquer à n'importe quel moment de la journée et dans tous les endroits où vous vous trouvez. Quand il y a des difficultés d'endormissement, il est d'une extrême utilité de détendre la mâchoire et sortir du mode contrôle *corticale*. Il est intéressant aussi de réfléchir au fait que, si vous êtes couché, il ne sert à rien de vouloir contrôler quoi que ce soit et profiter des heures qui vous restent pour bien vous reposer. Comprendre et intégrer que le futur, même dans la minute qui suit, est incertain, peut vous aider à lâcher prise.

- Il n'y a pas de posture particulière pour faciliter sa détente. Debout, assis, semi-allongé ou couché, vous pouvez toujours le faire. Le plus fréquemment possible sera le mieux pour votre détente et pour dissoudre cette cuirasse qui provoque autant de dégâts.

-   Commencez par la délier en faisant des mouvements doux d'ouverture et de fermeture de la bouche. Glissez aussi la mâchoire inférieure de gauche à droite et vice versa. Ne forcez pas, les mouvements doivent être faits en douceur. Il se peut qu'après quelques mouvements vous commenciez à bailler. Laissez faire, c'est un excellent signe de relâchement. Au fur et à mesure que vous allez renforcer la pratique, vous pouvez amplifier les mouvements d'ouverture de votre bouche, avec des bénéfices importants sur votre décontraction.

-   N'oubliez pas d'associer la voix à votre détente. Parfois, bailler en émettant des sons l'amplifie. Nous verrons, dans l'exercice pour dissoudre les cuirasses des épaules, que le fait d'émettre des sons développe sensiblement la sensation de soulagement.

1.7.3.3. Troisième segment : le cou

Le cou est lié dans la médecine ayurvédique au 5è chakra. Les problèmes liés à ce segment peuvent être des maux de gorge, des affections respiratoires ou des dérèglements de la glande thyroïde.

La glande thyroïde est le chef d'orchestre de toutes les autres glandes du corps. C'est donc elle qui coordonne les hormones qui agissent en lien avec toutes les fonctions de l'organisme. Située dans la partie antérieure du cou, celle-ci génère des problèmes, en lien avec la communication. Disons plutôt, des difficultés à communiquer : dire sa vérité, tout ce qui nous blesse, nous déprime, nous rabaisse, nous humilie, nous diminue, nous démunit, nous fait sentir insignifiants, ignorés, laissés pour compte. Toutes ces émotions et sensations sont liées au fait de ne pas pouvoir dire, communiquer aux autres nos besoins, nos désirs, nos attentes, nos difficultés, nos peurs.

Ces difficultés s'installent dès la prime enfance et se maintiennent à cause d'un entourage peu empathique, indifférent et peu attentif à l'autre. Les parents ou les adultes qui entourent l'enfant sont trop occupés pour l'inciter à exprimer ses besoins, ses difficultés, ses peurs. Devenu adolescent, l'enfant perpétue cette gêne à « *se dire* » car considère, inconsciemment, que ses besoins n'ont aucune valeur, et craint de ne pas être entendu. Ignoré pendant l'enfance, l'enfant introjecte que ce dont il a besoin est insignifiant aux yeux de ses parents, des adultes en général. Autant ses requêtes que lui-même n'ont pas d'intérêt. Ces difficultés à se dire continuent à l'âge adulte, à tel point qu'à un moment de sa vie, tendra à développer une maladie liée à la thyroïde.

En France, le nombre de personnes qui souffrent de problèmes liés à la thyroïde est de l'ordre de 3 millions, toujours en nette croissance. Dans le monde, le cancer de la thyroïde touche davantage les femmes, avec des taux annuels d'incidence pour 100 000 personnes de 5,5 pour les hommes et de 13,8 pour les femmes (8). Les affections de la gorge sont aussi très fréquentes et nombreuses. Il va de soi que le stress généré durant l'enfance par toute cette peine à *se dire* est aussi, en partie, responsable de toutes ces maladies.

La détente de ce segment du corps par plusieurs exercices est donc fondamentale. Et non seulement par les personnes qui souffrent des difficultés à s'exprimer, mais aussi par tous ceux qui n'arrivent pas à se détendre et qui souffrent des tensions chroniques du cou ou des cervicales.

Exercice N° 11 : dissolution de la cuirasse du cou

-   Debout ou assis, détendez-vous. Inspirez puis expirez profondément plusieurs fois. Si des bâillements surviennent laissez-les émerger, ils sont le signe de la détente.

- Si vous êtes debout, déverrouillez les genoux, écartez les pieds de la largeur du bassin, détendez légèrement le ventre tout en maintenant le dos droit, relâchez les épaules, ouvrez légèrement la mâchoire et fermez les yeux.
- En position assis, la procédure est la même, les pieds sont bien posés à plat sur le sol.
- Commencez très doucement à tourner la tête, à gauche 3 fois puis à droite 3 fois, en la faisant pivoter autour du cou. Le reste du thorax ne doit pas bouger (positions 1, 2 et 3.
- Lorsque votre tête va en arrière ouvrez davantage votre mâchoire, mais attention, cela ne doit provoquer aucune douleur. Si c'est le cas, n'allez pas trop loin en arrière. Cela n'enlève en rien l'effet très bénéfique de cet exercice (position 4).

Ce mouvement segmentaire du cou peut être réalisé à tout moment de la journée, aussi bien à la maison qu'au bureau, dans le métro, dans le bus ou tout autre endroit où vous pouvez fermer les yeux au moins 2 minutes. N'hésitez pas à le répéter autant de fois que vous en ressentez le besoin. L'habitude s'instaurera toute seule grâce au bénéfice ressenti.

1.7.3.4. Quatrième segment : les épaules

La cuirasse et les rigidités concomitantes des épaules ont comme origine les tensions constantes dues aux ressentis des assaillis du Soi. Leur tension est synonyme de défense.

L'anneau qui entoure la poitrine, où se situe notre cœur, résulte des souffrances affectives intolérables. Celles-ci se sont littéralement cristallisées formant cette cuirasse qui nous empêche de ressentir de l'amour, de Soi, des autres et du monde.

Le premier exercice des épaules implique aussi l'ouverture de la poitrine en exerçant une légère expansion de celle-ci. Les poids de l'existence et les souffrances non exprimées peuvent faire que nos épaules se courbent vers l'avant, provoquant une compression de notre poitrine avec une sensation d'oppression de celle-ci, ajoutée à une sensation de lourdeur existentielle. Nous avons la sensation, tel le Géant Atlas, de porter le monde sur nos épaules. Cette posture entraîne une cascade de déformations autour de la colonne vertébrale et du cou. Tout le haut du corps est avancé, comme si nous voulions devancer le futur.

Les épaules sont aussi une partie du corps où peuvent s'observer des cuirasses. Dans cette situation, elles restent rigides lors des mouvements de rotation du thorax ou ont de la difficulté à accompagner, avec fluidité, les flexions vers le bas du corps. Si nous observons bien, certaines personnes donnent l'impression d'être un bloc, dans lequel tête, cou, épaules et poitrine ne font qu'un. Les exercices expliqués dans ces lignes ont pour objectif de délier chacune de ses parties du corps afin de les rendre fluides, et de dissoudre ainsi, avec patience et un grand amour de Soi, petit à petit les cuirasses musculaires qui les emprisonnent. Avec le temps, le caractère aura trouvé ainsi plus de souplesse et d'ouverture face à l'adversité et à la complexité de l'existence.

<u>Exercice N° 12 : dissolution de la cuirasse des épaules avec libération de la voix</u>

- La posture du corps est debout. La tête est droite mais pas rigide. Le but est d'arriver à se tenir droit et souple, voire fluide dans sa démarche. Ensuite, les épaules alignées sur la tête restent en arrière, sans tension, ce qui facilite l'ouverture de la poitrine et donc la pulsation de la respiration, qui est ample. L'abdomen est rentré et, dans sa continuation, le pelvis se balance doucement d'avant en arrière à chaque mouvement. Sachez que si une des parties du haut du corps prend la mauvaise habitude de sortir de cet alignement, c'est l'ensemble du corps qui se déforme avec la cohorte de conséquences au niveau, non seulement du squelette, mais aussi des fonctions végétatives comme la respiration, le rythme du cœur, la digestion, etc. Il est fondamental alors d'apprendre à se tenir droit tout en étant souple.

- La tête est droite et détendue, les yeux sont délicatement fermés, les bras sont le long du corps, le ventre est détendu mais légèrement rentré, les genoux sont déverrouillés, les jambes sont écartées de la largeur du bassin.

- Vous commencez par laisser partir la tête en avant puis, doucement, au fur et à mesure que vous roulez vos épaules de l'avant vers l'arrière, la tête accompagne le mouvement avec la mâchoire entrouverte et l'inspiration profonde (position 1). Quand vous sentez que les épaules descendent vers l'arrière en même temps que la tête, vous émettez un son de soulagement avec la voix tu type « aaaaa » et vous expirez par la bouche (position 2). Il est possible que vos omoplates craquent, ceci ne comporte aucun danger. Vous retrouvez votre position de départ et renouvelez l'expérience 6 fois ou 3 minutes, lentement (position 3).

Lors des activités de longue durée en position assise devant l'ordinateur, ou tout travail de bureau ou répétitif, tâchez de faire cet exercice 5 ou 6 fois de suite toutes les heures. Cette fréquence vous aidera à ne pas générer de tensions supplémentaires dans vos épaules.

Cet exercice apporte une grande détente au niveau des épaules, du cou, de la mâchoire et des yeux. Il vous aidera grandement à retrouver une souplesse au niveau du haut du corps et une grâce de mouvement dans son ensemble.

1.7.3.5. Cinquième segment : la poitrine (le cœur)

Ce segment comprend aussi notre poitrine qui renferme le cœur, l'organe des sentiments, des affects, de l'amour, et aussi, d'après certaines études, de capture de l'information avant d'atteindre notre cerveau. Les bras, étant l'extension du cœur, nous sont très utiles pour prendre les personnes que nous aimons dans les bras, pour les étreindre, pour les embrasser, pour les bercer quand il s'agit d'enfants, et aussi parfois les adultes quand ils sont en souffrance. N'oublions jamais que nous sommes aussi des *grands enfants*.

Ce segment de notre corps nous parle des difficultés éprouvées au cours de notre enfance, notre adolescence et notre vie d'adulte, en lien avec les relations affectueuses et amoureuses de notre vie. Ou plutôt en lien avec la souffrance ressentie quand ces relations ont été manquantes, défaillantes, ou s'il y a eu des pertes affectives importantes, ces épreuves n'ayant pu s'exprimer pour être ensuite évacuées de notre être.

La tristesse s'est littéralement cristallisée dans la poitrine et les bras au point de les rendre rigides, inflexibles, cuirassés. Une armure s'est installée entre l'individu et le monde. Parfois nous observons aussi que la poitrine est rentrée, comme enfoncée, comme si elle voulait se protéger de l'amour, de l'affect des autres, se rendant inatteignable à autrui. Le thorax est alors déformé par les souffrances de l'amour, du désamour.

La poitrine peut être ressentie, lors de l'exercice suivant, comme dure, impénétrable, le cœur est fermé. Les bras se meuvent alors difficilement, les mouvements d'ouverture et de repli deviennent difficiles voire douloureux, les coudes plient difficilement, les mains et les doigts sont rigides. La souplesse a quitté nos articulations.

L'exercice pour assouplir la poitrine et les bras est d'une extrême puissance. Je conseille de le faire très souvent, les effets positifs, qui peuvent être ressentis très vite, ne feront qu'accroître notre désir de le réitérer.

Exercice N° 13 : dissolution de la cuirasse de la poitrine et du cœur

- Débout, les jambes sont écartées de la largeur du bassin, les genoux sont fléchis, le ventre est détendu mais pas totalement relâché, une certaine tonicité s'impose à la posture débout. Les épaules sont aussi détendues mais droites. Les yeux sont mi-clos et la mâchoire est détendue. La tête commence légèrement droite, comme si vous regardiez en face.
- Commencez par croiser les mains à hauteur de la poitrine, sans tension, les coudes sont en bas détendus. Le corps ne se déplace pas.
- Dès que vous entendrez la musique, commencez doucement par ouvrir les bras à l'horizontal, comme si vous alliez recevoir une personne dans votre poitrine. Il n'est pas nécessaire d'ouvrir les bras à 180°, en tout cas pas au début. Ne forcez donc rien. Laissez venir le mouvement. Les bras reviennent sur votre poitrine et recommencent l'ouverture le plus loin possible. Faites au moins 6 à 7 pulsations mains sur la poitrine, ouverture bras, revenir avec les mains sur la poitrine, ouverture des bras et ainsi de suite.
- Il est fondamental que les bras restent à la hauteur de la poitrine, qu'ils ne descendent ni sur le ventre ni qu'ils remontent à la hauteur des épaules. Continuez à expérimenter cette douce pulsation, toujours en veillant à observer une respiration régulière. Ceci est très important.
- Il est fort probable, même souhaitable, qu'une émotion vous envahisse, laissez-la couler, elle est l'expression de toutes ces souffrances restées refoulées des années durant dans votre poitrine et cœur.

Au fur et à mesure de la pratique de ce merveilleux exercice, votre armure commencera à se dissoudre et le sentiment de l'amour pour Soi, pour l'autre et pour le monde pourra remplir le vide, cette béance créée par la cuirasse et le manque d'affection.

1.7.3.6. Sixième segment : la taille

La taille permet la jonction entre le haut et le bas du corps, entre le thorax, la tête, les bras et le pelvis et les jambes. On pourrait dire entre le centre noble du mental et le centre plus *instinctif* de notre sexualité. La taille nous parle de la répression de la sexualité en faveur d'un développement mental et intellectuel puissant.

Il est certain que chez les individus où le mental a eu un grand développement au détriment du corps, ce segment - et la dissociation qui s'ensuit - sera plus bloqué.

De plus, lors des observations au cours de mes activités je peux aisément constater que ce segment est plus rigide lors d'un vécu de forte répression sexuelle. Cette dernière dérivant d'un lien étroit avec la pratique d'une religion au sein de la famille, l'éducation et les idées reçus par les enfants très tôt sur leur propre sexualité, contribuent largement à cette dissociation et, par la suite, à l'apparition d'un segment qui prend la forme d'une cuirasse musculaire.

L'anneau de l'abdomen comprend les muscles abdominaux, les muscles transverses et profonds du bassin, les organes internes tels que les viscères, les reins et les glandes surrénales. La cuirasse musculaire emprisonnant les organes comme l'estomac et les pancréas, ceux-ci sont souvent touchés.

Elle se bâtit au même âge que la cuirasse diaphragmatique et pelvienne, et est liée au refus du plaisir, au vide, au besoin de contrôler la vie, de retenir, de ne pas éliminer, d'être propre pour répondre aux besoins des parents, à la compulsion, à la peur, à la coupure du cordon ombilical, ou encore à l'angoisse de la séparation.

<u>**Exercice N° 14 : dissolution de la cuirasse de l'abdomen**</u>

-   Débout, les jambes sont jointes un peu plus étroites que le bassin, les genoux sont droits mais pas raides, le ventre est rentré. Les épaules sont droites. Les yeux sont ouverts et la mâchoire est détendue. La tête commence légèrement droite, comme si vous regardiez en face.
-   Etendez les bras droits au-dessus de la tête, mains entrelacées, tête relâchée sans rentrer celle-ci dans les épaules.
-   Avec des mouvements doux, le corps oscille comme un jonc mu par le vent de droite à gauche et de gauche à droite. L'oscillation reste courte, c'est-à-dire que le déplacement est organique, sans exagération. Seulement le thorax oscille, le bas du corps reste sur place.
-   Une fois que l'oscillation devient facile, on peut commencer à dessiner des ronds avec le haut du corps, au début très près de notre axe, l'augmentation devant être progressive. Inutile cependant de vouloir aller trop loin, cela ne rajoute rien à l'efficacité de l'exercice.
-   Vous pouvez répéter cet exercice trois minutes, trois fois par jour. Il est aussi efficace pour affiner votre tour de taille !

1.7.3.7. Septième segment : le pelvis

L'anneau pelvien comprend les muscles du petit bassin, les organes génitaux, le périnée (muscle qui ferme le corps), l'anus, les hanches, les jambes et les glandes gonades.

Dans son expression affective, cette cuirasse musculaire exprime l'asexualité, la colère, la tristesse, l'angoisse, la rage destructrice et le désespoir.

Elle est la dernière à se former ; elle se constitue au même âge que les cuirasses diaphragmatiques et de l'abdomen. Elle apparaît souvent à l'adolescence, période au cours de laquelle les adolescents ressentent de très fortes pulsions sexuelles et une envie grandissante de découvrir les plaisirs du corps. Cette découverte passe par se toucher soi-même, actes souvent bannis et fortement réprimés, à tort, dans la plupart des cultures.

L'adolescent imagine que le bassin est le siège des *pulsions sales*, et cette idée prend racine en fermant son corps à lui-même et aux autres. Cette fermeture du corps aux plaisirs de la chair, chronicisée avec le temps, renforce et durcit la cuirasse pelvienne.

Dans mes observations, je constate combien il peut être long de retrouver le plaisir, de délier le bassin et le pelvis pour nous ouvrir à la sensualité et laisser épanouir notre fonction sexuelle. Pourtant, la nature nous a donné nos corps et nos peaux pour être savourés et entremêlés.

Force est de constater que déconditionner une idée reçue est parfois un long cheminement, pouvant être fait, sans aucun empêchement, par chaque individu.

Exercice N° 15 : dissolution de la cuirasse pelvienne

- La posture est debout, jambes écartées un peu plus larges que le bassin, genoux fléchis, thorax et tête droite et relâchés, bassin légèrement détendu.
- La mâchoire est toujours ouverte et détendue, les yeux mi-clos.
- Quatre mouvements permettent de dissoudre les tensions de cette puissante cuirasse.
- Le premier mouvement consiste à décharger tout le poids du corps sur une jambe, puis l'autre, telle une bascule. De ce fait, la fesse va légèrement en arrière de la jambe, on

peut la palper en la prenant dans la main. Répétez cinq fois pour chaque côté.

- Le deuxième mouvement consiste à faire un demi-cercle en projetant notre bassin en arrière, puis en bas pour ensuite le remonter sur l'axe du corps, et recommencer cinq fois.
- Ensuite on réalise un mouvement antéropostérieur, c'est-à-dire une bascule avant-arrière, comme si nous dessinions un cercle complet, encore cinq fois.
- Le dernier mouvement est celui d'une rotation à l'horizontal du pelvis, dans le deux sens (gauche droite et droite-gauche), une minute environ. L'important est de, progressivement, laisser le pétillement du sexe imprégner les mouvements, des vagues de plaisir peuvent alors s'inviter à l'exercice, preuve de son incroyable efficacité !
- Pendant les quatre séquences que comporte cet exercice, seul le pelvis exécute les mouvements, le thorax ne les accompagnant pas. On pourrait dire que le pelvis pivote autour d'un axe vertical interne du corps.

1.7.3.8. Intégration des trois centres

L'intégration de trois centres est le fondement de l'unification corporelle, émotionnelle, mentale et pour cause existentielle. Tant que cette étape n'est pas atteinte mes décisions seront clivées, morcelées et elles engendreront des souffrances, souvent insidieuses. Nous n'en sommes pas conscients. Quand les souffrances sont souterraines et durent depuis longtemps, le malaise puis la maladie s'installent.

Nous sommes et nous sentons déchirés de l'intérieur, éclatés comme un verre qui tombe et se brise en mille morceaux, divisés entre ce que nous voulons et nos actions, nous pouvons avoir la sensation que nous avons perdu notre boussole. Le chaos règne alors dans notre mental, et s'inscrit dans notre corps en commençant par les cellules. Ce terreau, néfaste, est propice à l'apparition de beaucoup de maladies, notamment le cancer.

Il est certain que l'intégration comprend, non seulement les composantes physiques, émotionnelles et organiques, mais l'ensemble de facteurs qui constituent la santé, comme l'alimentation, un stress sous-contrôle, un équilibre entre le repos et l'activité, exercer un métier qui nous motive, faire une activité physique adaptée à notre condition et à notre âge, des relations interpersonnelles harmonieuses, des projets créatifs en route, un environnement enrichi, ressentir souvent du plaisir. Cela représente donc un tout.

Néanmoins, l'intégration des trois centres implique que ces facteurs soient intégrés dans notre être, que ce « *tout* » ait été bien assimilé, conscientisé et intériorisé. L'intégration serait l'équivalent *d'un équilibre de vie*, où toutes les décisions sont prises en considérant l'ensemble de ces données et ce dans chaque dimension de notre être, mental, cœur, corps.

Cette intégration est une étape culminante de notre processus. Elle devrait, une fois expérimentée, s'installer à vie. Elle nous permet de nous poser les bonnes questions, au bon moment, en prenant en compte ces trois dimensions, afin de prendre une décision dans n'importe quel domaine de l'existence. Cela nécessite de consulter les résolutions que nous prenons, parfois au quotidien, avec ces trois centres. Dans le cas par exemple, où vous avez l'opportunité de changer de travail, prendre un temps pour vous connecter à chacun de vos centres et *leur soumettre* cette nouvelle opportunité de travail, *en sentant* les réponses qui viennent. Pour plus de clarté et suivi de vos sensations, notez tout ce qui vous vient dans le *Journal de guérison,* proposé dans ce processus.

Faites-le pour chaque décision importante à prendre. Je peux affirmer que, quand cette pratique se régularise et stabilise dans votre vie, il n'y a plus de regrets. L'attention portée aux réponses données par ces trois centres est une clé précieuse pour bien réussir sa vie en considérant tous les éléments qui la composent.

Exercice N° 16 : soumettre à nos trois centres les décisions de notre vie

- Détendez-vous avec l'exercice de respiration, debout ou couché. Une décision ne peut être prise pendant une période de stress, sous risque d'être regrettée plus tard !
- Si vous ressentez le besoin, réalisez au préalable l'exercice N° 8 d'ancrage.
- Pensez à la décision que vous devez prendre en considérant le plus d'éléments en jeu possible. S'il s'agit d'un nouveau travail, pensez par exemple à l'énergie à investir pour maîtriser les défis que cela impliquera, au temps que cela vous demandera, aux compétences demandées, pensez aux temps de déplacements, à vos nouveaux collègues, à votre famille, au salaire ou rémunération, etc. ... Tout est important.
- La meilleure posture est débout, elle permet à l'énergie de circuler.
- Connectez-vous à chaque centre, mental, cœur et corps, et imaginez qu'une lumière blanche ou dorée jaillit de la terre et traverse votre corps à l'intérieur, en entrant par le périnée, en passant par chaque centre afin de les relier, puis ressort par le chakra de la couronne qui se situe au-dessus de votre tête pour enfin monter vers le ciel. Répétez trois fois.
- Respirez profondément et calmement et laissez l'inspir aller jusqu'à l'abdomen, l'expir vider tout l'air de votre corps. Répétez trois fois.
- Prenez votre décision entre vos mains et portez-la à votre tête, comme si vous alliez l'asperger d'eau. Comment réagit votre mental ? qu'est-ce qui vient comme réaction, questionnement, doutes, certitudes, peurs, etc. ? Gardez les réponses.
- Ensuite, transportez « votre décision à prendre » au

niveau de votre cœur et écoutez ! comment bat-il avec ce changement ? S'accélère-t-il ? Se gonfle-t-il ? Est-il oppressé ou plutôt ouvert ? Gardez les réponses.

- Puis, finissez par présenter votre décision dans tout votre corps. Quelles sont les sensations qui émanent de lui ? Est-il détendu ? Transpire-t-il plus qu'à l'accoutumée ? Sentez-vous la joie se diffuser sous forme de pétillements ou est-ce la peur qui s'installe sous forme de contractions ou oppressions ?
- Notez vos réponses dans votre Journal de guérison.

Une fois que ces réponses sont écrites prenez le temps de vous en imprégner. Est-ce que la situation est plus claire ? Ou, est-elle plus confuse ? Vous pouvez répéter l'exercice si vous avez des doutes, autant de fois que nécessaire. Vous verrez qu'à un moment donné la clarté émergera et votre décision sera prise, sans équivoque, sans une once de doute. Et c'est cela qui est important pour votre bien-être, vous faire confiance dans vos choix de vie.

1.8.   LA VIVENCIA, S'EN NOURRIR COMME D'UNE MOLÉCULE

« Ne demeure pas dans le passé, ne rêve pas du futur, concentre ton esprit sur le moment présent »
Bouddha, Siddhârta Gautama

La *vivencia* nous renvoie à la préciosité de l'instant présent. Elle nous invite à être totalement présent à ce qui *est* dans l'ici et maintenant. C'est un concept-outil utilisé en Biodanza Système Rolando Toro (en avant SRT), et la beauté de sa définition convient tout à fait au voyage que nous faisons quand nous habitons l'instant qui se vit.

La vivencia est « une expérience vécue avec une grande intensité par un individu dans un laps de temps ici et maintenant, englobant les fonctions émotionnelles, cénesthésiques et organiques » Rolando Toro (9). Cette définition illustre parfaitement l'ampleur et la profondeur que représente chaque expérience pour un individu, quand toute notre présence consciente y est impliquée.

C'est une ode à ce qui se passe maintenant, que l'on soit seul dans la nature, lorsque nous dégustons un verre d'eau ou un délicieux repas, quand nous partageons un moment avec un ami, quand nous jouons avec nos enfants, quand nous caressons un être aimé, quand nous marchons dans le sable tiède d'une plage au printemps, quand nous regardons intensément notre semblable dans la prunelle de ses yeux. L'expérience nous invite à être, de toute notre présence, c'est-à-dire à partir de l'intégration corps-cœur-esprit, en lien à l'instant présent.

La vie est impermanence. Selon la pensée d'Héraclite (philosophe grec du VI-V siècle avant J.C.), elle marque de son empreinte toutes choses, tout change, tout se transforme. L'immobilité est une illusion car « tout ce qui est » est fondamentalement en mouvement, en changement. La vivencia, en saisissant le moment présent, unique et irrépétible, nous invite à introjecter cette donnée essentielle de la vie. C'est maintenant ou jamais ! Je prends le présent du moment pour le goûter intensément. Plus tard, il n'y sera plus.

La vivencia possède en elle-même un *don de genèse actuelle*. Ce que chaque individu vit, il l'éprouve dans l'espace-temps d'ici et maintenant. Chaque vivencia est donc unique et dans nul temps il me sera possible de la reproduire à l'identique. Nous sommes à un instant donné, mu par des sensations, des émotions et même des sentiments révélés par les stimulations environnantes, ou par la présence d'autrui, et plus jamais nous ne serons le même, ni ne ressentirons la même émotion.

De la même façon, notre environnement possède des caractéristiques spécifiques qui ne se répéteront jamais dans le temps. Si je suis assise face à une rivière dans une vallée entourée de végétation, à une saison particulière qui donnera des couleurs précises, avec du soleil et une légère brise qui fait danser les arbres et l'eau, j'aurai des sensations uniques éveillées par cet instant singulier. Si à cela je rajoute un état interne, la vivencia ressentie sera particulière. Plus jamais je ne revivrai exactement la même sensation, puisque l'environnement ne sera jamais à l'identique ni mes sensations internes.

Si à un autre moment de ma vie, je parcours cette même vallée accompagnée d'une amie chère, avec laquelle nous échangeons des bribes de ce que nous vivons à l'instant dans nos vies, la végétation battant son plein de couleurs à la saison chaude de l'été, un éclat de couleurs se présentant à mes yeux, une atmosphère chaude nourrissant mon corps, l'eau de la rivière calme comme une tasse de lait et les oiseaux attirant notre attention avec leurs chants...ma vivencia sera aussi unique, mais différente.

Les exemples sont infinis. La vie nous présente à chaque occasion une opportunité exclusive de nous expérimenter dans le monde. Que ce monde soit la nature, l'interaction avec des amis, des êtres aimés de notre famille ou face aux beautés naturelles, *nous sommes* dans un état révélé par ce qui nous entoure. Nous sommes touchés d'une *certaine façon* par l'expérience du moment. Et cette dernière englobe la totalité de l'organisme. Le fait de vivre en *toute conscience* comment la nature, les êtres humains et nos interactions nous touche en modifiant notre état interne. C'est le propre de la vivencia.

Les vivencias se présentent à nous comme des instants successifs de vérité, à accueillir, à accepter, à vivre, à intégrer. Rien n'est à changer, tout est à expérimenter. Ce qui est perçu comme difficile comme ce qui est perçu comme plaisant, joyeux, facile, est à goûter, à savourer.

Quand nous sommes *conscients et présents* à ce que nous vivons, nous saisissons la beauté de l'instant présent. Nous sommes à même de le sentir comme une offrande. Chaque instant peut être vécu comme un cadeau de la vie. Cette vie nous arrivons à la percevoir dans son aspect *éternel*. Le présent n'est plus un moment fugace qui passera, mais il restera gravé à jamais dans notre corps comme un trésor. La vivencia est donc une suite de moments que nous pouvons thésauriser pour toujours dans notre être tout entier.

Quand nous nous arrêtons pour rencontrer un ami et nous nous prenons par les mains, plongeant nos regards réciproques, partageant nos récits de vie, nous pouvons lire et sentir en lui toute son humanité qui nous révèle qu'il s'agit d'un autre moi-même, et cet autre moi-même devient alors un semblable, un processus d'identification opère en moi. Cette évolution peut, au fil des ans, s'étendre à toute l'humanité. Notre vision des autres, de la différence apparente qui nous sépare, s'estompe. Cette prise de conscience, précieuse, se vit comme un instant *vivenciel*, sans autre échange que nos présences pleines d'une merveilleuse ouverture profondément humaine. Ces moments de vivencia intenses sont des cadeaux de la vie. Notre compréhension d'autrui et du monde est instantanée, révélée par l'intensité et la profondeur de l'instant vécu.

Le temps des vivencias nous sommes profondément nourris par ce qui se passe. Chacune d'entre elles se vit comme une *molécule* qui nourrit nos corps, nos cœurs, notre esprit. Et ces molécules s'assemblent telles des chaînes d'ADN pour nous amener sur le chemin de la vie avec une autre présence, une conscience plus épanouie, plus élevée. Cette nouvelle conscience nous révèle que nous nourrissons le monde autant qu'il nous nourrit, la réciprocité étant une règle d'or imposée par l'échange expérientiel. Cette nourriture constitue la base même de notre connaissance, de notre savoir sur nous, la vie et le monde.

1.8.1. Sentir la vie au lieu de la penser

La vivencia est donc un outil pour sentir la vie au lieu de la penser. La pensée liée à la conscience vient après l'expérience vécue.

Nous devons, dans un monde en perpétuelle et croissante agitation, stridence et transformation, nous arrêter pour *vivre la vie*, pour expérimenter ce que l'instant nous offre. La vivencia nous invite à une nouvelle forme d'*épistémologie*, c'est-à-dire à une nouvelle façon d'acquérir *la connaissance*. Et cette nouvelle forme d'intelligence se décline aussi bien en lien avec nous-mêmes, les autres, la vie et l'univers. La vivencia est un *outil*. Elle nous montre une voie d'expérimentation qui peut être expatriée, à tout moment de la journée, pour la revivre quand le besoin se fait présent et nous amène sur le chemin de l'expérience subjective, dans le but de découvrir et d'enrichir le Soi. Elle se traduit par l'enchaînement chronologique suivant : les agissements, « ce que je fais » (ex. marcher, rencontrer des gens, manger, danser, etc.), les émotions qui émergent des agissements (comme la tristesse, la joie, le dégoût, la colère, etc.), les sensations corporelles ressenties (comme par ex. du plaisir, du rejet, du désir, etc.), les prises de conscience (pensées, ce que je me dis par rapport à ce que je ressens, ce que je réalise de l'expérience). Les prochaines vivencias seront plus profondes (le Soi s'étant renforcé), nourries par les prises de conscience. De la conscientisation résultante de la vivencia, en tant qu'expérience de soi-même avec soi-même ou avec autrui et/ou avec le monde, je vivrai la prochaine de manière différente, c'est-à-dire enrichie de l'expérience vécue. Ainsi se forge la conscience du Soi : du tricot infini des vivencias.

Exprimé d'une autre manière, chaque vivencia nourrit mon chemin de vie, l'histoire de mon être – appelé ontogenèse- et ce parcours pourrait ressembler à une spirale sans fin. Chaque expérience me façonne, me permet d'exprimer mes *potentiels*, me fait grandir, évoluer. Ce terme potentiel sera amplement expliqué plus loin.

Prenons l'exemple de relations interpersonnelles. Je peux sentir si une relation avec une personne proche est nourrissante pour moi ou au contraire néfaste. Il s'agit de ressentir la *qualité* des échanges, c'est-à-dire les actes que nous faisons ensemble et d'évaluer, avec la totalité de mon être, la qualité de la relation. Cela revient à percevoir si telle relation me nourrit ou, au contraire, elle ne me nourrit pas ou plus.

Notre identité se forge et se façonne par les expériences de la vie qui nous donnent accès à nos émotions et ressentis et, à partir de ceux-ci, à la conscience de Soi et à la connaissance de notre façon d'agir et de comment ces actions nous transforment jour après jour. La vivencia ne s'oppose pas à la pensée. Cette dernière faisant partie d'une de ses phases, celle de prendre conscience de l'effet généré par ces expériences.

En résumé, on peut dire qu'il s'agit moins du « je pense donc je suis » de Descartes, que du « *je sens donc je suis* ». Ce nouveau paradigme fait couler beaucoup d'encre, de nombreux spécialistes s'y attellent. Tous œuvrent afin que chaque individu réintègre la totalité de son être pour faire l'expérience de la vie.

Ce processus fut le mien. Il m'a permis de discerner indiscutablement ce qui n'allait pas dans ma vie, ce qui devait être revisité et transformé, ce que je devais laisser définitivement partir de mon être et de ma vie. Ce processus m'a ouvert grand les yeux pour trouver le courage de vaincre les maladies dont j'étais atteinte.

Ce livre témoigne du fait que, sans ce chemin parcouru, nulle guérison n'est possible.

1.8.2. Comment survient cette prise de conscience qui me permet d'évoluer ?

Je suis toujours étonnée de la vitesse à laquelle nous pouvons prendre conscience de nous-mêmes et de notre façon d'être au monde. Je vais étayer mes propos par un exemple simple qui m'a été livré par une participante à un cours de Biodanza donné en Hollande en octobre 2014.

Ingrid est venue me voir à la fin du cours car elle voulait me parler de son vécu. Voici ce qu'elle m'a partagé :

Chaque exercice proposé dans cette discipline nous

invite à l'expérience vécue, chacun d'entre eux est une vivencia spécifique et chacune d'entre elles est une invitation à intégrer la puissance des gestes pour enrichir notre perception de nous-mêmes, des autres et du monde.

La vivencia est donc singulière dans ce qu'elle nous apporte comme connaissance. Cette singularité est liée à une conjonction de facteurs qui se *synergisent* dans des moments uniques et irrépétibles: mon état corporel (c'est-à-dire de l'organisme conçu comme une *totalité* à un moment précis de ma vie), la *disponibilité de mon être intégré en totale présence* (ce que je vis je le vis dans l'ici et maintenant), l'environnement qui m'entoure, (par exemple la nature, mon lieu de travail, la présence d'un ami ou d'une amie, les échanges réalisés, etc.), l'intention de mes gestes et de mes mouvements (par exemple si je me propose un objectif, en lien avec mes besoins, désirs et envies du moment). Tous ces éléments se vivent ensemble comme une unité, se nourrissent en réciprocité, leur association assurant une expérience unique et non reproductible dans le temps.

Nous ne sommes pas toujours dans les mêmes conditions organiques pour expérimenter les vivencias et approfondir la connaissance de soi. Par exemple, le niveau de stress (dont nous parlerons plus loin) qui détermine l'état et le niveau de performance de nos fonctions organiques (respiration, battement de notre cœur, rythme péristaltique, pouls, etc.) et cognitives, est une clé dans notre possibilité d'entrer en vivencia...ou pas. Quand nous sommes sous l'emprise du stress nous perdons en lucidité et en homéostasie ! Nous pouvons aussi *perdre pied*, c'est-à-dire ne pas être disponible pour goûter ce que la vie nous offre à vivre dans cet instant même.

Dans cet état de stress, tous nos rythmes vitaux s'emballent. Nous sommes donc déportés de nous-mêmes et sommes submergés par nos craintes, nos peurs, nos angoisses, percevant la moindre chose comme un obstacle insurmontable. Cet état, très délétère, nous empêche d'accueillir la préciosité de l'instant présent.

Reconnaître que nous sommes submergés par le stress est une étape fondamentale pour contrecarrer ce fléau, et essentielle pour poursuivre cette méthode destinée à dépasser définitivement vos états de stress, d'angoisse, d'anxiété, de peurs, de douleurs chroniques, fibromyalgie et bien d'autres maladies.

Si vous êtes régulièrement confronté à ces états nerveux, la pratique constante du processus préparatoire avec les exercices de respiration, ancrage et dissolution des cuirasses s'avère incontournable. La pratique de la méditation et de l'activité physique en plein air sont aussi des approches à réaliser au quotidien. Tous ces exercices font partie de la méthode MIGERR ici décrite. Cette pratique peut être complétée par la prise de certains compléments alimentaires d'origine naturelle qui combattent le stress très efficacement. Demandez conseil à votre médecin ou pharmacien. Dans tous les cas, il est nécessaire de le traiter avant et pendant ce processus.

Pourquoi cela est-il primordial avant de faire les exercices d'approfondissement proposés ? Parce que peu ou aucune des stimulations données via les exercices énoncés plus loin ne pourra être perçue, ni donc vécue, *avec notre entière présence.* En effet, *un temps de décompression* est nécessaire, et se fait à travers des exercices de respiration et de reliaison du corps qui sont proposés dans ce processus.

Ces recommandations ont également pour objectif d'harmoniser l'organisme. Autrement dit, il s'agit de rendre le corps disponible à saisir de nouvelles possibilités d'*apprentissage*, de développer d'autres *potentiels* qui attendent des *facteurs positifs* pour éclore au monde.

Cette initiation à d'autres fonctions originaires de vie demande donc de nous détendre pour nous expanser.

1.8.3. En quoi l'expérience de la vivencia a-t-elle été fondamentale

pour ma guérison ?

Diverses études neuroscientifiques assurent que nous avons plus de 70.000 pensées par jour ! C'est-à-dire que nous passons notre temps, et donc notre existence, à penser la vie au lieu de la sentir et donc de l'expérimenter !

Or cette dernière relève du *ressenti relié aux sens corporels*. Elle ne peut seulement se penser. Elle est là, omniprésente, tout autour de nous. Si nous la pensons nous risquons de passer à côté de son essence même. Son caractère immanent fait d'elle une source infinie de vivencias de toutes sortes, les unes plus riches que les autres.

Lorsque par exemple, *je pense* aux chants des oiseaux que j'entends au moment précis où j'écris ce texte, le fait de ne pas m'arrêter pour me laisser le temps de m'en imprégner pleinement me fait perdre le *sens* même de ces chants. Ce sens prend la signification d'une communication, un dialogue entre les différents oiseaux présents dans mon jardin. Je peux aussi entendre leurs magnifiques pépiements comme une manifestation spontanée pour exprimer leur présence, intensément vivants. Ils sont en train de célébrer la vie ! Je ne pense pas au chant, j'utilise mes oreilles et tout mon corps pour les entendre. Leurs ramages pénètrent tout mon être. Je peux même percevoir les modifications des battements de mon cœur, débordant de bonheur par la beauté de ces mélodies. C'est une véritable symphonie !

L'essence de la vivencia est de sentir la vie. Quel que soit l'évènement qui a lieu, je le pressens d'abord, puis je le pense, et c'est seulement par la suite que je prends conscience de la façon dont cet évènement a su modifier mon organisme. C'est discerner quelle sensation ou quelle émotion s'est éveillée par cette situation vécue.

Antonio Damasio, neuroscientifique de renommée mondiale, a identifié les étapes de la *construction* du Soi. A cette conception de notre identité, s'ajoute la *révélation* du Soi-même, celle qui a lieu pendant *l'expérience vivencielle*. La sensation, l'émotion ou le sentiment ressenti lors d'un moment de vivencia nous donnent de très riches informations sur nous-mêmes. Cette connaissance enrichit aussi le Soi.

J'agis, je ressens l'intérieur de mon corps, je pense aux sensations perçues (je prends conscience) et ce *ressenti* va nourrir mon être d'une nouvelle possibilité d'expression. Ce potentiel - était déjà présent en moi, mais latent. La vivencia, l'expérience vécue l'a *révélée*, comme on révèle un négatif pour développer des photos.

Cette nouvelle potentialité sera enregistrée dans notre conscience comme une autre connaissance de nous-même, d'autrui et/ou du monde. Désormais, nous sommes plus riches. Nous avons d'autres possibles en nous. Nous avons ouvert une nouvelle porte dans le labyrinthe de notre histoire qui renferme d'autres chemins à découvrir. D'autres voies possibles s'ouvrent à nous. Chaque vivencia, dans sa conception *gestaltique*, nous apporte un autre pan de notre être. La gestalt est composée de : stimulus – mouvement (action) - émotion- conscience – connaissance – vivencia enrichie.

1.8.3.1. La réminiscence durant la vivencia

La vivencia a la capacité de nous faire *revivre* ce qui a pu être oublié et nous offre l'opportunité de rééditer des situations qui ont été mal vécues, ou de faire l'expérience de situations nouvelles et inédites. Tous ces possibles font partie de notre potentiel et l'expression de ces derniers a pu être bloquée par la culture, l'éducation, le « façonnement » de notre environnement.

J'aimerais partager la puissance de la vivencia comme outil pour déclencher les souvenirs enfouis dans le corps.

Au cours d'un week-end de stage en Biodanza, et lors de la danse du mythe d'Isis et d'Osiris, les sensations de ma chute libre de 35 mètres - pendant une journée d'escalade à

Valparaiso au Chili – ont resurgi en ma mémoire avec toute la puissance d'horreur et les violences ressenties par mon corps durant ma chute de la paroi, heurtant les roches et les surplombs sur son passage. J'ai pu, non seulement ressentir les douleurs de cet accident, mais également les revivre en chair et en os. Ayant la sensation de nouveau d'un corps cassé et démembré, les douleurs des contusions multiples, et j'ai revécu la panique de me sentir mourir...

Lors de cette vivencia, j'ai vécu à nouveau mon accident et, par la suite, cette réminiscence m'a fait prendre conscience que ma mémoire corporelle avait gardée, marquée à feu et à sang, la violence et les douleurs affreuses de ma chute. Ce souvenir, imprimé dans ma chair, m'était inaccessible par la pensée. Mon mental refusait de se remémorer l'horreur et la sidération ressentis au moment de ma dégringolade, et de ma prise en charge de mon évacuation par les secours et les services d'urgences.

Il me fallait survivre. Mon mental maîtrise bien les mécanismes nécessaires pour y arriver. Après la vivencia de cette danse qui me donna accès aux souvenirs corporels profondément enfouis, j'ai pleuré des heures et des heures...les vannes trop longtemps fermées de mes souffrances s'étaient enfin ouvertes. Mon corps commençait à se soulager des origines et des causes des douleurs si longtemps accumulées, les larmes nettoyaient toutes les peines, les déceptions et les pertes non exprimées après mon accident. J'ai pleuré des semaines entières, le puits de ma tristesse était intarissable, j'avais besoin de vider ce trop plein d'émotions extrêmement éprouvantes qui s'étaient cristallisées dans tout mon être durant plus de 24 ans.

Quand ma raison s'est éclaircie, ma première observation a été : toutes les larmes exprimées après la vivencia de la danse d'Isis et Osiris - c'est-à-dire des mouvements qui avaient eu le pouvoir de remémoration de mon accident - avaient soulagées, *inexplicablement,* mes douleurs chroniques.

J'avais désormais moins mal, mon corps retrouvait un certain assouplissement, mes muscles, souvent tendus, devenaient plus relâchés. J'étais aussi moins fatiguée, je dormais mieux. Mon humeur commençait à devenir plus stable. Mon état émotionnel aussi s'améliorait. Mon niveau de stress, quasi permanent, diminuait. J'étais alors plus détendue, j'avais baissé ma garde, un certain état de sécurité m'habitait. L'état général de mes douleurs s'améliorait, alors j'ai cessé de prendre mes antalgiques et mes anti-inflammatoires. Je sentais que quelque chose changeait à l'intérieur de moi et j'ai mis un certain temps pour y mettre le mot « apaisement ». Cette sensation a évolué progressivement et en quelques mois, j'étais plus heureuse. J'éprouvais un profond soulagement, comme si mon corps avait laissé partir un énorme poids qui m'oppressait, aussi bien physiquement que sur le plan émotionnel.

Le fait d'avoir fait l'expérience d'une vivencia qui avait ravivé le souvenir de l'accident survenu il y a 24 ans, de revivre le stress et la panique que j'avais pu ressentir le bref temps de ma chute et toute cette terrible période et, surtout, les semaines suivantes pendant lesquelles j'ai pleuré toutes les émotions enkystées dans mon corps, avaient suffi pour commencer un processus de guérison. Bien plus tard, j'ai compris que le stress qui m'avait accompagné pendant l'accident et les années suivantes s'était figé dans mon corps et dans mon cerveau émotionnel. Cet état, qui avait détraqué mon organisme en entier, a été un véritable parasite durant 24 ans. Il était responsable, en collusion avec les médicaments, de l'apparition de plusieurs maladies comme les allergies, la fatigue chronique, les perturbations du sommeil, l'ulcère au duodénum, pour mentionner les plus importants.

Cette danse - et les mouvements qui l'accompagnaient - m'avaient permis d'accéder à ma mémoire corporelle et de revivre l'horreur de mon accident afin de l'évacuer définitivement de mon corps. La vivencia a cette capacité de réminiscence que notre pensée empêche, occupée à protéger l'intégrité du Soi.

Elle a donc cette valeur de pouvoir nous replonger dans cet instant traumatique, si choc émotionnel il y a eu, pour le revisiter avec une conscience différente. Dans mon cas, 24 ans ont été nécessaires pour y accéder et commencer enfin un processus de guérison. Avec le temps et l'expérience, j'en ai déduit que toutes ces années avaient été essentielles pour commencer ce chemin de retour à la vie, et chacune d'entre elles fut salutaire. Il me fallait être prête afin de revivre ce moment. Il m'était aussi indispensable d'acquérir les outils empiriques, scientifiques et psychologiques qui me permettraient d'assimiler les mécanismes fondamentaux grâce auxquels les douleurs chroniques seraient transformées en plaisir et en bonheur. Il n'y a jamais eu de regret, tout était parfait ainsi.

Une des clés - de loin la plus importante - pour la compréhension des douleurs chroniques était de saisir ce qui avait provoqué leur apparition.

1.8.3.2. Mais, en quoi un accident sans séquelles physiques avérées pouvait donner lieu à la survenue de douleurs chroniques ?

Cette question, fondamentale, m'est venue après maintes réflexions, lectures, ressentis et vivencias.

Je les ai nommées les *pertes collatérales. Autrement dit*, toutes les *implications immatérielles* de l'accident sur ma vie – les rêves, les illusions, les espoirs, l'ambition, la carrière – s'étaient envolés avec ma chute et ses séquelles. Les émotions qui m'envahissaient - déception, colère, tristesse, sentiment d'injustice, frustration –ne trouvaient pas un exutoire adéquat. Le corps ne pouvant plus faire face à cette surcharge émotionnelle, il donnait des signaux d'alarme à travers les douleurs chroniques. Elles découlaient donc des souffrances émotionnelles, de toutes ces pertes collatérales qui m'avaient, et continuaient, à me faire tant souffrir.

Personne n'a su *interpréter ces signaux*. Aucun des dizaines de médecins, kinésithérapeutes, psychologues et autres spécialistes consultés n'ont jamais fait allusion à cet aspect *insidieux* de mon accident. De même pour ma part car, ma conscience n'étant pas encore assez développée, je ne me connaissais pas assez, et mes informations et connaissances sur le sujet étaient restreintes.

L'expérience de la vivencia est donc primordiale. Son don propre, *de genèse actuelle*, la rend *irremplaçable* dans le but de repérer les souffrances émotionnelles enkystées sous forme de douleurs chroniques, et faire le processus jusqu'à réparer ce qui est à réparer, et transformer ce qui doit l'être. Revivre le traumatisme c'est l'actualiser, le sortir de l'ombre et le passer à la lumière de la personne que nous sommes devenus après l'épreuve, grandie avec une conscience plus ouverte et expansée. Sans cette étape, il est impossible de savoir tout ce que le traumatisme a laissé comme séquelle émotionnelle et, les traiter, via une élaboration adéquate, reste inatteignable.

Pendant de nombreuses années, et après avoir consulté des dizaines de médecins toutes spécialités confondues, d'avoir passé des dizaines de radiographies, scanners et IRM, tout le monde niait que mon accident puisse être un élément déclencheur de mes douleurs chroniques. Les médecins me disaient « Madame, tous les os se sont parfaitement bien consolidés, la pièce métallique oubliée dans votre col du fémur ne peut vous causer des douleurs, l'os de l'apophyse transverse non résorbé n'est pas non plus un facteur de douleurs neuropathiques…tout est dans votre tête, vos douleurs sont imaginaires… ». Je pense que vous avez entendu un discours semblable, n'est-ce pas ? Je pense que vous me comprenez si je vous dis à quel point je sortais en colère des cabinets des médecins !

Je pensais quelque chose, je sentais d'une manière différente et j'agissais de façon dissociée par rapport à ce que je ressentais et pensais. J'étais convaincue que l'accident était en partie responsable de ma fibromyalgie, mais en quoi ? Je ne savais pas.-Mon corps et ma psyché avaient été ébranlés, à quel point ? Je l'ignorais. Mes actions étaient à l'encontre, à l'opposé de cette *information intuitive* que j'avais sur le poids des souffrances vécues avant, durant et après mon accident et à l'apparition de mes douleurs chroniques.

Mais à qui en parler sans qu'on me regarde comme une femme perturbée ? Après tout je n'étais pas médecin ni psychiatre ni psychologue, comment pouvais-je donc parler de l'origine de douleurs chroniques avec propriété ? Qui étais-je pour suggérer - ne serait-ce qu'une piste à suivre - pour comprendre cette terrible maladie qui ne me quittait plus ?

Mon unité en tant qu'individu était morcelée, disloquée, de la même façon que celle de la plupart des personnes de ce monde, en crise permanente. C'est à travers les expériences vécues que se perfectionne l'unité neurophysiologique et existentielle de l'être humain. La vivencia exprime l'énergie vivante canalisée dans le corps qui arrive aux organes et les modifie, englobant le cerveau émotionnel et influençant aussi l'état de conscience.

Lors de la vivencia de la danse d'Isis et Osiris, tout le poids et les effets de l'accident me sont tombés sur la conscience, laissant béantes les portes de ce qui devait émerger depuis les profondeurs de mon âme : mon corps avait emmagasiné tellement de souffrances, déceptions, frustrations, tristesses, colères, pertes en tout genre que, au lieu de la folie, il préféra somatiser tout cela sous forme de douleurs chroniques. Quelque part, ces dernières m'avaient évité de me perdre dans un chaos infini. Il m'est déjà arrivée de remercier ces douleurs chroniques qui ont modifié mon destin.

La vivencia vécue s'est transformée alors en un parcours d'épistémologie des effets de mon accident sur mon être. Jamais je n'aurais pu imaginer que mon mal soit le reflet de mes souffrances, celles-ci n'étant pas conscientisées, le lien entre les deux était inexistant, mais mis en lumière par l'expérience vécue. Après cette période de larmes, je comprenais enfin que mon corps pâtissait de toutes les pertes subies avant et après mon accident. Cette illumination émergea avec une clarté éclatante, tel un copeau de neige au soleil. Au fur et à mesure, je comprenais tous les aspects, tous les facteurs qui avaient déclenchés ces douleurs chroniques.

De fil en aiguille, les autres éléments de ce processus que je partage dans ce livre prenaient vie. En ont découlé de nouvelles vivencias, méditations, lectures, films, recherches, etc.... Après avoir digéré le poids de la charge émotionnelle, j'ai pu, avec les nombreux outils thérapeutiques à ma disposition, continuer à consolider mon chemin d'autoguérison.

Dans la méthode MIGERR, vous trouverez tous les exercices qui m'ont permis d'effectuer ce travail d'auto-rémission. Certains seront plus adaptés que d'autres afin de faire votre propre parcours. Vous les vivrez, vous en ferez des vivencias et ressentirez les effets. Les prises de conscience qui vous permettront de comprendre l'origine ou les origines de vos douleurs chroniques viendront plus tard, après l'expérience. Dans tous les cas, chaque exercice proposé a pour but de faire revivre, de revisiter les vécus marquants de votre histoire. Cela a déjà été expérimenté par des milliers de personnes dans le monde, et pour l'ensemble de celles-ci, des guérisons ont été observées, propres à chacune d'entre elles. Ceci étant tout à fait normal, car nous sommes des êtres uniques, chacun ayant un parcours existentiel différent.

La régularité de la pratique des exercices de la méthode MIGERR pendant quelques mois aura comme effet le ressenti d'un soulagement précieux qui, progressivement, se transformera en guérison définitive.

1.8.4. Comment *comprendre* la maladie ?

Les révélations et prises de conscience que j'ai eues après l'expérience de réminiscence corporelle m'ont apporté des informations précieuses qui, jusqu'à alors, avaient échappées à mon mental. Dès lors, je me suis habituée à considérer l'ensemble des *données* que mon être pouvait générer à travers tous mes sens, celui-ci interagissant en permanence avec d'autres personnes et le monde. Je me suis rendue à l'évidence que la quantité d'expériences que nous vivons au quotidien produit des milliers de ressentis et d'émotions impossibles à analyser en une seule journée. Il nous faut prendre du temps pour intégrer, décortiquer, analyser, sentir, en tirer des conclusions.

J'ai compris alors que l'approche rationnelle avec laquelle j'avais abordé ma maladie ne pouvait pas résoudre les troubles en profondeur, elle ne faisait que creuser davantage une vision dissociée de ceux-ci et de moi-même. Avoir une conscience de nos conflits, malaises et maladies ne modifie pas le comportement. C'est la *vivencia* d'être vivant, la perception cénesthésique de notre corps, la possibilité d'être honnêtement nous-mêmes tels que nous sommes, qui permet, non seulement de dépasser la maladie, mais surtout de mener une existence intégrée et saine.

Si nous voulons comprendre l'origine de nos maladies, c'est à dire ces moments forts en émotions qui les ont provoquées, il est essentiel de *prendre le temps* de nous remémorer ces expériences marquantes. Prendre le temps implique de faire une pause pour nous occuper de nous et de ce qui nous a fait souffrir et qui continue à nous rendre malades. Nous en souvenir implique de sentir à nouveau les sensations afin de les chasser de notre organisme via le seul chemin possible, les larmes, les sanglots. Ils sont les garants de leur décristallisation de notre cerveau et de notre organisme.

La maladie étant un chemin, l'arrêt qu'elle nous impose est une *obligation à nous intérioriser pour sentir le ou les messages qu'elle nous délivre*. Son langage, toutefois, n'est pas aisé à saisir par tout un chacun, car il n'est pas rationnel ni commun, mais émotionnel et cénesthésique, inhérent aux sensations corporelles de plaisir ou déplaisir, envie ou rejet, joie ou tristesse, accueil ou abandon, amour ou désamour, honte, culpabilité, haine, etc., et toutes ces sensations et émotions que nous avons pu vivre durant nos vies et qui nous ont marqués violemment, parfois à notre insu.

Essayer de comprendre et dépasser la maladie avec une simple analyse rationnelle de celle-ci est donc absurde, une folie. Les douleurs chroniques nous mettent sur un chemin nouveau. Une compréhension globale et intégrée de notre maladie devient progressivement une évidence.

Ce chemin se construit en changeant complètement nos habitudes, comportements et vision de la maladie et surtout, en introjectant que lorsque les émotions délétères seront expulsées de notre être, nous entamerons un chemin nouveau, qui se traduira par l'émergence d'une vision plus positive de la maladie et de la vie. Au lieu de fixer notre attention sur la partie douloureuse, *nous devons nous focaliser et stimuler la partie saine de notre identité* par des vivencias intenses de joie, plaisir, enthousiasme, valeur, courage, volonté, présence, et intégrer ainsi dans chacune de nos cellules que l'instant est l'unique lieu où l'on peut vivre, le passé est révolu. Le présent est un cadeau ! C'est cette vision et cette vivencia qui nous préservent de la maladie !

Un jour béni quand la médecine allopathique se focalisera sur ce qui va bien et non pas uniquement sur ce qui ne va pas, le monde entier commencera à guérir des maladies. Le jour où nous cesserons d'être traités comme des organes avec deux jambes, mais plutôt envisagés comme des individus où toutes nos parties sont en éternelle et constante interaction, la maladie perdra du terrain. Le jour où la médecine allopathique comprendra et donnera sa juste place aux souffrances émotionnelles - en tant que facteur déclencheur d'un grand nombre de pathologies - les lourds traitements qu'elles nous imposent ne seront plus nécessaires. Le jour nouveau où cette thérapeutique envisagera la guérison à travers la mise en place d'un processus de transformation de notre style de vie, elle n'aura plus de raison d'être. Une nouvelle médecine - holistique et intégrative - aura vu le jour.

La maladie doit être comprise comme un déséquilibre

de notre existence tout entière. Revisiter notre histoire, évacuer les émotions délétères restées emprisonnées dans nos cellules, modifier notre style de vie, sont les facteurs essentiels à considérer dans le but d'améliorer notre existence et diminuer ainsi le risque de prolifération des maladies.

La méthode MIGERR est une proposition orientée à revoir ces pratiques fondamentales dans l'espoir de vivre une existence pleine et de faire ainsi disparaître les maladies invalidantes.

1.8.5. Être perméable à la vie !

La vie est infiniment *puissante, riche et numineuse*. Nous relier à elle revient à prendre ses caractéristiques en nous, pour nous, et à les intégrer à notre Soi. Mais, comment faire ? Comment sentir cette puissance, cette richesse et ce sentiment lumineux à l'intérieur de notre être ? Un seul chemin se dessine : vivre la vie, l'expérimenter, la *vivencier* avec notre totalité, avec l'entièreté de l'être.

Retrouver notre grandeur pour faire face aux épreuves du stress, de l'angoisse, des peurs, des douleurs chroniques et de toutes les maladies n'est pas l'apanage de la pensée, c'est l'affaire de la vivencia, du moment vécu dans l'ici et maintenant.

Certainement qu'un des plus grands défis que nous ayons à expérimenter après les souffrances gravées dans notre corps est celui de nous ouvrir à de nouvelles vivencias enrichissantes et nourrissantes. Avez-vous songé un instant qu'un animal blessé se mette à penser comment se guérir ? J'imagine que la réponse est non. L'animal sait, avec un savoir instinctif, primordial, qu'il a tout en lui pour dépasser ses souffrances et que le reste c'est l'environnement, les membres de son espèce, des autres espèces et de la nature qui le pourvoira.

Et nous, à quoi faisons-nous appel pour nous guérir ? Où trouvons-nous les solutions pour panser nos blessures et nos souffrances ? A quelle porte sonnons-nous pour nous soutenir sur le chemin de nos maladies ?

Outre le soutien que nous pouvons trouver dans notre entourage, les traitements que nous administrent la médecine, souvent allopathiques – avec sa cohorte d'effets secondaires - et les dizaines de spécialistes et thérapeutes que nous consultons, il est rare, très rare, que nous nous tournions vers l'intérieur de nous-mêmes afin de trouver la solution à cette maladie qui nous habite. Et pourtant, nous possédons tous les potentiels – souvent latents- pour entamer notre guérison.

Qui nous a dépouillés de notre puissance et croyance en notre force intérieure pour dépasser ces maladies qui nous touchent de plus en plus souvent ? A quel moment avons-nous cessé de croire en notre force intérieure pour lutter pour notre bien-être ?

Tout est là, prêt à éclore...Le rendez-vous avec notre guérisseur interne n'attend que nous.

Nous cherchons trop souvent à l'extérieur, faute de sentir ces forces inimaginables à l'intérieur de nous. L'écrivain Albert Camus a prononcé une phrase célèbre fort riche dans ce sens : « Au milieu de l'hiver j'ai découvert que, à l'intérieur de moi, il y a un être invincible". C'est avec cette sensation d'invincibilité que j'ai pu transformer mes souffrances en élans de joie et de plaisir de vivre. Je me propose, avec la méthode MIGERR, de faire naître à l'intérieur de vous cette même force. C'est à chacun de la cultiver si elle trouve une résonance à l'intérieur de votre être.

Car la solution ne peut être qu'intérieure, d'où moins en grande partie. La maladie étant un chemin de vie, c'est justement là que réside sa guérison, dans la vie qui vibre en nous, dans cette sève vitale qui flue dans nos veines, dans le refuge qui constitue notre for intérieur, dans les sensations qui pétillent dans nos cellules.

La maladie nous parle d'un manque de vie, d'une quantité considérable de moments où nous avons oublié d'exister, de célébrer la *grandiosité* de notre être, de chanter, danser, marcher, rire, jubiler, plaisanter, dessiner, toutes des activités qui puissent se vivre. La vie est vivifiante, éclatante, rayonnante, revigorante, exaltante, la maladie est délétère, pernicieuse, nuisible, néfaste. Pour la semer, il est nécessaire de nous remettre à vivre !

1.8.5.1. Mais, comment nous remettre à vivre ?

Après les traumatismes et souffrances vécus au cours de notre enfance, ou même plus tard, notre corps se ferme. Bien heureusement. Il s'agit là d'un mécanisme de survie, la cellule se protège pour continuer son programme de vie. Ce procédé assure donc que nous puissions continuer à grandir, à évoluer, à avancer mais plus ou moins fermés aux stimulations environnantes, notre degré d'isolement des autres dépendant d'une infinie quantité de facteurs inhérents à chaque personnalité. Nous sommes loin d'être tous égaux sur ce niveau-là.

Les souffrances émotionnelle et physique nous ferment petit à petit dans un étau qui nous empêche de célébrer l'existence. Il est donc nécessaire de rebrousser le chemin et de nous rappeler comment nous étions avant la survenue de la maladie, de nous souvenir de nos émois, de nos joies, de nos plaisirs, de nos défis.

Si le constat s'avère difficile, aucun problème. Expérimenter la vivencia, c'est-à-dire la capacité à *vivre intensément le moment présent* en améliorant ma vision de ma maladie est un excellent début. Comment suis-je maintenant ? Comment je me sens la plupart du temps ? Quelles sont les activités que je peux faire ? Sur quelles personnes puis-je compter aujourd'hui ?

Faire un état des lieux de ma situation réelle – ici et maintenant - est un début fantastique pour changer ma vision de moi-même et de ma maladie. Devenir perméable à ce que je suis, à ce que je sens, et à mes possibilités de grandir et d'évoluer est une première bouffée d'oxygène pour enclencher un tournant décisif dans ma guérison. Vivre c'est maintenant !

Devenir sensible à ce qui est en moi, cet énorme potentiel de vie qui pétille à l'intérieur et qui cherche désespérément à se manifester dans la réalité de l'existence, c'est entamer définitivement et irréversiblement votre chemin, de passer de l'ombre – de la maladie – à la lumière - de la vie.

2. Chapitre II : Le rôle des traumatismes émotionnels dans le déclenchement de la douleur chronique

« Plus grande est la douleur sans voix dans les tourments. »
Proverbe latin

Dans ce chapitre, j'aborderai comment le corps, avec les différents systèmes, fait face à la douleur chronique.

Tout d'abord, il me paraît important de donner les différentes définitions que l'on trouve dans la littérature, Internet et autres sources sur la fibromyalgie et la douleur chronique en particulier. Elles ont comme origine des instances gouvernementales au niveau mondial, des sociétés de psychologie, des groupes de chercheurs, des hommes de sciences en général ou des médecins de différentes spécialités.

De toutes ces recherches, je tire un élément en commun : la fibromyalgie et les douleurs chroniques qui en font partie, doivent être abordées d'un point de vue multifactoriel afin d'être guéries. Cette vision conforte ma propre expérience et, surtout, comment j'ai réussi, en tenant compte de cette approche, à changer mon mode de vie et dans cette avancée, un élément majeur est apparu, le besoin de décristalliser mes douleurs émotionnelles, étape décisive qui m'amena à dissoudre puis à éradiquer la souffrance physique. Les étapes suivantes étaient toutes liées pour accroître cet amour de moi-même et me connecter ainsi à la source d'amour infini qui m'entourait et m'encercle toujours. Sans amour de Soi, pas de guérison possible.

2.1. FIBROMYALGIE ET DOULEURS CHRONIQUES

Selon un Rapport d'Orientation publié en juillet 2010 par la Haute Autorité de la Santé en France (HAS), « le syndrome fibromyalgique ou fibromyalgie (ces deux termes sont utilisés indifféremment dans la littérature internationale) se caractérise par des douleurs diffuses persistantes ayant un effet sur les capacités fonctionnelles, en les amoindrissant de manière variable selon les personnes et dans le temps. La douleur chronique en est le symptôme principal. Elle est singulière : diffuse, persistante, variable, et à certains moments, peut parfois prendre la forme d'une hyperalgésie (souffrance décuplée en réaction à des faibles stimuli douloureux) ou d'une allodynie (une sensibilité douloureuse au simple toucher). » (10).

Le symptôme principal de la fibromyalgie est la survenue des douleurs chroniques avec les caractéristiques suivantes données par la HAS : « La douleur, toujours étendue et diffuse, peut débuter au cou et aux épaules, pour s'étendre ensuite au reste du corps, notamment, au dos, au thorax, aux bras et aux jambes. Elle est permanente mais aggravée par les efforts, le froid, l'humidité, *les émotions* et le manque de sommeil, et s'accompagne de raideur matinale. La distinction entre douleur articulaire et musculaire est d'autant plus difficile que les patients ont l'impression d'un gonflement des zones douloureuses et de paresthésies (définies comme un trouble de la sensibilité se traduisant par des sensations de fourmillements ou de brûlures) des extrémités *en l'absence de tout signe objectif d'atteinte articulaire ou neurologique* ». (10).

Toujours selon cette même instance, « Les personnes qui ont un syndrome fibromyalgique souffrent très fréquemment de fatigue chronique et de perturbations du sommeil, mais aussi de troubles de la cognition, *de perturbations émotionnelles*, comme on a pu le constater chez les populations de patients douloureux chroniques. » (10).

Concernant les symptômes, la HAS ajoute « Il semble que la douleur soit constante, alors que les autres symptômes peuvent être différents d'un patient à l'autre et se modifier au cours du temps. C'est ce que tendent à montrer les résultats des enquêtes menées dans le contexte de soins français : les symptômes associés à la douleur chronique ne concernaient qu'une partie des patients » (10).

L'ensemble des symptômes du syndrome fibromyalgique, à savoir, la douleur, les troubles de la mémoire, une difficulté de concentration, des troubles attentionnels et la fatigue, entraînent des difficultés dans les activités de la vie quotidienne. Des répercussions familiales et sociales - avec des difficultés à se maintenir dans l'emploi, un repli sur soi, un isolement et une qualité de vie amoindrie - ont été rapportées par les patients, aussi bien dans la littérature française que chez les patients interviewés dans le cadre de ce rapport.

La fibromyalgie est considérée parfois comme un diagnostic controversé, certains auteurs affirmant qu'il s'agit d'un non-*diagnostic*, dans la mesure où on sélectionne souvent la fibromyalgie en ayant exclu toutes les autres maladies rhumatismales courantes. Le rapport d'orientation de la HAS décrit : « En l'absence de lésion anatomique, d'anomalie biologique ou anatomo-pathologique pouvant rendre compte des symptômes déclarés, la variabilité des signes fonctionnels et la subjectivité de leur mesure rendent délicate sa reconnaissance. » (10).

En effet il n'existe pas encore de test courant, spécifique et fiable à 100 % pour la validation de la fibromyalgie. Le test le plus utilisé est celui de l'American College of Rheumatology (ACR) (11), dont les critères de diagnostic comprennent : une douleur chronique diffuse survenant depuis plus de 3 mois, affectant l'ensemble des quatre quadrants du corps (les deux côtés, et au-dessus et en-dessous de la ceinture) associée à une sensibilité à la palpation d'au moins 11 points sur 18 préalablement définis (bien que le patient puisse avoir mal à d'autres endroits du corps).

Ce système de classification a ses limites. Certains patients sensibles à moins de 11 points peuvent être atteints de fibromyalgie. Dans la plupart des cas, le diagnostic positif est donc conclu par élimination, prenant en cause l'ensemble des autres possibilités (diagnostics différentiels), les symptômes, ainsi que le profil du patient.

2.1.1. Douleur chronique : douleur - maladie

Lorsque la douleur devient chronique (au-delà de trois à six mois), elle devient une maladie en elle-même avec des mécanismes divers (neurophysiologique, psychologique, émotionnel, etc.) et des phénomènes comportementaux spécifiques. Celle-ci est dévastatrice, nocive *et conduit à la dépression*. Elle est une souffrance inutile sans fonction biologique, comme par exemple celle éprouvée lors d'une migraine, d'un cancer, du Sida, etc.

De mon point de vue, la définition - réflexion la plus exacte sur la douleur a été donnée par Paul Valéry : « *La douleur est questionnement, le plaisir est réponse* »

La Société Canadienne de Psychologie définit la douleur chronique de la façon suivante : « La douleur chronique, c'est celle qui ne vous quitte pas. Lorsqu'une douleur dure sur une période de six mois ou au-delà du temps normal de guérison, elle est dite chronique » (12). Il y en a différents types et certaines ne sont pas bien comprises. Elle peut être liée à une maladie ou à une déficience comme l'arthrite, la douleur du membre fantôme des amputés ou le cancer. Certains types de douleurs chroniques se manifestent après un accident. D'autres dites aiguës, surviennent par accès épisodiques, puis avec le temps deviennent constantes, comme les lombalgies. D'autres encore, comme les migraines, sont à répétition plutôt que constantes. Il existe de nombreux autres genres de douleurs chroniques, comme celles post-chirurgicales chroniques, la cellulomyalgie, le syndrome temporo-mandibulaire, etc. Dans certains cas, la cause de la douleur est connue mais, dans bien d'autres cas, la raison pour laquelle la souffrance persiste reste opaque.

Invisible, la personne qui l'éprouve se sent souvent seule dans ce mal-être, l'entourage remettant en question la légitimité de leur douleur. Compte tenu des répercussions de la maladie sur la qualité de vie, il est peu étonnant que *plus du quart des personnes atteintes d'une douleur chronique souffrent aussi de dépression ou d'anxiété importante.*

Une autre définition, plus médicale, est donnée par le Dr. Salter et son équipe de l'Hôpital pour les enfants malades à Toronto, Canada : « La douleur nuit à des millions de personnes dans le monde entier et a d'importantes conséquences négatives sur la qualité de la vie. *Lorsqu'elle est non traitée, elle est la plus grande cause d'incapacité qui porte atteinte à la vie.* La douleur aiguë est une sensation normale déclenchée par le système nerveux pour prévenir le corps d'une blessure. Par contre, la douleur chronique est une douleur qui dure au-delà du temps normal de guérison d'une blessure ou d'une maladie. Dans certains cas, elle se manifeste même « sans raison ». Ce type de douleur n'exerce aucun rôle utile ou protecteur » (13).

La douleur neuropathique est chronique et est présente à la suite d'une lésion nerveuse ou d'une maladie, alors que les dommages originaux ne paraissent plus. Elle est extrêmement débilitante et résiste aux traitements disponibles. On peut constater une douleur neuropathique chez les patients atteints de diabète, de cancer, de HIV et d'autres troubles.

Après plusieurs années de recherches sur la douleur chronique, j'eus la chance que mon chemin croise celle d'un homme de sciences, un médecin algologue du Centre Hospitalier Universitaire de Saint Eloi de Montpellier, le docteur Jean Pierre Benezech, auteur d'un livre qui était le fruit d'années d'expériences cliniques et j'oserai dire d'une réflexion personnelle profonde sur la *vie* des malades. L'approche du Dr. Benezech de cette maladie converge vers mon point de vue personnel, à la différence que mon approche est, elle, entièrement expérientielle.

Il donne la définition suivante de la douleur chronique : « la maladie douloureuse chronique *est l'exacerbation d'une souffrance ancienne* qui, à l'occasion d'un événement traumatique (physique et/ou psychique) va se manifester et entraîner, en cercles vicieux avec la douleur : des troubles du sommeil, une diminution voire l'arrêt des activités sociales, une diminution voire l'arrêt des activités physiques, une majoration des traits psycho comportementaux défavorables en lien avec un processus de deuil inachevé ; ces cercles vicieux risquent de s'autonomiser, par rapport au traumatisme déclencheur, en l'absence d'autres processus de compensation. » (14).

A mon avis, cette dernière définition de la maladie est de loin la plus complète, étant la plus complexe.

Le Dr. Benezech, ainsi que d'autres médecins et spécialistes de la douleur, sont d'accord sur le fait qu'à l'issue de cette définition de la douleur, il semble évident de prendre en compte toutes les composantes du phénomène dans l'évaluation de la perception douloureuse, en nous retrouvant face à la tridimensionnalité de la douleur : biomédical, psychologique et social.

Avec le recul, les informations recueillies dans de nombreuses sources, ainsi que mon expérience de la douleur vécue au quotidien, avec comme hôte indésirable habituel, la souffrance physique, je m'aventure à donner la définition suivante de ma douleur chronique : sensation insoutenable qui se manifeste sous diverses formes et intensités, s'attaquant plus particulièrement à mon dos et à mes cervicales. Pendant mes crises, une sensation de grande impuissance me submerge où je me sens sans moyens de lutte. La seule attitude qui apaise mes maux s'appelle résignation et acceptation. L'apparition de la sensation douloureuse est concomitante au vécu d'une émotion de colère, frustration, déception ou culpabilité, sans, à priori, lien directe avec la zone d'apparition de la douleur.

Selon mon ressenti, cela relevait de mon état de perception et de sensibilité au moment où surgissait la douleur. En général, un moment où je me sentais vulnérable. Le phénomène douloureux peut se définir comme une expérience intime qui s'inscrit dans le corps mais se diffuse dans le vécu, dans les actes du quotidien, et qui demande à être accueillie et comprise sans jamais être partagée.

Ainsi, bien que des progrès aient été effectués dans l'appréhension physiopathologique de la douleur et dans sa prise en charge thérapeutique, ces mots, prononcés en 1955 par le chirurgien français René Leriche, semblent encore d'actualité :

"Qu'est-ce que la douleur ? Hélas nous ne le savons pas ; si nous savions exactement ce qu'elle est, nous aurions moins de tâtonnement et moins d'échecs dans nos thérapeutiques."

Plus d'un demi-siècle plus tard les médecins continuent à tâtonner sur les traitements à administrer aux patients douloureux chroniques. En soixante ans d'études et recherches diverses, les thèses s'orientent à expérimenter différentes techniques et thérapies de toutes sortes pour soulager la douleur, mais peu d'entre eux se consacrent à définir la *nature des vécus* qui pourraient être responsables de l'apparition du syndrome de fibromyalgie ou sur l'aspect rebelle de certaines douleurs qui se chronicisent avec le temps.

C'est dire si encore *très peu d'études envisagent la composante émotionnelle parmi les causes les plus fréquentes de l'apparition de la maladie*. Or, le témoignage que je vous expose prouve que, dès lors que le contenu émotionnel de mon accident ainsi que de tous mes traumatismes, ont été évacués de mon corps, mes douleurs chroniques se sont effilochées peu à peu jusqu'à disparaître complètement. D'autres témoignages se joindront au mien sur ces pages.

Il est certain, toutefois, que j'avais déjà commencé à observer un mode de vie qui a facilité grandement cette guérison. Mon corps et mon esprit étaient préparés et disposés à suivre un processus destiné à rétablir l'équilibre et la santé. C'est cette méthode MIGERR que je vous propose comme une voie destinée à éliminer les douleurs chroniques. L'étape de préparation décrite dans le chapitre 1 de ce livre s'avère néanmoins indispensable.

2.1.2. Comment la douleur se grave dans les neurones ?

Près d'un adulte sur cinq souffre de douleur chronique : mal de dos, de tête, douleur post-chirurgicale inexpliquée…en cause : une modification du circuit neuronal de la douleur, qui est alors « mémorisée » dans les neurones.

Selon le professeur de neurophysiologie de l'Ecole supérieure de physique et de chimie industrielle Bernard Calvino « une forme de mémorisation se développe aussi à l'échelle de la cellule, notamment du neurone, qui voit son activité électrique modifiée, sur le long terme. On parle de potentialisation à long terme (ou ltp pour *long term potentiation*). Or ce processus existe tout le long du circuit neuronal et cérébral de la douleur. Une des propriétés fondamentales du système nerveux central, à savoir le cerveau et la moelle épinière, dans le traitement de l'information est sa capacité à stocker les données par des changements à long terme, grâce à sa plasticité. Cette forme d'apprentissage existe tout le long du circuit de la douleur. Les neurones des nerfs périphériques sensoriels dits nociceptifs, qui réagissent à une stimulation douloureuse, et ceux de la moelle épinière dits de la corne dorsale, qui transmettent ensuite l'information au cerveau, subissent des modifications d'activité électrique associées à la douleur. Mais parfois ils amplifient les messages douloureux de façon aberrante, car ils ont été sujets à un « apprentissage électrique et moléculaire », la ltp, semblable à celui mis en œuvre dans les neurones de l'hippocampe, siège de la mémoire, lors de la formation des souvenirs » (15).

Jean Pascal Lefaucheur a expliqué que « lors d'une blessure, par exemple, les nerfs transmettent au système nerveux central – le cerveau et la moelle épinière – des informations dites nociceptives, et ces centres cérébraux supérieurs déclenchent alors des réactions de protection et de réparation. Mais parfois, l'activation de ces centres cérébraux – et donc la sensation douloureuse – persiste alors que la stimulation nociceptive a disparu. Pourquoi ? Notamment parce que la douleur modifie la force des connexions entre neurones dans certaines régions du système nerveux central, en particulier la corne dorsale de la moelle épinière, là où arrivent les fibres nerveuses périphériques. Une « mémoire » de la douleur s'inscrit dans ces neurones via un mécanisme de plasticité neuronale nommé potentialisation à long terme : plus la connexion entre deux neurones est stimulée, plus elle se renforce et plus elle reste active sur le long terme ou est facilement activée lors d'une stimulation ultérieure » (16).

Ainsi le Professeur Calvino ajoute « la ltp représente donc un mécanisme moléculaire de stockage à long terme des informations et interviendrait dans la capacité des neurones de la moelle épinière à *entretenir la douleur et à la mémoriser.*

La persistance de cette trace mnésique dépend de mécanismes cellulaires et moléculaires complexes, en particulier de la synthèse de multiples protéines dans les neurones » (15).

La ltp dans la moelle épinière augmente la réaction des neurones nociceptifs par rapport à leur réponse physiologique de base, et représente un processus clé de sensibilisation centrale par lequel une douleur aiguë évolue vers une douleur chronique. Certains mécanismes ainsi installés persistent parfois encore longtemps après la disparition de la cause initiale de la douleur, plusieurs mois, voire même des années.

Une telle plasticité à long terme ne se limite pas à la moelle épinière... Tout le réseau cérébral de la douleur peut être concerné. Ainsi, l'équipe de Frode Willoch et de Trine Hjørnevik, de l'université d'Oslo, a mis en évidence une ltp au niveau de l'amygdale, et celle de Min Zhuo, de l'université de Toronto, au niveau du cortex cingulaire antérieur ; ces deux structures sont des relais cérébraux de la sensation de douleur *impliqués notamment dans les aspects émotionnels*. Cette phase tardive de la ltp fonctionnerait comme un amplificateur en cascade, augmentant le signal douloureux à chaque relais synaptique (17).

Ces travaux sont forts intéressants, proposant une piste qui expliquerait la plasticité neuronale au niveau de l'amygdale également, principale aire de stockage des souffrances émotionnelles.

Ces quelques explications neurophysiologiques ont été données pour comprendre que notre cerveau enregistre nos perceptions douloureuses, et, à force de répéter cette stimulation, un processus de renforcement du câblage neuronal s'opère. Nous avons dans notre corps et cerveau des mécanismes neuronaux qui permettent l'entretien et la mémorisation de la douleur.

Ces processus s'activent-ils lorsque la mémoire des évènements traumatiques surgit à l'improviste dans notre mémoire, renforçant inlassablement la chronicité des douleurs ?

La recherche continue son chemin…Nous aborderons plus loin les mécanismes neurophysiologiques du stress post-traumatique. Avec comme exemple, ma propre expérience vécue, ou comment les souvenirs à répétition de ma chute libre de 35 mètres activaient constamment mes douleurs chroniques qui, à leur tour, renforçaient l'apparition des souvenirs de douleurs, tel un cercle infernal sans fin.

2.1.3. Quelle est la population concernée par la douleur chronique ?

D'après les informations recueillies dans certains pays du monde il s'avère que dans toutes les cultures, et avec une croissance alarmante, de plus en plus de personnes sont touchées par les douleurs dites chroniques. Ce type de douleur atteint indifféremment les hommes et les femmes et de tous âges, avec une prévalence de la population féminine. Il est effarant de constater qu'entre 2 et 10% de la population mondiale a reçu un diagnostic de fibromyalgie. Cela concernerait entre cent soixante et huit cents millions de personnes, avec une prédominance féminine nette (18). En France, un rapport gouvernemental de 2007 du Ministère de la Santé et des Solidarités (19) donne une prévalence française estimée à 3,4 % chez la femme et à 0,5 % chez l'homme.

Un rapport de l'OMS sur les violences physiques et sexuelles faites aux femmes, dénonce les estimations mondiales suivantes : 35% des femmes, soit près d'1 femme sur 3, indiquent avoir été exposées à des violences physiques ou sexuelles de la part de leur partenaire intime ou de quelqu'un d'autre au cours de leur vie. Dans ce même document, les Nations Unies définissent la violence à l'égard des femmes de la façon suivante « tous les actes de violence dirigés contre le sexe féminin, et causant ou pouvant causer aux femmes un préjudice ou des souffrances physiques, sexuelles ou psychologiques, y compris la menace de tels actes, la contrainte ou la privation arbitraire de liberté, que ce soit dans la vie publique ou dans la vie privée.» (20).

Par violence d'un partenaire intime, on entend tout comportement qui, dans le cadre d'une relation intime (partenaire ou ex-partenaire), cause un préjudice d'ordre physique, sexuel ou psychologique, notamment les actes d'agression physique, les relations sexuelles forcées, la violence psychologique et tout autre acte de domination.

L'OMS définit la violence sexuelle comme suit : « tout acte sexuel, tentative d'acte sexuel ou tout autre acte exercé par autrui contre la sexualité d'une personne en faisant usage de la force, quelle que soit sa relation avec la victime, dans n'importe quel contexte. » (20).

Dans ce même rapport cette institution indique « Une analyse menée en 2013 par l'OMS avec la London School of Hygiene and Tropical Medicine et le Medical Research Council, sur la base de données en provenance de plus de 80 pays, a constaté qu'au niveau mondial, près d'un tiers des femmes (30%) qui ont eu des relations de couple, ont subi des violences physiques et/ou sexuelles de la part de leur partenaire intime. » (20).

D'autres données concernent une partie importante des pays du monde. En effet, les estimations de la prévalence varient de 23,2% dans les pays à revenu élevé et de 24,6% dans la Région du Pacifique occidental à 37% dans la Région de la Méditerranée orientale, et à 37,7% dans la Région de l'Asie du Sud-Est. Par ailleurs, dans le monde, 38% de l'ensemble des meurtres de femmes sont commis par leur partenaire intime. En plus de la violence exercée par le partenaire intime, 7% des femmes dans le monde indiquent avoir subi une agression sexuelle de la part d'une personne autre que le partenaire, toutefois les données concernant ces cas sont limitées.

Les actes de violence imputables à un partenaire intime et les actes de violence sexuelle sont principalement commis par des hommes contre des femmes. Les sévices sexuels infligés aux enfants touchent aussi bien les garçons que les filles. Des études internationales indiquent qu'environ 20% des femmes et 5 à 10% des hommes déclarent avoir été victimes de violence sexuelle dans leur enfance. La violence chez les jeunes, et notamment à l'occasion des sorties, est également un problème majeur.

Au niveau des conséquences sur la santé l'OMS cite « La violence d'un partenaire intime et la violence sexuelle entraînent à court et long terme de graves problèmes de santé physique, mentale, sexuelle et génésique pour les victimes et leurs enfants et elles ont de ce fait des coûts sociaux et économiques élevés. »

Parmi ses conséquences sur la santé, l'OMS indique « ... Ces formes de violence peuvent entraîner des dépressions, des états de stress post-traumatique, des comportements anxieux, des désordres du sommeil, de l'alimentation, des troubles psychiques et des tentatives de suicide. Les femmes ayant subi des violences de la part de leur partenaire intime sont presque 2 fois plus nombreuses à rencontrer des problèmes de dépression ou d'alcoolisme. Ce chiffre est encore supérieur pour les femmes qui ont subi des violences de la part de quelqu'un d'autre. Les effets sur la santé peuvent être des *céphalées, des douleurs du dos, des douleurs abdominales, des fibromyalgies, des troubles digestifs, une mobilité réduite et un mauvais état de santé général* » (20).

La liste serait trop longue pour la citer ici, de nombreux ouvrages traitent de ce sujet. Si vous êtes une victime d'un traumatisme sexuel, il est impératif d'en parler à votre médecin et/ou thérapeute ou à une association qui accompagne les victimes.

Parmi les conséquences, très nombreuses, des violences sexuelles, est l'apparition d'un syndrome fibromyalgique et de douleurs chroniques. Il y a aussi une autre maladie que j'ai développée, commune à pratiquement toutes les personnes qui ont vécu des traumatismes : l'alexithymie. Il s'agit de ce besoin de nous couper de notre corps pour ne plus sentir la vie. D'autres traumatismes, notamment ma chute libre de 35 mètres, alla renforcer ce besoin de me dissocier de ce que mon corps ressentait.

Le traumatisme de l'abus s'ajoutait alors à la déjà longue liste – malgré mon jeune âge - de tous les autres subis dans ma vie. Les violences familiales, les disputes, les tensions fréquentes, la sensation d'abandon et de laisser pour compte, le déni, le silence et tout ce qui découle d'une famille dysfonctionnelle. L'omerta qui a régné durant des années, notamment après la séparation définitive de mes parents, n'a fait qu'aggraver un sentiment de culpabilité, très fréquent dans ces situations, favorisant ainsi l'apparition des malaises et maladies.

Quand le processus de libération de ces émotions, restées si longtemps engrammées dans ma psyché, via l'expression du corps et de la parole a commencé, des larmes de tristesse ont coulé de mes yeux pleurant mon indignation et ma colère, et, par empathie, celles de toutes les femmes du monde qui ont subi et qui, malheureusement, subissent encore ces violences sexuelles, souvent sous le toit familial.

Le travail corporel réalisé en Biodanza et d'autres thérapies suivies, comme l'EMDR, m'ont beaucoup aidée dans la récupération de la mémoire et dans la libération de mon corps des séquelles de ces traumatismes. La déliaison du corps, la pratique de la respiration consciente, le travail sur la confiance, l'abandon à la vie et aux vivencias de joie et de plaisir, la restauration du lien d'amour à soi-même, la danse qui nous intègre à l'autre et au monde, etc., m'ont permis le rétablissement de toutes ces sensations, même si ce chemin fut long.

Aujourd'hui je me sens guérie aussi de ce traumatisme, et de tous ceux que je vous exposerai plus loin. Tous ces exercices réalisés m'ont profondément réparée. Aujourd'hui, je suis heureuse de pouvoir, à travers la méthode MIGERR, les proposer à toutes les victimes de traumatismes et à toutes les personnes qui, bien malgré elles, ont développé une fibromyalgie, des douleurs chroniques ou d'autres maladies.

Lorsque j'ai eu accès aux statistiques de l'OMS, et bien d'autres sources, je fus effarée de constater le nombre de victimes, surtout de femmes, ayant subi et endurant encore des violences physique et sexuelle, et d'observer à quel point ces dernières impactent la santé.

La fibromyalgie est une maladie qui peut par ailleurs se déclencher à la suite de sévices faites aux femmes et, paradoxalement, ces causes ne figurent nulle part dans les rapports et études publiés par le Ministère de la Santé, et à ma connaissance, non reconnues par les médecins. En témoignent les résultats d'une étude épidémiologique menée en France au niveau de l'ensemble du territoire, où il n'est aucunement fait mention que les violences physiques et sexuelles peuvent être à l'origine de ces maladies.

2.1.3.1. Les violences sexuelles, en tant que cause probable de la fibromyalgie, sont-elles ignorées du corps médical ?

Dans le but d'améliorer les connaissances cliniques sur la fibromyalgie, et donc sa prise en charge, une enquête épidémiologique massive (1993 cas étudiés) a été menée entre 2001 et 2005 en France par le Dr Marie-Claire Jasson, Chef de Service honoraire d'Anesthésie Réanimation du Centre Hospitalier de Saint-Germain-en-Laye (21). J'ai retenu de cette étude, publiée en avril 2007, des informations sur l'âge, la situation à l'époque de l'étude, l'origine socio-professionnelle des patients, la durée de la maladie et les circonstances de son apparition.

Pour mener à bien cette étude, des patients ont été recrutés auprès de rhumatologues, grâce à l'active collaboration des associations de fibromyalgiques sur l'ensemble du territoire métropolitain, ou encore aux reportages diffusés par les médias. Les patients étudiés (1988 au total) sont en majorité de sexe féminin (1811 femmes, soit 91 %), le sexe masculin (177 hommes) représentant seulement 9 % du panel. La pyramide des âges (au moment de la majorité des réponses à l'enquête, arrêtée à fin 2003) a été établie sur 9 tranches d'âge. Sur la totalité des répondants, on note une majorité concernant la tranche d'âge de 50 à 59 ans, avec un pic entre 53 et 55 ans (311 cas, soit 15.8 %). Certains cas familiaux existent (3 %). D'autres cas sont probables, au dire de la famille, chez les ascendants ou chez des parents proches.

Selon la même étude, la situation actuelle des patients se répartit comme suit (sur 1993 cas) :

- 34 % (679 cas) sont en invalidité ou en arrêt de travail
- 32 % (628 cas) sont actifs
- 18 % (363 cas) sont retraités
- 9 % (184 cas) sont chômeurs
- 1 % (23 cas) sont étudiants ou élèves
- 6 % (116 cas) non précisé.

On note la plus forte proportion de patients reconnus dans l'incapacité de travailler en raison de leur fibromyalgie.

Toujours dans la même étude, l'analyse de l'origine socio-professionnelle des patients démontre que toutes les catégories sont touchées, avec une prévalence moyenne des employés et du personnel de services. La population analysée se répartit comme suit (sur 1993 cas étudiés) :

- 37 % (733 cas) sont employés (y compris personnel de service)
- 21 % (426 cas) sont cadres moyens ou techniciens
- 9 % (181 cas) sont cadres supérieurs ou enseignants
- 6 % (111 cas) sont ouvriers (y compris salariés agricoles)
- 9 % (176 cas) sont sans profession
- 18 % (366 cas) ont d'autres professions ou non précisé.

La durée de la maladie est évaluée sur quatre périodes :

- 32 % (638 cas) ont la fibromyalgie (déclarée) depuis moins de 5 ans

- 26 % (518 cas) l'ont depuis plus de 5 ans
- 17 % (337 cas) l'ont depuis plus de 10 ans
- 25 % (494 cas) l'ont depuis plus de 15 ans.

Il est intéressant de constater, dans la même étude, le temps d'errance médicale qu'a dû endurer les patients. Ils ont consulté entre 2 et 15 médecins (soit une moyenne de 6 médecins), et ce pendant de longues années, avant que ne soit établi le diagnostic de fibromyalgie.

Comme je l'ai signalé plus haut, dans mon cas j'ai dû consulter une quinzaine de médecins, toutes spécialités confondues, faire des dizaines de radiographie et des scanners, l'IRM n'étant pas encore un outil utilisé à l'époque. Dans cette étude épidémiologique menée par le Dr. Jasson, environ 38 % des patients ont consulté de 1 à 3 médecins, 35 % de 4 à 6 médecins, 20 % de 6 à 10 médecins, 7 % plus de 10 médecins.

En premier lieu, sont évoqués des diagnostics inappropriés établis par le praticien, mais qui entraient dans le cadre de la recherche des diagnostics différentiels :

- Dans 66 % des cas (1321) le stress professionnel ou familial
- Dans 58 % des cas (1151) la dépression ou une psychopathie
- Dans 56 % des cas (1116) une maladie rhumatismale
- Dans 37 % des cas (728) le surmenage
- Dans 13 % des cas (269) une maladie neurologique
- Dans 12 % des cas (243) la simulation
- Dans 10 % des cas (204) une intoxication
- Dans 9 % des cas (166) une maladie virale
- Dans 8 % des cas (152) une polyarthrite rhizomélique.

Les prochaines données fournies par l'étude du Dr. Jasson sont très intéressantes. Elles font référence aux « circonstances d'apparition de la fibromyalgie déclarée », lesquelles, comme nous verrons, sont dans 69% des cas liées à des évènements traumatiques, à des situations qui donnaient lieu à faire un deuil suite à une perte importante, physique, psychique ou morale. *Tant que cette dimension ne sera pas abordée par la médecine*, les cabinets de consultation, les hôpitaux et les cabinets de kinésithérapeutes seront bondés de patients présentant des douleurs chroniques. Je reviendrai sur ce sujet ultérieurement.

Les autres patients ayant répondu à cette étude (22%) n'ont pas su trouver l'évènement susceptible d'avoir déclenché leur maladie. Je me permets ici de faire un lien avec l'alexithymie, dont je parlerai dans un prochain chapitre. Il se peut que 22% des patients - ou une partie de ce panel - aient été atteints sans le savoir, raison pour laquelle ils n'ont pas su identifier le ou les évènements ayant survenu (s) avant que leur fibromyalgie ne s'amorce.

Dans l'étude du Dr. Jasson, les patients interrogés attribuent le déclenchement de leur maladie à :

- Dans 46 % des cas (918), à un stress émotionnel (deuil, divorce, problèmes familiaux, perte d'emploi, ...)
- Dans 23 % des cas (465), à un stress physique (chute, accident ; trauma du rachis souvent cité).
- 22 % des patients n'ont noté aucun événement particulier avant le déclenchement de la maladie, ou ne savent pas clairement nommer son origine, ou l'ignorent.

Quelques-uns ont évoqué, mais sans certitude, le lien avec une hépatite B, ou avec la vaccination contre l'hépatite B (ce facteur fait déjà l'objet d'études). La fibromyalgie peut survenir très progressivement, mais le plus souvent plus rapidement, sur quelques mois, très fréquemment après une longue période de «patraqueries » mal élucidées, que le malade n'a jamais songé à évoquer spontanément devant son médecin.

Ce qui est intéressant à retenir de ces statistiques, c'est

le fait que 46% de la population considérée par cette étude attribue ses douleurs chroniques à des crises existentielles telles que le deuil, le divorce, les problèmes familiaux, la perte d'emploi, etc.), classées sous le concept de *stress émotionnel*. Également, 23% des cas lie sa maladie à un *stress physique* (chute, accident, avec le trauma du rachis souvent cité). Comme nous pouvons le constater, aucune référence claire n'est donnée concernant les traumatismes sexuels (viols, abus, attouchements).

2.1.3.2.   L'inscription corporelle des souffrances émotionnelles

Or, nous savons aujourd'hui que l'être humain est une totalité, que ce qui arrive au corps est ressenti par notre psyché, s'inscrit dans notre cerveau émotionnel, perturbe notre fonctionnement mental, et c'est donc l'ensemble de l'organisme qui est bouleversé. C'est la totalité de l'être qui est ébranlé. La maladie, fibromyalgie, douleurs chroniques, ulcère au duodénum et bien d'autres maladies y trouvent ainsi un terreau favorable pour se développer.

Tel a été mon cas. Un stress physique et psychique incommensurable m'a envahie pendant et après mon accident. Un stress émotionnel s'est pérennisé durant plus de 7 ans donnant lieu à l'apparition des douleurs chroniques. Mon corps me communiquait, via les douleurs, que trop de souffrances existentielles avaient été laissées pour compte, complètement ignorées. Je devais, afin de guérir ma fibromyalgie, les exprimer pour libérer mon être en entier de leur emprise.

La douleur chronique peut apparaître à n'importe quel âge, de la petite enfance à la vieillesse.

Dans mon expérience en tant que coach et accompagnatrice des douloureux chroniques avec la méthode MIGERR, j'ai eu des nombreuses femmes atteintes de fibromyalgie, jamais d'hommes. Pour la plupart, ces femmes avaient un passé chargé de *pertes* de tout genre qui n'avaient pas donné lieu à une élaboration, à un deuil. Leur vie se réduit à une survie, où le point central est la douleur. Pratiquement aucune autre activité n'est envisageable. La douleur chronique endolorit un simple mouvement, dérègle le sommeil et sape l'énergie. Elle peut porter atteinte au travail ainsi qu'aux activités sociales, récréatives et domestiques. Les gens blessés dans un accident peuvent manifester des symptômes d'anxiété en plus de la douleur. Ce mal-être permanent peut avoir une incidence néfaste sur la sécurité financière et peut mener à des abus d'alcool ou de drogues. Elle peut mettre en péril un mariage, les rapports familiaux, les liens sociaux et la participation active et quotidienne au monde du travail.

J'aborderai par la suite quels sont les mécanismes émotionnels impliqués dans le syndrome douloureux chronique et dans la fibromyalgie. La méthode MIGERR, élaborée grâce à mon propre parcours, se base sur l'importance d'exprimer toutes ces émotions liées à ces traumatismes et pertes en tout genre, sujet non abordé par la majorité des médecins.

Cette méthode intégrale de guérison MIGERR, consiste essentiellement à recoller les morceaux de notre puzzle identitaire brisé lors des traumatismes et violences physiques, sexuelles, psychologiques, émotionnelles et morales subis.

2.2. LE RÔLE DES MÉCANISMES ÉMOTIONNELS DANS LE DÉCLENCHEMENT DE LA DOULEUR CHRONIQUE

Dans ce sens, un même bouleversement, par exemple un accident de la route, peut ne pas générer les mêmes traumas émotionnels chez deux individus. Chaque personne vit et intègre les vicissitudes de l'existence selon son histoire personnelle. Les traits émotionnels énoncés dans le prolongement ne sont donc pas forcément présents chez toutes celles qui souffrent de fibromyalgie ou de douleurs chroniques.

Pour ces raisons, le processus ici exposé propose des exercices qui permettent d'identifier les *potentiels humains* ébranlés ou réprimés après un évènement douloureux, et de les rétablir afin de retrouver un équilibre de vie.

Prenons l'exemple du *courage*. Après un accident, cette force de vie, ce potentiel, ont pu s'estomper ou disparaître, laissant alors une place plus conséquente à la douleur, voire toute la place dans notre vie, nous empêchant de surmonter les épreuves qu'elle soumet à tout être humain. Lors de la réalisation de ce processus, cette force, le courage, pourra être retrouvée, nous facilitant grandement le dépassement de cette souffrance par la mise en place de nouvelles stratégies de vie, visant par exemple à faire reculer la douleur en nous focalisant davantage sur le plaisir.

On pourrait dire que le courage sera une force que nous permettra de fleurir dans le désert !

2.2.1. Quelques traits de la personnalité du douloureux chronique

Qui est donc ce douloureux et cette douloureuse chronique sur lequel ou laquelle les algologues du monde entier font des recherches ?

Le Dr. Benezech s'appuie sur les travaux du Dr. Massimo Zoppi (22), afin d'esquisser quelques caractéristiques concernant les patients fibromyalgiques, panel pouvant être élargi à d'autres individus souffrants de douleurs chroniques :

- Vision catastrophique de la vie
- L'alexithymie
- Activité incessante depuis toujours et besoin d'être soutenu
- Manque d'autonomie

Ces caractéristiques énoncées peuvent ne pas être toutes présentes chez tous les individus, il s'agit des caractéristiques recensées faisant apparaître un profil de la personne souffrante de fibromyalgie. Il se peut que vous ne retrouviez pas votre profil parmi toutes ces caractéristiques.

Tel était mon cas. Je ne m'identifiais pas avec une vision si catastrophique de la vie. Malgré la récurrence de mes souffrances physiques, j'étais une mère dédiée à ma fille, et ai toujours été animée par la réalisation de plusieurs projets professionnels, le suivi d'un travail de développement personnel, ou encore m'adonner à des activités créatives. Bref, je vivais ma vie à fond comme toute jeune femme de 30 ans. J'avais souvent une grande énergie et je mettais celle-ci au service de mes envies de marche dans la montagne, la natation, le ski, la danse, ...tout ce qui me procurait de la joie et du plaisir.

Lorsque j'avais mal partout, et dans l'espoir d'une amélioration de mon état, je m'adonnais aux massages, me blottissais contre une bouillote bien chaude, me prélassait dans un bain chaud, ou simplement partageais des moments conviviaux avec mon amoureux, ma fille ou des amis. Parfois efficaces, excepté les fois où de fortes émotions déclenchaient, presque *ipso facto*, des douleurs physiques.

Malheureusement, cette période, je n'avais pas encore fait ce lien essentiel entre émotion *négative* et apparition des douleurs. D'autant plus que je n'avais pas encore appris à libérer toutes ces émotions refoulées de colère, d'hostilité, de tristesse, et de déception.

Il ne me semblait pas non plus manquer d'autonomie. Indépendante et entrepreneuse, avec une capacité à prendre des décisions très rapides sans consulter qui que ce soit, il ne me paraissait pas nécessaire d'être soutenue dans mes actions, projets ou entreprises diverses.

Cela démontre bien que les traits répertoriés comme étant inhérents à la personnalité du patient douloureux chronique, ne sont pas toujours une généralité chez tous les individus atteints de cette maladie.

2.2.1.1. Vision catastrophique de la vie

Dès le début des années 80, des études anglo-saxonnes mettent en évidence l'importance des attitudes de vie comme facteur indépendant de l'aggravation de la douleur. Quelques soient les pathologies, fibromyalgie, lombalgie, douleurs temporomandibulaires, etc., la croyance en une possibilité d'amélioration, la capacité à détourner son attention de la douleur, à lui faire face, favorise le mieux être douloureux.

Inversement, *le fait de catastropher* est corrélé au niveau de la douleur du patient, au handicap social, et à la détresse psychologique, sans lien avec la détérioration physique objective. Cette caractéristique est différente à la notion de dépression. Elle participe à la différence de perception de la douleur entre les hommes et les femmes. De la réponse résultante de l'application des questionnaires réalisés dans le cadre de recherche clinique, le facteur de rumination (je ne peux pas arrêter de penser à quel point ça fait mal) est le plus associé au handicap social.

Quand nous souffrons de vision catastrophique de la vie, nous percevons que les choses ne peuvent pas être pires qu'elles ne le sont, revenant à dire que toute douleur ressentie est de magnitude 10 sur l'Echelle Numérique (EN). Dans mon expérience de la douleur chronique, jamais je n'ai formulé le degré maximum, me suggérant ainsi mentalement que cela pourrait être bien pire, m'aidant par conséquent à relativiser la douleur et à en diminuer son ressenti.

Il est évident que se comparer à d'autres personnes qui souffrent n'est pas en soi une voie pour aller mieux, quoi que… il peut s'agir d'une bonne stratégie pour sortir du cercle du catastrophisme !

Après mon terrible accident d'octobre 1980, d'autres accidents mineurs me sont arrivés. Mon squelette en entier ayant été ébranlé lors de ma chute, mon corps garda longtemps les séquelles de ces déséquilibres posturaux engendrés par peur de trop forcer sur le côté gauche de mon corps, entièrement fracturé lors de mon premier accident (4ème apophyse transverse, col de fémur, coude et main gauche). Retrouver confiance en sa solidité fut pour moi un travail de longue haleine.

Lors de mes multiples blessures, et durant toute la durée de mon immobilisation dues aux plâtres et aux opérations, je réalisais la chance d'avoir pu conserver mes membres, que ma jambe, mon bras, mon genou, ma main étaient bien là, bien que meurtris, que mes os ou mes tendons étaient, certes, en état de *réparation*, mais tout était à sa place. Je souffrais, certes, mais mon corps avait les moyens de commencer le processus de guérison. Tout n'était qu'une question de temps et d'état d'esprit.

L'esprit sportif m'a toujours accompagnée. Me donner des challenges de nature physique m'émoustille encore aujourd'hui. Je suis professeure de Biodanza, je bouge, je marche tous les jours, je fais du trekking…Bref, je suis souvent exposée à des chutes, entorses et autres. Durant ces dernières années, il m'est arrivée de me casser les orteils d'un pied, ma main, d'avoir une fracture de fatigue de mon tibia. Nonobstant, j'ai appris à me remettre très rapidement de mes accidents grâce à la force de mon état d'esprit. Je ne *catastrophise* plus et fais une confiance absolue en mes capacités de guérison. Ces accidents n'ont jamais donné lieu à des douleurs chroniques. En effet, les émotions qui en découlent, je les évacue sur le champ et mes pensées sont rivées sur l'envie de guérir rapidement.

Cette vision et cette confiance en mes possibilités de guérison changent tout, absolument tout ! Je pratique aussi, à la survenue de chaque accident, le protocole que j'expose dans ce livre.

La perception que nous avons de notre vie peut être changée. Penser que *tout peut changer* est une bonne règle de vie. *Tout est muable, tout est impermanent !* sauf la mort, nous sommes d'accord. Cet état d'esprit est d'une grande ouverture et nous laisse la possibilité d'agir sur nous. Là est la clé qui ouvre la voie de votre guérison. *Tous les potentiels résident à l'intérieur de nous et* leur expression dépend en grande mesure de notre volonté. Cette dernière peut même se développer, et à ces fins, plusieurs exercices vous seront proposés. Mon travail depuis des nombreuses années consiste à transmettre aux personnes qu'il est possible de *changer ce qui est à changer, d'accepter ce qui est à accepter, de créer ce qui est à créer.*

Réaliser que l'expérience, malgré nos souffrances récurrentes, nous fait rendre compte de la présence de notre corps, de nos membres, nous permet d'apprécier une perception tactile. Nous masser, nous caresser, nous mouvoir et exécuter toutes ou une grande partie de nos activités quotidiennes, est un cadeau de la vie. C'est un excellent début pour apprendre à être optimiste et ne plus catastrophiser, pour prendre conscience de notre corps vivant, vibrant, nous permettant de sentir, d'agir et d'interagir avec autrui et la nature.

Exercice N° 17: m'émerveiller du corps

- Installez-vous, de préférence couché, dans un endroit calme pour ne pas être interrompu.
- Réalisez plusieurs respirations abdominales profondes afin de vous détendre, suivez les instructions données dans l'exercice N° 6.
- Commencez par sentir chacun de vos membres supérieurs et inférieurs, jambes et bras, puis ensuite votre thorax et en dernier votre tête. Sentez vos os, muscles, tendons et prenez conscience que tout y est, en bonne santé.
- Focalisez votre attention sur tout ce qui va bien, votre élasticité, votre capacité de mobilité, votre souplesse, votre capacité d'extension. Si besoin, faites des légers mouvements pour vérifier toutes ces fonctions prodigieuses.

- Commencez à masser très délicatement l'ensemble du corps, membre par membre, et je vous propose de vous émerveiller de tout ce que ces membres nous permettent de faire : les jambes pour marcher et avancer dans la vie, les bras et mains pour porter, faire des multiples choses et pour caresser nos êtres chers, la tête pour penser et prendre conscience de ce que je vis en ce moment, mon thorax pour accomplir ces fonctions qui me maintiennent en vie : le cœur pour pomper le sang et l'amener partout dans mon corps, les poumons pour respirer, le système digestif pour goûter aux savoureux repas, le foie qui sert à métaboliser les glucides, les protéines et les lipides, les reins qui assurent la filtration du sang et l'évacuation via l'urine des déchets du corps, etc.
- Prenez conscience de votre corps et émerveillez-vous de chaque partie, chaque membre.
- Finalisez l'exercice en vous disant « tout va bien », « tout y est ». Merci ! Merci !
- Ecrivez dans votre Journal de Guérison vos ressentis, impressions et émotions.

Ancrez l'idée donnée par cet exercice. La gratitude est bénéfique pour notre corps et mental. La reconnaissance nous aide à prendre conscience que, finalement, nous sommes en vie et en bonne santé, malgré les douleurs.

2.2.1.2. L'alexithymie

Le dictionnaire Garnier-Delamare définit l'alexithymie : « provient du grec *alexein* repousser et *thumos* âme ; état d'inhibition irrationnelle s'accompagnant de difficultés à exprimer des sentiments. »

On pourrait lire aussi a (privatif), lexie (impossibilité de lire) ce qui revient à « impossibilité de lire ses sentiments » ; car avant d'être une difficulté d'expression de soi, c'est bien d'une incapacité à comprendre ses sensations et ses sentiments dont il s'agit.

Dans des nombreux articles médicaux concernant les relations entre douleur et alexithymie, les auteurs concluent à une prépondérance de cette dernière chez les douloureux chroniques, le considérant comme un trait émotionnel constitutif de l'individu douloureux, et non pas comme une réaction de défense secondaire à l'agression douloureuse.

Dans une autre étude, dont les résultats furent exposés pendant le 21ème congrès français de rhumatologie, les professeurs de Belgique JF Asueta-Lorente et M Léon du CHU Ambroise Paré, Mons ; A Fohn de la Faculté de Psychologie de L'Université Catholique de Louvain ; D Tordeurs et C Reynaert des Cliniques Universitaires - Mont Godinne (23), ont conclu, lors d'une étude faite auprès de 75 femmes fibromyalgiques (selon les critères de l'American College of Rheumatology), et 75 femmes ne souffrant d'aucune affection grave ou invalidante ni de douleurs chroniques, et à l'appui des données personnelles fournies (vécu de violences physiques) et aux réponses à un questionnaire de mesure de l'alexithymie (TAS-20), la prévalence de l'alexithymie dans la fibromyalgie, tout en montrant l'important vécu de violences physiques au sein de cette population.

Une telle prévalence nous amène à poser la question de l'alexithymie en tant que facteur prédisposant ou consécutif à la fibromyalgie.

Cette question posée en guise de conclusion est fort intéressante et elle nous mène sur les effets et conséquences sur la psyché et le corps suite aux violences subies par les patients douloureux chroniques, et, comment celles-ci ont pu générer sur les victimes ce besoin de se couper littéralement des ressentis corporels afin de pouvoir continuer à vivre, ou plutôt survivre.

Il ne serait pas trop aventureux de parler de clivage,

dans sa définition psychanalytique et psychologique « Le clivage du moi est la séparation de la réalité psychique en deux parties. Il est la conséquence d'un traumatisme psychologique qui place la partie de la personnalité touchée hors de la conscience » (24).

Le clivage concernant le corps, serait de mettre hors de la conscience et des ressentis une partie du corps, ou le corps tout entier, au point que nous ne savons plus comment cette partie du corps réagit aux stimuli environnementaux, et donc dans l'impossibilité de décrire les sensations qu'elles lui procurent.

Dans le Dictionnaire Fondamental de la Psychologie, l'alexithymie est définie comme « l'incapacité de pouvoir exprimer ses émotions » (24), renvoyant ce terme à la psychosomatique.

Cette dernière est définie comme « ce qui concerne à la fois le corps et l'esprit, notamment à propos des atteintes viscérales organiques ou fonctionnelles provoquées partiellement ou totalement par des facteurs psychoaffectifs » (24).

J'aimerais approfondir cette notion car, personnellement, ce terme renferme un mécanisme infernal pour les personnes douloureuses chroniques où la psyché a une influence directe sur l'organisme et le corps tout entier. Et je le définis d'infernal car le temps d'en prendre conscience arrive parfois tardivement, ayant laissé le temps à la maladie de gagner du terrain.

De nombreux mécanismes endocriniens et biochimiques ont été également recherchés. Mais P.E. Sifneos de l'Université de Harvard a introduit le concept nosologique d'alexithymie, qui relie la maladie psychosomatique à un type de personnalité alexithymique assez caractéristique : « il s'agit de patients tendus, rigides, éprouvant de grandes difficultés dans leur contact avec les autres et restant incapables d'exprimer leurs sentiments et leur état affectif » (25). Elle apparaît donc comme une incapacité d'établir des connexions entre les émotions et leurs représentations mentales.

Un bon exemple d'alexithymie est fourni par les sujets

ayant survécu à des expériences très traumatisantes (guerre, accidents, maladies de longue durée) et qui pensent s'en être sortis grâce à leur insensibilité et au déni massif de leurs émotions. De retour à la vie normale, il y a conservation de cette ligne de conduite avec fréquente apparition de troubles somatiques.

L'explication neurophysiologique serait l'absence de connexions entre les noyaux du système limbique (générateur d'émotions) et le néocortex. Cela engendrerait une hyperactivité du système neurovégétatif pouvant entraîner, sur certains terrains, la survenue de troubles somatiques. On appelle alexithymie l'incapacité à distinguer un affect d'un autre. Ceci crée un état confusionnel qui induit à « l'action pour l'action » ou à des comportements toxicomanes comme l'alcoolisme ou d'autres drogues.

R. Toro nous dit : « Des périodes de confusion émotionnelle sont fréquentes chez les personnes normales, dans un monde à faibles options sociales, affectives ou créatrices. Quand il manque des motivations authentiques pour vivre, les circuits affectifs se mélangent et interfèrent avec la réalité. Il surgit, de ce fait, une tendance à oublier et à éloigner de la conscience les moments de frustration, d'impuissance ou des expériences psychiques et ou physiques intolérables. Cette situation crée une opacité de l'état d'âme, parfois la sensation de discontinuité d'avec la réalité, un état dépressif et des maladies psychosomatiques peuvent survenir. Les personnes qui souffrent d'alexithymie sentent la vie comme une série d'efforts inutiles ; l'existence semble vide de contenant affectif, vide de sens. Rien n'est motivant, personne ne donne envie de faire quoi que ce soit. Une sorte de néant s'installe autour de l'individu » (9).

Les violences physiques, sexuelles et/ou psychiques subies, et les traumatismes qui en découlent, peuvent provoquer un manque d'amour et une dévalorisation de soi-même destructeurs, voire dévastateurs pour l'identité de l'individu. Des sentiments de honte, de culpabilité, de frustration et d'impuissance peuvent émerger à la suite des traumatismes vécus, et peuvent, à moyen et long terme, dénaturer complètement le relationnel d'une personne, le coupant de ses liens familiaux et sociaux ; l'intolérance face à la diversité peut voir le jour ; les relations de domination – soumission peuvent s'installer. La difficulté à lire et à dire ses propres sensations corporelles créée des troubles dans la communication et donc des difficultés dans les contacts avec autrui, l'expressivité peut se bloquer accentuant la difficulté à se dire, à communiquer sur soi. Ces circuits vicieux engendrent encore plus de frustration et de colère, la disqualification de soi et d'autrui est une résultante de ce processus.

Le cercle infernal de la douleur trouve son origine, en partie, dans cet amas de sentiments qui envahissent la victime sans qu'elle trouve un moyen pour les exprimer. Ces ressentis, en général désagréables, vont petit à petit se loger profond des cellules, empêchant d'autres ressentis et émotions plus positives de s'y installer.

Une étape fondamentale pour commencer à vaincre les douleurs chroniques consiste à vider nos cellules de tout ce qu'empêche la vie et les émotions positives de s'y loger. Auriez-vous l'idée de remplir un verre déjà plein ? Non, n'est-ce pas ? Notre corps est un réceptacle clos, séparé du reste du monde par la peau, organe qui a la fonction de nous séparer et aussi de nous unir à l'autre. Le corps a besoin d'être vide d'émotions, ressentis et sensations désagréables et nuisibles à notre organisme pour pouvoir le féconder d'autres plus porteuses de vie, telles que l'amour de soi, la valeur de soi, la joie, le plaisir, l'enthousiasme, la motivation, la félicité, etc.

Les exercices préparatoires que je propose en continuation sont essentiels pour les étapes suivantes. Ce processus étant progressif afin que chacun l'intègre à son rythme, chaque exercice pratique proposé doit être fait dans l'ordre dans lequel il est présenté. Si vous suivez par la suite la méthode MIGERR destinée à vous soulager durablement de la fibromyalgie, cette étape préparatoire est non seulement fondamentale, mais elle pose des bases solides pour ensuite progresser dans la libération de votre maladie. Notre corps ayant la possibilité de faire une chose à la fois en totale présence, prenez le temps de vous couper du monde lors de la réalisation des exercices pratiques.

Si vous ressentez que vous avez du mal parfois à ressentir ce qui vous habite acceptez-le avec amour. Ce mécanisme de prise de distance d'avec vous-même a été salvateur pour vous pendant des nombreuses années et maintenant, en suivant la méthode MIGERR, vous allez pouvoir, petit à petit, le laisser partir pour mettre un processus de guérison en place. Vous pouvez même le remercier car il vous a permis de survivre. Si vous le souhaitez faites un rituel pour lui manifester votre gratitude.

Les exercices suivants vont vous aider à faire ce processus très salutaire.

Exercice N° 18 : exprimer mes ressentis

- Prenez une bonne demi-heure pour faire cet exercice.
- Installez-vous confortablement dans un endroit calme.
- Prenez votre Journal de guérison et laissez-le à côté.
- Réalisez des respirations abdominales pour vous détendre et vous relier à votre corps.
- Répéter dix fois cette phrase : « je m'aime et je m'accepte totalement et inconditionnellement ». Vous pouvez écrire cette phrase sur plusieurs feuilles et les accrocher partout dans votre logement, bien visibles.
- Connectez-vous à votre corps, à votre vie et à tout ce que vous avez traversé.
- Prenez votre Journal de guérison e écrivez et décrivez les principales violences et traumatismes subies pendant votre vie. Si cela s'avère difficile, faites appel à votre observateur, c'est-à-dire à une méta position.
- Petit à petit, commencez à vous remémorer des

sensations, ressentis et émotions que ces expériences ont suscitées en vous. Si l'exercice semble difficile, dessinez votre corps sur le Journal de guérison, même de façon simple, et y associez des ressentis et des émotions aux différentes parties, en les indiquant avec des flèches.

- Si des émotions surviennent, accueillez-les avec amour, elles libèrent petit à petit votre corps du ressenti des douleurs.

- Répéter plusieurs fois l'exercice, jusqu'à ce que vous ressentiez que tout ce qui il y avait à indiquer est écrit ou dessiné.

- Finir l'exercice par la phrase indiquée au début, répétée 3 fois.

- Prenez votre Journal de Guérison et écrivez les ressentis, sensations corporelles et émotions qui ont émergé lors de la réalisation de ces protocoles, en identifiant les bénéfices pour chacun d'entre eux.

La partie de la méthode MIGERR proposée dans ce livre se fonde sur le besoin d'exprimer les souffrances émotionnelles liées aux traumatismes existentiels, de quelque nature qu'ils soient. Comme indiqué plus haut, les neurosciences nous démontrent que tout vécu difficile se cristallise dans l'amygdale, et que seule l'expression de l'émotion inscrite dans cette partie peut libérer l'énergie vitale restée ainsi séquestrée. Les exercices donnés ont donc comme objectif de commencer à libérer notre cerveau, et ensuite notre corps, de ses souffrances.

2.2.1.3. Activité incessante et « besoin d'être soutenu »

La notion « d'affairement » ou « d'activité incessante depuis toujours », de même que la notion de « besoin d'être soutenu » s'inscrivent dans des personnalités particulières que tente de cerner la nosographie psychiatrique.

Dans différents articles médicaux, les auteurs retrouvent entre 40% et 59% de troubles de la personnalité chez les patients douloureux chroniques. Les diagnostics les plus courants étant histrioniques et personnalité dépendante.

Le DSM III-R, qui était usité au moment de la plupart de ces études, définit pour la personnalité histrionique : « quête d'attention excessive », « sujets qui exigent constamment réassurance, approbation ou éloges et se sentant mal à l'aise dans les situations où ils ne sont pas au centre de l'attention d'autrui ». Pour la personnalité dépendante : « sujets incapables de prendre des décisions dans la vie de tous les jours sans être conseillés ou rassurés de manière excessive par autrui ». Dans les deux cas on rejoint « le besoin d'être soutenu » (27).

Autre diagnostic résultant de ces études, la personnalité limite (« borderline ») pour laquelle le DSM III-R note : « instabilité et excès dans le mode de relations interpersonnelles », « sujets qui ont du mal à supporter la solitude », mais aussi « impulsivité dommageable dans la vie du sujet : dépenses, sexualité, toxicomanie… » qui constituent une forme d'étayage au quotidien (27).

Le Dictionnaire Fondamental de la Psychologie (24) définit le « borderline » ou « état limite » en français, comme un trouble mental, une structure pathologique de la personnalité, se définissant sur le plan nosologique et structural comme intermédiaire ou « à la frontière » entre une structure névrotique et une structure psychotique.

Cette notion s'est précisée grâce aux travaux des américains O. Kernberg et de H. Kohut et du français J. Bergeret (28), en reconsidérant d'avantage le « borderline » comme étant une *maladie basée sur la structure de la personnalité*. Ces auteurs ont constaté des difficultés à mener une cure analytique chez certains patients présentant une grande insécurité intérieure, une intolérance à la frustration et une hypersensibilité aux remarques, souvent ressenties comme un jugement.

D'un point de vue clinique, les individus qui présentent ce type de personnalité sont souvent bien adaptés socialement, mais leurs relations affectives sont instables, marquées par la dépendance dite « anaclitique » et la manipulation agressive. Ils se défendent contre la dépression, faite surtout d'un sentiment de solitude, de vacuité et d'ennui, sans la culpabilité ni le ralentissement psychomoteur habituel. Le règlement des tensions conflictuelles utilise préférentiellement des passages à l'acte, entraînant une instabilité socioprofessionnelle et affective mais aussi des conduites d'autodestruction par impulsions suicidaires, accidents ou abus toxiques.

Le clivage est utilisé comme mécanisme défensif pour maintenir séparé le secteur adaptatif du secteur idéalisé, protégeant ainsi le sujet d'un conflit interne intolérable. Le mécanisme de l'idéalisation permet de ne pas reconnaître l'agressivité ni la culpabilité envers l'objet. Les mécanismes projectifs utilisés expliquent les moments de confusion entre ce qui est interne et ce qui est externe, sans que le sujet perde totalement la possibilité de différencier le Soi et autrui. Le déni des émotions est efficace pour lutter contre les sentiments dépressifs. Lorsque l'individu n'est plus gratifié ou protégé, il utilise la dévalorisation, qui dévoile alors son ambivalence par rapport à l'objet précédemment idéalisé.

Comme nous l'avons vu plus haut, la personnalité limite est dite aussi anaclitique, c'est-à-dire « qui se repose sur quelqu'un ou quelque chose, qui en est dépendant ». Définition qui souligne ce besoin d'être soutenu, par une personne ou une chose qui puissent combler ce vide, notion retrouvée régulièrement auprès des patients douloureux chroniques.

A propos des borderline, G. Pinchaud et N. Montgrain écrivent « pour ces individus, l'agir est le recours à la réalité pour que celle-ci renvoie des indices qui l'accrochent. » (14).

Dans le contexte de l'alexithymie que j'ai évoqué ci-dessus, où le recours à l'émotionnel et à la parole qui l'accompagne reste difficile, il est probable que la mise en œuvre d'une activité surinvestie puisse constituer un équilibre de vie.

Il est certain que les tragédies vécues laissent des traces, parfois indélébiles, et que celles-ci, d'un point de vue physique, psychique et émotionnel, peuvent fragiliser les individus au point de trouver des mécanismes de compensation lorsque la souffrance qui en dérive devient insoutenable. Notre psyché est très bien faite. Elle est capable de mettre en place des mécanismes qui contournent cet « intolérable ».

Il est fondamental pour avancer de reconnaître nos mécanismes d'action, de pensée et émotionnels, en les acceptant avec amour et gratitude pour ce qu'ils nous ont apporté et contre ce et ceux qui nous ont protégés. Notre personnalité, constituée du tempérament, biologique-inné, et du caractère, culturel-acquis, est en général une combinaison de plusieurs traits des différentes personnalités. Il convient de retenir que ce « façonnage » est un ensemble de croyances, valeurs, comportements, lois, pensées, etc.... que nous n'avons pas toujours choisi. En effet, nos parents, professeurs et autres personnes qui nous ont éduqués, nous les ont transmis pratiquement tels ils les ont reçus. Nous sommes un maillon de la chaîne de filiation de notre lignée destinée à être transformée, modifiée, évoluée, par une plus grande conscience de qui nous sommes vraiment - dépouillés de ce fardeau de la culture parfois régie par des normes médiévales - ne pouvant progresser que par ceux qui développent une conscience plus large. Cette dernière, d'après mon expérience, s'éveille en nous lors des souffrances entraînées par les maladies, accidents, et toutes sortes des violences physiques, psychiques, sexuelles et morales.

Qui peut dire qu'il a délibérément choisi d'être malade, d'avoir un accident ou d'avoir subi des violences sexuelles ou tout autre traumatisme ? Qu'est-ce qui fait que certaines personnes souffrent beaucoup plus que certains de tragédies dans leurs vies ? Pour quel dessein ?

Tous ces questionnements trouvent une réponse quand nous décidons de mettre de la lumière dans les ombres de nos souffrances. Ce chemin n'est pas toujours aisé ni simple, mais, dans mon expérience et celle de milliers de personnes que j'ai accompagnées durant ma vie professionnelle, aucune, absolument aucune n'a regretté de l'avoir entrepris.

Le développement ou l'élargissement de la conscience nous rendent lucides, nous demandent de retrouver notre valeur, notre dignité d'être et notre entièreté. Ce parcours passionnant vaut les mille étapes qu'il comporte, les milliers de portes qu'il ouvre et aussi celles qu'il ferme. Il est aisé de savoir quand il commence, rarement quand il se finit. Ce n'est pas seulement l'arrivée qui importe, mais également le sentiment de plénitude et de bonheur de le parcourir.

<u>Exercice N° 19: nettoyer mes conflits relationnels</u>

- Prenez une quarantaine de minutes pour bien faire cet exercice.
- Installez-vous dans un endroit calme et à l'abri des interruptions.
- Dire à haute voix « je m'aime et je m'accepte totalement et inconditionnellement ». Répétez cette phrase autant de fois dont vous ressentez le besoin.
- Prenez votre Journal de guérison et remémorez-vous le(s) conflit(s) majeur(s) ou situation (s) difficile (s) vécus qui ont précédé la survenue des douleurs chroniques. Il s'agit essentiellement des conflits relationnels, dont autrui est impliqué, que cette personne soit de votre famille, entourage professionnel, amical, autre ou inconnue.
- Une fois que vous aurez identifié les conflits, remémorez-vous des circonstances, du lieu, de l'heure, si vous étiez seul (e) ou avec d'autres personnes, comment étiez-vous habillé (e), et tous les détails qui vous aident à vous situer dans le contexte du conflit ou situation vécue. Ensuite revenez à la scène et essayez d'identifier les ressentis, émotions et/ou sensations que vous avez expérimenté à l'époque ou que vous ressentez encore.

- Notez tout ce qui vient sur votre Journal de Guérison, sans vous juger ni vous blâmer. Notez le prénom de la personne ou des personnes présentes.
- Si des émotions reviennent, comme des pleurs ou des sanglots, accueillez-les, accueillez-vous dans votre vulnérabilité et exprimez tout ce qui doit quitter votre corps.
- Prenez le temps de finir votre exercice.
- Répétez pour terminer la phrase « je m'aime et je m'accepte totalement et inconditionnellement ».

Au fur et à mesure que vous ferez cet exercice, vous aurez des prises de conscience sur vous, vos comportements et votre vie en lien avec vos traumatismes ou vécus difficiles. Souvent nos réponses émotionnelles sont inconscientes, elles fusent de quelque part d'où la maîtrise de soi est difficile. S'en rendre compte nous donne une chance de les modifier, de les adapter progressivement au stimulus reçu afin de changer la réponse acquise, souvent pendant notre enfance. Il est donc profitable de noter les changements que vous mettez en place dans votre vie grâce à ces prises de conscience.

Une troisième étape consiste à noter ensuite les *bienfaits* que vous avez tirés sur ces prises de conscience et les évolutions de réponse qui ont pu émerger, et la façon dont ces nouveaux comportements ont amélioré votre quotidien et à quel point ils ont enrichi la vision de vous-même, amélioré vos relations interpersonnelles et changé votre vie.

2.2.1.4. Manque d'autonomie

Le manque d'autonomie a été abordé ci-dessus avec la dépendance aux personnes ou aux choses, conséquence de la nécessité d'être soutenu. Cette dépendance puise sa source dans le besoin de faire partager sa souffrance afin de la diminuer, et aussi de recevoir de l'aide pour réaliser parfois des tâches qui deviennent très difficiles dans le quotidien. Dans les états de crise, il est certain que la personne qui souffre n'a pas envie de faire des efforts physiques.

Lors de mes crises de douleurs, je n'avais qu'une envie, rester allongée dans la même position sans bouger. Adopter une position qui me soulageait était déjà très laborieux, alors, quand je la trouvais enfin, je ne voulais rien faire d'autre. Pendant le temps de la crise, en général quelques jours, 2 ou 3 jusqu'à recevoir un antalgique puissant injecté dans la colonne vertébrale, je me sentais incapable de faire la moindre activité, la moindre tâche à la maison, et encore moins aller travailler. Ce fut des moments de grande solitude et je sentais un soulagement quand un proche venait me voir pouvant ainsi partager ma souffrance avec lui ou elle, comme si le fait de l'exprimer au travers des mots me permettait également de l'extérioriser de mon corps.

Ce soutien moral et amical était précieux pour moi. Je me sentais épaulée dans ma souffrance et ma solitude, celle qui devient très lourde de tant et tant d'années d'afflictions. L'instant d'un échange, la douleur ainsi partagée pouvait se dissiper.

Reconnaître ce soutien dont nous avons bénéficié ou bénéficions encore relève de la gratitude, cette dernière étant bénéfique pour notre psyché, voire pour notre ressenti du bonheur. Réaliser que, malgré notre état de souffrance, il y a des personnes dans notre entourage qui tiennent à nous, présents quand nous en ressentons le besoin, disposées à partager un temps et de l'affect avec nous, nous revalorise, nous revigore, et nous permet d'éprouver de la reconnaissance.

Exercice N° 20: manifester de la gratitude
envers les personnes qui me soutiennent

- Installez-vous dans un endroit calme et à l'abri des bruits et d'autres.
- Prenez votre Journal de Guérison et notez toutes les personnes qui vous soutiennent de votre entourage

proche et amical ou social.

- Ecrivez une phrase de gratitude pour chacun, notez ce que ces personnes vous apportent, comment sentez-vous leur présence et à quel point vous leur êtes reconnaissant du temps qu'ils vous consacrent, des soins, des cajoleries, voire même des cadeaux.
- Remettez- lui votre écrit la prochaine fois que vous la rencontrerez, ou dites-lui verbalement ce que vous avez écrit pour lui ou elle. Vous verrez combien c'est magique et à quel point ces actes renforcent les liens à autrui.
- Répétez « je m'aime et je m'accepte totalement et inconditionnellement ».

Réaliser que nous ne sommes jamais totalement seuls est réconfortant. Nous avons au moins une personne présente pour nous : un parent, un frère, une sœur, un ami, une infirmière, un collègue, quelqu'un sur qui nous pouvons compter quand le besoin s'en fait sentir.

Cet exercice est destiné à tisser des liens forts avec ces personnes qui seront toujours là lorsque vous les appellerez à l'aide.

2.3. DOULEURS, COLÈRE ET SENTIMENT D'INJUSTICE

La colère est un trait omniprésent chez les personnes qui souffrent de douleurs chroniques. Les situations vécues à l'origine de l'apparition du syndrome douloureux chronique peuvent avoir été vécues comme *injustes*, ce sentiment alimentant, tel une boucle imparable, la colère dans le corps.

Toutes les études démontrent, en effet, que les sujets douloureux chroniques entretiennent leur colère par la pensée, déréglant ainsi les circuits opioïdes qui régulent ces états dans le corps.

Libérer notre corps de la colère intériorisée est une voie, certainement la plus adaptée, pour vaincre les douleurs chroniques.

Lors de mes activités professionnelles je suis souvent étonnée de la difficulté rencontrée par les stagiaires à reconnaître leur colère intérieure. On dirait que cette émotion, pourtant si répandue et faisant partie intégrante de nos états émotionnels potentiels, est honteuse. Dans une culture qui promeut la gentillesse comme une valeur, la colère n'est effectivement pas très cotée.

En psychologie *la colère est considérée comme une émotion secondaire liée à une blessure physique ou psychique, un manque, une frustration.* Celle-ci se caractérise généralement par une réaction vive entraînant généralement des manifestations physiques ou psychologiques de la part de la personne concernée, celle-ci pouvant cependant être contenue, voire dissimulée.

Dans les prochains sous-chapitres nous verrons à quel point la dissimulation de la colère pour les personnes douloureuses chroniques peut être délétère et entretenir, dans un cercle vicieux infernal, les douleurs.

2.3.1. La colère comme composante de la douleur

Pour les Grecs anciens, la douleur était une émotion : la contrepartie négative du plaisir. Ces liens complexes entre douleur et émotion ont abouti au XXème siècle à l'intégration de l'un de ces deux termes dans la définition internationale de l'autre, comme l'un de ses composants. Cependant, à l'instar des dimensions sensitives et cognitives, la connaissance du fonctionnement émotionnel de la douleur n'en est qu'à ses débuts.

La colère est un de ces « troubles de l'adaptation des conduites », souvent connotée négativement avec la tristesse ou la peur. Elle est pourtant la garante de notre territoire empiété, défense de notre intégrité physique ou psychique bafouée (volontairement ou par inadvertance) par un individu, un événement ou un système…*la colère refuse ce qui est vécu comme une injustice*. Cependant, ses formes ont tant évolué, par rapport à son fonctionnement dans le monde animal, que nous avons de la difficulté à toujours la reconnaître dans la société, et parfois à l'utiliser à bon escient.

Cette notion de « mauvais usage » de la colère, de sa capacité à se transformer en douleur si réfrénée, a été évoquée par plusieurs auteurs issus des milieux psychologiques et psychiatriques des dernières décennies. Des études scientifiques montrent que les patients douloureux chroniques en échec de traitement rapportent la même fréquence de sentiments coléreux que le groupe contrôle (patients ayant beaucoup souffert dans le passé de leur maladie) mais sont plus nombreux à inhiber leur expression. La notion *d'autopunition* ressort significativement des questionnaires et les auteurs relient cette notion à la difficulté à exprimer sa colère à d'autres.

D'autres études ont porté sur l'exploration de cette expression, mais également sur la conscience que le patient pouvait en avoir. Les auteurs ne retrouvent pas de différence d'expression de la colère entre deux groupes (l'un issu d'un centre de traitement de la douleur et l'autre pré chirurgical ordinaire), *mais une différence très significative dans la conscience de cette colère*, qui s'avère moins perçue pour les patients douloureux chroniques. Ces derniers sont donc dans le déni de sentiments coléreux et d'agressivité.

Mais ces colères et chagrins, non exprimés ni par des mots, ni par des pleurs, se sont d'abord transformés en douleurs chroniques. Je peux affirmer que toutes les souffrances, qu'elles soient d'ordre psychique, physique, moral ou sexuel, laissent des empreintes ineffaçables dans nos corps. Toutefois, en guérir est tout à fait possible. Ce n'est pas synonyme d'oubli de ce que nous avons vécu, de ce qui a façonné notre être, mais c'est déployer le courage d'épouser nos souffrances en remplissant de nos larmes le gouffre qu'elles érigent entre nous et le désir de continuer à vivre.

Le processus peut paraître long au début mais il n'est

pas interminable. Tout commence à un moment donné et tout se finit aussi. Il faut retourner à la source d'inscription des souffrances qui est notre corps. C'est bien lui qui a subi un ou des traumatismes, c'est donc vers lui que notre attention doit se diriger pour extirper les douleurs des cellules, les transformer petit à petit en joies, plaisir et amour. Ce processus est possible, j'en suis, parmi d'autres, un témoin vivant.

Le processus de guérison que je propose est avant tout intégral. Nous sommes un tout dont toutes les parties sont reliées et inséparables, il est donc fondamental d'envisager le dépassement de la douleur chronique comme un cheminement global. Et dans ce parcours, la reconnaissance de nos vécus, leur mise en lumière, leur reviviscence peuvent entraîner encore de la souffrance, certes, mais passage salutaire qui, par la suite, produira la libération émotionnelle, gage de guérison. Nous ne devons pas faire fi de nos émotions si nous voulons amorcer ce travail. Nous devons trouver le courage de danser avec elles, de les exprimer et leur permettre ainsi de quitter progressivement notre corps.

2.3.2. Dépression, anxiété et colère

Quelle est donc la part de cette colère dans la nébuleuse émotionnelle si prégnante en douleur ? En effet, l'importance des facteurs psychosociaux, de l'anxiété et de la dépression, comme variables majeures des phénomènes douloureux sont établis depuis les années 75-80. P.Knaster (29) met en évidence dans un document publié en 2015 la pertinence de chacune des cinq sensations : dépression, anxiété, frustration, colère et peur dans la perception de la douleur. Il souligne combien les changements en matière de colère et de frustration pourraient modifier les symptômes exprimés.

Duckro et coll. en 1995 (30) concluent à la contribution du phénomène colère (en particulier de la colère non exprimée) au phénomène dépression, lui-même participant au phénomène douloureux. La colère ne serait donc qu'indirectement reliée à la douleur par la dépression. Pour ces auteurs, il existe une relation entre suppression de la colère et dépression, mais aussi entre expression de la colère et anxiété.

Nicholson et coll. en 2004 (14) interrogent 171 céphalalgiques eux-mêmes comparés à 251 personnes ne souffrant pas de maux de tête. Les deux groupes ne se distinguent pas significativement pour les traits dépressifs, d'anxiété ou de colère. Par contre, le groupe céphalée rapporte une inhibition de la colère (colère rentrée) très nettement marquée par rapport au groupe indemne. On peut donc considérer que le facteur colère, même s'il est relié à d'autres paramètres émotionnels comme l'anxiété ou la dépression, mérite d'être pris en compte par lui-même dans l'étiologie psychosociale modifiant la douleur.

2.3.3. Colère intériorisée, colère extériorisée

Le caractère coléreux se distingue de l'émotion-colère passagère, et plus encore de la façon dont ce sentiment est manifesté, intériorisé ou bien extériorisé. En algologie, des études font le lien entre « sentiments de colère supprimés, réprimés ou au moins inexprimés » et la douleur. Pour R. D. Kerns (13) la suppression de celle-ci pourrait hypothétiquement compromettre la régulation du système central des opioïdes et favoriser ainsi la douleur.

Cette réflexion concernant les endorphines sert de base à l'étude menée par S. Bruhel et coll. en 2002 (14), chez 44 lombalgiques chroniques et 45 personnes contrôlées sans douleur qui reçoivent, en 2 sessions randomisées (se dit d'un essai clinique où le traitement est tiré au sort pour chaque patient, le tirage au sort se fait habituellement entre le traitement habituel et un nouveau traitement que l'on considère égal ou supérieur au traitement habituel) un placebo ou 8 mg de Naloxone (antagoniste, neuroleptique ou antipsychotique, opiacé utilisé en thérapeutique), avant de subir deux épreuves - douleur. Ils répondent préalablement aux questionnaires douleur et dépression – colère. L'analyse des résultats démontre davantage de douleurs chez les lombalgiques, associées à une plus grande composante dépressive et des traits de colère, sans différence significative pour l'expression de la colère entre les deux groupes. Cependant, la comparaison entre l'épreuve placebo et l'épreuve Naloxone met en relief le fait que les participants qui rapportent le plus de colère extériorisée ne modifient pas leurs douleurs sous traitement, comme si leurs opioïdes endogènes étaient déjà préalablement bloqués sous placebo.

Ainsi, la colère extériorisée modifierait les endorphines. Il y aurait donc deux formes d'expression, toutes deux ayant un impact sur la douleur, mais seule la colère « extériorisée » serait régulée par le système opioïde.

Ces auteurs pensent que la colère extériorisée agit comme stress, qui via sa composante adrénergique est suspectée comme étant l'étiologie de la douleur par l'intermédiaire du système opioïde.

La colère pourrait-elle être alors la cause de l'apparition des douleurs chroniques par le dérèglement de notre système hormonal, celui-là même justement destiné à la soulager ?

Le lien entre colère intériorisée et douleur chronique n'est plus à démontrer. Le Dr. Benezech publie ainsi cet article en 2008 « La colère est une émotion retrouvée chez de nombreuses personnes douloureuses chroniques. Plus elle est présente, plus il y a de douleurs. Elle participe à la dépression du malade, en particulier par la colère contre soi-même. Les recherches actuelles identifient les notions de colère intériorisée ou extériorisée, qui agiraient par des modes d'action différents (système opioïde pour douleur extériorisée) sur des pathologies douloureuses différentes. L'acceptation du réel douloureux, et non le refus inefficace, pourrait être une voie à explorer dans les approches thérapeutiques d'avenir » (29).

Il est nécessaire de mettre en place des moyens pour exprimer, en totale sécurité pour l'intégrité du Soi, cette émotion si délétère pour notre corps, responsable de l'apparition de beaucoup de maladies.

Un aspect essentiel de cette émotion néfaste pour le corps est à comprendre : derrière la colère se cache la tristesse. Quand nous l'exprimons très fort, nous finissons toujours en pleurs, comme si une fois l'énergie colossale qu'elle libère laissait place à l'origine de cette colère, cette tristesse ressentie par le sentiment de perte *injustifiée* qui nous habite.

Le sentiment d'injustice prend sa source là où des évènements douloureux, voire traumatiques, sont apparus dans notre vie, que ce soit d'une façon accidentelle ou irresponsable, ou encore par la négligence des autres ou par manque de conscience. C'est-à-dire, lors de situations ayant pu être évitées et qui nous auraient épargnés ainsi de la souffrance.

Avec le temps et le travail sur nous-même, sur notre vie et sur les événements qui l'ont jalonnée, ce sentiment d'injustice peut acquérir une autre connotation, lui attribuant ainsi un autre sens. Mais, après l'accident, les émotions sont telles, bien trop fortes, et l'état dans lequel nous nous trouvons alors ne nous permet pas d'élaborer un plan pour amoindrir ses effets sur nous et notre organisme.

Et je pensais à mon histoire et aux millions, voire aux milliards de personnes qui vivent des situations traumatiques, le plus souvent à leur insu.
Combien de situations traumatiques ont lieu tous les jours par nos manques de prudence, d'attention et de conscience ? Combien de ces situations laissent des traces indélébiles sur les corps des victimes ?

Nous avons tous été soumis à des colères. Les personnes qui souffrent de douleurs chroniques ont vécu des situations traumatiques avec un sentiment d'injustice très violent, auquel a suivi un sentiment de colère qui a pu littéralement prendre toute la place dans le corps, à répétition, perturbant complètement le fonctionnement normal de l'organisme.

Cette colère rentrée doit quitter notre corps si nous

voulons vaincre nos douleurs chroniques. Sa cristallisation dans notre psyché se traduit par un sentiment permanent de stress dû à un état de vigilance aiguisé. Celui-ci se pérennise par une tension musculaire constante et grandissante, alimentant un cercle vicieux dans le corps qui finit par dérégler nos circuits neuro-hormonaux. Libérer le corps de la colère nous permet de retrouver, progressivement, cet équilibre organique si nécessaire à une bonne santé où la douleur chronique est enrayée. Les visualisations créatives sont un outil très puissant pour y parvenir.

La visualisation est une pratique naturelle chez l'homme et existe, sans avoir été nommée, depuis la nuit des temps. Depuis plus d'une cinquantaine d'années, et ce à travers le monde, de nombreux chercheurs et scientifiques étudient les effets que la pensée peut exercer sur un individu au niveau biologique. Les résultats de ces tests démontrent avec certitude que les émotions jouent un rôle de premier ordre dans le processus de santé et de guérison.

Ces études ont permis de démontrer une amélioration importante de l'état de santé de personnes gravement malades (stimulation des défenses naturelles du corps, diminution des nausées et des vomissements, de la douleur, des troubles digestifs, de l'insomnie, de l'anxiété ainsi que de la dépression) qui utilisent des techniques de visualisation créative et de relaxation.

Émile Coué, psychologue et pharmacien français, développa une technique de conditionnement mentale, aujourd'hui connue sous le nom d'autosuggestion ou d'autohypnose. Créateur de la Méthode Coué, il disait « Quiconque désire changer certains aspects de sa vie doit prendre le contrôle de son imagination. Chaque être humain possède cette capacité d'imaginer le possible et le positif afin d'expérimenter une qualité de vie meilleure.

Émile Coué demandait ainsi à ses patients de répéter à haute voix matin, midi et soir, et trente fois de suite, la phrase suivante : "Tous les jours, à tout point de vue, je vais de mieux en mieux" (29). Un rituel à rajouter à votre boîte à outils pour la guérison.

La méthode MIGERR observant une progressivité rigoureuse, chaque exercice a pour objectif de visiter un moment de notre histoire pour en retirer l'origine de ce qui a pu engendrer vos souffrances puis l'apparition de vos douleurs chroniques. Une fois ce processus terminé on comprendra mieux que chacune des propositions répond à un besoin d'identifier, revisiter pour rééditer, puis dépasser ce qui peut l'être.

<u>**Exercice N° 21 : identifier dans le corps
les origines de ma colère**</u>

- Installez-vous confortablement, respirez profondément plusieurs fois, puis répétez cette phrase « je m'aime et je m'accepte totalement et inconditionnellement ».

- Remémorez-vous des situations survenues avant l'apparition de vos douleurs chroniques pendant lesquelles vous avez ressenti un sentiment puissant d'injustice, de trahison, d'abandon, de colère, de frustration, lors d'une situation vous impliquant ou en étant témoin.

- Revivez cette situation dans votre corps et sentez ses réactions afin de localiser où se loge le sentiment qui émerge. Quelle émotion se manifeste ? Comment puis-je la décrire au plus juste ? Avec quelle intensité se manifeste-t-elle ? Vous pouvez sentir que votre température corporelle monte, percevoir une crispation ou tension musculaire dans votre corps (mâchoire, épaules, ventre, etc.), sentir votre cœur s'emballer, ressentir une pointe dans l'estomac ou la tête, etc.

- Observez l'émotion qui jaillit et situez-la dans votre organisme (la tête, le ventre, le dos, les genoux, le cou, les épaules, etc.).

- Accueillez-les sans les juger. Restez quelques minutes avec elles.
- Ensuite identifiez quelles sont les valeurs (justice, respect, loyauté, considération, empathie, affection, amour, solidarité, etc.) vous concernant que vous sentez bafouées, juste identifiez-les sans vous identifier à elles, comme si vous les observiez (utiliser l'observateur ou la méta position peut s'avérer opportun).
- A chaque étape respirez profondément, selon les exercices N° 5 et 6 donnés.
- Pour commencer à soulager vos émotions imaginez qu'à chaque expiration elles quittent votre corps, elles partent avec l'air que vous sortez par vos narines.
- Si des pleurs jaillissent accueillez-les avec amour, ils sortent de votre corps le libérant de l'étau des douleurs.
- Ecrivez en détail les fruits de vos observations et ressentis dans votre Journal de guérison. Identifiez clairement la situation, émotion, ressentis et valeurs.
- Finissez quand vous le désirez en disant la phrase « je m'aime et je m'accepte totalement et inconditionnellement ».

Aujourd'hui, nous savons qu'imaginer nous rapproche de la réalité. Des neuroscientifiques de l'université du Colorado firent passer une IRM à des volontaires et leur demandèrent d'imaginer un son précédemment associé à une émotion négative. Ils ont alors observé l'activation du même réseau d'aires cérébrales (le cortex auditif, le noyau accumbens et le cortex préfrontal ventromédian) comme s'ils écoutaient réellement ce son. Pour traiter des traumatismes, on demande souvent aux sujets de s'exposer aux scènes pénibles jusqu'à ce que leur charge émotionnelle s'atténue. Elles pourraient le faire en les imaginant, nous dit S. Bohler (30).

Les visualisations ou voyages imaginaires sont des pratiques très puissantes dans les situations de libérer le corps d'un ressenti et faire entrer un autre plus sain et positif.

Elles sont très utilisées par les médecines millénaires avec des résultats très probants. La science d'aujourd'hui les intègre également à leur protocole de soin, reconnaissant ainsi notre pouvoir mental à agir sur nous et nos états internes. La méditation pourrait être corrélée à ces pratiques.

Ces formes de visualisation ont toujours été salvatrices pour m'aider à éliminer les émotions destructrices et les douleurs chroniques de mon corps. Je les utilise encore lorsque je sens la colère m'envahir ou toute autre émotion que je souhaite déloger vite de mes cellules.

Après avoir identifié les origines de votre colère, je vous propose un exercice pour libérer le corps de cette émotion néfaste, car la garder dans votre être est délétère et source de maladies et d'atteintes d'organes comme par exemple le foie. Faites donc cette pratique à chaque événement qui fait jaillir la colère.

Exercice N° 22 : visualisation pour libérer mon corps de la colère

- Reprenez vos écrits de l'exercice précédent et identifiez quelle est ou quelles sont les zones de votre corps les plus touchées par la colère ou toute autre émotion ressentie comme néfaste.

- Gardez le lien avec ces parties du corps, habitez-les pleinement.

- Après quelques minutes, détendez-vous en position couchée, en respirant plusieurs fois profondément (inspir par le nez expir, plus long, par la bouche).

- Ensuite reliez-vous à la nature, à ses éléments comme les arbres, l'eau de la rivière ou de la mer, les fleurs, le ciel, les étoiles, tous les éléments qui vous inspirent des beaux sentiments et des belles énergies.

- Continuez en accompagnant votre inspir des belles couleurs, de la lumière, des images qui vous remplissent de joie et d'amour (préférez les couleurs dorées, vertes claire ou blanches toujours brillantes, des fleurs fraîches aux couleurs vivifiantes, etc.), et faites-les pénétrer dans votre corps en le diffusant partout. Soyez présent à 100 % !

- N'oubliez pas que la visualisation est une technique puissante de changement !
- Reprenez contact avec le corps et la colère ou toute autre émotion délétère avec la détermination de les laisser partir.
- Inspirez la couleur ou la forme positive que vous avez choisie, couleur blanc radiant associée à de l'air par exemple, et laissez pénétrer cette inspiration partout où vous aviez au préalable identifié de la colère, remplissez bien les espaces de ces vibrations bienfaisantes.
- Ensuite, à l'expir, éliminez la colère, frustration, déception ou toute autre émotion ressentie comme néfaste pour vous. Elle sort, elle quitte votre corps, elle se dilue dans l'air de l'expiration.
- Répétez plusieurs minutes ces inspirs, plein de belles et bénéfiques émotions et sensations, et ces expirs chargés d'émotions qui doivent quitter votre corps.
- Une fois que vous sentez que l'élimination des émotions négatives est suffisante pour la journée, caressez les zones de votre corps en les massant avec délicatesse et amour. Votre corps en a tant besoin !
- Quand vous êtes prêt, ouvrez la main gauche, bras étendu et paume ouverte vers le ciel, et capturez le prana (terme sanskrit qui peut être traduit par « souffle vital respirant ») toujours disponible à qui veut l'utiliser. Elle pénètre par le creux de votre paume en même temps que vous l'inspirez, se dispersant partout dans votre corps.
- Profitez de ce moment de reliance et de grâce.
- Avec la main droite, continuez à masser votre corps et les parties soulagées. Introduisez une lumière blanche de guérison dans votre mouvement en répétant, cette fois, la phrase « je m'aime et je m'accepte totalement et inconditionnellement »

- Respirez profondément et fermez l'espace.
- Écrivez-les ressentis dans votre Journal de guérison.

Cet exercice est à faire autant de fois que nécessaire jusqu'à ce que vous sentiez que la colère ou toute autre émotion destructrice est partie définitivement de votre corps. Comment le vérifier ? La paix, la joie et l'allégresse vous envahissent progressivement.

L'émotion de colère se loge de préférence au niveau du foie en ralentissant sa fonction. Il est donc primordial de faire partir la colère du foie dès lors que vous avez les symptômes suivants :

- Céphalées, vertiges, acouphènes, irritabilité quand l'énergie du foie monte
- Yeux rouges, teint rouge, bouche amère ;
- Cycle menstruel irrégulier, caillots menstruels, dysménorrhées : quand l'énergie bloquée se transforme en stase de sang ;
- Sensation d'étouffement, oppression de la poitrine quand l'énergie du foie monte et perturbe la circulation de l'énergie du poumon.

La méthode MIGERR observant une progressivité rigoureuse, chaque exercice a pour objectif de visiter un moment de notre histoire pour en retirer l'origine de ce qui a pu engendrer vos souffrances, puis l'apparition de vos douleurs chroniques. Une fois cette étape terminée, on comprendra alors que chacun de ces exercices répond alors à un besoin d'identifier, revisiter pour rééditer, puis dépasser ce qui peut l'être.

Exercice N° 23 : nettoyer la colère du foie

- Achetez en pharmacie de l'huile essentielle de Romarin à

verbénone
- Procurez-vous une huile de base, sésame, amande, arnica, etc.
- Préparez une bouillotte chaude.
- Au moment du coucher, versez au creux de la main 10 gouttes d'huile de base et 3 gouttes d'huile essentielle de Romarin à verbénone et massez toute la zone du Foie (sous la poitrine côté droit jusqu'en-dessous de la taille. De même-avec une paume derrière la taille, au niveau du dos. Bien faire pénétrer.
- Couchez-vous et mettez la bouillotte chaude sur le foie et laissez 15 minutes.
- Répétez l'opération durant 7 à 10 jours.

Ce merveilleux exercice est destiné à éliminer la colère du Foie, à le détoxifier de cette émotion qui doit absolument quitter votre corps si vous voulez soulager durablement la fibromyalgie et les douleurs chroniques.

2.3.4. Expériences de vie et colère

Des chercheurs ont tenté de créer expérimentalement ce processus de la colère et d'observer son impact sur la douleur. Une étude réalisée par D.C. Zelman et coll. en 1991 (14) a montré chez 65 étudiants, combien les phrases différentes, dépressives, joyeuses ou neutres, lues et intériorisées avant une épreuve douloureuse à froid, modifiaient les résultats *avec une moindre tolérance à la douleur pour les sujets ayant intégrés les items dépressifs.*

Dans d'autres études, il a été démontré à quel point les conditions ~~de~~ d'harcèlement génèrent des sujets plus coléreux et anxieux lors du remplissage de questionnaires, ainsi qu'une augmentation de la fréquence cardiaque et de la pression artérielle. Par contre, de façon inattendue, ce groupe « harcelé » augmente son niveau de tolérance à la douleur (14).

Il pourrait s'agir d'une adaptation aux conditions défavorables (stress), dans lesquelles les sujets étaient plongés, favorisant l'analgésie.

Des études récentes faites à l'hôpital de la Pitié-Salpêtrière, l'université Paris-Descartes, l'Inserm et à la Maison de Solenn à Paris portant sur 682 adolescents de 14 à 19 ans, démontrent que le harcèlement a des conséquences sur la santé mentale : le risque de développer des troubles anxieux est deux à trois fois plus élevé, sans compter d'autres pathologies comme la dépression et l'hyperactivité. En effet, une zone du cerveau, *le putamen, y est impliqué. Cette aire, faisant partie d'une plus vaste structure appelée striatum, est impliquée dans la motivation, l'apprentissage et la régulation des émotions. Les variations de sa taille dues au harcèlement laissent de véritables cicatrices perturbant sa dynamique de maturation* (34).

Certaines études démontrent que la tristesse occasionne la plus grande douleur au test à froid. D'autres, que les femmes qui rapportent le plus de colère se plaignent davantage de douleurs et de façon significative. En résumé, que cela concerne la migraine, la lombalgie chronique, l'arthrose, la dysménorrhée ou les malades de cancer, ou encore les troubles de l'humeur, dont la colère, tous sont encore plus présents chez les malades douloureux que chez ceux qui ne souffrent pas (14).

Les liens conjugaux interviennent aussi puisque 20 à 50% des époux-épouses de patients douloureux chroniques rapportent une symptomatologie dépressive. Tout se passe comme si, en forme de cercle vicieux, la dépression de l'épouse d'une part, la colère et la douleur du mari d'autre part, se renforçaient l'un l'autre.

2.3.4.1. Vers qui est dirigée cette colère ?

Okifuji et coll. (14) ont étudié les principaux évènements générant de la colère sur 96 patients douloureux chroniques dans leur quotidien. 69% des personnes disent ressentir plus ou moins déjà de la colère à–au moment de cette évaluation. 74% indiquent en avoir contre eux-mêmes et 62% contre les professionnels de la santé. Presque 60% de ceux qui ont eu un accident en veulent à l'auteur présumé de celui-ci. Il n'y a pas de différence homme-femme dans la fréquence et l'intensité de cette colère. On retrouve à nouveau la corrélation entre l'intensité de la douleur et la colère mais aussi la dépression, et en particulier chez ceux qui rapportent de la colère contre eux-mêmes. Ceci renforce l'hypothèse de la colère, ici contre soi-même, comme ferment de la dépression du malade douloureux chronique.

Idéalement, la guérison de ce facteur aggravant qu'est la colère passerait par une cessation du conflit intérieur qui l'anime. La *paix de l'âme* pourrait faire suite à la perte du sentiment d'injustice, à la réconciliation avec le tiers incriminé, ou encore au pardon rendu possible vis à vis de situations antérieures identifiées. Ces états peuvent être expérimentés avec un processus de deuil comme nous le verrons par la suite. Un exercice pratique sera indiqué afin de pouvoir soigner les pertes subies à la suite des accidents, maladies ou toute situation existentielle perçue comme difficile.

La colère est le refus de l'expérience et de ses conséquences, et le combat intérieur qu'elle entraîne est dommageable. Une thérapeutique proche *de l'acceptation* et de la *paix* est donc envisageable et définie comme telle : reconnaissance de la douleur réelle par l'entourage, renoncement à ces efforts improductifs pour tenter de contrôler vainement cette douleur, auto-persuasion que cette douleur n'entraîne pas de handicap, capacité à engager des efforts afin de vivre une vie satisfaisante malgré la douleur.

Les malades qui positivent diminuent ainsi de manière significative la douleur et l'anxiété et améliorent leur quotidien. Des études montrent que les patients douloureux chroniques qui pratiquent la thérapeutique de l'acceptation, témoignent de moins de douleur, moins de dépression et moins de difficultés quotidiennes et d'une meilleure situation par rapport au travail.

Cette approche d'acceptation est aussi liée au fait d'admettre pleinement que les *pertes collatérales* sont à l'origine de cette situation en provoquant l'apparition des douleurs chroniques.

Comme vécu, un accident peut interrompre une carrière et les expectatives attendues à la suite d'un parcours, par exemple.

Il m'a fallu 25 ans de souffrance pour le comprendre, pour l'accepter et faire la paix avec ces pertes, puis 23 ans de travail personnel et de formations diverses pour entreprendre le processus d'autoguérison que je vous transmets.

Il n'existe malheureusement pas d'ouvrage à ma connaissance, qui traite de l'importance de ces *pertes collatérales* qui relèvent de l'invisible, de l'immatériel, de l'insaisissable, mais qui constituent un moteur, une motivation puissante pour celui et celle qui en est détenteur : illusions, rêves, projets parfois inavoués, désirs palpitants, tout ce qui peut illuminer et intensifier une vie.

Or, il me semble aujourd'hui, à la lumière de mon parcours et de toutes les personnes que j'ai pu accompagner, qu'elles sont un maillon essentiel du cercle vicieux qui entoure les personnes douloureuses chroniques. La réalisation de cette étape et l'expression de ces pertes collatérales, bien que très douloureuse d'un point de vue psychique, doit être faite afin de pouvoir commencer le processus de guérison des douleurs chroniques.

<u>Exercice N° 24 : mon bilan des pertes directes et collatérales</u>

- Choisissez un endroit calme et donnez-vous un temps assez long pour cet exercice. Coupez avec l'extérieur.

- Installez-vous confortablement et pratiquez la respiration abdominale expliquée dans l'exercice N° 6.
- Fermez les yeux, et commencez par énoncer « je m'aime et je m'accepte totalement et inconditionnellement » avec une ferme conviction.
- Ensuite, réfléchissez à tout ce que vous avez perdu à la suite de votre accident, à la maladie, à la violence physique, psychique ou sexuelle, ou tout autre événement que vous avez identifié comme étant *le facteur déclencheur* de vos douleurs chroniques. N'épargnez rien, il n'y a que vous que le lirez.
- Prenez votre Journal de guérison et divisez la page en 2 de haut en bas. Notez à gauche les pertes collatérales que vous pensez et sentez avoir subies (travail, couple, confiance en l'autre, carrière, autonomie, amis, temps, espoirs, rêves, projets, etc.).
- Une fois que tout sera écrit, prenez contact avec votre corps, parfois vos organes, et sentez quelles sont les émotions qui émergent et où se situent-elles. Si vous ressentez de la colère par exemple, sentez où elle se positionne. Notez dans votre Journal de guérison, sur la colonne de droite, à côté de chaque perte collatérale, la ou les émotions sont identifiées.
- S'il y a des émotions de tristesse qui montent en vous, laissez-les partir par des pleurs. Ne retenez plus ! Libérez votre corps de leur emprise.
- L'exercice « faire les deuils dans votre vie », expliqué plus loin, vous aidera à dépasser définitivement les émotions liées à ces pertes.
- Si le chagrin s'empare de vous, entourez-vous de vos bras et cajolez-vous. Complétez si besoin par une caresse de votre visage, avec une grande douceur et amour.
- Fermez ce protocole en prononçant la phrase « je m'aime et je m'accepte totalement et inconditionnellement ».

L'exercice du bilan des pertes collatérales est très puissant. Vous enlèverez enfin le voile qui vous permettra de saisir toutes les souffrances que vous avez refoulées à l'origine de vos douleurs chroniques. Les pertes collatérales nous parlent, comme indiqué plus haut, des aspects immatériels liés aux traumatismes vécus. Elles sont le plus souvent invisibles, parfois imperceptibles durant très longtemps, voire une vie entière, de par leur caractère indécelable. Vous ne rencontrez aucune trace à suivre, aucune piste à investiguer. Elles représentent le plus intime de l'intime de nos illusions à peine dévoilées, parfois si subtilement esquissées à l'intérieur de notre être.

Au moment où nous réalisons ce qui a été perdu définitivement, et combien ce qui a été perdu était cher à notre être, une grande colère s'en suit, une submersion de tristesse, la rage peut également faire son apparition. Je vous encourage à laisser sortir vos émotions, comme elles viennent, en prévoyant de ne pas vous nuire, ni porter atteinte à votre entourage. Il est inutile de vous punir encore. Vous étiez et vous êtes encore une victime de la situation passée, vous n'avez pas à vous culpabiliser ou à vous blâmer, juste à exprimer et à vous consoler.

C'est cela nous guérir, identifier ce qui nous fait souffrir (prendre conscience), exprimer l'émotion qui en découle (le plus organiquement possible pour nous). L'amour et la bienveillance que nous nous portons, finira par nous donner matière à nous sécuriser et rassurer l'enfant qui sommeille en notre for intérieur.

Ces exercices de la méthode MIGERR m'ont permis de faire la paix avec ce passé douloureux. L'objectif ? Amorcer un processus d'acceptation de tout ce qui a été perdu à jamais, de vider notre corps de ces rêves et illusions qui ne se réaliseront jamais.

2.3.5. Le rôle du « vécu de victime »

Les personnes douloureuses chroniques ont été victimes des traumas physiques, psychiques et/ou sexuels dont les séquelles s'inscrivent, se gravent d'une façon pérenne dans le corps. Ces psycho-traumas, non élaborés par les victimes en compagnie des spécialistes, laissent des traces dans les comportements quotidiens en tant que manifestations d'une altération importante de la personnalité. La douleur trouve le terreau fécond pour se développer, se chroniciser avec le temps et une absence de travail de deuil. Dans le chapitre 2 nous avons abordé ce sujet.

Le stress dérivant des vécus de situations violentes peut devenir un facteur de douleurs comme la douleur peut devenir un facteur de stress. Des recherches récentes confirment ce lien entre trauma psychique et douleurs chroniques. Antoine Bioy, psychologue et psychothérapeute, professeur de psychologie clinique et psychopathologie à l'université de Bourgogne Franche-Comté le décrit ainsi : « Le traumatisme psychique se nourrit de l'interaction d'un individu, de son environnement et de son histoire de vie. Il ne dépend d'aucun profil de personnalité – toute personne lambda peut en souffrir – et se définit plutôt comme un choc violent qui altère l'équilibre d'une personne en lui assenant une série d'assauts menant jusqu'à la rupture de celui-ci. Ainsi, le psycho-traumatisme est évoqué quand un accident, une blessure, un décès, ou encore un attentat, noie les capacités d'élaboration psychique du sujet, autrement dit, il est alors incapable de penser ou de donner du sens à ce qu'il vit. » (35).

Bioy explique que le trauma psychique présente deux caractéristiques. La première est somatique : c'est « l'ébranlement » physique qui correspond aux conséquences corporelles de l'évènement et de l'angoisse qui en découle ; la seconde, proprement psychique, est appelée « expérience d'effroi », durant laquelle le sujet est brutalement confronté à l'étendue des dégâts corporels et à la perspective de la mort pour lui-même ou pour autrui, et ce choc engendre une sidération du fonctionnement psychique, comme une paralysie de la pensée (35).

En 2001, Karen Raphael et ses confrères, de l'université de New York, ont démontré qu'il n'existe pas d'association inéluctable entre la présence de sévices anciens et l'apparition de douleurs inexpliquées chez l'adulte, cette dernière étant liée directement à un vécu de victime. La question que l'on doit se poser pour savoir si les douleurs sont parfois liées à un traumatisme psychique est : le sujet a-t-il traversé l'évènement en position de victime ? La question à se poser pour savoir si les douleurs sont parfois liées à un traumatisme psychique est donc : le sujet a-t-il traversé l'évènement en position de victime ? (35).

Une fois que je me suis posée moi-même cette question, l'émotion ressentie n'a pas eu besoin d'être formulée. Nous avons évoqué au chapitre 2 le lien entre douleur et colère et la manière dont cette dernière prend sa source dans le sentiment d'injustice, qui, à son tour, nous renvoie à la position de victime après l'évènement. La phrase « pourquoi suis-je descendue secourir mes deux amis imprudents ? » tournait maintes et maintes fois dans ma tête. Oui, pourquoi me suis-je imposée cette mission et pourquoi ne pas avoir accepté la proposition de mon ami de cordée de descendre les aider à ma place ? Le sentiment d'avoir été une victime de moi-même me poursuivit des années durant. Quelque chose en moi me poussait irrésistiblement à assister les autres, à me porter toujours volontaire à être au service d'autrui.

Était-ce lié à la petite valeur intrinsèque en tant qu'humain qui me valait ce sentiment de « devoir » être dévouée aux autres ?

C'est en 2011 que Karen Raphael démontra que les douleurs chroniques étaient liées au fait que les personnes ayant subi de traumatismes physiques, sexuels ou des situations de négligence, avaient eu le sentiment d'être des victimes. Selon ces résultats, ce n'est pas tant ce que l'on vit *mais la façon dont on le vit* qui influe sur les problèmes de santé, et sur la douleur en particulier (35).

C'est, en 2016, que David Fishbain démontra le lien dynamique *entre douleur chronique et psycho-traumatisme*. Mais ce phénomène douleur-trauma prend deux formes : dans la première, le traumatisme psychique est le moteur de la douleur et, dans la seconde, la composante sensorielle et émotionnelle négative de la douleur représente une effraction traumatique en soi. De sorte que ce n'est pas le traumatisme initial qui la provoque, mais la douleur elle-même qui le devient. *La personne ne revit pas un évènement de façon classique, via des cauchemars par exemple, mais à travers le corps, la succession des épisodes douloureux le* commotionnant *un peu plus à chaque fois* (35).

Ces dernières découvertes sont fondamentales afin de comprendre la transformation des traumatismes en douleurs chroniques. Notre psyché est un monde complexe, qui en dépasse certains et en ébranle d'autres.

Nous verrons plus loin que l'unique chose à faire est d'accepter ce qui est. Chose plus facile à écrire qu'à mettre en œuvre. Mais n'oublions pas une donnée essentielle, chacun d'entre nous dispose des capacités nécessaires pour vaincre les maladies qui nous touchent. Enrichir notre environnement proche et propice aux changements, et dépasser la maladie, est à la portée de chaque personne. Donc de la vôtre aussi.

Exercice N° 25 : S'accepter et s'aimer comme on est

- Prenez 5/6 jolies feuilles de couleurs différentes.
- Prenez des crayons, stylos, feutres ou tout stylo que vous trouvez sympa ou joli. Par exemple, ceux qui ont une encre qui brille de la marque Signo ou toute autre.
- Ecrivez sur chaque feuille « Je m'aime et je m'accepte totalement et inconditionnellement », avec des lettres différentes, petits dessins, toute expression créative qui vous fait plaisir.
- Accrochez ces feuilles sur vos miroirs, frigo, commode, table de nuit, portes, tout endroit où vous posez souvent

votre regard.

Prenez votre Journal de Guérison et écrivez les ressentis, sensations corporelles et émotions qui ont émergé lors de la réalisation de ces protocoles, en identifiant les bénéfices pour chacun d'entre eux.

2.4. DEUIL ET SANTÉ

« C'est bien parce qu'il est si pénible, si difficile d'accepter la réalité que la douleur survient. Accepter la douleur c'est commencer le deuil. Comprendre la douleur, c'est comprendre le deuil »

Michel Hanus : « Les deuils dans la vie »

Chez la plupart des personnes souffrantes douloureuses chroniques, on retrouve des évènements traumatiques, pertes et deuils, de façon récurrente. Se pourrait-il que la souffrance morale impliquée par ces situations participe à l'émergence d'une douleur physique ? Ou, comme formulé par la Professeure A.F. Allaz « Alors que ces types d'évènements ne sont pas inscrits dans la réalité du corps, celui-ci paraît bien souvent supporter seul le poids de ces ébranlements, sous la forme du symptôme douloureux » (14).

C'est bien dans notre corps que s'inscrivent nos souffrances psychiques, où sinon ? Car la douleur physique est aussi le symptôme d'une souffrance psychique ou morale non exprimée, inhibée par l'environnement, le plus souvent ignorée par le corps médical.

L'impact des deuils sur la santé est suffisamment établi et nous alerte sur le besoin d'une vigilance à avoir envers les personnes endeuillées. En effet, elles sont davantage sujettes à la maladie. Il est important d'accompagner ces dernières pendant et après le décès ou suite à toutes les pertes de toute nature. Car toute perte, directe ou collatérale, survenue à la suite d'un accident, d'une maladie ou de violence de quelque nature que ce soit, doit être élaborée, nécessitant de pouvoir en faire le deuil.

Seul le souffrant mesure la signifiance de ces pertes. Il ne s'agit pas ici de faire une échelle pour déterminer que telle ou telle perte est plus importante que les autres. Tout ce que notre être ressent comme *une perte irréparable* mérite un deuil. La tristesse, la colère ou la rage qu'elle génère doit être évacuée de notre corps pour que la douleur s'atténue et disparaisse avec le temps.

Environ 20% de deuils compliqués sont retrouvés dans la littérature : dépression, diminution de l'immunité, mauvaise santé, augmentation de la mortalité et de suicides. Une première étude significative, réalisée en 2003 dans une institution à Melbourne par M. Bradbeer et coll. (14) avec un échantillon de mille personnes âgées de 65 ans et plus, rapporte une association hautement éloquente entre veuvage et douleurs actuelles modérées à sévères.

Les pertes directes sont en général mieux prises en compte et mieux traitées que les pertes collatérales, surtout quand il s'agit du décès d'un membre de la famille ou d'un être proche. L'entourage de la personne qui perd un être cher sait qu'elle aura besoin de soutien dans les mois à venir. Le deuil peut être abordé aussi plus facilement, avec la famille, les amis ou des thérapeutes. La société a des instances afin d'accompagner ces terribles départs, parfois trop brusques et inattendus, laissant la famille dans un état de choc et de souffrance indescriptible. Le contenant affectif peut, le plus souvent, être assuré par les proches.

La situation est différente lorsque la personne qui a été victime d'un traumatisme, de quelque nature qu'il soit, n'a pas reçu l'accompagnement de l'entourage ou de la société afin de l'aider à élaborer la perte collatérale. Car *il n'y a pas de perte reconnue*, même la victime n'a pas conscience de ce qu'elle a perdu, tellement ce qui a disparu est de nature impalpable, invisible aux yeux et sens des autres.

2.4.1.1. La valeur subjective des illusions perdues

Comment peut-on donner de la valeur aux rêves, aux illusions, aux projets, aux idées sur ce qui peut advenir d'une personne, d'une activité, d'un travail, d'une passion ? Comment quantifier l'importance pour un individu de ces illusions volées ou brisées par un accident, une maladie, un décès survenu trop tôt ? Peut-on juger de l'importance des rêves dérobés par un destin malchanceux ?

Dans mon cas ce sont mes illusions, mes rêves et mes projets perdus qui ont déclenché 17 ans de douleurs chroniques. Mais comment aurais-je pu le savoir sans faire un long travail sur moi-même ? Jamais je n'aurais pu imaginer que les perspectives d'avenir échafaudées au plus profond de mon être lors de mon parcours d'alpiniste avaient pour moi une si grande valeur.

Malgré avoir travaillé sur la réhabilitation de mon corps à la suite des fractures, contusions et autres, après des années de suivis par une équipe médicale et des psychologues, algologues, posturologues et d'autres spécialistes, mes douleurs chroniques persistaient. Mises à part les doses importants de corticoïdes ou d'anesthésiants, rien d'autre ne les soulageait. Je ne comprenais pas ce qui me faisait souffrir, je me sentais au bout du rouleau, dans une impasse, lasse de ce lourd traitement médicamenteux et de ses effets secondaires. Ma santé était dans un état de délabrement calamiteux...

C'est à ce moment de désespoir, épuisée par tant de souffrances, cette danse dans laquelle je me suis sentie à nouveau morcelée, démembrée par la chute, m'a arraché des semaines de pleurs et de sanglots si profonds et désespérés que je ne crus à cette période ne jamais pouvoir m'arrêter. C'est alors que j'ai réalisé que mes souffrances morales et émotionnelles, si longtemps voilées à moi-même, inavouées à mon être, étaient à l'origine de mes douleurs chroniques. Mais, que me fallait-il faire pour les transmuter ?

Le questionnement de l'origine de mes douleurs avait trouvé une esquisse de réponse. Désormais, je possédais un brin d'explication. Dénouer mes os, muscles et tendons de ce mal était une autre affaire. Il me fallait trouver un moyen, un ou des outils pour réaliser cette exultation… Petit à petit, les exercices se sont glissés dans mon esprit. J'ai commencé leur pratique à tâtons sans réelle méthodologie au départ, puis, de façon plus réfléchie et assurée au fur et à mesure que je sentais mes douleurs s'estomper.

Un des exercices clés réalisé est l'exercice N° 26 de la méthode MIGERR. Il s'agit d'un protocole de deuil assez répandu aux Etats-Unis, d'une simplicité déconcertante, d'une efficacité redoutable, mais malheureusement méconnu en France.

2.4.2. Les stades du deuil

Ce qui est généralement admis comme le déroulement normal du deuil comporte trois stades : état de choc, phase dépressive, rétablissement. M. Hanus donne ces mêmes titres aux épisodes du « travail de deuil », travail psychique visant à « l'acceptation de la réalité » à travers toutes ses péripéties. Il dit : « L'aptitude à faire le deuil est une des expressions du sens de la réalité. » (33). Il est important de rappeler que le travail de deuil est consécutif à toute perte, et pas uniquement lorsqu'elle est provoquée par la mort, notamment d'une valeur, dès lors que ce qui est perdu avait une grande importance pour celui qui en est frappé.

Durant le premier stade, où se mêlent sidération, déni du réel, recherche irrationnelle de l'objet perdu, un des premiers sentiments éprouvés dans ces pénibles circonstances est la colère. Bien que sa fréquence et son importance soient habituellement sous-estimées dans le deuil, elle ne manque jamais à l'appel, toute frustration importante provoquant assurément son apparition. Elle est le signe d'une ambivalence, laissant entrevoir à la fois un début de reconnaissance de la rupture et un espoir d'une séparation non définitive.

Le deuxième stade constitue « la phase dépressive, alliant une « authentique dépression », et un conséquent « travail de deuil », durant laquelle s'alterneront tous les états émotionnels : tristesse, inhibition, culpabilité, désintérêt, avec cependant quelques périodes plus apaisées. Ces véritables « oscillations », « processus de confrontation et d'évitement d'émotions positives et négatives » sont la trame de cette période qui peut durer plusieurs mois dans un deuil non compliqué.

Le troisième stade voit le « rétablissement » de l'endeuillé qui redevient capable d'investissements nouveaux, de projets. Il quitte sa douleur et sa peine pour une liberté retrouvée, enclin à une nouvelle vie. Si les fonctions du deuil sont « l'acceptation de la réalité, le désinvestissement de l'objet perdu et le réinvestissement de nouveaux objets », pour plusieurs auteurs ce troisième stade est véritablement « l'acceptation de la perte ». Elle ne peut advenir qu'après une reconnaissance « intellectuelle », puis « globale » de la séparation, passage obligé pour « les nouveaux attachements », la « restructuration » d'après le deuil.

De nombreux chercheurs tels que B. Maillard, F. Rexand, F. Gillot, M. Letellier et J. Nizard, s'interrogent *sur le lien psychodynamique entre l'épreuve du deuil et l'émergence des douleurs chroniques,* et résument ainsi leurs recherches : « Si dans une proportion significative, des événements traumatiques et des chocs émotionnels sont repérables dans les antécédents du patient douloureux, nous souhaitons ici *interroger d'un point de vue psychodynamique les liens entre la douleur chronique et un type d'événement singulier : l'épreuve du deuil* » (34).

Comme je le décrirai plus loin, il me fallut plusieurs années pour confirmer le lien existant entre les épreuves « des pertes » subies dans mon existence, non seulement celles liées à ma chute, mais également à une liste inimaginable de privations subies le long et large de mon existence.

Je me sentais comme vidée, lacérée de crevasses abyssales sillonnées par la souffrance de ces nombreuses pertes endurées durant mon existence de plus de 43 ans, et dans lesquelles les douleurs s'installèrent. Peut-être pour combler cet abîme effroyable ? La découverte de cette coïncidence et *le ressenti organique qui s'en suivit* furent pour moi l'aubaine annonciatrice du recul des douleurs chroniques.

Les auteurs susnommés se sont interrogés sur la vulnérabilité somatique induite par la perte et la façon dont la douleur va s'immiscer dans l'espace corporel fragilisé pour s'y installer durablement. Ils énoncent « *De quelle façon le processus intrapsychique consécutif à l'expérience de la perte peut-il ne pas conduire à une élaboration du deuil mais contribuer plutôt à l'installation du syndrome douloureux chronique ?* À partir de trois vignettes cliniques, les relations entre la chronicisation des douleurs, l'omission du travail de deuil et la pertinence clinique de la notion de crypte douloureuse seront examinées. La douleur chronique sera alors située comme l'indice de la persistance d'un lien à l'objet perdu qui n'a pas pu être élaboré dans un processus séparateur » (35).

2.4.3. Un pont entre deuil et douleur : l'état de stress post-traumatique

Quels sont les éléments constitutifs de l'état de stress post-traumatique selon le Manuel diagnostique et statistique des troubles mentaux (DSM IV) ? il relève d'un événement traumatique, revécu par la personne sous forme de souvenirs envahissants, rêves, etc. Il s'accompagne de difficultés d'investissement au quotidien, de troubles de l'émotivité, du sommeil, de l'humeur ou encore de la concentration. Ces symptômes sont en rapport avec le ressenti « d'une menace ou d'une atteinte d'intégrité corporelle pour soi ou des personnes observées ».

Au cours des observations réalisées par la Professeure

A.F. Allaz en 2003 (14), elle constate lors de consultations, que certains évènements « bien qu'ils soient considérés comme mineurs », ont été vécus « avec effroi et impuissance » par les patients, soulignant ainsi la subjectivité du traumatisme.

Dans une étude menée par H.G. Prigerson en 1995, les items permettant d'établir le diagnostic d'état de stress post traumatique, par exemple les pensées envahissantes, les hallucinations, les plaintes somatiques, etc., s'apparentent aux critères définis pour un deuil compliqué. En conséquence, dit l'auteur « ce dernier pourrait être une variante de l'état de stress post traumatique » (14).

A la lumière des études citées ci-dessus et à l'inverse de ses confrères, J.P. Benezech soulève une interrogation : A contrario, l'état de stress post traumatique ne pourrait-il équivaloir à une forme de deuil compliqué ? (14).

D'autres auteurs reprennent longuement les soubassements des deux pathologies : état de stress post traumatique et douleur chronique. Celles-ci, bien loin d'être des pathologies distinctes, sont reliées de façon complexe. Des sept points retenus favorisant leur maintien mutuel, on peut citer la dépression, la vision catastrophique, l'anxiété et les tentatives d'évitement de la situation. *La douleur, réactivant la mémoire de l'événement traumatisant, enclenche l'état de stress post traumatique, renforçant à son tour la douleur en un cercle vicieux.* Ne pas accéder aux évènements traumatiques ancrés profondément dans la mémoire constitue un élément d'aggravation de l'état de stress post traumatique.

2.4.3.1. La vivencia, un outil d'accès aux traumatismes refoulés

Différents auteurs soulignent le « cousinage » de ces différentes notions : douleur-deuil- stress post traumatique, ce qui peut expliquer l'impact de l'état de stress post traumatique sur la douleur chronique qui, comme le démontrent des études portant sur les douloureux chroniques et sur des personnes souffrant de fibromyalgie, augmente le niveau de douleur, le nombre de symptômes psycho-comportementaux, les difficultés et le handicap social.

Ces trois composantes tournent telle une roue d'infortune dans notre être, l'une alimentant l'autre, les trois constituant un cercle vicieux infini et infernal. Le stress post-traumatique alimente la douleur, qui nous rappelle les deuils inachevés ou irréalisés, qui sont le terreau fertile favorisant ainsi la perpétuité des douleurs d'une façon prométhéenne.

La vivencia, que l'on pourrait traduire par « vivance » en français, est un outil qui nous ramène à expérimenter le moment présent avec une grande intensité. Cet outil appartient à la Biodanza et a été défini par Rolando Toro, créateur de ce système comme suit : « une expérience vécue avec une grande intensité par un individu dans un laps de temps ici - maintenant (« genèse actuelle »), englobant les fonctions émotionnelles, cénesthésiques et organiques » (9).

Ces souvenirs m'ont hantée durant plus de 23 ans jusqu'au jour où j'ai réalisé cette danse, et mes larmes ont commencé à couler des semaines et des mois, elles étaient intarissables... Le processus de guérison de ma douleur chronique s'était déclenché, je commençais enfin à faire le deuil de mes souvenirs effrayants, de mes sensations déchirantes, de mes émotions terrifiantes.

Les avantages de ce protocole pour accompagner les personnes en deuil ont été prouvés des millions de fois et ne sont plus à démontrer. Cet exercice sera destiné à élaborer les pertes subies pendant et après les traumatismes pour, enfin, les laisser en arrière et libérer le corps physique souffrant de ce qui n'est plus, de ce qui est définitivement parti de nos vies.

Exercice N° 26 : faire les deuils de ma vie

-   Prenez un rendez-vous avec vous au quotidien, toujours à la même heure, de préférence.

- Coupez toutes les communications dans votre lieu de vie.
- Installez-vous dans un endroit calme, où vous serez seul et non dérangé pendant 30 minutes. Evitez cependant votre chambre.
- Choisissez au préalable une musique qui vous fait pleurer, c'est-à-dire ressentie très triste. Juste à titre indicatif, les *adagios* ont une structure idoine pour ce travail (j'avoue avoir un penchant pour l'adagio en G Minor d'Albinoni). Installez un appareil sono, un ordinateur, portable ou autre, de préférence avec un bon son.
- Prenez des feuilles de papier et un stylo.
- Avant de commencer à écouter la musique, programmez votre réveil ou portable pour qu'il sonne dans 15 minutes.
- Commencez à écouter la musique *en permettant que les cordes des instruments résonnent dans votre cœur*, elles exercent un mouvement qui va de gauche à droite et vice versa, pénétrant profondément dans votre organe.
- Laissez sortir les émotions qui viennent. Si ce sont des pleurs, c'est excellent. Continuez à libérer les émotions de tristesse, les chagrins si longtemps enkystés. Pleurez toutes les peines que vous avez refoulées durant des années. Ne vous blâmez pas, exprimez simplement vos émotions, libérez votre corps. Si rien ne vient, remémorez-vous vos blessures, vos traumatismes, revivez ce que vous avez ressenti lors de ces vécus. Laissez-vous aller à évacuer définitivement la tristesse de votre corps.
- Une fois l'alarme sonnée, arrêtez la musique et programmez l'alarme pour 15 minutes supplémentaires.
- Commencez à écrire tout ce qui vous vient comme sentiments, émotions ou autre pour la/les pertes que vous pleurez. Ne vous jugez pas, écrivez comme cela vient, avec des gros mots, des jurons parfois, des fautes d'orthographe ou de sémantique, cela n'a aucune

importance, pas besoin de vous relire. Ecrivez tout ce que vous auriez aimé dire aux personnes qui ne sont plus dans votre vie, qui ont parfois quitté votre entourage.

- Quand l'alarme sonne au bout de 15 minutes, fermez tout. Vous savez que demain, à la même heure, vous avez rendez-vous avec vos chagrins refoulés.
- Puis, reprenez vos activités.
- Ce protocole de deuil est à faire tous les jours, à la même heure, le temps nécessaire afin de libérer toutes les émotions liées aux souffrances que vous avez gardées si longtemps.
- Si après des semaines ou des mois de réalisation de cet exercice et, au bout de 3 jours plus aucune larme ne coule de vos yeux, vous pouvez cesser cet exercice. Tout ce qui devait être libéré a désormais quitté votre corps.
- Finissez chaque jour par la phrase « je m'aime et je m'accepte totalement et inconditionnellement ».
- Exprimez vos impressions dans votre journal de guérison.

On peut évaluer l'importance de cet exercice à la fin de sa pratique. En règle générale, la plupart des individus qui suivent la méthode MIGERR réduisent leurs douleurs de 30 à 50%, la majorité étant plus proche de 50%.

Après avoir fait cet exercice de deuil plusieurs fois dans ma vie, à chaque perte subie, mon corps ne somatise plus ces souffrances, elles se dissolvent dans mes larmes. Une fois que vous aurez terminé le processus de pleurer toutes vos pertes, gardez ce rituel bien en tête et n'hésitez jamais à le refaire en temps et en heure. Plus jamais vous ne permettrez que vos souffrances kidnappent votre corps.

Aujourd'hui, j'ai conscience que ce chemin entamé n'a pas de fin… La vie nous sert souvent des épreuves, à nous d'utiliser des outils pertinents pour les surmonter.
La vie est un chemin passionnant durant lequel j'ai appris

que mes épreuves m'ont fait davantage comprendre l'humain. Elles m'ont aussi rapprochée des autres, en développant plus de compassion.

J'ai également appris que, après la tristesse il y a la joie, de même que la nuit précède l'aube, et que ces émotions méritent d'être vécues et vivenciées pour ce qu'elles sont, tout simplement.

Après avoir fait mes deuils et accepté mes pertes, j'ai eu un moment de reliance fort avec l'objet perdu. La compréhension que chaque étape, quelle que soit sa nature, est une phase d'apprentissage pour appréhender l'humain en nous, est un gage de sagesse et de lucidité de ce qui est, de ce qui doit être.

Je me sens désormais en intimité permanente avec mon être, en paix avec qui je suis et les actes que je réalise, en équilibre dans ma vie. Je sais aussi que rien n'est définitivement acquis, rester vigilante est primordial afin de préserver cet équilibre délicat.

Prenez votre Journal de Guérison et écrivez les ressentis, sensations corporelles et émotions qui ont émergé lors de la réalisation de ces protocoles. Il est important de comprendre les deuils que vous avez élaborés et les peines que vous avez évacuées pour chacun d'entre eux.

2.4.4. Des stratégies contre la douleur plus ou moins performantes

Après avoir décrit les stades du deuil, la proximité deuil et de la douleur par l'intermédiaire du stress post traumatique, il est intéressant de montrer ici quelles attitudes les malades adoptent dans la douleur chronique.

L'équipe dirigée par F.J. Keefe (14) fait le point sur les stratégies développées, plus ou moins consciemment, par les personnes douloureuses chroniques face à leur douleur. Certaines d'entre elles sont délétères, certaines sont bénéfiques. Elles peuvent, cependant, être, les unes comme les autres considérées comme remarquables.

Trois attitudes sont reconnues comme aggravant la douleur : le catastrophisme, la peur/évitement, l'impuissance.

2.4.4.1. L'impuissance et la peur/évitement

Elle s'invite à l'anxiété du malade, à laquelle elle est corrélée, ainsi qu'à l'attention à la douleur. Cet état anxieux se développe quand notre cerveau anticipe la douleur que nous pouvons ressentir lors d'un effort physique par exemple, soumettant à notre cerveau l'apparition de la souffrance liée à la douleur. Un cercle vicieux s'installe alors. Notre cerveau *se remémore* que tel geste ou tel acte a, autrefois, généré une douleur physique, et que celle-ci s'est transformée en souffrance, ce que nous voulons alors à tout prix éviter. La fixation sur cette douleur générée par tel geste nous rebutera à le réitérer à l'avenir. Ce mécanisme infernal s'ancre ainsi dans notre cerveau. C'est de là qu'il faut le déloger ! Une question se pose alors : comment faire ?

La peur/évitement prédisant la douleur chronique ainsi que le handicap, un cercle vicieux se met alors en place, parfois entretenu inconsciemment par les soignants qui encouragent au repos, participant ainsi au processus d'évitement. Il est nécessaire d'interrompre ce cercle très pernicieux.

Les études neuroscientifiques démontrent aujourd'hui qu'un certain niveau d'exercice physique est la clé pour éloigner les douleurs car un processus hormonal s'engendre : les endorphines libérées par l'exercice physique inhibent les enképhalines émises par notre organisme lorsque nous souffrons.

Si votre récupération après un accident ou une maladie de longue durée vous a permis de rétablir votre motricité à des niveaux corrects, vous devez vous mettre à faire de l'exercice. Il en va de votre santé ! Je proposerai plus loin quelques activités faciles à faire pour rétablir, non seulement vos hormones du plaisir, celles qui inhibent celles de la douleur, mais surtout pour accroître le sentiment d'exister, de prendre conscience que votre être est merveilleux et regorge de tous les possibles, ne plus vous abstenir de faire ce que vous avez à élaborer et garder ainsi un sentiment d'autonomie.

Dans mon expérience de dépassement de la fibromyalgie la danse a joué un rôle décisif : elle m'a permis de transmuter la douleur en plaisir. Cette transmutation est une des clés de la réussite de mon processus, la science le confirme aujourd'hui. *Permuter le ressenti de la douleur dans notre corps par celui du plaisir est une des voies de privilège pour vaincre les douleurs chroniques.* J'aborderai cet aspect de la guérison un peu plus loin.

Nous pouvons envisager que les mouvements que nous réalisons au quotidien sont des danses, comme par exemple le repassage. Dans le passé, cette activité réveillait immédiatement mes douleurs lombaires et cervicales car je détestais le faire. C'était la même chose avec le balai, impossible à utiliser.

Aujourd'hui je réalise ces activités comme des danses, superposant la sensation de plaisir à celle de la douleur qui émergeait auparavant. Et ça marche ! J'ai réussi, à force d'entraînement, à bloquer l'apparition de la douleur, via les hormones qui lui sont associées, laissant la place au plaisir de faire ces activités. Notre cerveau n'est pas un organe totalement autonome à notre volonté et nous pouvons, par un entraînement continu, *modifier sa perception et expérimenter différemment nos actes.* Nous sommes à même de pouvoir les éprouver avec tout notre corps, et en modifier leur perception.

Cette approche, parmi les plus innovantes et révolutionnaires, est un des piliers de la méthode MIGERR, destinée à éloigner définitivement les douleurs chroniques de votre vie.

Si nous envisageons que le renforcement de l'amour de soi nous mène sur le chemin choisi de ce qui nous apporte le plus de bien-être et de plaisir, alors nous pouvons commencer à sentir que l'existence de nos douleurs chroniques arrive à sa fin. Nous n'en avons simplement plus besoin. Désormais, d'autres desseins se profilent à l'horizon…

Le mouvement étant associé à la vie, je propose quelques exercices pratiques simples pour commencer à transmuter la douleur en plaisir. Augmentez progressivement la durée de réalisation des exercices, et veillez toujours à garder la sensation de plaisir bien présente et intense.

Exercice N° 27 : marche de plaisir

- Commencez par la phrase « je m'aime et je m'accepte totalement et inconditionnellement ».
- Nous allons faire l'expérience d'une marche de plaisir : mettez des chaussures confortables et des vêtements appropriés à la température ambiante pour un confort maximal et partez marcher pendant 30 minutes.
- Cette marche se fait rapidement, autant que vous le pouvez, en régulant constamment votre respiration afin de ne pas vous essouffler.
- Sentez comment vos jambes vous portent vers l'avant, vers le futur. Prêtez attention à votre corps, cette machine incroyablement performante. Vos muscles et vos tendons fonctionnent parfaitement, rendent votre marche souple. Vos articulations vous permettent de faire un pas après l'autre, vos bras avancent coordonnées aux jambes en synergie (alternance bras/jambe opposés).
- L'exercice consiste à vous *délecter* de faire un pas après l'autre, de vous construire un futur fondé sur le plaisir. Contemplez l'environnement, souriez aux passants, prêtez votre attention aux chants des oiseaux, aux balcons des fenêtres et ramenez ensuite l'attention vers la merveille qu'est votre corps, il vous permet de faire tant des choses !
- Réalisez et ancrez le plaisir que cette expérience vous procure. Si vous pratiquez cette marche rapide 30 minutes par jour, vous renforcez à vie votre

corps en entier, votre capacité cardio-vasculaire et votre respiration, tout en plaisir.
- Prenez un rendez-vous quotidien avec vous-même et votre capacité à ressentir du plaisir. Très vite, l'habitude se forgera un chemin dans votre cerveau, vous attendrez ce moment avec joie anticipée.
- Notez dans votre Journal de guérison les effets ressentis.

Si vous habitez près de la plage, la montagne, la campagne, la forêt, un parc, un circuit-santé ou tout autre environnement proche de la nature, privilégiez ces espaces ouverts qui sont pléthoriques en couleurs, sons et éléments de la nature qui faciliteront votre bien-être et vous donneront envie d'y retourner. Le ressourcement ressenti est incomparable. Certains quartiers des villes sont aussi attirants par les belles constructions ou simplement des ambiances joyeuses et agréables.

Exercice N° 28 : danse de plaisir

- Si danser vous attire et vous procure du plaisir, cela peut devenir un exercice fabuleux pour maintenir la douleur à distance. Telle est encore mon expérience en tant que professeure et formatrice de Biodanza SRT.
- Choisissez une musique joyeuse et plaisante, c'est-à-dire une musique dont la composition vous produit ces émotions. Je peux vous suggérer des musiques brésiliennes ou de l'Amérique Latine à composante euphorisante (style Lambada), ou sinon certains jazz procurent aussi cette sensation bienfaisante de plaisir, pour autant qu'il y ait des trompettes parmi les instruments musicaux (ex. Mambo N° 5).
- Prenez l'habitude de danser sur 3 morceaux de musique minimum par jour (cela peut se faire progressivement),

afin que cela devienne aussi de l'exercice physique, alliant motricité, effort, respiration et plaisir. Une combinaison fabuleuse !

- Laissez la musique rentrer à l'intérieur de votre corps. Pour cela, ouvrir la bouche est facilitant. Permettez-lui de parcourir vos membres, d'imprégner vos tissus, de se loger dans vos cellules, de nourrir vos gênes.

- Commencez à danser en bougeant doucement vos bras, vos jambes, puis l'ensemble du corps selon les accords musicaux. Je sais qu'au début cela peut paraître difficile mais, avec la répétition, cela devient de plus en plus accessible.

- Les danses de plaisir procurent un bien-être incroyable dans le corps, notamment en augmentant la sensation de plaisir. Comme expliqué précédemment, les hormones libérées par les sensations de plaisir, comme les endorphines, inhibent la sécrétion d'enképhalines, hormones de la douleur. La danse-thérapie est aujourd'hui largement utilisée comme une thérapeutique médicale pour des nombreuses pathologies.

- Un cercle vertueux est enclenché et il est à répéter le plus souvent possible.

- Ecrivez dans votre Journal de guérison les effets expérimentés.

2.4.4.2. Le catastrophisme

Dans le cercle vicieux constitué par l'impuissance et la peur/évitement, le catastrophisme joue aussi un rôle important dans le maintien des douleurs chroniques, nous l'avons abordé dans les protocoles précédents.

Il peut être considéré comme l'élément majeur dans cette triade négative, l'attitude la-plus rapportée par les études importantes en nombre et en population suivies. Il est relié au handicap, à la durée d'hospitalisation, à l'utilisation du système de santé, à la consommation de médicaments et à la durée du rétablissement post-chirurgical. Ce concept est différent de la notion de dépression. Il peut se comprendre comme une stratégie inadaptée de « coping », sorte de « mauvaise réponse » à la douleur, une impasse dans un désir de faire face à ces difficultés.

Les *catastrophistes* pourraient engager une expression exagérée de la douleur, afin d'augmenter la proximité ou pour solliciter une assistance ou des réponses d'empathie de la part de leur environnement social, ces dernières ne faisant que renforcer ces mêmes expressions exagérées de la douleur. Si ce fonctionnement est inconscient du douloureux chronique, il rend compte de la double composante psychosociale de la douleur : enfermement du malade dans une attitude passive et impuissante, tout en espérant une aide de l'environnement extérieur impossible à obtenir.

Ces *émotions négatives*, cet effondrement autocentré, sont bien illustrés dans les items des questionnaires médicaux les plus en lien avec le handicap : « Je ne peux arrêter de penser à quel point j'ai mal ».

Il n'est pas facile de sortir de cette façon très néfaste d'envisager la vie, *mais tout à fait possible,* et la méthode MIGERR a été conçue en grande partie pour cela. Eveiller tous les possibles qui sommeillent en nous afin de les mettre au service de notre santé !

Je voudrais partager avec vous mon expérience. J'ai eu mon accident à 19 ans, mes douleurs chroniques se sont manifestées à mes 26 ans et elles m'ont accompagnée jusqu'à mes 43 ans, c'est-à-dire pendant 17 ans. Durant toute cette période, la vie entière me semblait un effort surhumain, mais je combattais, de toutes mes forces cette inertie de l'âme qui habitait mon corps.

Ma vie n'avait pas le goût désiré. Mon catastrophisme imparable la rendait peu savoureuse. Avec le recul, je reconnais aujourd'hui que mon parcours de vie est passionnant, bien qu'il ait été gâché en partie par ce filtre noir devant mes yeux durant ces années.

Dès le début du processus de guérison, ce filtre a commencé peu à peu à se colorer. A ma grande joie aujourd'hui, je peux vous confesser qu'aujourd'hui est éblouissant. Je suis passée d'une personne pessimiste à une grande optimiste de la vie, trouvant des solutions à tous les problèmes. C'est cette attitude que je souhaite partager avec vous tous, car, si j'y suis parvenue, vous y arriverez aussi !

Une leçon à retenir est que le non-catastrophisme permet de redonner au quotidien de l'optimisme, la joie, du plaisir et de la paix. En l'améliorant ostensiblement, il nous permet de sortir de cette spirale infernale.

Quand il ne reste plus que le ressenti de la douleur comme compagne de vie, l'avenir peut nous sembler difficile, voire très difficile. Notre âme perd son centre, son équilibre de vie, elle s'opacifie. *La douleur ne peut jamais être un but en soi,* notre nature humaine ne peut se nourrir de la souffrance sans atteindre un certain degré de folie.

J'ai connu des périodes où la douleur prenait toute la place dans ma vie et je n'aimerais pour rien au monde y retourner. Par moments, je ne désirais qu'une chose, mourir pour ne plus souffrir. La douleur devenait omniprésente, un manteau noir qui prenait toute la place au point d'obnubiler ma conscience. Mon âme devenait morne, la vie ne voyait que des ombres à l'horizon. Cela est gravé dans mes cellules. Je ne l'oublierai jamais. Et cette mémoire du corps a permis de transmettre mon effroyable expérience à des milliers de personnes...pour leur donner le courage de ne jamais plonger dans cet enfer.

2.4.5. Comment désengrammer l'impuissance, la peur/évitement et le catastrophisme

Grâce à la mémoire du corps, ce mécanisme merveilleux, je peux vous l'assurer que cette spirale de l'impuissance/peur/évitement/catastrophisme peut être dépassée, laissée derrière soi, enterrée à tout jamais. Mon expérience, m'a permis de bénir cette mémoire du corps qui contribue à *désengrammer* les souvenirs douloureux et accueillir alors des expériences plus porteuses de vie. C'est cela que je souhaite partager avec vous.

Mes douleurs avaient le pouvoir de me décentrer de ma vie et de m'empêcher de percevoir ce qui était bénéfique pour moi. Depuis quelques années je pratiquais une multitude d'approches qui me permettaient d'envisager mon corps comme une source de multiples possibles. A un moment donné, j'ai réalisé que si la douleur s'était ancrée dans mes cellules, cela n'avait pas été le cas dès ma naissance. Avant mon accident mon corps ne souffrait pas plus qu'un autre, c'était bien la preuve qu'il y avait eu un *engrammage* de la douleur. Ce mécanisme de stockage cellulaire avait-il été mis en place comme un garde-fou contre la folie, la mort de l'esprit ou celle de l'âme ou l'anéantissement des deux ?... Je ne saurais le dire et d'autant moins aujourd'hui, cela appartenant au passé et n'ayant donc plus aucun intérêt pour moi.

Je pus donc me rendre à l'évidence qu'un processus de *reformatage* de mon cerveau et de mon corps était possible, et que cela ne dépendait que de moi. Certes, me fallut du courage pour changer mon statut de douloureuse chronique en celui d'une personne valide, autonome et capable de mener sa vie, sans la béquille de la maladie. Grâce à ma pratique régulière de la Biodanza, de la méditation, de la visualisation, de la marche, de la natation et bien d'autres disciplines, j'ai pu ressentir et développer cette force. Comme dit Pierre-Claude-Victor Boïste "S'il faut du courage pour se donner la mort, il en faut plus pour surmonter la douleur."

A un moment donné de mon parcours, je sentis que le temps était venu pour moi de passer à autre chose. Je pris alors mon courage à deux mains, l'enracinant dans toute partie de mon corps. Je pus enfin débuter un processus de désangrammage de la douleur, en délestant mon corps de toutes ces souffrances stockées depuis si longtemps dans mes cellules, tendons, muscles, os et tout ce qui-constitue mon être. Par la suite, j'entamai un processus de reprogrammation de mon cerveau et de mon corps d'énergies positives de vie, de lumière, de satisfaction, de plaisir, de bien-être, de félicité.

Etape par étape, je vais partager avec vous ce processus d'éradication de la douleur et de mise en place du plaisir et du bonheur de vivre.

2.4.5.1. De la douleur au plaisir

Nous avons vu que les exercices proposés tels que marcher, danser, ou toute autre activité qui vous procure du plaisir sont une source à portée de main à même de faire reculer la douleur. Nous avons déjà entrepris à désamorcer les mécanismes de la douleur pour initier le chemin du plaisir, l'unique voie capable de transmuter nos souffrances en moments de plénitude.

Cette réalité vous semble peut-être très éloignée. Permettez-moi alors de vous dire que vous faites erreur. Notre cerveau, centre de commandement de notre être et de ses multiples fonctions est, grâce à sa plasticité, reprogrammable à volonté. Si nous avons développé des stratégies plus ou moins performantes pour éviter la douleur, nous sommes à même également de développer des stratégies performantes pour ressentir du plaisir. Pour comprendre comment notre cerveau est un prodige du réapprentissage, référez-vous aux chapitres suivants.

2.4.6. A la recherche d'un nouvel équilibre

Notre corps cherche continuellement l'équilibre, sa survie en dépend. Nous avons vu auparavant que les milliards de cellules qui le constituent sont programmées pour vivre. C'est la merveilleuse programmation de la vie !

Notre corps est un système en *tenségrité* et donc auto-équilibré, possédant toutes les ressources et mécanismes nécessaires pour passer d'une situation de déséquilibre à une autre d'équilibre. La douleur chronique est une impasse dans notre vie ayant le pouvoir de tout déséquilibrer, de tout décentrer.

Thierry Janssen s'est inspiré du mot inventé par le génial concepteur des dômes géodésiques, l'architecte Richard Buckminster Fuller qui définit ce concept comme : « La tenségrité (tensegrity, en anglais, vient de la contraction de tensional integrity) –, pour décrire la faculté d'une structure à se stabiliser mécaniquement par le jeu des forces de tension et de compression qui se répartissent entre les différents éléments qui la composent. Face à la force de gravité qui s'exerce sur l'ensemble de la matière, *la tenségrité offre la solution la plus économique en termes de légèreté et de robustesse.* Il n'est donc pas étonnant de voir ses principes s'appliquer à toutes les échelles du vivant » (1).

Au niveau du corps humain nous dit Janssen « les deux cent six os du squelette sont comprimés par la force de gravité et stabilisés dans la position verticale grâce à l'attraction exercée par les muscles, les tendons et les ligaments. Au moindre impact, l'énergie mécanique se propage à travers toute la structure, de sorte que, si une partie du corps est soumise à une tension, l'ensemble est affecté ». L'ensemble des structures de notre corps, os, muscles et ligaments, est un système en tenségrité. De ce fait, le moindre raccourcissement ou le plus léger raidissement diminue la capacité du corps à absorber les pressions et les déformations (1).

Dans le chapitre intitulé « Délier son corps pour faciliter son écoute », nous avons vu les travaux de W. Reich, les contractures musculaires dues à des situations de stress émotionnel chroniques provoquent d'importants changements morphologiques. Les difficultés croissantes à détendre les divers muscles compris dans les différents segments du corps finissent par raccourcir nos muscles et nos tendons. Ces raccourcissements, à leur tour, empêchent la détente musculaire. Notre corps devient ainsi de plus en plus rigide, perdant petit à petit son aisance à se mouvoir dans la gravité de l'espace. La porte est ouverte à toutes sortes de pathologies dues au mauvais alignement du corps. Ces pathologies s'aggravant avec l'âge, les tissus du corps perdant naturellement leur souplesse, les processus réparateurs sont moins efficaces. Janssen nous rappelle que « ...maintenir un alignement optimal du corps par rapport à la gravité terrestre serait donc un moyen essentiel de préserver longtemps une bonne santé »(1).

Notre corps étant un système en tenségrité, conserver la verticalité lors de nos déplacements est essentiel. Parfois, les vicissitudes de l'existence font que notre corps *plie* sous l'effet des sensations et des émotions du *poids existentiel*. Ces mécanismes étant inconscients, il est intéressant et profitable, via les exercices proposés, de les ramener à la conscience.

Faire une analyse objective de nos postures peut être alors un excellent moyen de nous libérer de la sensation du poids et de libérer notre corps de ces tensions chroniques. Notre « observateur » peut devenir un excellent ami pour réaliser cette analyse. Car les situations de la vie sont une réalité de tous les jours. Elles ne servent pas à changer, mais à modifier la vision dont nous les percevons.

En dépit de la réalité, la sensation de *poids* peut disparaître si nous effectuons un travail d'acceptation de ce que nous avons à vivre. En libérant notre mental de ces sensations de lourdeurs existentielles nous déchargeons l'ensemble de notre structure, os, tendons, ligaments, muscles, tissus, fascias, peau, du poids qui les accable, les déstabilise, les déséquilibre.

Retrouver une posture harmonieuse, en équilibre, peut se travailler également avec des exercices spécifiques. J'aime dire à mes ateliers que la posture corporelle idoine, la plus belle et la plus digne, est celle qui nous fait sentir que *nous sommes une unité dont l'axe nous relie en permanence au ciel et à la terre, à la terre et au ciel.* Notre corps est le plus *beau medium* pour sentir ces énergies circuler à travers lui.

La droiture de la structure corporelle, sans rigidité, mais avec aisance, élégance, souplesse et légèreté, est le plus court chemin pour nous sentir constamment dans cette magnifique reliance, perpétuellement canal des énergies terrestres et célestes. Ces dernières, étant disponibles à tout moment, peuvent devenir une source inépuisable de vitalité. Le lien avec le catastrophisme ? Plus je me sens droit et relié à tout ce qui est, plus ma conscience s'expanse. Au fur et à mesure que ma conscience s'élargit, ma vitalité s'accroît. Ma vitalisation me permet d'accomplir des nouveaux gestes et ce regain d'énergie se traduit à court terme par une plus grande clarté d'esprit et, de fil en aiguille, l'optimisme revient à ma vie.

Exercice N° 29 : retrouver un nouvel équilibre

- Mettez votre Journal de guérison à côté de vous.
- Prenez position debout dans un endroit calme, isolé des bruits, à l'abri des regards et des distractions. C'est un moment pour vous relier intimement à vous, à votre corps et aux différentes structures qui le composent.
- Respirez profondément plusieurs fois. Référez-vous à l'exercice N°5, respiration debout. Détendez-vous et restez concentré sur votre respiration et vos sensations corporelles.
- Vous pouvez aussi réaliser les mouvements segmentaires du cou et des épaules, ils vous aideront à vous détendre.
- Respirez, détendez votre corps. Plus rien n'est important en ce moment.
- Pensez à une situation que vous ressentez comme *lourde*. Prenez le temps de laisser venir sans juger. La première *révélation* sera la bonne. Votre intuition, étant plus aiguisée, vous donnera accès à cette information.
- Scannez votre corps et sentez dans laquelle de ses parties, dans quel membre cette situation vous *pèse*. Ne jugez pas non plus, simplement sentez.

- Une fois que vous aurez repéré la partie du corps qui supporte ce poids existentiel, cette situation qui vous pèse à tous les niveaux, regardez-la en face de vous sous tous les angles.
- Un dialogue avec cette difficulté peut alors commencer. Vous pouvez évaluer jusqu'à quel point elle est *lourde*, en faisant la différence entre votre perception et la réalité ou la gravité de la situation. Parfois, nous prenons tout à cœur, nous nous surchargeons, et quand nous relativisons les choses, nous prenons alors conscience que finalement la situation n'était pas aussi grave, pas aussi importante que nous le pensions.
- Réfléchissez ensuite aux moyens, aux compétences, aux habilités, aux ressources, aux connaissances et à toutes vos possibilités pour faire face à cette situation. Soyez honnête et réaliste. Ne minimisez pas vos potentiels. N'oubliez pas que votre cerveau est illimité !
- En prenant la situation en main dans votre mental, tâchez d'évaluer sa véritable importance à la vue des ressources évoquées.
- Sentez ensuite qu'en utilisant les ressources identifiées, vous êtes en mesure de *maîtriser cette difficulté*, sans qu'elle pèse sur votre corps ou une partie du corps. Continuez ce travail jusqu'à ce qu'elle perde de son poids, qu'elle se désagrège petit à petit. Trouver de nouveaux chemins pour l'aborder équivaut à dissoudre son importance.
- Ensuite, reprenez contact avec la partie du corps qui portait la situation. Y a-t-il des douleurs, des tensions, des rigidités ? Regardez aussi la couleur, la consistance de cette partie. Accueillez sans juger. Il s'agit de faire un état du corps et non un jugement.
- Utilisez la visualisation pour apporter des bulles d'air, via votre respiration, dans cette partie du corps. Aérez-la, donnez-lui de l'espace, de l'ampleur. Continuez jusqu'à ce qu'elle gagne en volume, qu'elle devienne souple.

- Ensuite, apportez, toujours via votre respiration, une couleur claire et brillante, blanche, dorée ou vert émeraude. Permettez que la lumière remplisse les os, les tendons, les muscles, les ligaments, qu'elle aille dans chacune des cellules qui les composent. Vous pouvez également vous aider de la visualisation, outil puissant de transformation.
- Notez sur votre Journal de guérison les sensations éprouvées, les prises de conscience et les ressources que vous avez utilisées pour faire dissoudre ces tensions.

L'exercice de ce chapitre est très facile à faire et sa puissance n'est plus à démontrer. Depuis plus de 25 ans que je le propose dans mes activités, je n'ai eu que des retours très positifs. Certaines personnes qui le pratiquent régulièrement ont même constaté avoir grandi de quelques centimètres. Tel a été mon cas, j'ai gagné 3 centimètres !

A chaque fois qu'une situation perçue comme difficile s'installe, tel un invité de pierre dans votre corps, je vous propose de faire ce travail. Vous retrouverez ainsi votre posture en équilibre et stable, nécessaire pour préserver longtemps votre santé.

Une fois que nous libérons le corps des poids existentiels, et à moins que des déformations irréversibles touchant nos os se soient développées, nous retrouvons notre axe, celui qui nous permet de nous relier aux énergies de la terre et du ciel. Ces dernières nous traversent continuellement et nourrissent l'ensemble des machines à vie que sont nos cellules, matrices vivantes qui composent l'ensemble du corps humain.

2.4.6.1. L'équilibre yin-yang, garant de notre santé globale

L'importance du prochain exercice réside dans le fait que les énergies qui nous traversent sont duales et complémentaires à la fois. Les énergies du ciel sont masculines, yang, les énergies de la terre sont féminines, yin. Nous avons besoin de ces deux formes énergétiques pour être, pour exister en tant qu'individus équilibrés. En effet, ces deux canaux énergétiques, yin et yang, nous procurent deux énergies nourrissantes de nature différentes.

La force yang nous pousse à sortir au monde, à l'action et à la construction, elle est reliée au système sympathique-adrénergique, tandis que la force yin nous invite à la décontraction, à la passivité et à la réceptivité associées au système parasympathique-cholinergique. Pour les Chinois taoïstes, la bonne santé est le résultat d'un équilibre entre ces deux forces antagonistes, au niveau tant psychologique que physique. Notre société valorise, malheureusement, les forces yang, nous plongeant, ainsi que la planète, dans un processus d'hyperactivité. Nos douleurs chroniques nous parlent aussi d'un surinvestissement d'un objet (travail, famille, amis, etc.) et, comme évoqué dans un protocole précédent, d'une « activité incessante depuis toujours », c'est-à-dire que l'individu douloureux chronique se caractérise aussi par *la mise en œuvre d'une activité surinvestie dans le but de constituer un équilibre de vie.*

Notre être a besoin d'un équilibre entre le faire et le non faire, l'activité et le repos. Notre santé en dépend. Valoriser et équilibrer ces deux pôles, opposés et complémentaires de notre vie, est essentiel pour préserver notre « capital santé ».

Dans la réalité ces deux forces s'imbriquent perpétuellement. Par souci d'exposé, on pourrait dire que travailler, faire du sport, bricoler, réaliser des activités sociales, associatives, humanitaires, tout ce qui est relié au « faire » sont l'expression de la force yang-masculine, tandis que se reposer sur un canapé ou sur l'herbe, lire, contempler la nature et le monde, méditer, dormir un nombre suffisant d'heures pour assurer la rénovation organique, etc., sont plutôt l'apanage de la force-yin-féminine. Trouver l'équilibre des forces yin et yang, assurant ainsi l'homéostasie (harmonie de notre système neurovégétatif), devient alors un besoin urgent.

L'assiduité de l'exercice donné a largement fait ses preuves. Je le pratique depuis de nombreuses années. Il s'inspire du Tai Chi Chuan, art martial chinois dit « interne » (neijia), souvent réduit à une gymnastique de santé mais qui comporte une dimension spirituelle, dont le principal objet est le travail de l'énergie appelée chi. Je le propose ici car sa réalisation est très simple et donc accessible à tous, et sa puissance n'est plus à démontrer.

Exercice N° 30: équilibrer les énergies
yin et yang dans ma vie

- Prenez la posture débout suivante : thorax droit sans tension, tête alignée, mâchoire détendue, yeux semi-fermés, jambes écartées plus larges que le bassin, genoux droits sans tension, pieds bien à plats sur le sol. Le pelvis doit être aligné avec la sensation que le *tan tien* (situé entre le nombril et le début du pubis)) fait la jonction entre le haut et le bas du corps.
- Respirez profondément et lentement. Votre respiration gagne l'ensemble de votre abdomen pour ensuite descendre jusqu'aux orteils et remonter au thorax pour l'expir.
- Calez bien votre corps au sol. Vous devez sentir que vos pieds sont solides et que vos jambes sont de véritables colonnes qui soutiennent tout le poids et toute la structure de votre corps en tenségrité.
- Visualisez que les énergies yin de la terre commencent à remonter par vos jambes jusqu'à votre *tan tien*. Ces énergies peuvent prendre les couleurs que vous souhaitez dans des tons foncés mais brillants : vert, orange, jaune ou marron (le rouge est à éviter car c'est une couleur trop chaude). Au fur et à mesure, ces énergies prennent leur source de plus en plus profondément dans la terre,

pouvant provenir même du noyau magmatique, dense et condensé.

- Ensuite, visualisez les énergies yang en provenance du ciel et faites-les descendre jusqu'au *tan tien*, où elles joindront l'énergie yin. L'énergie du ciel aura des couleurs plutôt dans les tons bleus, violets, blancs, avec des nuances claires. La source peut remonter très haut dans le ciel, voire dans l'univers. Elle est puissante.
- Au fur et à mesure que ces deux forces pénètrent votre corps, passant par ses différentes parties, elles le nourrissent, le fécondent de leur puissance bienfaisante. Prenez le temps de faire entrer ces deux forces-lumières dans vos cellules. Elles auront le pouvoir de littéralement les *recharger* en énergie.
- Une fois ces deux énergies jointes au niveau du *tan tien*, sentez que votre corps s'aligne avec elles, se redresse pour mieux faire la jonction, trouvant un équilibre harmonieux.
- Vous vous sentez être le medium le plus parfait qui existe sur terre pour les canaliser. Votre corps se redressera davantage avec cette exercice-visualisation.

Une variante intéressante de cet exercice est l'implication du cœur comme point pour faire la jonction des énergies yin- féminines et yang-masculines. Dans ce cas, le cœur, étant métaphoriquement parlant l'organe des sentiments par excellence, les énergies doivent avoir des tons clairs.

Utiliser le cœur comme point de convergence des énergies yin et yang peut être aussi très bénéfique quand nous sentons le besoin de nous aligner sur l'amour universel, source inépuisable d'enrichissement de l'amour de Soi et d'autrui. Le développement ou renforcement de l'amour de Soi fait partie intégrante de ce processus, dans la mesure où il est un moteur qui nous pousse à vouloir vaincre définitivement les douleurs chroniques dans le but de vivre une vie épanouie.

Ces deux énergies – yin et yang - symbolisent la naissance de toutes choses sur Gaia, notre Terre. Elles symbolisent également notre renaissance après les temps sombres de la douleur.

Je réalise ces exercices depuis des années pratiquement tous les jours. Ils sont devenus un besoin qui s'est intégré naturellement dans mon quotidien. Ils constituent une source infinie d'énergie puissante que j'utilise au service de moi-même, de mon bien-être et de ma santé. De plus, ils m'aident à rester vitale et dynamique pour aborder la pléthore de projets qui dansent dans ma tête et surtout ceux qui se matérialisent. Mais le plus grand bénéfice, sans aucun doute, c'est mon sentiment de reliance à tout ce qui existe et de me sentir immensément grande d'âme et d'esprit, car je sais, puisque je le sens, que je fais partie de ce prodigieux monde vivant.

Il est conseillé de faire cet exercice à chaque fois que vous vous sentez en déséquilibre ou en manque d'énergie.

Nous venons d'exposer dans le dernier chapitre du volume 1 les trois approches reconnues comme aggravant la douleur : le catastrophisme, la peur/évitement et l'impuissance, et des exercices dédiés à les transformer progressivement qui, comme déjà mentionné à maintes reprises, m'ont permis de dépasser mes propres maladies.

Au fur et à mesure que j'expérimentais une amélioration de mon état, et surtout, que le plaisir gagnait du terrain sur la douleur, je pris conscience que le vécu de mes douleurs commençait à se transformer. Désormais, ma vie était plus positive, plus joyeuse, plus colorée... entraînant un changement radical de vision et des ressentis expérientiels de mon corps et de ma vie tout entière.

Arrivée à ce stade du processus de soulagement durable de la fibromyalgie que je propose dans ce livre, je souhaite que mon expérience et mes vivencias deviennent les vôtres.

2.5. QUATRE ATTITUDES SONT CONNUES COMME AMÉLIORANT LA DOULEUR CHRONIQUE : SELF-EFFICACITÉ, COPING, ÊTRE PRÊT AU CHANGEMENT ET L'ACCEPTATION

Les quatre attitudes exposées dans ce chapitre ont fait l'objet d'innombrables études et recherches, comme vous le verrez plus loin. Les résultats sont très probants et incitent à les adopter afin de soulager durablement la fibromyalgie et ses symptômes associés.

2.5.1. La self-efficacité

Cette attitude se traduit par *la confiance de la personne en ses capacités à engager une action pour accomplir le but désiré*, par exemple le dépassement de ses douleurs.

Cette ressource, commune à tous les êtres humains, a pu diminuer lors des lourds traitements, des maladies de longue durée ou des accidents ayant nécessité des périodes de repos, récupération et rétablissement plus ou moins étendus. Nous perdons l'autonomie, notre corps ne répond plus à nos besoins de faire des gestes, parfois très simples, comme prendre un verre ou faire quelques pas pour aller aux toilettes. Notre esprit peut aussi s'embaumer à la suite de la prise des antalgiques et anti-inflammatoires ou tout autre médicament. L'efficacité de l'esprit à raisonner peut aussi se perdre, d'une part par le choc subi lors d'un accident, de l'annonce d'une maladie, d'une violence physique ou sexuelle ou tout autre traumatisme, ou encore à cause des lourds traitements chimiques. L'efficacité à se prendre en charge diminue dramatiquement.

Avec cette cohorte qui accompagne tout événement traumatique, la confiance en nos propres capacités à faire face au réel se perd, se dilue ou disparaît.

L'être humain a une multitude de potentiels, à peu près 25000 gênes qui sont contenus dans chacune des milliards de cellules spécifiques qui constituent notre corps. Pour dire à quel point notre potentiel est immense puisque, bonne nouvelle, ces gênes pouvant se potentialiser entre eux rendent notre « capital potentiels génétiques » infini. Nous pouvons perdre de vue quelquefois, lors des vicissitudes de l'existence, cette donnée grandiose et remplie d'espoirs. Cet incommensurable capital humain est contenu dans nos cellules et ne disparaît jamais, pouvant être néanmoins « éteint » pendant et après les traumatismes. Cependant, ce qui est éteint peut être rallumé.

Si notre potentiel self-efficacité (auto-efficacité) a été éteint ou diminué à la suite d'un traumatisme, la vie et les facteurs positifs - comme la vision positive ou un bon et affectueux entourage par exemple - peuvent le rallumer. Une partie de ces facteurs positifs est de nous rendre compte de tout ce que nous avons regagné en autonomie depuis nos traumatismes, de tous ces petits et grands actes et gestes que nous avons réussi à refaire tout seul avec des bonnes doses de persévérance, courage et beaucoup d'amour pour nous-mêmes. Vous serez surpris de constater que la liste est longue...et après l'exercice que je vous propose elle le sera davantage.

Plus vous prendrez conscience de tout ce que vous avez reconquis, plus vous développerez la conscience que le reste peut à nouveau se réacquérir pour le mettre au service de votre autonomie et bien-être. Je parle ici non seulement des actes et des gestes réappris à la suite d'une rééducation ou entraînement, mais également des attitudes, des démarches, des visions, des objectifs, des espoirs qui ouvrent des portes, qui renferment la promesse d'une vie plus pleine et épanouissante, des stratégies efficaces permettant de faire reculer la douleur jusqu'à sa disparition totale, ne laissant alors derrière elle qu'un mauvais souvenir.

Nous avons déjà proposé un exercice pour remercier les personnes qui se sont rapprochées de nous lors de notre accident ou maladie ou traumatisme. Il est aussi essentiel de gratifier cet entourage qui nous soutient et qui nous porte à aller de l'avant. Tout comme il est important de nous féliciter des avancées dans notre chemin de guérison. Cette pratique comprend aussi de développer une vision optimiste de notre capacité à tisser des relations plus authentiques et sincères avec notre famille et amis. L'authenticité s'évalue aisément dans la mesure où nos proches sont là, présents, aussi quand les choses tournent à notre défaveur (en tout cas en apparence). Finalement, il est bien là le véritable amour.

Exercice N° 31 : booster mon auto-efficacité

- Prenez le temps, à l'abri des bruits et des personnes qui pourraient vous interrompre.
- Détendez-vous, en suivant les exercices de respiration N° 5 et 6.
- Remémorez-vous votre maladie, accident ou traumatisme, et tout ce que vous avez subi comme perte d'efficacité, comme par exemple la fonction motrice (ne plus pouvoir marcher et/ou conduire, prendre un verre à la main, prendre votre douche, etc.), de réflexion (ne plus savoir le jour ou la date, les souvenirs, le lien de cause à effets, etc.), d'analyse (lecture, analyse des examens médicaux, mots croisés, etc.), et aussi perte de la motricité au point de ne plus pouvoir démontrer de l'affect à vos proches (serrer les personnes que vous aimez dans vos bras, faire l'amour, parler de cœur à cœur, etc.), ou toute autre activité pour laquelle vous avez perdu l'autonomie de déplacement (prendre l'air, écouter la musique, voir, danser, chanter, cuisiner, etc.). Tout est important.
- Prenez votre Journal de guérison et divisez la page en deux colonnes.
- Ecrivez à gauche, avec un stylo rouge, tout ce que vous avez perdu comme efficacité, toutes les activités que vous n'avez plus pu faire pendant votre convalescence ou la période d'arrêt après votre traumatisme. N'oubliez rien,

c'est très important de faire un travail de détail.

- Puis ensuite, à l'aide de votre mémoire corporelle retrouvez, les unes après les autres, les activités pour lesquelles vous avez pu vous débrouiller tout seul (prendre un verre, vous brosser les dents, vous habiller, manger, marcher, chanter, danser, aller faire vos courses, etc.), et souvenez-vous de la joie ressentie, la victoire éprouvée sur vous-mêmes et sur la vie, quel moment glorieux !

- Continuez votre chemin de réminiscences et rappelez-vous de vos premiers pas, de la première fois où vous avez revisité votre jardin, le balcon ou le parc le plus proche, de la première fois où vous avez pu reprendre le volant de votre voiture, de votre première danse, de la première fois où vous avez pu parler à un être cher ou encore de la première fois que vous l'avez pris dans vos bras... rappelez-vous et notez chaque acte, geste que vous avez reconquis, c'est bien vous qui l'avez fait !

- Prenez votre Journal de guérison et notez à droite avec un stylo bleu toutes les merveilles que vous avez pu faire et que vous avez reconquises après votre traumatisme. Notez également les émotions ressenties et celles qui émergent aujourd'hui (joie, fierté, sentiment de dépassement, victoire, etc.)

- Félicitez-vous encore et encore pour tous ces moments victorieux où vous avez fait preuve d'une grande auto-efficacité. Ils vous démontrent que vous avez des potentiels qui peuvent être rallumés, cela ne dépend que de vous !

2.5.2. Être prêt au changement

> *« Il n'y a que le changement qui ne change pas »*
> *Osho.*

Il s'agit d'une approche qui met l'accent sur « la nécessité d'avoir un rôle actif pour apprendre à gérer ses douleurs ». Elle gagne de plus en plus de terrain dans le domaine de la vie, avec des recherches neuroscientifiques qui démontrent que *nous sommes notre meilleur coach* pour réussir là où nous trouvons *la motivation* pour le faire. Il s'agit de passer d'une posture « passive » à une posture « active ». Je peux sentir que « je subis » mes douleurs ou je peux décider que « je ne subis plus » leur emprisonnement.

Ceci est le *noyau* de mon expérience que je vous partage. A un moment de ma vie, plus précisément en 2004, j'ai décidé de « ne plus subir » mes douleurs. Certes, j'avais acquis suffisamment d'outils pour m'en sortir, mais ma motivation à *radicaliser le plaisir de vivre* pesa plus lourd sur la balance que les « avantages » de ma condition de malade. Il me fallait pour cela remplacer la souffrance par la délicieuse sensation d'être bien vivante, sentir que j'avais le droit à jouir intensément de la vie !

Cette vivencia faisant déjà partie de mes bagages cellulaires, me débarrasser définitivement de tout le protocole médical avec le lourd traitement antalgique pouvait se faire en rompant ma barrière mentale dont je sentais les limites dans mes actes et dans mes gestes. Cela je le savais, j'étais aussi prête à le faire ! Et je l'ai fait.

Ce sont ces outils que je vous communique page après page. Et c'est bien avec ces outils, et leur répétition jour après jour, que j'ai réussi à me guérir ! Je ne cache pas une certaine fierté d'avoir pu réussir ce défi, mais croyez-moi, je sais aujourd'hui que cela est à la portée de tous.

La guérison des douleurs passe donc par le fait de nous réapproprier nos douleurs et d'identifier pourquoi nous les entretenons. Une fois guéris de nos fractures et de nos blessures, de nos maladies ou de nos pertes en tous genres et des douleurs qu'elles engendrent, la douleur n'a plus aucune fonction positive. Elle n'est plus adaptée à nos vies de tous les jours.

L'exercice N° 24 nous invitait à identifier quelles pouvaient être les pertes qui nous faisaient encore souffrir psychiquement et émotionnellement, ces souffrances intolérables pour notre psyché, cependant non élaborées, et se transformant en douleurs chroniques. L'exercice N° 26 d'élaboration de deuil peut aussi être fait si le besoin se fait ressentir.

Cette phrase du maître indien Osho « *Il n'y a que le changement qui ne change pas.* » me semble très opportune pour introduire le prochain exercice. Effectivement, le monde du vivant est en perpétuel changement et, comme nous en faisons partie, nous le sommes aussi. Nos corps font mouvoir les cellules qui le composent à chaque seconde, et nos 70000 milles pensées quotidiennes varient à chaque instant. Nos désirs, nos besoins, nos motivations et nos projets sont alors en constante évolution.

La vie tout entière *est* changement, et vous, *vous l'êtes aussi.*

Je vous propose *d'incarner* ce changement, de le mettre en mouvement pour vous le réapproprier, de ne faire plus qu'*un* avec lui au point de vous en émouvoir. Si, pendant la réalisation de l'exercice, vous éprouvez une émotion de joie, de tendresse, de plénitude, d'expansion ou toute autre, vous avez gagné. Votre réussite pour gérer et laisser derrière vous vos douleurs chroniques est assurée ! Si cette émotion tarde à venir, refaites souvent cette exercice-danse, elle ne tardera pas à jaillir en vous.

Exercice N° 32 : je danse mon changement perpétuel

- Connaissez-vous le dieu indien Shiva ? Pour les Indiens il est le créateur, le préservateur, le transformateur, le dissimulateur et le révélateur. Shiva représente la destruction, mais celle-ci a pour but la création d'un monde nouveau : Shiva transforme et conduit la manifestation à travers le « courant des formes ». L'emblème de Shiva est le lingam, symbole de la création. Il a les yeux mi-clos, car il les ouvre lors de la création du monde et les ferme pour mettre fin à l'univers et amorcer un nouveau cycle. L'une de ses manifestations les plus célèbres est Shiva *Nataraja*, le danseur cosmique qui rythme la destruction et la création du monde.

- Et cet exercice vous est proposé justement pour détruire le monde de douleurs que vous vous êtes créé et en construire un nouveau, un monde sans douleurs, un monde dans lequel c'est vous qui devenez le maitre de votre corps. A partir de ce moment, vous devenez le créateur/créatrice de votre nouveau monde.

- Préparez votre corps avec l'exercice de la respiration debout donné au protocole N° 5. Une fois détendu passez à la phase suivante.

- Prenez position debout, les deux pieds au sol, le corps droit et le regard posé sur un point fixe face à vous. Sentez votre corps en entier, sentez sa tenségrité et sa force sans contrainte.

- Portez le poids de votre corps sur une jambe, l'autre étant en l'air proche du corps, légèrement pliée.

- En entendant la musique démarrer vous allez commencer à bouger, avec des petits mouvements, votre jambe en l'air, et accompagner vos gestes de ceux des bras, comme voulant trouver l'équilibre, l'autre jambe au sol se plie afin de faciliter la mouvance du corps. Exercez-vous pendant une minute environ. Si la jambe utilisée se fatigue, changez.

- Puis, selon l'élan montant de la musique, commencez à amplifier les mouvements de la jambe et des bras en cherchant à vous déstabiliser, *l'intention des bras étant de détruire ce qui existe aujourd'hui, achever le monde actuel des douleurs.* Détruisez tous ces moments et circonstances qui font apparaitre les douleurs, détruisez les douleurs en elles-mêmes. Au fur et à mesure vous augmentez l'ampleur des mouvements afin d'accroitre la sensation de destruction, cela est entre vos mains ! Cette phase dure environ 1 minute et demie.

- Dès que vous êtes fatigué changez de jambe.

- Dans le but de mettre à l'épreuve votre capacité au changement n'hésitez pas à amplifier le flux continu des bras et des jambes, cette amplification augmentera vos sensations.

- Ensuite, avec des petits mouvements au début, *commencez la phase de construction d'un monde sans douleurs.* Imaginez-vous en train de faire les actes et les activités du quotidien que vous affectionnez sans souffrir, la douleur fait place au plaisir. Construisez tous les scénarios que vous souhaitez, vos désirs d'un monde nouveau libéré des souffrances est à votre portée.

- Au fur et à mesure que *vos nouvelles constructions vous touchent, des émotions peuvent apparaître.* Profitez-en pour amplifier vos mouvements et les émotions ne seront que plus prenantes. Thésaurisez-les, elles sont des cadeaux pour votre corps. Terminez cette phase au bout de 1 minute et demie.

- Répétez cet exercice tous les jours quelques minutes. A chaque fois vous pouvez vous voir et vous sentir construire de nouvelles activités où le plaisir et l'allégresse de les réaliser enraye les douleurs de votre corps.

- Notez sur votre Journal de guérison tous les changements que vous commencez à sentir et à voir dans votre vie, notamment concernant le recul de vos douleurs.

2.5.3. Le coping

Ce concept renvoie à notre capacité *de se débrouiller avec, à faire face, à affronter, à se charger de,* sont autant de traductions possibles de ce coping qui signifie la démarche active du malade luttant par des moyens divers pour moins souffrir. Plusieurs questionnaires ont permis de différencier les patients dans leur capacité ou non à mettre en œuvre ce coping, défini de façon relativement variable suivant les questions choisies : faire quelque chose de spécifique pour réduire la douleur, relaxation, faire des visualisations, tenter de penser à autre chose, faire une activité, prier, exprimer des émotions pour réduire l'anxiété ou la tension, chercher un réconfort spirituel, faire des exercices ou des étirements, danser, marcher dans la nature, etc.

Le coping nous parle de notre force d'esprit permettant de changer notre *focus.* C'est-à-dire, le point de mire, sur lequel nous fixons notre attention dans ce *carpe diem* qui s'offre à nous comme un cadeau, où peut être une douleur émerge.

Il s'apprend, comme nous réapprenons à rester fixés dans le moment présent, là où la vie se cueille. Inutile de vous dire que le passé est terminé, clos, fermé et qu'il ne reviendra plus, que nous n'avons aucune capacité pour le changer. La seule chose à faire c'est pleurer les pertes, faire le deuil de ce qui n'est plus et avancer vers un nouveau monde où la douleur n'a plus sa place, plus de sens, plus d'emprise.

Cette capacité inhérente à l'être humain pour faire face aux changements permanents du monde a permis l'évolution des espèces, dont la nôtre.

Nous avons donc tous cette aptitude à sentir où et à quel moment déposer le *fardeau* dont nous sommes affublés. Nous sentons, et notre corps perçoit à quel moment il est opportun de s'en délester. Toutefois, il est important de comprendre que la douleur fait office de témoin muet d'une souffrance psychique non exprimée, comme nous l'avons déjà démontré dans cette méthode. Plus nous allons exprimer ces émotions restées si longtemps séquestrées dans notre cerveau et engrammées dans notre corps, et plus les douleurs physiques vont disparaître.

Développer des stratégies de coping est relié au fait de *retrouver la force et le goût de vivre.* Nous pouvons manger des fruits tous les jours et à un moment donné, inespéré, sa saveur éclate pour la première fois en bouche. Quel délice !

Le coping nous pousse à développer des nouvelles motivations pour avancer, d'autres saveurs existentielles peuvent alors voir le jour. Car, au final, les sujets les plus performants dans ces stratégies ressentent moins de douleur, de détresse psychologique et de difficultés physiques que les autres malades.

Exercice N° 33 : j'identifie mes stratégies de coping

- Eteignez tous vos appareils et installez-vous dans un lieu calme.
- Laissez votre Journal de guérison à coté de vous.
- Commencez par vous détendre avec l'exercice du protocole N° 5.
- Continuez avec des respirations profondes jusqu'à arriver à une sensation d'apaisement et de retour à votre centre, à l'essence de votre être. Si besoin, portez vos deux mains sur votre cœur paumes ouvertes, la droite protégeant la gauche par-dessus, fermez les yeux et restez dans cette vivencia de reliance avec vous-mêmes. Goûtez ce moment avec intensité, vous êtes bien, calme, inspiré, relié à la vie qui coule dans votre corps. Peut-être qu'une lumière claire et brillante accompagne ce moment, laissez-la prendre la place dans votre centre.
- Prenez votre Journal de guérison est divisez la page en trois colonnes.
- Ecrivez à gauche toutes les fois où vous vous êtes débrouillé, où vous avez affronté tout/e seul/e une situation avec des moyens nouveaux pour faire face à une situation que vous ressentiez comme difficile, c'est-à-dire où vous avez réussi à trouver une solution ou celle-ci s'est présentée à vous. Tous les domaines de l'existence peuvent être cités (jardin, cuisine, ménage, travail, relations, bricolage, voyage, etc.)

- Sur la deuxième colonne de droite, et face à chaque situation, identifiez les habilités qui ont émergées de votre intérieur, les ressources nouvelles et les compétences que vous avez investies et développées pour chaque situation. Enumérez-les les unes après les autres.
- Notez ensuite, sur la troisième colonne, quels ont été les ressentis, les sensations et les émotions expérimentés (fierté, surprise, joie, étonnement, amour de Soi, victoire, dignité…)
- Félicitez-vous ! Les stratégies de coping sont toujours en vous.
- Finissez par la phrase « je m'aime et je m'accepte totalement et inconditionnellement ».

2.5.4. L'acceptation

Une excellente alternative au contrôle et à l'évitement d'expériences évaluées comme non souhaitées est *de les prendre comme elles sont*, autrement dit, de les accepter. Au contraire, *la non-acceptation entraîne une aggravation relative de la douleur dans les tentatives de la maîtriser.*

D'après les études réalisées, les personnes étant le plus dans la démarche de l'acceptation rapportent moins de douleurs, d'anxiété, de dépression et de handicap, et ont un meilleur lien à l'emploi. L'acceptation n'est pas l'absence de catastrophisme dont elle est indépendante, mais contribue à faire reconnaître que rien ne sera comme avant, et donne matière à s'engager dans une vie normale, et parfois cela malgré la douleur.

Ce point est essentiel pour débuter un processus de guérison : accepter que les douleurs soient le signe, l'alerte qu'un travail de deuil n'a pas encore été fait, deuil rattaché à assumer définitivement ce qui a été perdu à jamais. Accepter la douleur revient alors à assumer le fait que *je dois agir* sur un autre plan pour que mes douleurs cessent, d'autant plus si l'étape de convalescence et de réhabilitation a été finalisée avec satisfaction. La douleur relève alors du domaine du psychique, de l'émotionnel, et c'est bien de là qu'il faut la décristalliser pour qu'elle se dilue dans les larmes inhérentes à tout travail d'élaboration.

Cette étape a été décisive dans mon parcours afin que mes douleurs chroniques, qui m'ont accompagnée des nombreuses années, quittent définitivement mon corps et mon cœur. J'ai dû reconnaître, jour après jour, l'envol définitif de tous mes rêves, mes désirs et mes espoirs, accepter leur perte définitive et trouver de nouveaux objets à investir. Mes deuils ont duré quelques mois, mais ô combien ils ont été salutaires pour mon organisme. Les larmes ont lavé ma colère et la tristesse qui se cachaient derrière. Le soulagement ressenti après ce processus correspond à la dissolution progressive de mes douleurs.

En résumé, je pourrais dire que j'ai vivencié que mon corps se déchargeait d'un poids énorme, que je l'ai libéré des griffes qui le laceraient sans cesse, que j'ai ôté les tentacules qui l'encerclaient, que je me suis débarrassée des pointes qui le titillaient, que j'ai enlevé les pinces qui le tenaillaient…Mes pleurs ont permis de laver les douleurs qui m'oppressaient, celles qui m'empêchaient de goûter à l'existence, de profiter pleinement de cette opportunité magnifique qu'est l'expérience émouvante de l'acte glorieux de vivre.

Accepter n'est pas renoncer, c'est permettre que le cours de la vie flue dans notre être. Accepter les douleurs revient à consentir *qu'une partie de nous meure afin qu'une autre renaisse de nos cendres et* revient à suspendre les hostilités et conclure ainsi cette guerre intérieure qui, ne l'ayant pas assumée auparavant retournait sans cesse à la charge. Accepter c'est aussi s'accepter, avec ses forces et ses faiblesses, ses habilités et ses défaillances, ces triomphes et ses échecs. C'est laisser les choses dans nos vies en acceptant leur impermanence. Tout vient, tout part, rien ne reste. *Accepter revient à défaire le passé dans le présent pour ainsi libérer le futur.*

<u>**Exercice N° 34 : accepter ma souffrance**</u>

- Installez-vous confortablement couché, toutes communications coupées.
- Pratiquez la respiration abdominale décrite dans le protocole N° 2.
- Connectez-vous à votre corps et à ses ressentis, yeux fermés et attitude paisible. N'oubliez pas que tout est là, soyez reconnaissant de ce moment.
- Prenez contact avec les parties de votre corps qui sont souvent douloureuses, sentez-les de près, elles sont là à l'intérieur de vous, en vous.
- Imaginez une lumière blanche ou dorée très pure - tel un faisceau d'amour capturé de l'air ambiant - et enveloppez délicatement la partie douloureuse, en la traversant avec. Donnez-lui tout l'amour qu'elle mérite, c'est une partie de vous qui demande toute votre attention amoureuse.
- Dites-lui « *je t'aime et je t'accepte totalement et inconditionnellement* », en même temps que vous continuez à l'envelopper de la lumière. Ressentez l'état de paix que cet exercice procure. Inutile de vous battre contre elle, acceptez-la, cajolez-la, elle est aussi vous.
- Laissez couler vos larmes, la bataille est terminée. Désormais vous êtes ami avec vos douleurs, la compréhension de leur rôle dans votre vie est là, bien palpitante.
- Respirez profondément, soyez dans la gratitude de ce moment inoubliable.
- Faites ce protocole pour chaque partie du corps qui souffre.
- Notez dans votre Journal de guérison ce que cette vivencia vous a appris sur vous, vos douleurs et la vie.

Apprendre à assumer, c'est prendre les choses comme

elles viennent. Un chemin initiatique se profile dans notre horizon, et croyez-moi, c'est de loin un des plus libérateurs car porteur de paix dans nos vies.

Nous évoluons dans des cultures où le port des masques, réservé aux orgies ou aux festivités païennes, est devenu banal et quasi nécessaire pour exister. Autrement dit, il est difficile, voire presque impossible d'exprimer nos émotions ouvertement en société, parfois au sein même de notre cercle d'amis, excepté peut-être pour le rire, et encore, seulement quand celui-ci est relativement discret, *hubris* étant rarement de la fête.

Au cours de mes activités de Biodanza ou de mes conférences, certaines personnes se mettant à larmoyer me demandent de les pardonner ou de les excuser ! Cela est-il si mauvais de donner libre cours à nos émotions ?

Ces dernières sont un liant très fort entre les membres de l'espèce humaine. Le cerveau les stocke, les identifie et les interprète, puis les exprime. Des aires cérébrales sont destinées à les emmagasiner pendant très longtemps, des circuits spéciaux orientés à les identifier chez autrui pour mieux nous relationner, et encore d'autres câblages neuronaux bien spécifiques affectés à donner la réponse la plus adaptée aux circonstances vécues. La puissance de ce cerveau a été absolument indispensable à notre évolution sur terre.

La communication flue dans une intimité avec l'autre lorsque nous arrivons à être authentiques dans l'expression de ce qui est, dans l'émotion déclenchée par un stimulus de l'environnement dont les individus sont les ecofacteurs de privilège. Au moment où nous cachons ou occultons une émotion qui nous gagne, la communication se brouille perturbant ainsi les liens sociaux et amicaux, voire amoureux. Pis encore, réprimer nos émotions est déroutant pour la personne qui en est le témoin.

En effet, des études ont été faites sur l'impact de la dissimulation de nos humeurs à nos enfants par exemple. Durant les expériences réalisées en présence des parents et de leurs enfants, tous deux devaient interagir pour la construction de legos. Après avoir demandé aux parents de taire leurs émotions de honte, de colère ou encore de stress, ressenties après une expérience de prise de parole en public, les chercheurs, ont constaté que parents et enfants se montraient moins réactifs et moins chaleureux l'un vers l'autre lors de l'expérience de jeu.

A partir de ce constat, la question suivante s'impose, est-il bon de dissimuler nos émotions aux enfants par exemple ? Quelles en sont les conséquences sur l'expression saine des émotions ?

Sara Waters, qui a participé à ces recherches, explique que les enfants sont très doués pour détecter la moindre trace d'émotion, si bien qu'il est contreproductif de tout leur cacher, et elle ajoute, je cite : « S'ils sentent qu'un évènement négatif se produit, il est déroutant pour eux de voir les parents se conduire normalement et faire semblant de rien. » Pour la chercheuse, mieux vaut exprimer certains ressentis négatifs et montrer les façons « saines » de les gérer, afin d'aider à leur apprentissage émotionnel (35).

Nous sommes, chacun d'entre nous, une alchimie entre raison et émotion. Notre cerveau est parfaitement configuré afin de pouvoir nous exprimer, tantôt avec des propos bien cohérents, tantôt avec des émotions qui jaillissent spontanément. Nous sommes une unité indissociable, ces deux aspects étant des parties intrinsèques de notre être. Aucune honte à avoir si une situation nous arrache des larmes ou fait exploser en nous l'envie d'un rire fou ! Quel bonheur de naviguer en totale liberté entre ces deux eaux qui font de nous des êtres authentiques et francs.

Dans mes séminaires, j'aime que se déclenche cette spontanéité des émotions. Nous avons tellement à y gagner de les intégrer ainsi à notre palette expressive. Une fois que les personnes les vivencient, elles se disent :« j'aurais pu commencer avant ! le gain en sincérité dans ma vie aurait été substantiel. »

Toutes les émotions et leur expression sont bénéfiques pour notre santé mentale et physique. Je vous propose de faire l'expérience de trois d'entre elles qui, à mon avis, constituent le socle d'un relationnel aisé et essentiel : la joie, les pleurs et la paix du silence. Je me suis inspirée dans l'élaboration de cet exercice d'une forme de méditation appelée « La Rose Mystique » (*The Mystic Rose*), dont le Maître indien Osho fut l'inspirateur. Des millions de personnes la pratiquent dans le monde, les bénéfices étant considérables.

<u>**Exercice N° 35 : méditation du rire,
des pleurs et du silence**</u>

- Prenez un rendez-vous avec vos émotions au quotidien ou selon vos possibilités (minimum une fois par semaine).
- Isolez-vous quelque part dans votre logement ou la nature, il est nécessaire de ne pas se sentir observé, du moins au début.
- Mettez votre Journal de guérison à coté de vous.
- Cette méditation se divise en 3 fois 10 minutes, 35 minutes sont nécessaires pour la réaliser au complet.
- Programmez donc un réveil ou votre portable en mode « hors ligne » pour 10 minutes pour chaque émotion.
- Commencez par rire. Au début, vous aurez l'impression de faire semblant, mais très vite, le son de vos essais vous fera vraiment rire. Perdez-vous dans le rire. Plusieurs jours peuvent se passer avant que cela n'arrive vraiment, parce que nous n'avons pas l'habitude de ce phénomène. Mais très vite cela deviendra spontané et changera la nature de votre journée tout entière !
- Mon expérience m'a montré que le rire jaillit très vite quand je ris de moi-même, de mes prises de tête, de ce que je considère « grave », etc., etc.
- Passés 10 minutes, programmez à nouveau les 10 prochaines minutes.
- Maintenant commencez à pleureur. La difficulté

peut-être vite vaincue en vous remémorant des situations vécues où vous avez ressenti de la tristesse, ou après un vécu de colère derrière laquelle la tristesse se cache souvent. La colère faisant partie intégrante de la composante douloureuse, l'évacuation de la tristesse par les pleurs apporte un soulagement incroyable. Pleurez à chaudes larmes ou doucement, mais pleurez !

- 10 minutes passées, programmez à nouveau votre appareil pour 10 minutes.
- Rentrez dans l'expérience merveilleuse du silence absolu.
- Restez dans cet espace intérieur du corps qui s'est ostensiblement agrandi après les rires et les pleurs. Observez et ressentez combien la paix peut s'installer dans votre enveloppe charnelle, goutez et délectez-vous de l'expérience, elle est vraiment sublime.
- Lorsque l'appareil sonne, fermez l'exercice.
- Notez vos découvertes dans votre Journal de guérison.

Une variante à faire, quand nous n'avons pas le temps tous les jours de réaliser l'exercice précédent au complet, consiste à rire pendant quelques minutes, tous les matins, après les étirements donnés dans l'exercice N° 1. Avec ce geste simple et l'investissement d'un peu de temps chaque jour, la vie sera perçue et vécue avec plus de légèreté.

Toutefois, l'expression des pleurs et du silence, complémentaire au rire, apporte un bien-être bien plus complet à votre existence.

2.5.5. Douleurs et deuils : des analogies troublantes

Les différents tableaux, autour du deuil et de la douleur chronique, rapprochent ces deux problématiques dans leur compréhension de l'une par rapport à l'autre et des *études commencent à montrer la réalité de l'impact du deuil sur la douleur.* Par l'intermédiaire de l'état de stress post traumatique, reconnu équivalent au deuil par certains spécialistes et profondément lié au processus de douleur par d'autres, une proximité de ces états se dessine.

Mais c'est surtout dans le déroulement du deuil (dits stades du deuil), et les différentes attitudes étudiées pour faire face à la douleur chronique (que nous pourrions nommer stades avancés dans la douleur chronique) que des analogies transparaissent : si le processus de cheminement dans le deuil a pu être découpé en trois (de façon arbitraire et avec chevauchements), l'état actuel des connaissances médicales en douleur chronique distingue trois phases.

- Un premier stade d'effondrement face à la douleur envahissante, sans espérance dans l'avenir, avec sidération et incapacité à se tourner de façon constructive vers les autres, appelé catastrophisme, moins bonne stratégie de lutte contre la douleur.
- Un deuxième stade, où sont mis en œuvre des attitudes antalgiques visant à améliorer le quotidien, avec positionnement beaucoup plus actif que le catastrophisme, appelé coping.
- Un troisième stade, où les processus de lutte enfin terminés, le malade peut envisager une construction nouvelle, appelée acceptation, reconnue comme la meilleure stratégie de lutte contre la douleur.

Soulignons ici que le dernier stade (sortie du deuil) et la meilleure approche de la douleur chronique portent tous deux le même nom : *l'acceptation.*

Accepter la douleur c'est s'accepter en tant qu'individu détenteur d'une histoire chargée de souffrances, accepter les pertes, accepter les changements, accepter que plus rien ne sera comme avant, accepter de se prendre en charge.

Autant d'attitudes à observer pour aller mieux. Accepter c'est finalement être en paix avec ce qu'il s'est passé, et ce qui adviendra.

2.6.   MON HISTOIRE DE LA DOULEUR CHRONIQUE EST UN DEUIL COMPLIQUÉ

J.P. Benezech (14) considère qu'il a suffisamment d'éléments pour formuler une hypothèse : la douleur chronique, à l'instar du stress post traumatique, est une forme de deuil compliqué. Douleur chronique et état de stress post traumatique expriment, chacun dans leur particularité, qu'un processus de deuil, récent ou ancien, ne s'est pas déroulé de façon satisfaisante et *laisse une souffrance encore vive s'échapper.*

La particularité de la douleur chronique est de ne pas forcément connaître les tenants et aboutissants du deuil ancien en cause. En effet, derrière une adaptation de façade, bon nombre de personnes ayant connu un vécu de violence physique, psychique ou sexuelle, des accidents, de la maltraitance, des manques affectifs ou des pertes précoces, vont voir à l'occasion d'un traumatisme, parfois vécu des décennies plus tard, réactiver leur deuil non résolu sous forme de douleurs.

M. Hanus écrit à ce propos : « Un des critères de la qualité d'un deuil se trouve dans le déroulement du deuil suivant qui immanquablement finit toujours par arriver. Lorsque le moi est redevenu libre, le deuil suivant se passe normalement. A l'inverse, les deuils compliqués ont d'ordinaire tendance à s'aggraver après un premier qui a déjà été difficile et relativement compliqué.

Dans l'ensemble, la répétition de deuils est un facteur de complication, surtout lorsque le suivant survient avant la fin du travail de deuil du précédent » (36). Hanus nous donne ainsi une clé de la compréhension de la douleur chronique : *elle est l'expression du deuil compliqué suivant qui vient révéler le travail du deuil précédent inachevé.*

2.6.1. De deuil en deuil non fait, ma douleur apparaît

Dans mon histoire de vie, cette clé donnée par Hanus prend tout son sens. Mes douleurs chroniques ont fait leur apparition à un moment donné de ma vie où, trop de deuils non faits, plus une situation nouvelle vécue avec frustration, colère et même de la rage, ont été les déclencheurs d'une sensation d'impuissance. Mon corps ayant encaissé le trop plein de souffrances psychologiques, physiques, sexuelles et morales...il n'a pas pu y faire face.

Les pertes directes et collatérales identifiées durant mon processus de guérison n'ont jamais intéressé le corps médical. Ma famille ne s'est jamais inquiétée de savoir comment je me sentais après avoir perdu les rêves de ma vie. Ayant eu une mère absente, je me demande même si elle n'a jamais su quels étaient mes rêves. C'était en 1980 que ces derniers que j'avais tant thésaurisés partaient en fumée avec ma chute libre. Je n'en n'ai alors pas fait le deuil, et personne ne m'en a parlé à l'époque. J'étais dans une profonde ignorance sur l'importance de pleurer ces pertes, qui n'étaient de loin pas les seules.

D'autres ont précédé et suivi ma chute durant cette sensée belle journée d'escalade, avec leur cohorte de colère, de frustrations, de déceptions, de ressentis qui n'ont jamais trouvé un contenant pour se déverser, un espace chaleureux d'écoute, d'accueil, de transformation, ni cocon pour ces émotions délétères qui auraient pu quitter mon corps avant qu'elles ne se transforment en douleurs chroniques. Cela m'aurait pourtant évité cette terrible période de ma vie. Plus de 17 ans de souffrance par négligence !

Nous étions deux cordées d'amis et nous nous apprêtions à démarrer une journée d'entraînement sur une paroi rocheuse à Valparaiso, au Chili.

Ayant été nommée cheffe de la première expédition féminine au mont Aconcagua, le plus haut sommet de l'Amérique Latine avec ces 7035 mètres, j'exultais de joie et me disais que je devais être en pleine forme pour cette prouesse. J'étais si fière de cette dénomination, elle était la culmination de plusieurs années d'ascensions de montagnes de plus de 5000 mètres à piolet rompu durant plusieurs mois de l'année, une exigence pour pouvoir faire partie du Comité Olympique d'Alpinisme du Chili. De plus, l'année précédente, en 1979, j'avais été élue première femme alpiniste du Chili, avec un CV qui faisait rougir ! Je devais donc donner l'exemple à mes coéquipières au niveau performance.

Juste avant de commencer à escalader cette paroi rocheuse, la route choisie par la seconde cordée me semblait trop difficile pour eux et je tentai alors de les persuader d'en emprunter une plus simple. Ayant décidé de continuer, ils se sont engagés malgré tout sur cette voie qui me semblait au-delà de leurs compétences techniques.

Environ deux heures plus tard, lorsque nous avions escaladé environ 250 mètres, on entendit des appels au secours de la part de notre cordée amie, je ne *puis vous dire à quel point j'étais énervée,* je leur avais pourtant dit ! Nous étions avec mon compagnon de cordée sur une toute petite terrasse, encordés à un clou dont l'angle était destiné à « monter ». Dans la précipitation de décider qui allait à leur secours, ni lui ni moi avions pensé à changer le clou pour l'installer dans l'angle « descente ». Le voyant hésiter, je me suis proposée pour aller les secourir. J'ai mis mon 8 et suis partie en mode « rappel », c'est-à-dire dos au vide. Lorsque je me suis laissée aller dos au vide et ai poussé la paroi avec mes jambes pour commencer la descente, je vis avec sidération tout le matériel partir avec moi, je sus à cet instant que j'allais m'écraser au sol. Plus de 250 mètres me séparaient de la terre ferme. En à peine une seconde je sus que j'allais mourir…puis perdis connaissance.

Cette situation engendra un stress post-traumatique qui m'accompagna pendant 24 ans, temps durant lequel cette chute libre allait tourner tel un manège endiablé dans ma tête m'ôtant, non seulement toute possibilité de guérison, mais empêchant mon organisme de soulager les douleurs qui allaient faire leur apparition cinq ans plus tard.

La descente de la paroi sur le dos de mon ami moniteur Gaston pendant plus de 200 mètres fut un calvaire avec un ressenti de souffrance qui me faisait littéralement perdre conscience par moments, le regard triste et impuissant de mes amis alpinistes qui me disaient « adieu », l'évacuation par l'hélicoptère et le regard de compassion du jeune officier qui m'accompagna tout le long du voyage, l'accueil peu chaleureux dans le service des urgences et l'intervention brutale sur mon corps qui présentait des fractures et contusions multiples, allaient laisser des traces indélébiles sur mon corps et ma psyché.

Le premier mois après l'accident a été rempli de souffrances et difficile à expliquer par des mots. Il n'est pas aisé de trouver les paroles pour décrire l'indescriptible, les douleurs physique, morale et psychologique que j'ai ressenties dans le service des urgences de ce centre hospitalier de Santiago. A la douleur physique, avec un traitement antalgique qui arrivait à peine à pallier la douleur tranchante et brûlante que je ressentais au moindre mouvement, s'est rajoutée la solitude, le sentiment profond de déréliction et l'indifférence des infirmières, certainement trop lasses de voir et de côtoyer tant de patients en souffrance.

De plus, je n'avais pas le droit aux visites et je ne pouvais rien faire toute seule, même pas boire ou manger, car j'étais complètement immobilisée. Je n'oublierai jamais la fois où deux amis alpinistes sont passés par la fenêtre de la salle commune où je dormais, déguisés en médecins, pour venir me voir ! L'un d'eux, Alfredo, est mort deux années plus tard lors d'une chute sur une autre paroi rocheuse. Les beaux souvenirs de ce vrai ami m'accompagnent encore à ce jour.

Avec l'aide financière de la famille de ma meilleure amie, on a pu me transporter dans une clinique privée où j'allais pouvoir être mieux prise en charge. Mes amis et ma famille pouvaient venir me voir et m'accompagner, ce qui soulageait ma douleur morale et un peu mes souffrances physiques. Immobilisée, je passais mes longues journées à regarder le plafond. C'est fou ce que les journées et nuits paraissent longues quand on regarde le temps passer !

Le changement dans cette clinique et la visite de mes camarades d'université, de mes amis alpinistes, rarement de mes frères et sœurs, régulièrement de ma mère, allaient soulager un tant soit peu mes souffrances morales. Je me sentais plus prête pour la suite, même si elle semblait encore délicate à envisager.

Puis petit à petit est venu le moment du rétablissement. Je suis restée des mois entiers alitée, puis en fauteuil roulant. Comme le temps de la marche tardait à venir, je fus placée en fauteuil roulant pour un temps, je me posais alors des questions. J'étais terrifiée dans l'attente de réponses. Un doute planait sur ma tête, allais-je pouvoir remarcher un jour ? Cela a été un moment de grand peur-panique, sans personne pour me rassurer. La désinformation des médecins me plongeait dans une souffrance inutile, longue, trop longue, encore une autre. Un stress grandissant envahissait mon être et ma vie.

Avec le recul, je me dis que l'attitude « inhumaine » de plusieurs médecins et d'autres personnels soignants qui m'ont traitée me plonge parfois dans la perplexité de la façon dont ils conçoivent l'être humain. Quand-la médecine intègrera-t-elle dans ses formations des modules de psychologie pour la relation médecin-patient ? Encore aujourd'hui, la relation est très déséquilibrée. Ils pensent que nous n'avons pas à savoir, raisons pour lesquelles souvent leurs explications restent vagues et données à contre-cœur !

Dans ma tête et mon corps, il n'y avait qu'un seul souhait : celui de retourner dans mes montagnes avec mes amis de cordée, de retrouver la solitude immense et rassurante qui m'enveloppait, l'éternité apaisante des glaciers éblouissants, de toucher le ciel infini, de me sentir tout près des étoiles, de me fondre encore et encore dans la vastitude des vallées et montagnes, d'envelopper l'horizon qui englobait tout l'espace... Chaque fois que j'étais dans mes montagnes, je faisais partie du Tout et le Tout faisait partie de moi... C'était très structurant pour mon jeune être.

Après les premières frayeurs, j'ai commencé à refaire timidement mes premiers pas. J'étais tellement fragilisée ! Mon corps ne me répondait plus, il me reliait à la sensation de délabrement, de rigidification. Mon squelette s'était pétrifié, les rouages de mes articulations étaient oxydés, mes muscles avaient totalement fondu... à un point tel que je me suis sentie vieillie de plusieurs années. Je ne me reconnaissais plus, ce corps n'était pas le mien ! Si souple, musclé, dynamique, vital, pétillant qu'il était, toutes ces merveilleuses sensations avaient alors disparu pour laisser la place à un corps meurtri par tant de douleurs et de souffrances de toutes sortes. Comment cela était-ce possible ?

Je suis aujourd'hui persuadée que je n'aurais jamais pu récupérer autant que je l'ai fait sans l'aide de mon ami Manolo, kinésithérapeute et camarade alpiniste qui m'a poussée au-delà de mes limites pour réapprendre à marcher, debout et digne malgré l'effroi, intégrée en dépit de mon sentiment omniprésent de morcellement intérieur. Il ne m'a jamais lâchée, jamais permise de sombrer dans le désespoir d'un rétablissement durable et définitif. Il me répétait, jour après jour, que je devais penser à mes futures ascensions dans les montagnes pour me donner la force d'oublier mes douleurs et mes peurs. Ce cher ami connaissait bien mes motivations profondes. Merci, merci, merci mon ami Manolo pour ton soutien indéfectible, je te dois la marche et la récupération presque totale de mon corps.

Il a été pour moi, et sera toujours, un vrai ange de soutien et d'amitié. Je n'aurais pu rêver d'un meilleur accompagnateur pour retrouver ma motricité, celle qui m'a permis de continuer debout, prête à affronter les nouveaux défis de la vie. Doucement mais sûrement, je gagnais en autonomie, et deux ans après je n'avais pratiquement plus de séquelles de mon accident, en tout cas pas de séquelles visibles.

Toutefois, des nouvelles souffrances m'attendaient, la vie ne fut pas clémente avec moi durant un long moment.

En 1982 j'ai dû suivre ma mère en Espagne avec une partie de ma fratrie. Elle avait décidé, unilatéralement, qu'elle voulait continuer à faire des études dans un pays qui lui offrirait plus d'opportunités. Ce départ du Chili, imposé, a été vécu avec une violence inouïe, jamais avouée, celle de devoir quitter Patricio, mon fiancé, l'homme avec qui je rêvais des projets de famille et un futur professionnel partagé.

Lors de ce départ forcé, j'ai dû laisser derrière moi mes très chers amis, mes montagnes adorées, mes études de géographie qui me passionnaient. Toute une vie pleine de sens s'est alors arrêtée brutalement. Je n'eus aucun moyen d'échapper à ce déchirement, ma mère m'ayant menacée de me couper les vivres. Devoir, malgré ma condition d'étudiante, me débrouiller toute seule, aurait été chose difficile au Chili. Afin de continuer à avancer, à vivre, ou plutôt à survivre, je dus faire face à ces souffrances intolérables et me couper alors de mes ressentis. Je n'eus d'autre choix que d'apprendre à faire semblant.

Lorsque l'être humain subit des souffrances en continu et que ces dernières sont perçues comme un danger mettant en péril la survie de l'individu, la personne est contrainte de-se couper de ces souffrances en se barricadant derrière un déni de la réalité. Malheureusement, lorsque nous ne voulons plus être dans la réalité de ce mal-être et que nous nous claustrons de celles-ci, le lien avec les moments agréables deviennent également inaccessibles.

Je pâtissais de devoir partir vivre dans un pays qui m'était complètement étranger. La réalité ne fut pas loin de la prémonition. L'Espagne de l'époque était morne, grise, triste, sale, vétuste. On voyait un peu partout la débauche, el «destape» du début des années 80 après la mort de Franco. Bref, un pays dans lequel je ne me plaisais pas. Je détestais ces odeurs de sardines frites à huile d'olive, le brouhaha nocturne des gens qui hurlaient et donnaient des coups de pied aux poubelles métalliques, la saleté des rues remplies d'immondices, de restes de nourriture gaspillée, un décor de métro qui semblait tout droit sorti d'un film d'après-guerre, la personnalité trop extravertie et bruyante des Espagnols. Tout me dérangeait, je n'avais qu'une envie, m'enfuir !

Cette immense mélancolie liée à mon départ forcé du Chili, je ne l'ai jamais pleurée, ni élaborée. Je n'en avais ni le temps, ni les moyens, ni la conscience. Les sentiments de tristesse, de frustration en cascade et de colère s'empilèrent comme des ruines des montagnes dans mon corps, et vinrent ainsi s'ajouter à ceux déjà engrammés. Tout cela allait s'accentuer un an plus tard, lors de mon départ pour la France.

Ma vie en Espagne se déroulait entre quelques boulots le matin pour avoir un peu d'argent, et la faculté l'après-midi. J'étais dans l'obligation de suivre également des études d'histoire et de géographie. Seule la géographie m'attirait, mais un cursus avec cette unique matière n'existait pas, à ma grande déception ! Je ressentais aussi un grand vide amical. Je n'avais pas d'amitiés vraies et sincères comme celles que j'avais au Chili. Je regrettais mes amis, mon fiancé, mes sorties, mes fêtes chantées, mes montagnes, mon monde rempli d'activités qui avaient un sens pour moi... Un monde qui, à ma grande tristesse était perdu à jamais. Ma douleur psychologique était aussi immense que le vide qui m'entourait. A cette époque, je pleurais beaucoup sans trop comprendre pourquoi. Je cachais mes larmes aux yeux de ma famille qui n'aurait pas compris mon désespoir. Ma mère m'aurait simplement dit que ma tristesse doit être dépassée, car elle ne sert à rien.

En septembre 1982, j'ai connu l'homme qui allait devenir mon mari et le père de ma fille. En juillet 1983, nous avons décidé de vivre ensemble à Paris (je devais absolument fuir l'Espagne) et en octobre de la même année, nous nous sommes mariés.

Ma vie commença en France emplie d'un sentiment de grande solitude. Je me retrouvais dans un pays dont je ne comprenais pas la langue, dans une famille dans laquelle je me sentais profondément étrangère. Pourtant les membres de ma belle-famille, quand bien même gentils et accueillants, étaient un peu indifférents. C'était chacun pour soi. Je ne comprenais pas leur façon de vivre, chaotique, désordonnée, je-m'en-foutiste. Nous n'avions rien en commun. Et le fait de ne pas parler leur langue me plongeait dans un isolement terrifiant, une véritable déréliction. Vivre dans un pays étranger, où tout est nouveau et où il n'y a pas de repères, c'est la plus haute des solitudes. Mes douleurs physiques apparurent alors, très diffuses mais elles commencèrent à émerger.

De plus, je n'étais pas épanouie dans mon couple. Novice en matière de cohabitation et dénuée de moyens de communication afin de partager nos points de vue différents, ce fut une étrange période, comme rapiécée d'attitudes et des comportements de survie. Quasiment isolée de ma famille et sans amis proches, je faisais face à un quotidien par inertie. Je n'ai pas le souvenir de m'être sentie accompagnée dans mon couple, c'est-à-dire de vivre aux côtés d'un compagnon de vie avec lequel on partage, sur lequel on peut compter et confier ce que l'on ressent.

Nous n'avions que peu d'expérience l'un et l'autre. Avec le recul du temps passé, je perçois que ce manque de communication, ce lien fragile et cette sexualité peu épanouie accompagnés de bien d'autres souffrances liées à la déception d'un premier mariage difficile, furent sans doute l'épreuve de trop, et engendrèrent alors les douleurs physiques. Pour m'éviter une maladie plus grave, une dépression ou peut-être la folie, la psyché surchargée commença à somatiser afin de survivre.

Lorsque mon processus de guérison a débuté, je me suis rappelée les évènements vécus en 1985 et des prises de conscience liées au poids des émotions dans l'apparition ou le renforcement des douleurs chroniques me sont revenues à l'esprit. Avec mon mari, nous sommes partis pour un voyage de six mois en Amérique Latine. Pendant ce voyage, malgré les changements perpétuels de lieux, de personnes et de climats, mes douleurs qui étaient déjà là mais insidieuses, avaient disparues. Le fait de me rapprocher de mon continent, de mon pays, de mes racines et de ses merveilleux paysages, de partager avec mes amis de cœur a, miraculeusement, fait reculer mes douleurs. Autrement dit, retrouver du contenant affectif, assurément inexistant dans mon quotidien en France, avait soulagé mes douleurs naissantes.

2.6.2. La douleur chronique prend-elle racine dans un manque de contenant affectif lors des traumatismes vécus ?

Au départ, mon processus de guérison était un assemblage de prises de conscience comme le résultat des observations faites sur moi et mes émotions. Il n'y avait rien de rationnel, et tout découlait uniquement de l'observation de mes réactions lors des expériences vécues, c'est-à-dire, si les diverses émotions augmentaient ou diminuaient mes douleurs physiques.

Une des premières prises de conscience fut de constater que : le contenant affectif, cette nourriture procurée par un environnement chaleureux et accueillant lors de la « réminiscence » des traumatismes, agit sur la personne qui souffre comme un baume, une douce matrice, une caresse, tel un espace d'abandon sécurisant dans lequel le traumatisme peut se dire, se partager, diluant ainsi la souffrance initiale et permettant son élaboration, c'est-à-dire son deuil.

Tal Ben-Shahar, Professeur de psychologie positive à Harvard et fondateur de la *Happiness Studies Academy,* confirme mes propos en écrivant à ce sujet « ...les recherches menées en Floride par le Pr. Tiffany Fields sur les bienfaits physiques et psychologiques du toucher, que celui-ci prenne la forme des massages, d'accolades ou des caresses, il provoque la libération dans le sang d'opioïdes agissant sur la douleur et favorisant l'apaisement. L'ocytocine (surnommée « l'hormone de l'amour »), qui provoque une sensation de chaleur et de trouble, est justement libérée en cas de contact physique » (36).

Ce contact physique chaleureux est pratiquement absent dans les protocoles médicaux. Pendant presque quatre mois de convalescence en clinique, avant et après mon opération, personne ne m'a touchée, personne ne m'a prise dans ses bras, personne ne m'a caressée. Le contact physique, si apaisant et sécurisant m'aurait peut-être évitée de sombrer dans la tragédie de la fibromyalgie !

De retour en France en septembre 1985, je repris finalement mes études de géographie, une carrière qui me passionnait. En décembre 1985, je tombai enceinte de ma fille. La joie et la tendresse ressenties à ce moment-là envahirent mon corps et ma vie faisant reculer ainsi les douleurs. Je désirais avoir des enfants, je sentais que, malgré mon jeune âge, je voulais m'occuper d'une vie, je désirais être maman. En dépit de cela, les sombres pronostics des médecins qui m'avaient prévenue qu'une grossesse serait très mal vécue à cause de mes fractures de col du fémur et d'une apophyse transverse de ma colonne, planaient au-dessus de ma tête comme une épée de Damoclès.

J'ai toutefois vécu le début de mes études et la grossesse de ma fille avec bonheur et enthousiasme, sans me laisser hanter par ces sombres pronostics. Je sentais que je pouvais les démentir ! Qu'est-ce qui m'a permis d'avoir cette attitude ? Ma réponse d'aujourd'hui est double : mon perpétuel optimisme et le fait de me concentrer, de focaliser mon attention sur la félicité que me procurait ce double statut : enceinte de ma fille que j'adorais déjà et poursuivant des études de géographie, carrière qui avait un sens pour moi.

Le 1er septembre 1986, j'ai accueilli ma fille Ira Mélanie, avec un immense bonheur et un sentiment d'être épanouie. Je m'étais arrêtée de travailler la veille, j'aidais mon mari à faire le marché aux puces de Clignancourt à Paris. J'avais une vitalité et dynamisme incroyables, à quelques heures seulement d'être en salle d'accouchement.

Elle est née à la suite d'un travail d'accouchement très rapide, naturel et sans aucune complication (comme quoi il n'est vraiment pas très utile de toujours croire à l'avis des médecins). Lorsque je l'ai prise pour la première fois dans mes bras, j'ai eu un sentiment d'éblouissement et une émotion de béatitude me gagna tout entière. Cette toute petite créature, si jolie, fragile voire frêle, dépendait entièrement de mes soins désormais. Les huit jours passés à la clinique, obligatoires à l'époque, ont été salutaires pour récupérer et apprendre à prendre soin d'elle.

Il est vrai que je craignais aussi de ne pas savoir comment faire, ni si j'étais apte à bien m'occuper d'elle, normal me direz-vous. Des bêtises furent commises comme des bains trop tardifs dans la soirée par exemple, autour de minuit ! Des broutilles me direz-vous. L'important à mes yeux était ma fierté d'être maman : majestueuse de porter ma fille adorée toute contre ma poitrine, de sentir son souffle doux et cadencé, de sentir son petit cœur battre contre le mien, de lui donner le sein, de jouer avec, de la câliner, de prendre soin d'elle. Ce fut un temps fort émouvant, notre lien se tissait sécure et indissoluble.

Malheureusement, et d'une façon concomitante, je voyais mon mariage battre de l'aile. D'une part, je ne me sentais plus vraiment amoureuse de mon mari. D'autre part, je compris que, pour lui, devenir père était arrivé trop tôt dans sa vie. De toute évidence, il n'était pas prêt à assumer toutes les responsabilités de la paternité. C'était malheureux, et je peinais à accepter cet état de fait. De plus en plus souvent, je le sentais distant. Une brèche se creusait chaque jour un peu plus profondément entre nous. Ma vie était désormais consacrée à élever ma fille et à mener à bien mes études, au jour le jour. Je me sentais épuisée, aussi bien physiquement qu'émotionnellement. Mes douleurs sont devenues chroniques à ce moment-là. Elles traduisaient mon sentiment d'impuissance à garder ma famille unie, je me sentais perdue, mon futur me semblait incertain, je me demandais comment j'allais continuer à faire face toute seule à tant d'obligations.

2.6.3. L'errance médicale, le désespoir comme creuset de la chronicisation de ma douleur

Avec une sensation de poids accablant, seule, je faisais face à mes douleurs. Aucun médecin ne trouvait d'explications à mes souffrances et je n'avais aucun traitement pour les soulager. J'ai commencé l'errance de cabinet médical en cabinet médical, multipliant les radios et examens divers. J'étais souvent irritable, voire insupportable, au point de m'enfermer petit à petit dans un monde où je me sentais absolument incomprise, laissée pour compte. À ce moment, j'ai commencé à sentir une grande colère contre les médecins et envers le monde entier, colère qui ne faisait qu'accroître mes douleurs.

En 1987, mes douleurs sont devenues insupportables, invivables, et finalement, je suis tombée sur un médecin qui a commencé à traiter mes douleurs avec des injections de corticoïdes. Je me suis sentie soulagée pendant quelques mois. Je nageais dans le bonheur de l'ignorance.

Hélas, cette aubaine ne dura pas ! C'était la fin de mes douleurs certes, mais le début du déclin de mon système immunitaire et de mon capital osseux. Très vite, je commençai à prendre du poids, les analyses montraient une chute de mon système immunitaire. J'ai développé une hypothyroïdie et une ostéoporose qui s'est accentuée au fil du temps.

Le seul traitement disponible à l'époque pour pallier aux douleurs chroniques d'origine inconnue était la cortisone. La fibromyalgie était une maladie alors inconnue, les douleurs chroniques associées à une maladie imaginaire. J'étais regardée avec scepticisme, telle une femme atteinte du syndrome de Münchhausen, simulant ainsi ses douleurs mais n'ayant réellement seulement qu'un besoin d'attention. Ils n'avaient cependant pas entièrement. 17 ans plus tard, je l'ai bien compris, une fois les rouages des tréfonds de cette pathologie étudiés et mon parcours mis en lumière.

Maintenant je peux le dire, en connaissance de cause, que développer une Alexithymie est une voie pour survivre à une telle souffrance. Je me pose la question aujourd'hui, comment faire autrement ? Comment un être humain peut-il faire face à ce torrent d'émotions issues d'un accident ou de traumatismes de la vie, dans un contexte où règnent la confusion, la peur, l'incertitude du futur et la solitude ?

Je pense que l'Alexithymie n'est qu'un mécanisme de survie, une sorte de raccourci trouvé par la psyché pour se détacher du flot de sentiments qui submerge notre corps lors des traumatismes. Notre cellule, unité qui contient la sagesse de la vie, fait appel à tous les mécanismes pour assurer notre pérennité.

Je propose, dans cette méthode MIGERR, plusieurs exercices pour décrypter cette maladie qui touche plus de 20% de la population (dont vraisemblablement ce même pourcentage serait représenté par les individus douloureux chroniques, selon l'étude du Dr. Jasson (21)). Il s'agit de comprendre comment, du déni de nos émotions et de nos ressentis, nous glissons avec une progressivité de rigueur vers une écoute attentive et aimante de ce qui nous habite afin de le ramener à la conscience, d'en prendre connaissance, et de l'exprimer afin de le transmuter. Ceci me semble la voie la plus saine, et la seule possible pour surmonter l'Alexithymie.

2.6.3.1. Mon histoire continue, mes souffrances émotionnelles et physiques aussi...

La fin de mes études arriva. Huit ans d'université étaient derrière moi, des études suivies dans trois pays différents : je ne me sentis plus de continuer. J'en avais assez d'étudier, j'avais envie de changement. Un cycle de ma vie touchait à sa fin. Mes douleurs chroniques battaient leur plein.

Ne trouvant plus de sens à ma vie en France, on décida

alors avec mon mari de retourner vivre au Chili. C'était en novembre 1990. La veille de notre départ, le père de ma fille choisit de ne pas nous accompagner. J'étais complètement paniquée. Rassemblant mon courage, et devant la vacuité de ma vie à Paris, je me résignai à entreprendre ce retour à mes racines seule avec ma fille. J'en voulus énormément à mon mari, son attitude fut le paroxysme du manque de maturité. Après un voyage épuisant et un sentiment de lassitude de ce couple tourmenté, nous avons atterri à Santiago. Une nouvelle étape, totalement inconnue et donc à construire, se dessinait devant nous. Mes douleurs chroniques étaient alors à leur apogée !

Le père de ma fille nous rejoignit quelques semaines plus tard. Nous nous sommes installés à Santiago et avons entrepris l'ouverture d'un restaurant français dans la capitale. Trois ans plus tard, nous étions séparés et, après des années de galère financière, j'envoyai tout valser pour entreprendre ma carrière de géographe et de spécialiste dans la protection de l'environnement. Mes responsabilités financières étaient énormes, des dettes s'étant accumulées dans l'affaire du restaurant qui fut un échec total. Je sentais néanmoins que je devais m'en débarrasser pour passer à autre chose, des finances désastreuses joueraient forcément sur mon état de santé. J'ai toujours gardé cette vision de ma vie, privilégier ce qui avait du sens pour moi au détriment de la stabilité financière.

Cette sorte de « négligence financière » me valut souvent le qualificatif « d'inconsciente » dans mes choix existentiels, jalonnés par la fermeture des étapes annonciatrices d'autres nouvelles à construire. Il faut dire aussi que je n'ai jamais demandé de l'aide financière à qui que ce soit, m'en sortant très bien dans ces moments de « pause sabbatique » afin de mieux donner un « sens » à mes années futures, celles qui par leur incertitude immanente renferment également plein de possibles, nourries d'espoirs féconds.

Tantôt j'appris à vivre avec beaucoup, tantôt avec, et cela me sembla juste et constructif. Je ne suis plus en panique quand l'argent se fait rare, je sais que je saurais faire sans. Toucher et expérimenter les opposés de la balance financière dans une vie m'a toujours semblé enrichissant. C'est une excellente école de vie.

Pendant cette période, et grâce à un certain équilibre retrouvé dans ma vie personnelle, professionnelle et familiale, mes douleurs ont cessé un temps. Il faut dire que mon travail était ardu, balisé par d'innombrables expéditions à cheval dans les montagnes qu'autrefois j'avais parcourues à pied. Je retrouvais le milieu que j'aimais tant, avec d'autres objectifs certes. Je me sentais heureuse et accomplie. J'accompagnais ma fille adorée qui grandissait, rayonnante. J'avais retrouvé mes amis, je développais une vie sociale harmonieuse.

Ce petit eldorado n'allait toutefois pas durer longtemps. Je changeai de travail pour décrocher un très bon contrat, mais à quel prix ! Le travail était fort intéressant, un vrai défi professionnel ! Mon investissement était total. Je travaillais même les week-ends. J'étais souvent en déplacement et régulièrement confrontée à un monde qui ne me plaisait pas forcément : celui des investisseurs étrangers dans l'infrastructure publique, des vrais piranhas de l'argent, méprisant sans masque la protection de l'environnement de mon pays : c'est-à-dire, des terres, de l'eau, de l'air, des habitants, des minorités ethniques, des sites archéologiques, des animaux. Bref, du patrimoine de ma terre natale.

Je me sentais souvent révoltée et en colère. Je devais régulièrement me battre contre des hommes d'affaires - sans scrupule - afin de protéger le patrimoine et l'environnement de mon pays. Ce fut une époque très néfaste pour ma santé, tout mon organisme déclina. Je développai alors des maladies qui me pourrirent la vie, comme cet ulcère au duodénum totalement ingérable. J'avais des crises aigües à répétition, des infiltrations m'étaient administrées complétées parfois d'antalgiques et d'anti-inflammatoires par voie orale. Ce cercle vicieux pérennisait mon ulcère, celui-ci mêlé à mes douleurs chroniques et à ma fatigue bousillaient mon quotidien. Et je n'avais que 35 ans !

Ces maladies me parlaient du chaos ressenti, celui de mon inadaptation à un monde que je combattais dans mon for intérieur. L'injustice inhérente à la volonté politique de défendre avant tout les intérêts économiques des grandes puissances financières, souvent au détriment des populations qui n'ont pas la parole ou trop ignorantes pour comprendre et se relever afin de se battre pour des conditions plus justes, était insoutenable pour mon être. Je me battais pour les défendre mais, comme disait Mère Térésa, c'était comme une goutte dans l'océan. Certes, sans cette goutte d'eau il aurait manqué quelque chose à l'océan.

J'ai donné tout ce que j'ai pu, sans aucun doute le meilleur de moi. Je garde un souvenir de grande fierté de cette période. La reconnaissance de mes pairs par l'excellence du travail accompli me confortait en partie pour toutes les luttes perdues. D'autres m'attendaient aux détours de mon chemin.

Ce sentiment de justice profondément ancré dans mes cellules, corrélé à une éthique personnelle hautement exigeante, me vaudra bien d'autres conflits au sein des espaces professionnels investis plus tard.

2.6.4. Mes débuts dans le développement personnel et l'espoir d'un soulagement durable

En 1997, dans un moment de grand stress et d'épuisement physique et psychologique, une amie m'invita à découvrir la Biodanza au Chili. J'ai alors commencé un long parcours très diversifié, au travers les médecines et les thérapies dites alternatives. C'est dans ces dernières que je trouvai une réponse et un soulagement à mes douleurs. Elles m'aidaient à revenir à moi-même, à reprendre contact avec mon corps, à revisiter mon histoire de vie, à me relier à mon âme. Ces pratiques me facilitaient le chemin pour découvrir la personne que j'étais réellement et la façon dont je m'étais construite…afin de détruire ce qui devait l'être et pouvoir ainsi me reconstruire en harmonie, inspirée de vraies valeurs de vie.

Le processus suivi avec la Biodanza m'a progressivement rapprochée de mes desseins jusqu'alors inavoués. Du fait de mon travail et ses exigences, j'étais devenue spécialiste dans la protection de l'environnement. Mais, au fond de moi, je sentais cette attirance pour le travail corporel, comme une continuité de l'alpinisme, discipline corporelle par essence. Une approche intégrale du devenir des individus dans un univers sublime était indispensable à mon bonheur. La reliance intense et profonde à mon corps dans sa totalité intégrée allait me donner les moyens de combattre la fibromyalgie.

Dans le courant de l'année 2000, et après m'être beaucoup investie dans la formation et dans la pratique de plusieurs disciplines de développement personnel (Coaching, Reiki, Tai Chi, Qi Kong Chemise de Fer, Biodanza, Chamanisme, Respiration Holotropique de Groff, Hypnose Ericksonienne, Rêves éveillés, etc.), je commençai à sentir un décalage entre ma vie professionnelle et ma vie personnelle. La surcharge de travail dans mon bureau d'études ouvert en 1995 devenait de plus en plus insoutenable. Le stress était grandissant, l'ambiance dans le domaine du Consulting ne me correspondait plus. J'avais besoin d'autre chose de plus profond, davantage en lien avec ma motivation véritable qui se profilait doucement à l'horizon.

Malgré que le travail dans la protection de l'environnement me passionnât ! Il y avait quelque chose de magique à vouloir être proche des victimes de grands projets d'infrastructure, de lutter pour sauvegarder la nature, la tranquillité et le mode de vie, parfois ancestral, de certaines communautés autochtones. L'implantation d'un projet dit de « développement » n'est jamais anodine. Un travail sur l'approche environnementale consistant à éviter l'éclatement des sites archéologiques, le déplacement des population impactées, minimiser la pollution d'une rivière abritant des espèces rares ou endémiques, et beaucoup d'autres objectifs encore.

Il était difficile pour moi de laisser derrière moi tout ce pour quoi je m'étais battue pendant 10 ans. Cependant, la connexion avec autre chose d'encore plus magique croissait à l'intérieur de mon cœur et de mon corps. Je savais qu'il y avait un autre chemin qui m'était destiné, mais j'ignorais encore vers quoi je me dirigeais. Le 21 novembre de l'année 2000, à la fin du 20ème siècle, la décision fut prise d'arrêter ma carrière, de terminer tous mes projets et de changer de vie et de pays. J'en avais assez, j'avais compris que je courais un grave danger. Ma vie ne pouvait continuer avec un tel niveau de stress qui m'érodait chaque jour un peu plus. Ce jour mémorable, je commençai enfin à m'aimer, à me protéger, à vouloir une vie meilleure pour ma fille et pour moi-même. Ma décision, irrévocable, était prise.

Un événement allait toutefois compliquer et bouleverser ma vie, une fois de plus.

A la fin de l'année 2001, la décision de quitter le Chili pour retourner en France s'imposa. Pour faire quoi ? Je ne le savais pas très bien encore. C'était une impulsion instinctive. Quelque chose dans mon être me disait que je devais le faire ailleurs, en Espagne ou en France. Vers fin 2001, j'ai décidé de partir en France pour faciliter l'intégration de ma fille adorée au système d'éducation français, qu'elle connaissait d'ailleurs fort bien puisqu'elle avait été éduquée dans une école française depuis toujours. J'ai toujours su au fond de moi qu'à un moment ou à un autre de mon existence, j'allais revenir dans ce pays où elle avait été conçue.

Il me semblait que tout était prévu, que mes projets étaient bien en marche. La liquidation de mes affaires professionnelles ayant déjà commencé, il ne me restait plus qu'à terminer d'honorer mes engagements, à faire les démarches pour cesser mes initiatives entreprises, afin de commencer à clôturer 12 ans de vie au Chili. C'était sans compter avec les déchirements que nous réserve, parfois, la vie.

Son départ définitif a été une des plus dures épreuves que la vie m'ait donné de surmonter. Je ne pus commencer à faire le deuil de sa disparition que bien des mois plus tard. J'étais submergée par tant de démarches matérielles pour quitter une vie, une famille, des amis, une maison, un bureau, un pays, pour aller vers l'inconnu. La mort de Hernan m'a, en quelque sorte, aidée à quitter le Chili, pour laisser derrière tant d'endroits et d'amis en commun qui me ramenaient sans cesse à son souvenir. Cet homme, qui même mort a senti la force de notre amour, est devenu pour moi un ange gardien, prenant désormais soin de moi et m'accompagnant chaque jour de mon existence.

Malgré la disparition d'un être si cher, les motivations qui me poussaient à finir une étape de ma vie pour en entreprendre une autre se renforçaient chaque jour. Dans mon être résonnait –avec une force imparable - une envie de changer littéralement de cap. J'avais un besoin féroce d'arpenter un sentier nouveau me permettant d'être plus en phase avec mes besoins profonds, me donnant la force d'accomplir mes désirs souvent désarçonnés. Je sentais une détermination nouvelle, comme si ma vie en dépendait.

2.6.5. Commencer à vivre *ma vie*…

Maintenant, je peux saisir nettement cette force qui émanait d'un appel intérieur pour me sauver, pour entamer enfin un chemin de retour à ma maison. Il me fallait retrousser les manches et me forger un refuge intérieur, créer cet espace pour me ressourcer, me découvrir et comprendre ce dont j'avais besoin. Nécessaire pour ériger l'édifice de mon identité sur des bases solides nouvellement retrouvées à l'intérieur de mon être. Cesser de faire plaisir à mon entourage, notamment à ma mère, pour vivre ma vie.

L'idée de continuer à me former aux thérapies de développement personnel, d'apprendre des techniques, des méthodes et des disciplines ou des systèmes qui pourraient aider les personnes à accoucher d'elles–mêmes, à se retrouver, à se reconnecter, à se transformer, voilà ce qui émergea comme un besoin impératif. Fini le consulting, terminée ma carrière de géographe et de spécialiste dans la protection de l'environnement. Je désirais plus que tout, désormais, m'occuper de moi, de la protection de mon environnement humain et de ceux des autres.

Inutile de vous dire que ma famille et, presque tous mes amis, ont pensé que j'étais devenu folle, que j'avais perdu la tête. Je n'eus aucune aide, aucun encouragement… Je me suis dit : tant pis, j'y arriverai toute seule, comme d'habitude ! Ma fille serait avec moi de toute façon, et elle comptait bien plus que tout le monde.

J'avais déjà entrepris quelques formations qui m'avaient convaincue de privilégier d'autres besoins en lien avec l'amour de soi et de l'autre, l'épanouissement des vies, le bien-être corporel, l'amélioration de la qualité de vie et donc de la santé. J'avais aussi réalisé des expériences d'états profonds d'expansion de conscience avec des chamans péruviens et boliviens. Ces dernières ont confirmé ce pour quoi j'étais faite, les visions me confortèrent dans le sens que, le chemin envisagé m'était bien destiné.

Ces expériences ont littéralement transformé ma vision sur l'humain et sa connexion avec la totalité. Désormais, celle réalité n'était pas une pensée mais une « vivencia », une expérience que j'avais éprouvée maintes et maintes fois et qui s'est avérée transformatrice de ma vision de la place de l'humain dans le cosmos. Ces révélations allaient considérablement modifier le lien que je sentais si fort avec l'Univers depuis que j'étais petite. Mais à ces moments de grande innocence, ces liens étaient confus, adulte, ils devinrent une force, et elle m'accompagne encore aujourd'hui.

Il me manquait toutefois une discipline qui envisageait l'être dans sa totalité, dans son unité, dans sa singularité, valorisant la personne à partir d'une source pas toujours visible mais néanmoins latente, prête à éclore.

J'attendais également de cette discipline qu'elle comporte du mouvement, de préférence de la danse, mais organisée selon l'expression de l'instant, source pour moi d'expansion. Du mouvement pour promouvoir l'expression des potentiels latents, présents en nous mais inexprimés. Cette dimension, je l'avais nettement perçue lors de mon travail chamanique, mais je ressentais le besoin de l'explorer plus en profondeur. J'avais donc besoin de compléter ma vision sur l'être humain.

C'est ce qui me conduisit à m'inscrire à la formation donnée par l'Ecole de Biodanza du Chili, d'autant plus que c'était l'Ecole du créateur du système, Rolando Toro Araneda. Mon chemin dans cette discipline démarra et le besoin d'approfondir et de me professionnaliser prenait un bel élan, inspiré par le génie de son créateur.

Cette formation allait m'ouvrir grand les portes sur ce que je cherchais depuis longtemps : commencer à écouter mon corps afin de reconnaître son langage, de faciliter l'expression des émotions dans le but de me libérer de leur emprise, de glisser progressivement de la souffrance vers le plaisir, de retrouver la joie de vivre, de comprendre et mettre en action mes motivations pour avancer sur mon chemin, de me réapproprier mon destin. Tout un processus de développement personnel et humain se présentait à moi.

J'allais pouvoir aussi apprendre et expérimenter la manière dont le mouvement intégré et plein de sens s'apparente à une voie royale pour exprimer au monde qui nous sommes, proposer des directions dont le but consiste à développer des facettes restées inhibées par la culture, épanouir l'art de vivre. Bref, la liste est longue. Le plus grand apprentissage fut celui de découvrir que les êtres humains sont abondants de possibilités, en attente de terreau fertile pour les exprimer, pour se dire et apparaître au grand jour.

2.6.6. ...et donner toute la place à la sagesse de mon corps.

Dans les exercices qui font partie intégrante de la méthode MIGERR, j'explore davantage toutes ces dimensions. Dans quel objectif ? Celui de vous transmettre cette vision de l'être humain redonnant force de continuer, jour après jour, et ainsi se développer, s'expanser, agrandir les connaissances de Soi, s'affirmer dans le monde et féconder celui-ci de ses valeurs, ses rêves et projets. Cette dimension m'a été d'une grande richesse pour développer le courage de dépasser la fibromyalgie, les douleurs chroniques et toutes les autres maladies.

Les expériences de ma vie, ayant façonné mon regard sur l'humain, me faisaient sentir que j'étais prête. C'était le moment idéal pour moi. Mon rêve commençait enfin à s'accomplir. Je posais une à une les pierres de cette construction qui allait devenir ma motivation professionnelle pour les années à venir.

En même temps que je continuais ma formation de Biodanza, je démarrai une formation en Programmation Neurolinguistique (PNL) et intégrai la carrière de Psychologie à l'Université de Toulouse. La formation en PNL m'apporta quelques connaissances et outils comportementaux intéressants utilisés essentiellement dans ma communication verbale. Les études en Psychologie ont complété ma vision de l'humain. J'ai cependant décidé de quitter la faculté, déçue par son côté purement théorique.

Toutes ces formations et informations, les autres cursus suivis, les milliers de livres et d'articles lus, et surtout, l'expérience vivencielle de mon corps et de ses traumatismes, m'ont aidée à croire en moi-même et en mes capacités pour transcender tous les malheurs qui avaient marqué ma vie. Car il ne s'agit pas là du simple fait de comprendre mais de souligner la nécessité d'intégrer dans nos cellules que cela est possible. Lorsque je parlais d'intégration, je me référais à une connaissance qui fait partie de notre être, d'une évidence qui se dévoile à nous et qui se transforme en force de vérité.

Nous sommes arrivées en France, Ira Mélanie et moi,

en juin 2002. Bien que les débuts furent difficiles pour ma fille, ce changement d'environnement scolaire brutal lui donna envie de retourner dans son cocon chilien –, l'apprivoisement de notre nouvelle vie se fit petit à petit. Elle ne se sentit chez elle que bien des mois plus tard, ses origines de naissance s'étaient perdues par les années vécues, j'oserais dire, dans un grand bonheur, au Chili. Pour ma part, je décidai de prendre une période sabbatique dans le but de m'installer et de me retrouver. Ce temps fut aussi propice pour commencer à faire, enfin, les deuils de ma vie.

Lorsque je commençai à m'occuper de mes souffrances je me rendis à l'évidence, remémoration et reviviscences à l'appui, qu'un nombre considérable de deuils s'étaient accumulés, telles des ruines de montagne, sur mon chemin de vie.

Ces ruines attendaient, comme un volcan qui s'apprête à imploser, le temps et la paix favorables pour initier un chemin d'élaboration de toutes ces pertes subies. La liste était longue, incommensurablement longue, et j'ignorais à quel point j'avais été dans le déni de mes souffrances et, surtout, de l'effet, ô combien néfaste, de celles-ci sur mon corps et sur mon organisme tout entier.

Les souffrances se mélangeaient entre deuils du passé et deuils du présent. Je remontai le temps, plus de 35 ans en arrière et, avec effroi, me rendis compte que toutes mes blessures, depuis ma plus tendre enfance, avaient été enfouies, étouffées, enterrées dans mon pauvre corps.

Au sein de ma famille, hautement dysfonctionnelle, l'expression saine des émotions n'était pas tolérée, ni encore moins facilitée. On ravalait nos peines et on continuait à vivre. La tristesse n'avait pas de place dans nos existences, elle était littéralement ignorée, comme si la honte de la ressentir s'emparait de nous. Est-ce cela un légat de ma mère ? De ma grand-mère peut-être ? Aujourd'hui, il n'y a d'importance de désigner le ou la responsable d'une telle aberration.

Dans tous les cas, cette attitude de déni causa

l'entassement de mes os, de mes muscles, de mes tendons, de mes organes et de toutes mes cellules, engendrant également des frustrations, des déceptions, de la tristesse, des peines, des colères, voire de la rage. Une pile interminable d'émotions trouva ainsi refuge dans mon corps, l'emprisonnant durant plus de trois décennies. Cette énergie colossale, littéralement cristallisée dans l'amygdale de mon cerveau, m'avait coupée de mes ressentis, et donc de mon corps, le rigidifiant et l'étranglant d'anneaux de tensions, presque dans tous les segments, qui, comme un travail d'orfèvre, anéantirent ma force vitale durant 30 ans.

Retrousser le chemin a été un long processus. Il n'empêche, la joie, le plaisir, les motivations pour vivre, mon élan vital, ma paix, mon harmonie et tant d'autres belles sensations retrouvées, me permettent aujourd'hui d'encourager tout le monde à entreprendre ce même cheminement. Le processus MIGERR ici proposé se profile comme un travail complet de libération de notre être de l'emprise des émotions délétères, dans le but de retrouver le goût savoureux de la vie.

Pendant une année entière, je revisitai les pages sombres et tristes de mon histoire de vie, et versai des larmes pour chacune d'entre elles où la souffrance fut présente, des pertes, des personnes disparues, des frustrations, des tourments et un nombre incalculable de colères avalées. Je tombai alors au plus profond du gouffre, embourbée dans mes émotions jusqu'aux gênes pour, quelques mois plus tard, en sortir plus forte, plus grandie et plus lumineuse que jamais. Plus sûre aussi de ce que je voulais faire de ma vie et de ce que je ne voulais plus jamais vivre.

Mon corps commença l'expérience de la déliaison, de la dissolution de ses cuirasses. J'amorçai à lâcher les poids qui l'encombraient (j'ai gagné même 3 centimètres), à me délester de tout ce qu'il ne voulait plus porter...Une sensation de libération s'empara de moi, jusque-là jamais ressentie, je pouvais voler ! Mon corps retrouva doucement sa souplesse, sa légèreté, comment c'était bon !

2.7.   L'IMPORTANCE DES « PERTES COLLATÉRALES »

Mon chemin m'a permis de comprendre que d'autres processus de deuil dans la douleur chronique viennent d'ailleurs en cascades aggraver le processus douloureux en cours. Je parle de ces pertes collatérales, qui après la perte principale (mort d'un proche, perte d'une personne, perte de travail, accident, traumatisme sexuelle, etc.) vont se manifester (par exemple consécutives à un décès : difficultés financières, isolation sociale, déménagement, etc...) et perdurer parfois longtemps pour leur propre compte. Sont ainsi listées les limitations physiques, économiques, les privations de loisirs, de travail, les pertes relationnelles familiales, amicales, sociales, légales, etc...comme autant de pertes collatérales potentielles à la survenue de la douleur chronique.

2.7.1. Toute perte doit être élaborée

Les pertes collatérales dérivées de mes pertes directes, pas du tout conscientisées jusqu'à ce moment-là, furent des lanternes sur mon chemin pour vaincre les douleurs chroniques et la fibromyalgie. Les souffrances à la suite de mon accident, comme tout ce que l'état d'immobilité m'empêchait de faire, m'avaient fortement marquée, moi qui étais si autonome et dynamique ! Mes rêves de devenir alpiniste professionnelle, la mort et disparition de mes meilleurs amis, mon désir de me marier à mon fiancé laissé au Chili lors de mon départ forcé par ma mère, mon souhait de garder une famille structurée et structurante pour ma fille, le départ trop tôt de mon amoureux, tant de pertes collatérales accompagnaient les pertes directes qu'il m'était impossible de les pleurer tant que je ne les avais pas identifiées pendant un travail de deuil structuré.

Nous avons déjà abordé cette notion de cercle vicieux

comme étant constitutif de la douleur chronique. Les deuils en boucle en sont ainsi une nouvelle illustration.

M. Hanus nous rappelle dans son ouvrage que le travail de deuil concerne   « toute perte, en particulier d'une valeur, dès lors que ce qui est perdu avait une grande importance pour celui qui est frappé.» (33). On pourrait dire aussi que, dans des circonstances déjà traumatisantes, un nouvel événement traumatique n'arrive pas à être assimilé. L'aptitude à faire le deuil, notre capacité intérieure à intégrer le nouveau et le difficile d'un vécu, notre réservoir à supporter le malheur sont submergés et, à partir de là, une cascade de changements se met en route au quotidien qui vient aggraver la situation.

Le rapprochement des dates, à l'échelle d'une vie, des changements importants qui bousculent notre existence (vie de couple et divorces, déménagements, changements de travail, changements de pays, relations familiales difficiles avec ascendants et descendants, etc...), avec les années des évènements pathologiques est, à cet égard, intéressant. Il peut favoriser, chez le malade, l'expression de tel ou tel traumatisme qui l'a effectivement marqué dans son vécu et de sa difficulté à sortir indemne d'un événement mal accepté pour diverses raisons.

2.7.2. La douleur morale est aussi importante que la douleur physique

Ceci montre combien, dans une approche intégrale de la santé, *il faut intégrer ces faits dans la compréhension de la douleur chronique.* Certains spécialistes relatent même que des malades expriment que leur douleur morale leur paraît aussi importante que leur douleur physique, et parfois plus.

Dans mon expérience, les douleurs physiques issues de mes fractures furent relativement rapidement guéries. Mes douleurs morales, cependant, liées à ces pertes collatérales ne connurent pas le même sort, personne ne s'en soucia. Et en ce qui me concerne, l'ignorance sur leur importance dura longtemps, trop longtemps.

La méthode MIGERR est unique au monde par son approche intégrante et intégrative. Le parcours réalisé pour me guérir du stress permanent, de l'angoisse, de l'anxiété, des peurs, de l'ulcère, des douleurs chroniques et de la fibromyalgie montrent que cette approche peut à priori paraître longue et inabordable. Rassurez-vous, il n'en est rien ! Une fois que vous aurez parcouru l'ensemble de la méthode, vous constaterez que la vision est holistique certes, ce qui peut sembler complexe au prime abord, mais, au fur et à mesure que vous parcourrez ces pages et que vous ferez les exercices, vous verrez que c'est cette complexité qui donne toute la cohérence à la méthode MIGERR. *Parce que l'être humain n'est pas un ensemble de pièces détachés ! La complexité est inhérente à l'humain.* Et c'est cette dernière qui donne son côté passionnant à l'envie de nous comprendre et de comprendre les raisons pour lesquelles se sont déclenchées des douleurs chroniques ou une fibromyalgie !

Chercher à savoir et à comprendre quelles souffrances inavouées se cachent derrière ces terribles maladies ? Quelles sont ces émotions que je ne me suis jamais permis d'exprimer afin de libérer mon corps de ces fardeaux qui le martyrisent ? Ai-je fait les deuils de toutes les pertes subies durant mon existence ? Et finalement, ai-je envie de retrouver mon autonomie ? Que se passerait-il si je guérissais ? Que pourrais-je faire de ma vie si je ne ressentais plus de douleurs ? Suis-je motivée pour m'épanouir et faire éclore ces milliers de potentiels qui m'habitent ? Suis-je faite pour le plaisir et le bonheur ? Suis-je faite pour le plaisir et le bonheur ?

2.7.3. La méthode MIGERR est intégrante et intégrative

Toutes ces questions trouveront leurs réponses au fur et à mesure que vous réaliserez le processus de la méthode MIGERR. Une chose est certaine, ce processus est le plus complet qui existe aujourd'hui et le seul capable de vous libérer de votre fibromyalgie, des douleurs chroniques et certainement bien d'autres maladies. Suivez-le selon les indications données. Je peux vous affirmer que si le programme est suivi comme indiqué, en quelques mois votre maladie ne sera qu'un lointain souvenir. Les dizaines de personnes qui ont déjà réalisé la méthode MIGERR en témoignent !

Après avoir fait l'exercice d'élaboration des deuils à chaque perte subie (voir exercice N° 26 de la méthode MIGERR), mon corps ne somatise plus ces souffrances, elles se dissolvent dans mes larmes. Une fois que vous aurez terminé le processus de pleurer toutes vos pertes, gardez ce rituel bien en tête et n'hésitez jamais à le refaire en temps et en heure. Plus jamais vous ne permettrez que vos souffrances kidnappent votre corps.

Actuellement, j'ai conscience que ce chemin entamé n'a pas de fin… La vie nous envoie souvent des épreuves, à nous d'utiliser des outils pertinents pour les surmonter.

La vie est un chemin passionnant durant lequel j'ai appris que mes épreuves m'ont fait davantage comprendre l'humain. Elles m'ont aussi rapprochée des autres, en développant chez moi plus de compassion.

J'ai appris aussi qu'après la tristesse il y a la joie, de même que la nuit précède l'aube, et que ces émotions méritent d'être vécues et *expérimentées pour ce qu'elles sont, tout simplement.*

A partir du moment où j'ai pris l'habitude de faire mes deuils et d'accepter mes pertes, est apparu un moment de reliance fort avec l'objet perdu. La compréhension que chaque étape, quelle que soit sa nature, est une phase d'apprentissage afin d'appréhender l'humain en nous, est un gage de sagesse et de lucidité de ce qui est, de ce qui doit être. Je me sens désormais en intimité permanente avec mon être, en paix avec qui je suis et les actes que je réalise, en équilibre dans ma vie. Je sais aussi que rien n'est définitivement acquis, je dois rester vigilante afin de préserver cet équilibre délicat.

3. Chapitre III : Notre guérison est entre nos mains

« Toutes les maladies viennent à l'ombre, toutes se guérissent au soleil. »

Proverbe italien

La maladie touche toutes les personnes du monde, à tout âge. Elle est souvent perçue comme un malheur, un drame, un *karma* à supporter. Elle nous oblige, le plus souvent, à nous mettre entre les mains des médecins, du personnel soignant, des hôpitaux, des médicaments (et par extension des laboratoires pharmaceutiques et leurs lobbies infernaux), c'est-à-dire, dans le système de santé.

Il est certain qu'il est difficile, dans les moments où nous tombons malades ou lors d'un accident, de ne pas confier l'espoir de notre guérison à ce système de santé. Je dirais qu'il est *pratiquement* obligatoire de s'y donner, aucun autre système parallèle n'existe, du moins en France, qui puisse prendre en charge intégralement les accidentés de la route ou les personnes atteintes de maladies de longue durée, par exemple. Il est aussi certain que tout n'est pas *mauvais*, le développement de la technologie ces dernières décennies a permis l'émergence de systèmes de dépistage fabuleux. Notamment tout ce qui est imagerie, analyses et outils de diagnostic. Et puis, tous les médecins ne pratiquent pas la médecine avec une vision mécaniciste, certains prennent l'individu en compte avant de voir le malade.

Personnellement, j'éprouve une grande gratitude quand je peux accéder rapidement à une radiographie, une échographie, une image par résonance magnétique ou une prise de sang, qui permettent de vérifier rapidement l'état de mes os, de mes tendons, de mes muscles, de mes organes, de mon sang, du fonctionnement de l'organisme en général. Jusqu'ici tout va bien.

Il en va tout autrement quand il s'agit de lourds traitements médicamenteux prescrits à la suite d'accidents ou de maladies. Dans ce cas le patient peut rarement discuter, ouvertement, avec les médecins sur les effets secondaires souvent très lourds. L'information n'est pas abondante et il est rare qu'elle soit franchement communiquée.

Dans ma propre expérience, si l'on m'avait dit que le long traitement aux corticoïdes que l'on m'a administré pour calmer mes douleurs allait affaiblir mon système immunitaire, fragiliser mes os ou me créer plein d'autre maladies, j'aurais pu décider de le prendre ou pas, ou peut-être aurais-je pu demander une alternative moins envahissante et moins nocive pour mon corps.

Il en va de même aujourd'hui pour le traitement de mon ostéoporose, résultante de la longue administration des corticoïdes, parmi d'autres facteurs. Quel est le seul traitement proposé par mon médecin ? Les biphosphonates. Or, il a été démontré par Thierry Souccar que la prise de ces derniers pour traiter cette maladie provoque, à court terme, deux ans, la survenue de 50% de plus de fractures sous-capitales ! (37). On peut constater que quelque chose ne tourne pas rond. Un traitement préconisé pour protéger nos os finit par les affaiblir davantage. J'ai besoin de comprendre !

Mon intention n'est pas de faire le procès ici de tous les médicaments qui existent aujourd'hui, loin de là. Il s'agit juste d'alerter le public que nous avons une responsabilité dans *la façon dont nous nous traitons nos corps durant les maladies ou à la suite d'accidents.* Et surtout, je souhaite témoigner du fait que des alternatives existent à ces lourds traitements et à la cohorte d'effets secondaires que la plupart provoquent. Mieux encore, que nous pouvons prévenir l'apparition de certaines maladies ou traiter autrement celles qui nous touchent.

3.1.   PRENEZ VOTRE GUÉRISON EN MAIN

Il est indéniable que l'individu a un rôle majeur à jouer dans la préservation de sa santé. Néanmoins, dans beaucoup de situations de maladie, les individus délèguent leur guérison dans les mains des médecins. A tort. Car chaque personne détient en elle-même les clés, ou du moins en partie, de sa propre guérison, du fait que chaque personne est unique, tout autant que son histoire et sa psyché, cette dernière jouant un rôle principal dans le déclenchement des maladies.

De plus, chaque individu est capable de faire un travail pour comprendre comment les situations vécues rendent malade, comment la psyché influence notre corps, ou plutôt, *comment les situations vécues comme difficiles pour notre psyché*, au quotidien, affectent notre être en entier.

La littérature est abondante pour soutenir cette thèse. Dans la bibliographie consultée pour rédiger cet ouvrage, je me suis appuyée sur différents livres qui traitent ce sujet. Plusieurs de ces ouvrages ont été écrits par des médecins qui, après de nombreuses années d'exercices, des milliers de patients rencontrés dans leur cabinet, nous disent aujourd'hui qu'il est temps de prendre notre santé en main. Et ce travail est parfois celui de toute une vie. Et je suis pleinement d'accord. A ce propos, pour le psychologue T. Dethlefesen et le docteur R. Dahlke « ...la maladie est pour les êtres humains un alibi leur permettant de fuir les problèmes qu'ils ne parviennent pas à résoudre. » (41).

Prendre sa santé en main ne veut pas dire rejeter la médecine conventionnelle. Avec une technologie de pointe, perfectionnée jour après jour, elle nous permet d'accéder à un diagnostic, pas toujours fiable, certes (tel a été mon cas lors des fractures), mais qui nous donne des pistes essentielles afin d'identifier nos maux et le traitement à suivre.

Cependant, cela ne suffit pas. Car prendre sa santé en main signifie prendre sa vie en main, ou plus précisément, prendre *son mode de vie* en main. Il s'agit donc de *prévenir l'apparition des maladies*. Le docteur Frédéric Saldmann nous délivre une ordonnance qu'il n'aurait jamais osé rédiger en consultation : « …Par soi-même on peut se protéger et guérir de nombreuses maladies en utilisant des méthodes naturelles. L'organisme humain est une machine de précision qui a besoin, pour fonctionner sans faire de ratés, d'un équilibre parfait. » (42). Ce dernier a été amplement décrit dans la première partie de ce livre, où des thèmes comme bien respirer, manger équilibré, se reposer le nombre d'heures suffisantes, choisir un lieu de vie le plus calme et dépourvu de pollution, écouter les besoins du corps, avoir des relations interpersonnelles nourrissantes, boire de l'eau, faire de l'activité physique, etc., sont les gages d'une bonne santé et d'une longévité en bonne forme.

La prévention reste et sera une règle d'or à appliquer dans l'ère dans laquelle nous vivons. Notre système de Sécurité Sociale est déficitaire financièrement parlant depuis de nombreuses années et chacun d'entre nous peut faire des gestes simples pour pallier cette situation. Nous sommes tous confrontés au fait que les remboursements et les prises en charge diminuent d'année en année. Et pour cause. Les abus sont nombreux et depuis fort longtemps. Mais ce thème a été traité dans d'autres ouvrages et n'est pas notre priorité ici.

Comme nous l'avons abordé dans le chapitre 1, l'écoute de soi est une phase fondamentale pour commencer à dépasser les douleurs chroniques ou toute autre maladie. Nous expliquerons dans les prochains chapitres, l'importance de croire en nos potentiels et nos propres ressources, nous permettant de faire grandir en nous la volonté afin de mettre en place les rouages d'une nouvelle vie. Cela ne dépend que de nous.

Parce que finalement, qu'est-ce que le plus important pour tout être humain ? Quelle est l'essence même de l'existence ? Qu'est-ce qui nous donne la possibilité de faire tout ce qui nous motive ? Jouir d'une bonne santé. Nous ne sommes pas nés malades, ni condamnés à devoir souffrir incessamment. Non !. Ceci n'est ni notre destinée, ni notre projet existentiel. La vie que nos parents nous ont donnée, nous a été offerte pour la vivre, et à pleines dents. Pour réaliser ces projets et ces rêves qui nous tiennent à cœur, pour créer, développer ce que nous aimons, pour danser, chanter, partager, aimer...Voilà mon désir en écrivant ce livre. Que chaque personne puisse reprendre les rênes de sa propre guérison et puisse vivre pleinement sa vie.

Y-a-t-il plus grande joie que de nous sentir vivants et vitaux ici et maintenant ? N'est-ce pas la seule chose qui compte ? Nous pouvons passer notre vie à faire des efforts pour avoir un métier, fonder une famille, la faire grandir, avoir un couple qui tienne la route, gagner de l'argent, faire encore des efforts pour avoir du temps pour nous...juste pour vivre. Or, ce qui nous aide à avancer c'est d'expérimenter la joie ineffable d'être en vie, en bonne santé, de nous sentir vitalisés par la réalisation d'une existence pleine de ce qui fait sens pour chacun d'entre nous.

Le but de la méthode MIGERR est de diffuser, le plus amplement possible, des processus efficaces pour dépasser les douleurs chroniques. Pour les apprendre j'ai dû investir beaucoup de temps, d'énergie et d'argent. Et je sais que le système de santé public ne les reconnaît pas encore dans leurs protocoles de soin. Car, finalement, qui pourrait être intéressé par la guérison des malades ? Les médecins ? Ils n'auraient plus de patients. Les laboratoires pharmaceutiques ? Ils feraient faillite. Les vendeurs de technologies d'imagerie ? Ils n'auraient plus de clients. Qui alors ?

La réponse est *personne*. Ces méthodes appelées *alternatives* sont finalement une voie qui a déjà sauvé des millions de vies et qui reste une promesse pour des millions d'autres, sans effets secondaires et à des prix plus que raisonnables. Chacun garde le pouvoir sur son propre chemin. Nous reprenons notre liberté et nous l'exerçons à notre guise. Nous développons la conscience de nous-mêmes et nous apprenons à rester vigilants sur ce qui est bon pour nous et à mettre à l'écart ce qui nous nuit.

Notre quête initiale est de devenir nous-mêmes, nous

affranchir des lourdeurs de l'existence pour être heureux. Nous dépouiller petit à petit des produits toxiques, des médicaments et retrouver ainsi des chemins de guérison plus sains et meilleurs pour notre corps.

Il me tient à cœur de confier qu'il suffit de quelques modifications dans notre style de vie, étayées par des exercices simples et à la portée de tous pour améliorer considérablement, notre qualité de vie. Le plaisir, la joie et le bonheur peuvent alors refaire surface et reprendre la place qu'ils n'auraient jamais dû quitter. La vie est intrinsèquement simple, c'est l'humain qui la complique.

L'important, aujourd'hui, est que chaque personne, en France et dans le monde, commence à *se responsabiliser* pour sa santé et sa guérison. Saldmann utilise des termes bien plus directs à ce sujet : « ...ne pas se comporter en assisté par rapport à sa santé, mais en entrepreneur actif. » (42). Que chaque personne commence un processus de changement d'habitudes délétères pour adopter les bons gestes, les réflexes adéquats pour faire reculer, voire disparaître, la maladie de sa vie. Et cela est possible et ne dépend que de notre volonté d'agir sur nous-mêmes. Ce terme *volonté* est très important. Nous y reviendrons plus loin quand je parlerai des stratégies pour bannir les douleurs chroniques, et les vaincre définitivement.

Dans un monde où les traitements médicaux deviennent de plus en plus onéreux, où les effets secondaires se font ressentir par l'apparition d'autres troubles ou de véritables maladies, *prendre les rênes de notre guérison devient urgent*. Il s'agit ici de prendre, ou je devrais dire de reprendre le pouvoir sur notre santé, le pouvoir de nos vies et de nos décisions, la manière dont nous souhaitons vivre. Finalement, c'est cela la liberté !

Je répète que, selon des études neuroscientifiques, à partir du moment où nous sommes déterminés à changer nos habitudes, le faire 40 jours consécutifs serait suffisant pour ancrer ces nouvelles habitudes dans notre cerveau. Je viens de tester la véracité de cette découverte et je peux témoigner que cela fonctionne ! Je viens de changer l'habitude de mon heure de coucher, à savoir bien plus tôt. Je me réveille donc à présent le matin dès potron-minet. Ainsi, tous les jours, je profite du lever du soleil sous des cieux merveilleux et je constate que je me sens plus heureuse et plus tonique. Le fait d'avoir vaincu une mauvaise habitude et d'en avoir instauré une bonne me fait sentir aussi fière, c'est une victoire !

3.1.1. La méthode MIGERR, une approche intégrale de guérison

Le livre « Soulager *durablement* la fibromyalgie et les douleurs chroniques – Guide pratique – méthode MIGERR intégrale » et le processus qui y est décrit est destiné à cette nouvelle génération de personnes qui cherchent en leur intérieur les ressources nécessaires pour aller mieux, pour être plus heureuses. Il s'agit des personnes qui ressentent le besoin de s'intérioriser, qui croient en elles-mêmes, qui se font confiance. Le but est qu'elles puissent se prendre en main, se préoccuper avant tout de leur bien-être et de leur santé et retrouver ainsi le bonheur de vivre.

Il peut être question de ressources spirituelles, intellectuelles, physiques, émotionnelles, métaphysiques ou de toute autre nature. Chaque individu, le long de son parcours existentiel, a su développer différentes capacités et compétences pour mieux se sentir et se connaître, pour combattre le stress, pour être plus heureux, à l'écoute de soi et donc de ses besoins et de ses désirs, pour interagir plus ouvertement et plus emphatiquement avec autrui.

Ce qui compte, ce sont toutes les ressources que nous avons en nous soient mises au profit de notre volonté de dépasser les douleurs et les maladies qui envahissent notre vie pour marcher confiants vers le futur. L'être humain est un hologramme dans lequel toutes les dimensions se confondent, se fusionnent, s'unissent pour le meilleur de chacun. Sentir que notre psyché, corps, esprit et mental, ces dimensions étroitement interconnectées, sont au service de la vie, de la nôtre.

Je suis de nature optimiste et je crois fermement en les capacités à guérir de tout être humain, à affronter les difficultés de la vie avec confiance, courage, créativité et joie. Nous sommes tous porteurs de tous les potentiels, surtout celui de pouvoir expérimenter la réalisation de Soi. Il s'agit de changer le vison de nous-même, de tourner notre regard et notre conscience à l'intérieur de nous, là où résident des trésors insoupçonnés.

Il est reconnu que tout processus, qui implique donc du temps et de la progressivité, nécessite de faire plusieurs fois l'expérience de comportements nouveaux pour les ancrer dans notre cerveau. Inutile donc de vouloir aller trop vite. Notre cerveau a besoin de temps pour intégrer. Vous dire de rester en permanence dans l'ici et maintenant et ce pour toujours serait naïf de ma part et impossible de la vôtre. Même les plus grands maîtres spirituels y sont parvenus seulement après des années de travail et de milliers d'heures de méditation et de concentration.

Cependant, et comme dans tous les apprentissages, la persévérance, la volonté et la régularité seront amplement récompensées. De toute façon, il est également important de savoir que tous les exercices apportent un mieux-être immédiat. Les effets positifs seront tangibles dès la première expérience. Prenons, par exemple, l'exercice de la respiration expliqué dans le protocole N° 5. Dès que vous allez pratiquer la respiration consciente pour la première fois, et que vous percevrez votre détente et un état de paix, ajoutés à une expansion de votre thorax qui renferme le cœur avec une répercussion concomitante sur la décélération de son rythme, vous allez pouvoir refaire cette expérience très bénéfique dans n'importe quelle situation de stress ou de peur. Le réflexe s'installe rapidement car les circuits de la récompense sont impliqués.

La méthode MIGERR est le fruit de toute une vie de recherches et d'expériences de bien-être personnel (ce chemin a commencé à l'âge de huit ans avec la lecture des livres tibétains et des expériences transcendantes dans la nature), de plus de vingt-cinq ans de pratique d'exercices des différentes approches (Yoga, Reiki, méditation, Qi Kong Chemise de Fer, Tai chi, Feldenkrais, Biodanza, PNL, EMDR, Guérisons Energétiques, méditations, massages, Coaching, etc.), et à l'observation des préceptes des médecines traditionnelles (Ayurveda, Chamanisme, Médecine chinoise), et de plus de vingt-cinq ans d'expérience professionnelle dans la transmission et la formation.

Je serai toujours reconnaissante aux médecins, thérapeutes et spécialistes des différents domaines pour leur savoir, leur dédication et la passion dans l'art de soigner et de guérir. Je suis aussi reconnaissante à l'amour de la vie que je ressens, à la foi que j'ai en moi-même, à la confiance que je me fais pour avancer, heureuse, dans l'incertitude du futur, et à l'optimisme qui guide, inébranlable, mon chemin.

Je vous souhaite un grand bonheur dans la pratique des exercices et des rituels déjà énoncés et ceux à venir et, surtout, une persévérance à toute épreuve !

Les sept facettes que je propose dans la méthode MIGERR ont été testées durant de nombreuses années et c'est bien en les mettant en pratique que j'ai réussi, et que je réussis encore, à éloigner systématiquement les douleurs chroniques et les maladies de mon quotidien. La méthode MIGERR propose de réapprendre à vivre en observant ces sept facettes, dans le but de vaincre les maladies ou de prévenir l'apparition des celles-ci.

La première facette est celle de l'alimentation, et elle est fondamentale. L'activité physique est un autre aspect essentiel dans notre vie, que nous aborderons en donnant des exercices simples à réaliser. Un troisième abord concerne la diminution, voire le contrôle du stress que nous éprouvons dans nos vies effrénées. Une autre clé méritant de faire partie de notre style de vie est l'épanouissement du plaisir de vivre, autrement dit comment faire prospérer une vie plus hédoniste. Dans la même philosophie, on abordera le besoin de stimuler la fonction créative dans le but de nous expanser et de féconder le monde de nos rêves. Un sixième aspect, peut-être plus révolutionnaire, est celui de notre lien à la nature et à l'univers, autrement dit, observer une écologie existentielle. Finalement, la septième facette concerne le renforcement de notre identité, dans le sens de nous aimer davantage, d'affirmer qui nous sommes et honorer ainsi nos besoins.

L'énumération que je viens de faire n'implique en aucun cas une vision compartimentée de l'être humain, elle n'a qu'une valeur de clarté pour mon exposé. Nous sommes des êtres unifiés, notre corps, notre cœur, notre esprit et notre mental fonctionnent ensemble, tel un hologramme vivant. Cette notion d'hologramme nous invite à intégrer le fait que toutes les parties de notre corps appartiennent au Tout.

Cette méthode est destinée à confirmer que le recul des maladies est en lien avec l'expérience quotidienne de ces règles de vie. *Nous sommes libres, terriblement libres* de décider comment mener notre existence. Mais *là où il y a liberté il y a aussi responsabilité de comment nous l'exerçons et des résultats de nos actes.* En avoir conscience change tout.

Grâce aux témoignages de mes stagiaires, je peux confirmer le bien-fondé et l'efficacité de l'ensemble des exercices ici proposés. Aussi bien pour moi que pour eux, ils ont même été parfois une source de guérison pour certaines pathologies importantes. A part mes propres maladies dépassées, certains de mes participants m'ont témoigné de la guérison des hypothyroïdies, soulagement des cancers, stabilisation de la sclérose en plaques, diminution des effets négatifs de la maladie de Crohn, pour nommer les maladies les plus importantes.

Au niveau psychologique, ces pratiques ont soulagé chez certaines personnes des états d'angoisse et de panique persistants, des dépressions modérées et d'autres « troubles mineurs » comme le manque de confiance en soi, l'absence d'affirmation de soi, la rumination cognitive, la difficulté à être dans le moment présent. La liste est encore longue...

Dans le cas particulier de la fibromyalgie, ce n'est qu'une fois que j'ai progressivement mis en place les unes après les autres ces règles de vie que mes douleurs ont commencé à disparaître. A ces dernières, j'ai associé la méthode MIGERR, que j'ai suivie avec une progressivité rigoureuse et que je vous livre dans chacun des protocoles avec la même progressivité.

3.1.2. Remercier notre accident ou maladie ?

La vision que nous avons des maladies est aussi un point central dans notre prise en charge de celles-ci. Tous les accidents et maladies ne sont pas une catastrophe en soi, mais elles sont la sonnette d'alarme, la seule possibilité de notre corps à nous indiquer que *quelque chose dans le style de vie que nous menons ne va pas bien*. Notre mode de vie, la façon dont nous faisons l'expérience de l'existence est à changer.

Il peut paraître arrogant d'écrire ici que j'ai remercié plus d'une fois mon accident et la fibromyalgie qui l'a suivi. Et pourtant cela a bien été le cas. Mon accident et cette terrible maladie ont complètement transformé mon existence. Non seulement du point de vue professionnel mais aussi, et surtout, sur le plan personnel.

A un moment de ma vie, j'ai su reconnaître détenir un *pouvoir* et que j'étais à même de pouvoir l'exercer. Je commençai à l'utiliser pour me guérir. Après avoir arrêté la prise de médicaments, et commencé à observer ces sept règles d'or, j'eus la clairvoyance d'utiliser tous les exercices appris et pratiqués au service de ma guérison. Cet acquis est un bagage pour la vie. J'avais donc de quoi remercier mon accident ! Il m'avait rendu le merveilleux service de me réapproprier les rênes pour conduire ma vie.

Grâce à mon accident et à ma maladie, je pus aussi développer et grandir la conscience de moi-même, des autres et du monde, découvrir en nous des capacités insoupçonnées pour nous guérir et vivre la vie que nous souhaitons. C'est-à-dire, mettre nos potentiels génétiques au service de notre créativité, pour finalement nous prendre en main et assumer ainsi notre existence autrement. J'ai fait de toutes ces découvertes mon métier. Ce dernier que je pratique avec une joie profonde, un plaisir grandissant et une sérénité qui me transforme de jour en jour.

Le but de ces lignes est de passer le message que chacun peut *reprendre le pouvoir sur sa santé et sur sa vie en* ancrant de nouvelles habitudes plus vertueuses, plus porteuses de santé. Oui, vivre et ne pas survivre est un projet essentiel. Garder et cultiver en nous l'espoir de réapprendre à vivre heureux, en bonne santé et avoir une vie équilibrée est à notre portée, là, au bout des doigts. Cet espoir est le projet fondamental pour tout un chacun. Et il est un apprentissage de tous les jours, de tous les instants, de moment présent en moment présent.

3.2. EXPRESSION ET DÉVELOPPEMENT DES POTENTIELS GÉNÉTIQUES

Le XIVe Dalaï-Lama dit « Réfléchir à l'immensité des potentiels qui gisent au plus profond de notre être, comprendre que la nature de l'esprit est fondamentalement pureté et bonté, et méditer sur sa luminosité permettront de développer confiance en soi et courage. » (40).

La présence d'un ou de plusieurs gènes ne suffit pas pour l'expression d'une caractéristique, pour l'épanouissement d'un comportement ou pour la formation d'une protéine déterminée. La présence de deux types de cofacteurs est nécessaire, ceux de nature environnementale, appelés éco facteurs, et ceux d'origine chimique appelés cofacteurs.

Les cofacteurs chimiques peuvent être apportés par le milieu ou par l'organisme. Parmi eux, nous pouvons mentionner certains oligo-éléments, les vitamines, certains sels comme le sodium, le potassium, le magnésium, et aussi les hormones et les neurotransmetteurs.

Un autre ensemble qui détermine l'expression ou pas de gènes sont les éco facteurs humains, les êtres humains avec qui nous développons des relations interpersonnelles. Ils sont d'une importance capitale dans l'avènement de notre identité, c'est-à-dire dans la fécondation à l'infini des milliers de gênes qui nous constituent et qui font de chacun d'entre nous des individus uniques et irrépétibles dans l'histoire de la vie.

Sans eux, les gènes ne peuvent s'exprimer, expliquant ainsi que le milieu ambiant, avec toutes les situations de hasard ou par l'intervention humaine, peut influer sur les processus d'expression génétique. L'apport des aliments et des vitamines permet la formation de certaines protéines, indispensables pour que les potentiels se manifestent. Ainsi, par exemple, la malnutrition infantile produit un retard de croissance osseuse, du langage et de l'intelligence.

La stimulation émotionnelle est une activation d'hormones hypothalamiques qui agissent comme cofacteurs pour permettre l'expression des potentialités humaines, généralement inhibées. Les exercices proposés ont comme objectif, entre autres, d'activer la sécrétion des hormones et des neurotransmetteurs, facilitant l'expression génétique.

3.2.1. Nos potentiels génétiques, des possibilités infinies sommeillent en nous

Chaque individu possède des potentiels génétiques qui constituent l'ensemble des caractéristiques uniques appelées « identités ». Dès l'instant de la fécondation nous dit Rolando Toro, lorsque s'unissent les gamètes du père et de la mère, l'identité biologique est déterminée et cherchera à s'exprimer tout au long de la vie (concept qui s'appelle ontogenèse) (9).

Tout notre potentiel est contenu dans chacune de nos cellules. Ceci signifie que la nature assure l'information en la reproduisant des milliards de fois. Certains gènes regroupés permettent l'expression de caractéristiques déterminées. Ainsi, par exemple, l'intelligence, le ton de la voix, notre sensibilité cénesthésique, dépendent de l'action conjointe de gènes différents. L'absence de caractéristique déterminée peut être due au fait qu'un élément génétique ne participe pas. Dans un tel cas, cette caractéristique existe potentiellement mais ne s'exprime pas.

Ce programme génétique est « unique » chez chaque individu et ne se répète jamais, excepté dans le cas de jumeaux monozygotes et dans le clonage.

Les recherches actuelles sur le potentiel génétique permettent de conclure que le nombre de potentialités que l'homme exprime au cours de sa vie est une partie minime du contenu total dont il est doté, environ 25000 gênes. Il existe des millions de combinaisons dans la double spirale. L'expression des gènes est en plus régulée par une vraie « horloge génétique » et certains gènes s'expriment tardivement, alors que d'autres le font à des périodes précoces de la vie.

Le potentiel génétique détermine la structure organique et les comportements instinctifs, desquels dériveront plus tard des fonctions plus complexes (41).

Dans les chaînes, il existe d'énormes segments silencieux de potentialités inexprimées et inconnues. Il est donc important de comprendre que le support génétique, qui anciennement était conçu comme une structure scellée par le destin, amasse des milliards de potentiels qui attendent seulement la possibilité de s'exprimer.

La méthode MIGERR vous propose des exercices pour extérioriser un nombre important de ces potentiels qui sont en état de « latence ». Une partie de ceux-ci peuvent être mis au service de notre guérison.

La création de nouveaux choix, par la concentration de cofacteurs et des éco facteurs, notamment positifs, déclenche des expressions génétiques imprévisibles. Cela est en lien avec la qualité et quantité de notre alimentation, le choix des personnes qui nous entourent, en privilégiant des liens de qualité, avec la profession que nous exerçons et combien elle nous permet d'exprimer notre créativité, avec le choix de l'emplacement de notre lieu de vie et du bonheur qu'il nous procure, avec le choix de notre qualité de vie en général et notamment de notre état de santé. Là aussi nos potentiels latents peuvent être une voie intéressante pour développer de nouvelles stratégies pour nous débarrasser de fardeaux telles que la fibromyalgie ou les douleurs chroniques. Nous utiliserons, à ce dessein, l'expression de nos potentiels restés en sommeil.

L'idée que l'hérédité est rigide et fatale, alors que le milieu ambiant est flexible et a de multiples facettes, a été revue par les scientifiques. Cette nouvelle discipline s'appelle « l'épigénétique », une science en plein essor. En examinant le milieu ambiant du point de vue du structuralisme de Lévi Strauss, il est évident que les formes culturelles rigides limitent réellement les choix du potentiel génétique. C'est comme si les systèmes de valeurs de chaque culture créaient des canaux d'une extrême rigidité, par lesquels le potentiel génétique devait se manifester, donnant bien-sûr naissance à des sociétés homogènes dans leur pathologie et réprimées dans leur créativité (41).

Ceci se manifeste pleinement dans nos systèmes de santé par exemple. En France la Sécurité Sociale ne prêche pratiquement que par l'allopathie, laissant de côté une multitude d'autres approches depuis longtemps reconnues dans d'autres pays européens et du monde entier. Et c'est bien dommage. Cet acharnement « allopathique » est dû aux pressions exercées sur les politiciens par les laboratoires pharmaceutiques et par l'ordre des médecins. Nous sommes encore à l'ère de l'Inquisition en France au niveau du système de soin.

Bien heureusement, une multitude de personnes prend conscience aujourd'hui qu'elles ont un réel pouvoir pour prendre leur guérison en main, qu'elles possèdent d'autres potentiels qui peuvent les aider à explorer de nouvelles ressources en elles. Pour avoir des chances de guérir, avec le moins d'effets secondaires possibles, les individus sont à la recherche et en demande d'autres médecines plus naturelles et qui considèrent les personnes comme des êtres humains unifiés et en interaction constante avec leur milieu ambiant.

3.3. RICHESSE ET PAUVRETÉ DE NOTRE ENVIRONNEMENT

Le milieu ambiant dans lequel nous évoluons détermine, en partie, l'expression et la fécondation des potentiels, de ces possibles qui nous habitent. Cet aspect est tellement important pour comprendre le devenir de l'homme et des sociétés qu'une nouvelle science est née pour l'étudier, l'épigénétique.

Cette nouvelle science étudie comment l'environnement façonne les individus que nous sommes. Une bonne définition serait celle donnée par l'INSERM : « Les modifications épigénétiques sont induites par l'environnement au sens large : la cellule reçoit en permanence toutes sortes de signaux l'informant sur son environnement, de manière à ce qu'elle se spécialise au cours du développement, ou ajuste son activité à la situation. Ces signaux, y compris ceux liés à nos comportements (alimentation, tabagisme, stress...), peuvent conduire à des *modifications dans l'expression de nos gènes*, sans affecter leur séquence. Le phénomène peut être transitoire, mais il existe des modifications épigénétiques pérennes, qui persistent lorsque le signal qui les a induites disparaît. » (44).

Nos potentiels ont besoin d'un environnement propice pour s'exprimer. Quand celui-ci est pauvre ou les signaux inexistants, nos potentiels n'ont pas de terreau fertile pour s'épanouir. Il est du ressort de tout un chacun de faire en sorte que notre environnement stimule l'expression de nos possibles. Il est évident, cependant, que quand nous sommes bébés, enfants, adolescents ou personnes d'un certain âge, c'est à notre famille de nous procurer un espace enrichi pour favoriser notre épanouissement.

Et vous allez me dire, comment changer de partenaire ou mettre à distance des amis peu nourrissants ? Ou, comment puis-je faire pour déménager quand ma ville est trop polluée ?

Ou encore, comment puis-je me nourrir mieux ? Quel temps consacrer à l'activité physique afin de garder un équilibre de vie ? Quelle attitude adopter pour contrôler mon niveau de stress ? Ou tant d'autres facteurs qui entrent en considération dans la notion d'environnement enrichi.

Nous allons parler de chaque composante de cet environnement, ou du moins des domaines essentiels, et vous proposer quelques pistes, *via* des exercices, pour changer ce qui est à changer et améliorer ce qui peut l'être. Une chose est certaine, des modifications de notre style de vie sont nécessaires. Et chacun d'entre nous doit tout mettre en œuvre pour améliorer sa façon de vivre si nous voulons laisser derrière nous nos maladies.

3.4.   NOUS, ÊTRES HUMAINS, SOMMES UNE UNITÉ

L'*intégration* est le processus de croissance par lequel les potentiels génétiques, hautement différenciés, s'organisent en systèmes chaque fois plus vastes au niveau organique et émotionnel (41).

Nous avons déjà expliqué comment les potentiels génétiques sont inhibés ou exprimés grâce aux ecofacteurs environnementaux, parmi lesquels les êtres humains sont les plus déterminants. Ce développement, nonobstant, n'est pas linéaire, mais interconnecté. Autrement dit, si je pratique un sport qui me passionne par exemple, ce n'est pas seulement mes muscles qui seront renforcés mais tout mon être : le mental, l'émotionnel et le physique. L'entraineur, le coach ou des amis qui m'entourent lors de cette pratique pourront être des soutiens précieux afin que je persévère...ou que j'abandonne.

La science a montré que l'esprit émane de l'activité des neurones. Mais les liens corps-esprit ne sont pas tous élucidés : on découvre que nos pensées et nos émotions modifient notre cerveau, notre organisme et donc notre corps.

Corps et esprit sont-ils connectés ? Voilà un sujet qui

fascine l'humanité depuis ses débuts... C'est ainsi que les anciens sages ont remarqué que nos croyances, nos pensées, nos émotions avaient une influence directe sur notre bien-être et hâtaient parfois la guérison. À leur suite, de grandes civilisations comme celles de l'Inde védique, de la Chine ancienne et de la Grèce antique ont inventé des médecines extrêmement sophistiquées, dont les principes reposaient sur le constat d'un lien étroit entre les pensées, les émotions et le fonctionnement corporel.

Il est certain toutefois que ce processus de développement n'est pas nécessairement cohérent avec les modèles culturels et avec l'infrastructure des valeurs en place.

L'œuvre de Descartes a jeté une ombre sur ces disciplines vieilles de plusieurs millénaires. Il est considéré comme l'un des fondateurs de la philosophie moderne. Il reste célèbre pour avoir exprimé, à partir de 1628, dans son *Discours de la méthode* le *cogito* — « Je pense, donc je suis » — fondant ainsi le système des sciences sur le sujet connaissant face au monde qu'il *se* représente. Cette vision de l'individu, centrée sur sa pensée comme un axe principale de son devenir, ravage encore des générations entières qui croient n'être qu'un esprit pensant au milieu d'un environnement figé et à leur service. Cette pensée est encore trop enkystée dans la mentalité des millions de personnes, inhibant et handicapant leurs interactions avec leur propre corps, avec autrui comme un autre moi-même et l'environnement et le cosmos en tant que totalité.

Le modèle éducationnel est en train d'être analysé car trop linéaire et standard. Avez-vous développé vos potentiels créatifs à l'école au point de réaliser que vous êtes les créateur ou la créatrice de votre vie ? Quelqu'un vous a t'il dit que vous avez tous les possibles en vous ? Un professeur vous a t'il parlé que vos potentiels sont infinis et que vos limites existent uniquement dans votre tête ? Je ne le pense pas, cela n'a pas été mon cas à l'université La Sorbonne à Paris ni le cas de ma fille éduquée selon le système éducationnel français.

Qui peut être intéressé à former des individus qui se sentent libres et autonomes et qui croient en eux ? Après réflexion, en considérant les modèles économiques et sociaux instaurés, pas grand monde. C'est cela le thème de cet ouvrage, développer et ancrer la croyance que nous possédons tout en nous pour nous débarrasser du fardeau que sont les douleurs chroniques, et certainement bien d'autres maladies aussi. Cette vision, heureusement, est en train d'être confirmée par les neurosciences. Il était temps !

Le processus de développement de Soi, lié au fait que nous intériorisons que vaincre les douleurs chroniques est ici, à deux doigts de nous, répond plutôt à une forme de syntonisation chaque fois plus parfaite avec l'unité cosmobiologique dont chacun de nous fait partie. Vous et moi.

Le fait de nous couper de cette totalité cosmobiologique ouvre la porte, non seulement au dysfonctionnement de notre organisme, mais aussi à la perte d'énergie vitale, celle dont nous avons besoin pour avancer dans la vie et dépasser, aussi bien les obstacles que les maladies et les épreuves.

Nous verrons dans les chapitres suivants les sept facettes énoncées plus haut et ce que chacun peut faire pour les mettre en place de la façon la plus organique qui soit.

3.5. LES 7 FACETTES DU STYLE DE VIE QUI ÉLOIGNENT LA MALADIE

J'ai considéré ces sept facettes comme étant les facteurs fondamentaux afin de garder un bon équilibre de vie qui pourrait se traduire par une santé globale. N'oublions pas que selon la définition de l'OMS la santé n'est pas synonyme d'absence de maladie mais plutôt du ressenti d'un bien-être général. Et c'est bien de cela qu'il s'agit si nous voulons dépasser les maladies qui nous affligent, elles représentent des *chemins* et ne sont pas un but en soi. On pourrait même hasarder que la maladie est un test de notre système immunitaire, elle est donc vaincue lorsque celui-ci est fort et robuste, apte à nous défendre contre toutes les attaques, internes et externes.

Nous savons aujourd'hui que notre organisme est un tout indissociable, tous les systèmes cohabitent, interagissent, dialoguent. Dès qu'un système est en déséquilibre c'est l'unité totale, c'est-à-dire l'individu, qui souffre des conséquences, et celles-ci s'appellent les maladies. Nous avons donc tout intérêt à observer des règles de vie qui préservent notre unité organique, où esprit, corps et âme (dans le sens de psyché) sont interconnectés.

Les sept facettes que j'expose à continuation englobent la totalité de l'expérience humaine, elles nous parlent de ces comportements que nous faisons au quotidien et qui nourrissent ou appauvrissent notre corps en tant qu'unité.

J'ai défini l'ordre dans lequel je les présente, cela pourrait se discuter tellement il y a chevauchement des unes avec les autres, démontrant une fois de plus leur interconnexion.

3.5.1. Une alimentation nourrissante

Le père de la médecine, Hippocrate (-470 - -370) avait comme premier précepte « Que l'alimentation soit ton principal remède ». Nous sommes ce que nous mangeons et chaque être humain, étant différent et unique, se doit d'observer une alimentation adaptée à ses besoins. Le plus important est donc *d'identifier nos besoins*. Des exercices ont déjà été énoncés dans le premier chapitre de ce livre. Nous questionnerons la quantité et la qualité de la nourriture que nous consommons et comment reconnaître les aliments qui nous conviennent. Nous verrons que l'alimentation peut être améliorée par des gestes simples, par une approche intégrale et accessible et surtout facilement personnalisable.

Nous sommes ce que nous mangeons. Nos maladies sont aussi liées à notre alimentation. De même qu'une voiture fonctionne bien avec l'essence adéquate, notre corps fonctionne aussi mieux avec une alimentation qu'il tolère bien.

Par exemple, il est prouvé que changer ses habitudes

alimentaires peut générer beaucoup de résistances chez la plupart de gens, surtout lorsqu'on sait que l'alimentation est reliée, en partie, à l'affect éprouvé pendant votre enfance et les habitudes alimentaires héritées de votre mère, parents, grands-parents. Cependant, il est tout à fait possible de réaliser progressivement des changements, surtout quand ces derniers nous apportent un bien-être incontestable car ressentis par le corps. Cet état de bien-être voulant être conservé par l'individu, les changements ainsi identifiés comme positifs auront plus facilement prise sur vous. Modifier ses habitudes alimentaires devient alors plus simple.

Il y a beaucoup de littérature concernant le bon régime ou le régime adapté à chaque personne selon son âge, son groupe sanguin, son poids, etc. Je ne traiterai en aucun cas ce point ici. Mon intention va dans le sens de vous proposer de choisir votre nourriture en fonction de la *nutrition*, d'une part, c'est-à-dire de la qualité du produit et de ce que *vos intestins tolèrent bien* d'autre part. L'objectif reste toujours de soulager notre organisme et de le *nourrir* de toutes les bonnes choses qu'il supporte et qui le maintiennent en bonne santé et qui, au passage, préservent notre système immunitaire.

Manger n'est pas synonyme de se nourrir, pas toujours. Je peux manger de la nourriture industrielle, transgénique et cultivée avec beaucoup de pesticides ou en serre, sans contact avec la terre et l'air. Je serai rassasié mais pas forcément nourri. La nutrition demande que les aliments que nous ingérons soient équilibrés (en termes de protéines, carbohydrates et fruits et légumes), d'origine contrôlée (leur provenance nous indique souvent sa qualité, cela veut dire : exempt de pesticides et donc de toxines, du moins en partie, qui s'accumulent dans notre organisme), en quantité adéquate (ni trop ni pas assez).

Et cela n'a rien à voir avec le prix que nous y mettons. L'important est de bien choisir les aliments que nous consommons, avec régularité et en une quantité adaptée à nos besoins. Une bonne hygiène alimentaire nous aide ostensiblement à garder un bon « capital santé » et donc à lutter avec de meilleures armes contre les maladies. Elle nous aide également à contrecarrer les effets secondaires, néfastes, des médicaments.

Un corps qui est mal nourri est un corps rempli de toxines. Non seulement il doit s'adapter à notre lieu de vie, avec la cohorte de facteurs de pollution, à savoir, le bruit, l'air, l'eau, la lumière, les gaz des voitures, etc. mais, en plus, et dans la mesure où notre nourriture est aussi pleine de toxines, l'organisme est *sur exigé* pour répondre à tant d'agressions. Il arrive un point où notre corps ne peut plus éliminer tout seul - par les mécanismes qu'il possède à cet effet (sudation, les selles, les voies urinaires, le système lymphatique, entre autres) – il n'est simplement pas capable d'expulser le trop plein. Nous devons l'aider !

La détoxification doit se faire le plus régulièrement possible car, si les toxines restent trop longtemps dans le corps, elles auront tendance à affecter plusieurs organes, principalement le système digestif, les intestins et le foie qui n'assureront plus pleinement leurs fonctions. D'autres maladies, comme Parkinson par exemple, nous indiquent qu'un des facteurs de risque est la quantité de toxines qui s'accumulent dans notre corps (45). Ces dernières sont les principales causes du stockage de graisse dans le corps, de problèmes dermiques, de manque de vitalité et de fatigue, parmi d'autres conséquences et effets néfastes.

3.5.1.1. Comment aider le corps à se détoxifier ?

Lorsque nous souffrons de douleurs chroniques ou de toute autre maladie, la prise de médicaments, d'antalgiques et anti-inflammatoires est quasi quotidienne. Dès lors, les cellules et donc les organes se chargent en toxines ralentissant les fonctions de tout l'organisme. Il est fondamental de réaliser une ou deux fois par an des cures de détoxification du corps, notamment du foie, organe qui a la noble mission de nettoyer notre sang. Comment faire ?

Une bonne habitude consiste à prendre tous les matins la moitié d'un citron pressé dans de l'eau tiède-chaude, ou un verre d'eau chaude, à jeun, avant de se laver les dents. Attendre 30 minutes et prendre le petit déjeuner. Cela aide votre foie à éliminer régulièrement le trop plein de toxines. D'autres cures, au printemps et à l'automne par exemple, sont conseillées, à base de plantes ou sous forme d'ampoules prêtes à l'emploi et disponibles en pharmacie. Vous avez l'Artichaut, le Desmodium, le Radis Noir, le Chardon Marie, etc. Demandez conseil à votre pharmacien ou renseignez-vous chez un naturopathe. La cure doit durer 21 jours. Cette bonne habitude est à répéter tous les ans.

Un autre réflexe est de faire des massages avec l'huile essentielle de Romarin à verbénone sur votre foie le soir, sur une base d'huile d'amande, de sésame ou toute autre huile de base. Bien faire pénétrer sur la zone du foie et d'appliquer une bouillotte chaude pendant 15 minutes. Cette excellente cure de désintoxication peut se faire durant 5 à 7 jours dès que vous sentez des lourdeurs au niveau du foie, de la vésicule biliaire ou des intestins. Quand la digestion ne passe pas bien c'est que, en général, le foie est chargé. Vous pouvez répéter cette pratique plusieurs fois dans l'année. Cette cure est excellente quand nous ressentons de la colère, émotion qui charge lourdement le foie !

Le troisième bon réflexe est d'observer une bonne diète, en consommant des produits de qualité à une fréquence normale. C'est-à-dire, 3 repas par jour et 2 en-cas par exemple. Eliminer le grignotage, très néfaste pour votre système digestif, car il sollicite ce dernier sans cesse.

Des études en nutrition ont démontré que le meilleur régime est le méditerranéen, à base d'huile d'olive, de poissons, de légumes, de fruits frais, de fruits secs et de légumineuses. Un aspect fondamental à intégrer est la consommation régulière de bonnes huiles *crues*, comme l'olive, le colza, la noix, le lin, la caméline, car elles apportent des acides gras non saturés, riches en oméga 3 et 6, essentiels au cerveau (46). Adopter l'habitude d'utiliser les huiles sans les chauffer est excellent. Pour ce faire, préparez votre repas dans de l'eau ou à la vapeur et mettez quelques filets d'huile d'olive ou autre sur votre assiette. Il existe aussi des huiles qui ne doivent jamais être cuites, comme par exemple le colza, la caméline, le chanvre, les pépins de raisin, la noisette, la noix.

Une nouvelle étude menée par l'équipe d'Aron Barbey, de l'Université Urbana-Champaign, dans l'Illinois, révèle que l'organisation de certains réseaux cérébraux impliqués dans l'intelligence est directement liée à notre consommation d'acides insaturés, comme les oméga-3. Barbey et son équipe signalent : « Le bon fonctionnement du cerveau dépend en partie de ses graisses, qui représentent plus de 55% de son poids sec ! Car les acides gras et le cholestérol contribuent à la structure des neurones et des autres cellules cérébrales, ainsi qu'à la synthèse des neurotransmetteurs, enzymes, hormones, qui assurent l'activité cérébrale. La plupart des acides mono-insaturés (l'huile d'olive par exemple) et saturés (des graisses animales) existent en quantité suffisante dans l'alimentation. En revanche, parmi les poly-insaturés, les oméga-3 sont plus rares : on les trouve dans les huiles de colza et d'olive, certains poissons, l'avocat, les noix...Des aliments du régime méditerranéen que nous ne consommons pas suffisamment. » (46).

3.5.1.2. Quelle importance de bien nourrir notre cerveau ?

Il est le siège de toutes les fonctions de l'organisme, il a besoin de la bonne nourriture pour bien faire son travail, notamment en cas de stress par exemple. Les personnes douloureuses chroniques doivent faire face constamment au stress que les souffrances produisent. Notre organisme n'est pas fait pour lutter indéfiniment contre ce fléau qui règne dans nos sociétés, d'où l'importance de bien se nourrir.

De plus, alimenter son cerveau, c'est lui donner des coups de pouce pour accomplir de nouvelles fonctions et développer ainsi de nouvelles compétences. La méthode MIGERR, ici proposée, s'oriente à faire éclore des potentiels génétiques latents dans nos cellules. Ces mises en actes de nouveaux comportements demandent à notre cerveau d'être boosté par une consommation de bons acides gras.

Personnellement, depuis plus de dix ans, j'ai choisi la nourriture biologique. Des aliments produits—selon un cahier des charges interdisant l'utilisation de produits phytosanitaires chimiques de synthèse. La culture biologique ne peut avoir recours aux semences génétiquement modifiées. De plus, les aliments organiques ont la sagesse d'être les fruits que la Mère -Terre nous donne selon nos besoins organiques saisonniers. Ainsi par exemple, la terre produit des artichauts lorsque le foie a besoin d'être déchargé de ses toxines. Consommer des fruits et légumes biologiques c'est nourrir notre corps de ce dont il a besoin pour bien réaliser ses fonctions.

A titre d'exemple, une étude a été publiée en octobre 2018 sur les bienfaits de la nourriture bio en cas de cancer. En effet, une diminution de 25% du risque de cancer a été observée chez les consommateurs « réguliers » d'aliments bio, par rapport aux personnes qui en consomment moins souvent. Cette étude épidémiologique a été menée par une équipe de l'Inra, Inserm, Université Paris 13, CNAM, grâce à l'analyse d'un échantillon de 68 946 participants de la cohorte NutriNet-Santé. Bien que le lien de cause à effet ne puisse être établi sur la base de cette seule étude, les résultats suggèrent qu'une alimentation riche en aliments bio pourrait limiter l'incidence des cancers (47).

D'un autre côté, acheter les aliments produits localement c'est participer à réduire les pollutions liées à toute la chaîne de transport. Ce mode alimentaire toutefois plus onéreux que l'alimentation industrielle, nous incite à manger davantage de produits plus sains, avec un apport diminué en protéines animales telles que la viande et les fromages, mais aussi d'autres produits comme les sucreries, les mayonnaises, les sodas, les céréales blanches, etc. Ces produits peuvent être complétés par une consommation plus importante de légumineuses, légumes et fruits. Notre corps ne s'en porte que mieux !

Lorsque j'ai commencé mon processus pour vaincre la fibromyalgie, les changements dans mon alimentation m'ont aidée à surmonter cette maladie. A partir du moment où j'ai éliminé de mon régime le gluten, le lait de vache et de chèvre, mes articulations fonctionnèrent mieux. Heureusement, je n'ai jamais eu l'habitude de consommer des plats préparés, des sucreries, des sodas, de la mayonnaise et tous ces aliments qui détruisent insidieusement notre corps.

Une fois ma maladie guérie, je me suis toujours préoccupée de garder une alimentation saine et équilibrée, en la complétant avec certaines plantes, racines et baies produisant des effets positifs et qui protègent mon organisme contre le vieillissement cellulaire. Je ressentis ce besoin lorsque j'ai pris conscience que, durant plus de 17 ans, j'avais ingéré une quantité considérable d'antalgiques qui avaient empoisonné mon corps d'une façon importante.

Ces derniers temps j'ai également pris l'habitude de consommer régulièrement du *curcuma longa* associée au poivre noir, afin de protéger mon corps contre l'inflammation et le stress oxydatif. Une autre molécule intéressante, avec des effets différents aussi contre l'inflammation, est l'harpagophytum. Le gingembre est aussi bénéfique pour le corps. Les antioxydants sont des composés qui protègent les cellules du corps des dommages causés par les radicaux libres. Ces derniers sont des molécules très réactives qui seraient impliquées dans le développement des maladies cardiovasculaires, de certains cancers et d'autres maladies liées au vieillissement (48). Une quarantaine de composés antioxydants ont été découverts dans le gingembre, ce qui fait de cette racine un excellent aliment à incorporer dans les tisanes, les plats et les desserts.

3.5.1.3. Pratiquer une alimentation 100% adaptée à votre organisme

Pour y voir plus clair, et ne pas suivre un régime standard qui est susceptible de ne pas vous convenir, je vous propose une méthode 100% adaptée à votre organisme. Notre système digestif (bouche, estomac, intestins, rectum) est notre deuxième cerveau. Nombreuses sont les publications qui l'expliquent très bien. Nous avons vu combien chaque être humain est unique - de par son capital génétique, son histoire, ses expériences - et chaque organisme réagit différemment aux stimuli de l'environnement. Chaque système digestif *digère* les expériences de vie à sa façon. De même, qu'il assimile *les aliments* d'une façon qui est unique. Ce qui convient à certains, ne convient pas forcément au voisin.

Il fait partie intégrante de la méthode MIGERR une voie pour bien identifier l'alimentation qui nous convient. Lorsque j'ai adapté ma diète à ce que mon organisme pouvait bien digérer, et que j'ai commencé à observer un style de vie plus sain, mon ulcère au duodénum, dont j'ai été atteinte plusieurs années à la suite du traitement médicamenteux pour soulager mes douleurs chroniques, s'est aussi guéri. Ne cherchons pas trop loin, des années de traitement à base d'antalgiques et d'anti inflammatoires endommagent n'importe quel système digestif !

Aucun régime de ceux que j'ai pratiqués et étudiés ne me convenaient parfaitement. Il y avait toujours des aliments préconisés que mes intestins ne toléraient pas. Lorsque j'ai accepté cela, je leur ai créés une voie salutaire, qui a fonctionné et fonctionne encore aujourd'hui.

Cette méthode, la plus simple et la plus adaptée du monde est la suivante : je prépare un repas équilibré constitué d' aliments sains, par exemple : thé ou infusion le matin, des œufs à la coque, un avocat écrasé, du jambon ou un peu de fromage de brebis, deux biscottes sans gluten, le tout accompagné d'un yogourt de brebis ou du soja; à midi, je prépare une salade avec deux légumes (carottes ou betteraves ou radis noir, mâche ou épinards, etc.), ou comme dernièrement, j'intègre des légumes lactofermentés, très bien tolérés par l'organisme, ajoutés à cela une protéine (poissons, volaille, viande rouge, tofu, etc.), avec un carbohydrate (riz, pâtes, pommes de terre, quinoa, sarrasin, etc.), un ou deux légumes cuits (fenouil, épinards, blettes, haricots verts, etc.). Le but est de préparer une assiette 3/1, c'est-à-dire trois-quarts de l'assiette composée de protéines et légumes verts et un quart de carbohydrates. Cette assiette vous garantit également de ne pas prendre de poids, voire de perdre quelques kilos ! Evitez le dessert et gardez-le pour le goûter. Ingérer des sucres après les protéines et le gras fixe ce dernier dans le corps et rend difficile la digestion. Une règle d'or.

L'important étant de ne pas *mélanger trop d'aliments*. Pourquoi ? D'une part parce que la digestion devient plus difficile, et d'autre part parce que vous allez identifier quels sont les aliments que vous digérez bien de ceux que *vos intestins n'aiment pas*.

Etant donné que notre intestin est notre deuxième cerveau, *il sait beaucoup mieux que n'importe quel expert* quels sont les aliments qu'il tolère bien et ceux qu'il n'arrive pas à digérer. Simple, n'est-ce pas ? Mais comment savoir ? Dans l'exercice décrit ci-dessous vous trouverez toutes les explications.

<u>Exercice N° 36 : bilan de mon alimentation et les changements que je peux apporter</u>

- Préparez un repas et mangez-le dans un lieu calme. Notez les ingrédients utilisés, y compris les huiles et les épices.
- Puis prenez un temps pour vous connecter à votre corps et restez ainsi à l'écoute de votre digestion, disons les 2

heures qui suivent votre repas.
- Connectez-vous aux ressentis de votre système digestif. Notez ce que vous observez : votre digestion est-elle facile ? Avez-vous des gaz ? Des flatulences ? Des ballonnements ? Des lourdeurs ?
- Prenez votre Journal de guérison et notez vos observations.
- Regardez la liste des aliments que vous avez consommés et *sentez* lequel rend la digestion difficile, en utilisant votre intuition.
- Si sentir devient difficile, voici une option : au prochain repas j'élimine un des aliments consommés et je refais le test. Ce n'est que *par élimination* que vous arriverez à savoir, *avec exactitude*, les aliments que vos intestins tolèrent et ceux qu'ils ne digèrent pas.
- Une fois que vous saurez reconnaitre les aliments qui vous conviennent, les courses seront ciblées et votre santé régénérée.
- Si vous sentez que le courage vous manque pour changer vos mauvaises habitudes alimentaires, des exercices seront proposés pour renforcer votre détermination.

Après avoir constaté les bienfaits de cette méthode et des changements positifs opérés dans ma digestion, ancrer les habitudes a été très simple. Je voulais aller bien, me sentir bien, me débarrasser de mes douleurs, libérer de l'énergie (auparavant destinée à une digestion lourde et difficile). Le cercle vertueux, une fois enclenché, et avec le mieux être ressenti, il est difficile, voire impossible, de revenir en arrière. L'amour de Soi grandissant apporte la dose de persévérance nécessaire pour continuer.

Cette méthode est simple, 100% sécure (pas de risque de vous tromper) et très rapide. La vérification des bons aliments pour moi a duré 1 mois.

Je vous propose un exercice pour faire un bilan de votre alimentation et apporter, petit à petit, si cela est nécessaire pour vous, des changements qui auront comme résultats votre bien-être et l'amélioration de votre état général de santé.

Je pourrais résumer ma méthode comme suit : adoptez l'habitude de manger et de prêter attention à votre digestion pour voir si elle se passe bien. Si ce n'est pas le cas, éliminez un des aliments et préparez un nouveau repas sans celui-ci et observez à nouveau votre digestion. Et ainsi de suite. Au fur et à mesure vous saurez quels sont les aliments que votre organisme digère parfaitement et vous en ferez une liste. La préparation des repas sera donc facilitée et votre digestion commencera à s'améliorer.

Je vous donne un exercice à faire étape par étape, l'essentiel étant d'observer, par une pleine présence, ce qui se passe dans vos intestins. L'écoute du corps, encore et toujours, reste la voie la plus efficace et la plus percutante pour modifier nos mauvaises habitudes et en prendre de nouvelles, plus respectueuses de notre bien être global.

Une chose est certaine, cette méthode de nutrition, qui fait partie de la méthode MIGERR intégrale, est infaillible !

N'oubliez pas qu'une digestion normale et facile libère une quantité considérable d'énergie, cette énergie qui parfois nous manque quand nos douleurs se réveillent.

Si toutefois vous avez besoin de quelques indications, regardez les régimes proposés par groupe sanguin. Ils peuvent fournir une liste d'aliments tolérés par chaque individu selon son groupe sanguin. Malheureusement, d'après mon expérience, la liste donnée pour mon groupe sanguin n'est pas 100% fiable, des aliments restent difficiles à assimiler perturbant ma digestion et provoquant ainsi un surplus inutile de fatigue.

Un autre aspect non négligeable de cette méthode est le fait que notre alimentation est trop acide. En effet, plus de 70% d'aliments le sont. Tester par vous-même la tolérance de chaque aliment par votre intestin sera une voie royale pour réduire votre taux d'acidité sanguine et gagner en mieux être général, réduisant ainsi les risques d'acidose corporel. A savoir qu'un taux d'acidité élevé, plus de 7,3 de Ph, favorise ou accélère le vieillissement cellulaire.

3.5.1.4. Pourquoi est-il important d'équilibrer le pH du corps ?

Tout ce que nous mangeons et buvons influe sur notre pH, soit pour l'alcaliniser soit pour l'acidifier. Certains aliments augmentent nos niveaux d'acidité quand d'autres ont la faculté de nous alcaliniser. L'acidité stomacale se manifeste en général par des sensations de brûlures et de reflux œsophagiques, plus ou moins forts selon le niveau d'acidité.

D'un point de vue général, les aliments d'origine animale comme la viande et les produits laitiers élèvent notre niveau d'acidité. A l'inverse, les aliments d'origine végétale comme certains fruits (à l'exception de l'orange et de la tomate, qui sont des aliments acidifiants par exemple) et les légumes verts (épinards, blettes, mâche, roquette, artichaut, endives, courgettes, etc., et aussi les carottes à chair orange, rouge ou blanche) ont la propriété de nous alcaliniser. Comme nous avons besoin d'un pH neutre, l'idéal est de consommer de manière équilibrée les deux types d'aliments. Dans la mesure du possible, il faut éviter les aliments qui nous acidifient dans de grandes proportions, comme le fast-food, les sucres ou les aliments transformés. Sur Internet nous pouvons trouver des informations sur les aliments alcalins et acidifiants afin de nous aider à établir nos listes de courses.

Le pH est en réalité le potentiel hydrogène qui est une moyenne de la concentration des ions d'hydrogène dans notre corps. Pour comprendre cela plus facilement, nous devons prendre en compte le fait que les niveaux d'acidité de notre corps se mesurent sur une échelle de 1 à 14, 1 étant le plus acide, 7 le plus neutre, et 14 le plus alcalin. Le niveau parfait pour jouir d'une bonne santé est de 7,3 à 7,45. Cependant, certains agents présents dans la pollution, dans la mauvaise nourriture ou provoqués par le stress peuvent élever nos niveaux d'acidité et altérer le pH, en le réduisant considérablement (5).

Lorsque le pH est altéré, le sang réagit et « vole » les nutriments nécessaires à son fonctionnement normal dans les autres organes vitaux. La personne touchée peut donc expérimenter des sensations de fatigue, des maux de tête, des problèmes digestifs, une déminéralisation des ongles et des cheveux, entre autres.

Quand notre corps est légèrement alcalin, c'est-à-dire avec un pH dans le sang légèrement supérieur à 7, il nous protège de diverses maladies. A l'inverse, quand notre corps a un niveau d'acidité élevé, il tombe malade plus facilement et peut souffrir de pathologies chroniques comme le diabète, l'obésité, les migraines, les cataractes, le cancer, l'arthrite, les allergies, l'ostéoporose, entre autres problèmes (5).

Libérer l'énergie de la digestion pour la consacrer à lutter contre les douleurs passe par l'observation d'un certain nombre de règles alimentaires : qualité et quantité de nourriture, environnement calme pour prendre nos repas, surveiller le taux acido-basique de notre alimentation, choisir les aliments que nos intestins digèrent bien, boire suffisamment d'eau dans le but de faciliter l'élimination.

En 40 jours nous pouvons faire le tour des aliments consommés dans le but de modifier notre alimentation. Le dépassement des douleurs chroniques en dépend aussi en partie.

3.5.2. Un cerveau dynamique grâce à l'activité physique

Notre cerveau est notre meilleur allié pour vaincre les maladies !

Notre cerveau est plastique. Cela veut dire qu'il ne cesse d'évoluer. Il se développe au fur et à mesure que nous apprenons ou réapprenons de nouveaux comportements, gestes, ressentis, émotions. Cette découverte est porteuse de tous les possibles.

Le cerveau ne fonctionne qu'à 10 ou 12% de ses capacités. Sa puissance, ses potentiels sont infinis. Le Dr. Saldmann nous dit : « La quantité de substance grise n'est pas, contrairement aux idées reçues, fixée d'avance et ne diminue pas en quantité avec le temps. » (42). C'est une excellente nouvelle ! Nous pouvons déployer d'innombrables capacités restées jusqu'alors en jachère. Ces inestimables aptitudes du cerveau nous invitent à amplifier notre vision, à agrandir la confiance en nous et ainsi réaliser de nouvelles activités jusqu'à la fin de nos jours. Plus nous adoptons de nouveaux comportements, et plus nous créons de synapses (connexions entre les neurones) qui fortifient notre cerveau en le rendant encore plus performant. Un cercle vertueux est à nouveau enclenché.

Jean Michel Oughourlien, Neuropsychiatre à l'Hôpital américain de Paris nous l'explique en donnant de nouveaux éléments : « ...Un neurone ne devient opérationnel que si des dendrites se mettent à pousser, le relient par des synapses à d'autres neurones ». La question qu'il se pose c'est, qu'est ce qui fait pousser ces dendrites ? « ...Les six moteurs de croissance dendritique les plus importants sont, parmi beaucoup d'autres et sans ordre d'importance : le désir, l'affection, l'interrogation, la réflexion, l'action, l'effort volontaire ». Un cerveau dynamique et relié à d'autres cerveaux reste performant plus longtemps. Oughourlien se pose une autre question importante sur l'apparition des maladies. Qu'est-ce qui détruit les neurones ? « Cinq grandes possibilités de réponse : le vieillissement, le stress, la pollution, certaines maladies, mais surtout la passivité » (49).

Notre cerveau contient cent milliards de neurones et chaque neurone peut se connecter, au moins, à dix mille autres neurones, ce qui crée un réseau d'un million de milliards de connexions parcourues d'influx électriques à la vitesse vertigineuse de trois cents kilomètres à l'heure : l'immense réseau cérébral est le siège de remaniements constants. De nouvelles cellules sont engendrées ; certaines connexions, peu utilisées, tendent à disparaître alors que d'autres, plus sollicitées, se renforcent ; des circuits neuronaux sont activés ou désactivés selon les nécessités des individus (1).

Par l'apprentissage de gestes, de pensées, de raisonnements spécifiques, le cerveau peut, jour après jour, se muscler et devenir plus fort nous dit Saldmann (42). Si l'on apprend à des personnes à faire des exercices impliquant une partie du corps, les zones du cerveau correspondant à cette aptitude vont se développer. L'IRM (Imagerie par résonance magnétique) permet de voir le cerveau s'épaissir dans les zones correspondantes. En revanche, si la personne arrête l'exercice, les zones qui avaient augmenté de volume reprennent alors une taille plus petite plusieurs mois plus tard (42). De là tout l'intérêt, comme indiqué au chapitre 1, de persévérer et d'observer une régularité dans la pratique des exercices que nous ressentons bénéfiques pour notre santé et notre bien-être en général.

Grâce au progrès de l'imagerie cérébrale, le fait de pouvoir étudier le cerveau en direct permet de comprendre à quel point nos pensées et nos actions modifient jusqu'à la structure même de celui-ci. Apprendre ou réapprendre, par la lecture ou par des activités diverses, accroît considérablement notre capacité à continuer à acquérir de nouvelles possibilités de se réaliser.

Le cerveau possède une véritable plasticité, c'est-à-dire qu'il est capable de changer, d'évoluer en permanence, de développer des régions sollicitées ou de réduire celles qui s'endorment, continue Saldmann (42). Par le choix des activités que nous pratiquons, des pensées que nous ressassons, nous déterminons quelles sont les aires et les aptitudes cérébrales qui se développent ou pas.

Les individus sont responsables, en grande partie, du développement de ses compétences. Prenons un exemple : si une personne décide de passer une grande partie de son temps libre à regarder la télévision, ses aptitudes cérébrales diminuent indéfectiblement. Pendant un quart de siècle, les scientifiques de l'Institut pour la recherche et l'éducation de Californie ont épluché les habitudes physiques et télévisuelles d'un groupe de 3247 adultes initialement interrogés entre 18 et 30 ans puis recontactés, en moyenne, tous les deux à cinq ans. Cette étude démontre que faire du sport ne protège pas contre les influences négatives d'un usage télévisuel important. La baisse des capacités cognitives se situe entre 14% pour les individus regardant mois de 3 heures de télévision par jour, et de 27% pour les téléspectateurs assidus du petit écran à raison de plus de 3 heures par jour. Les Français regardent en moyenne quatre heures de télévision par jour ! (50).

Si par contre, une personne décide d'utiliser son temps libre à marcher 40 minutes par jour ou à faire une activité sportive soutenue, les probabilités de contracter une maladie sont diminuées ostensiblement. En effet, une pratique régulière permet de diminuer de 38% toutes les causes de mortalité confondues, avec des effets plus marqués sur des pathologies cardiovasculaires. Elle permet également de lutter contre l'obésité et le vieillissement (42).

Au niveau du cerveau, pratiquer un ou de plusieurs sports a des effets très positifs, voire thérapeutiques vis-à-vis de certaines pathologies mentales. Parmi les effets à long terme, on peut citer : l'augmentation du volume de plusieurs aires cérébrales (cortex préfrontal), dont l'amincissement chez les personnes âgées peut être inversé ; la libération de facteurs de croissance et la formation de nouvelles cellules nerveuses (neurogenèse) dans l'hippocampe, un important centre de souvenirs ; une meilleure connectivité grâce au développement de la substance blanche du cerveau, constituée d'axones, câbles de connexion interne du cerveau, ainsi que d'une augmentation de la formation de nouvelles synapses dans l'hippocampe ; création de nouveaux vaisseaux sanguins, le sport stimule l'irrigation du cerveau ; des changements fonctionnels comme l'amélioration de l'attention et des fonctions exécutives, notamment le contrôle de l'impulsivité et la capacité de planification (51).

L'exercice physique, quelle que soit l'activité choisie, n'est pas seulement bon pour le corps mais aussi pour le cerveau et l'esprit. Des études récentes nous disent que 40 minutes de marche par jour, monter 21 étages d'escalier ou faire un footing de 7 kilomètres boostent notre cerveau (42). De plus, notre humeur devient plus joyeuse, car nous sécrétons des hormones comme la dopamine et les endorphines, impliquées dans les sensations de plaisir. Nous dormons mieux et l'équilibre de l'organisme à tous les points de vue est rétabli.

Avant de commencer mon processus d'autoguérison, mon kinésithérapeute, le même ami qui m'avait aidée à me rééduquer après mon accident de 1980, m'a vivement conseillée de muscler mon dos et mes jambes, en m'assurant que mon état général en serait amélioré. Il ne s'est pas trompé. Après chaque passage au club de sports, très encadrée par mon coach, je me sentais revigorée et mes douleurs diminuèrent grâce au renforcement musculaire.

Mais pas uniquement. Le corps est *chimiquement nourri* par l'activité physique et cette nourriture se diffuse dans chacune de nos cellules comme un bain de bonheur. L'explication ? Un cumul de preuves scientifiques nous indique que l'exercice physique présente bien un traitement efficace contre la dépression légère et modérée, réduit l'anxiété ou peut même ralentir l'apparition des maladies neurodégénératives ou améliorer la situation de personnes atteintes (52).

Des études récentes à l'Université de Queensland, en Australie (52), ont montré que le sport réduit l'inflammation dans le cerveau et restaure en partie la plasticité cérébrale par la libération des facteurs trophiques comme le BDNF (Brain-Derived Neurotrophic Factor), véritables engrais neuronaux qui pourraient expliquer la régression des troubles anxieux. De plus, le BDNF agit sur certains neurones des systèmes nerveux central et périphérique. Il est impliqué dans la survie des neurones existants, et Il encourage la croissance et la différenciation de nouveaux neurones et des synapses.

L'activité physique régulière et soutenue pendant un temps minimum de 30 minutes par jour, entre 3 et 5 fois par semaine, enclenche un nouveau cercle vertueux. Les effets sont multiples : augmentation de la bonne humeur (les pensées compliquées, les soucis et les rancœurs passent en arrière-plan), accroissement du sentiment de bien-être (augmentation de la production de dopamine, neurotransmetteur qui joue un rôle essentiel dans le circuit de la récompense) ; davantage de tryptophane est libéré dans le cerveau, composé qui sert à la fabrication de la sérotonine, laquelle joue un rôle important dans les structures cérébrales qui traitent nos émotions, et un effet important aussi dans la réduction du stress, associé à une chute du niveau de cortisol (des quantité importantes de cette hormone dans le sang détérioreraient nos capacités à poursuivre des buts ainsi que le rappel des souvenirs) (52).

De là tout l'intérêt à réaliser, malgré parfois nos douleurs, quelques exercices simples mais efficaces, associés par exemple à une marche tonique pendant 30 minutes par jour.

Je suis une adepte de cette dernière, de préférence en pleine nature ou dans un parc. Si cela est impossible, prenez des rues avec peu de circulation. Le but ? À vous de vous fixer un programme évolutif et de vous y tenir. Dans tous les cas, une marche rapide de 30 minutes par jour aura le bénéfice de bien vous aérer-y compris vos poumons -, de faire travailler le cœur – diminuant ainsi les risques cardiovasculaires-, de vous relaxer et lutter ainsi contre le stress, de muscler une partie de votre corps. En outre, le sommeil sera plus profond et réparateur.

Exercice N° 37 : marche rapide - tonique de 30 minutes par jour

- Habillez-vous confortablement avec des vêtements souples et des chaussures adaptées à la marche.
- Pensez à prendre des bâtons de marche, ils favorisent le travail des bras soulageant celui des genoux.
- N'oubliez pas votre bouteille d'eau.
- Choisissez un endroit calme et verdoyant (nature, parc, circuit santé)
- Pensez à adopter une posture correcte lors de la marche, à savoir : épaules redressées en arrière, tête bien calée sur vos épaules et bien centrée sur l'axe de la colonne, ventre rentré (l'objectif est de muscler les abdominaux).
- Connectez –vous à votre respiration et veillez à qu'elle soit en permanence régulière.
- Commencez à marcher dans cette posture, toujours en équilibrant les forces entre les bâtons et les jambes (des vidéos sont disponibles sur Internet).
- Vous imprimez un rythme à votre marche, de plus en plus rapide, en accordant votre respiration.
- Lorsque vous marchez pensez à lever légèrement vos genoux, vous sentirez un regain d'élan vital.
- Continuez pendant 30 minutes minimum, en régulant systématiquement votre respiration.
- Prenez du plaisir à faire cet exercice au quotidien, à mesure que celui-ci augmente le temps de marche se fera de plus en plus long.
- Ecrivez sur votre Journal de guérison les sensations que la marche vous procure.

Mon expérience de grande marcheuse confirme qu'au fur et à mesure que nous développons cette activité, le plaisir va *in crescendo*. Ceci ayant été également démontré par des études neuroscientifiques. Plus nous réalisons une activité physique régulière, et plus nous nous sentons motivés à la poursuivre, voire augmenter le temps de pratique.

Pensez aussi à prendre un jour du week-end pour faire des randonnées en famille ou avec des amis. La marche tonique sera alors un moment d'exercice physique lié aussi à la découverte des nouveaux endroits, agrémentée du partage d'un bon pique-nique et des échanges avec vos êtres chers.

La danse est aussi une activité physique qui a fait ses preuves, non seulement pour maintenir un cerveau plus actif et plus jeune, mais aussi dans la lutte contre certaines maladies neurodégénératives comme Parkinson et Alzheimer. En effet, danser ralentirait l'apparition de maladies neurodégénératives et pourrait même, dans certains cas, améliorer la situation de personnes atteintes. Quand le corps bouge en rythme, les décharges nerveuses dans le cerveau pulsent de façon synchrone et luttent contre le vieillissement.

Des études scientifiques réalisées ces dernières années démontrent également que la danse améliore le sentiment de bien-être, la qualité de vie et la santé des personnes concernées. Joe Verghese, du Collège de médecine Albert Einstein, à New York, et ses collègues ont constaté, dès 2003, que les qualités corporelles et cognitives mises en jeu par la danse réduisent le risque de démence, voire retardent l'apparition de cette dernière. Danser semble avoir un effet protecteur sur le cerveau (53).

Dans le chapitre 1, nous avons proposé la danse comme une activité physique à part entière. Pour ce faire, il est nécessaire de la pratiquer régulièrement et à un rythme soutenu. Soit une séance de 2 heures, 3 fois par semaine. Vous pouvez également alterner la danse avec la marche ou un autre sport.

Il est indéniable qu'une activité physique plaisante et ludique aura un effet très positif sur les douleurs chroniques. A l'inverse de ce que l'on croit, bien orientée, elle s'avère très positive pour les personnes atteintes de fibromyalgie et de douleurs chroniques.

En résumé, faire du sport, accompagné d'un bon

régime alimentaire, et s'adonner à des activités récréatives ou créatives pendant notre temps libre, en excluant le plus possible la télévision et les écrans, assureraient une bonne santé et surtout une bonne disponibilité pour développer de nouvelles compétences cognitives. Il n'y a donc que des bénéfices à observer un bon style de vie. Et surtout, ceci est à la portée de tous les individus de la planète. Nous responsabiliser de notre santé ne dépend que d'une bonne volonté et d'une grande dose d'amour de Soi.

3.5.2.1. Il n'y a plus de limites !

Reprenons quelques exercices proposés dans notre méthode. Si, pendant le temps de la marche, d'environ 30 à 40 minutes par jour, nous effectuons des exercices de détente comme les mouvements segmentaires ou la respiration consciente décrits au chapitre 1, les effets sont multipliés. Notre stress diminuant, nous gagnons en performance cérébrale par le développement d'aires spécifiques du cerveau. De plus, la répétition des exercices de détente est considérablement bénéfique sur la maîtrise, à court terme, du stress en toutes circonstances.

Et plus nous apprenons à faire de nouveaux gestes, de nouvelles activités, de nouveaux comportements et plus notre cerveau augmente ses capacités. Un développement presque à l'infini. L'être humain, le « sous-utilisant », il se « rétrécit ». Penser à le préserver, le protéger et à augmenter ses capacités est de notre responsabilité. Prendre en charge cet organe détermine notre qualité de vie. Saldmann nous dit « Tout se joue dans le cerveau : le plaisir, la jouissance, l'intelligence… » (42). Et j'ajouterai la mémoire, l'apprentissage, les affects…

Il a été démontré que l'intelligence et l'imagination, corrélées à la créativité, peuvent construire tout ce que nous désirons. Le monde devient alors infini, les frontières entre ce qui est impossible et possible n'existent plus. Il suffit de *savoir* ce que nous désirons pour notre vie, de l'accepter et de l'intégrer au plus profond de nous-même pour le faire devenir réalité. Un exercice de créativité sera donné plus loin, et est destiné à créer la vie de nos rêves. Il est extrapolable à beaucoup d'autres domaines dans lesquels nous avons besoin d'affirmer nos véritables désirs et de les exposer au monde afin qu'ils s'accomplissent.

La plasticité neuronale, ou neurogenèse, s'exprime par la capacité du cerveau à créer, à défaire ou à réorganiser les réseaux de neurones et les connexions de ces derniers. Le cerveau est ainsi qualifié de "plastique" ou de "malléable". Les connexions des neurones avec d'autres nous permettent le développement pratiquement illimité de nouvelles capacités et performances de tout ordre. Plus nous élargissons nos performances cérébrales, plus notre esprit est vif et réactif. Notre mémoire augmente et notre travail est plus efficace. Le cerveau peut se comparer à toute la musculature du corps. Plus nous entraînons notre corps et ses muscles, plus ceux-ci deviennent forts et performants. Idem pour le cerveau. Plus nous développons de nouvelles aptitudes, plus il devient compétitif, et croient alors davantage de nouvelles compétences. Un véritable cercle vertueux, et indéniablement, un des plus fondamental.

La plasticité neuronale nous permet d'acquérir des nouveaux comportements, de réaliser de nouveaux apprentissages. Il n'y a plus de limites. Si nous désirons modifier nos comportements cela est tout à fait possible. *Nos limites et nos blocages sont uniquement mentaux.* Si vous rencontrez des obstacles qui vous bloquent pour changer de mode de vie, dites-vous bien qu'ils ne sont qu'invention de votre esprit. Votre cerveau est adapté à apprendre tout ce que vous désirez, et habile à modifier et transformer les mauvaises habitudes en comportements adéquats pour la préservation de votre « capital santé ». Il a été démontré que la radicalisation d'un nouveau comportement nécessite 40 jours. Il est primordial d'avoir de la volonté et de la persévérance durant

ces quarante jours afin que cette nouvelle attitude face à la vie, plus positive et plus bénéfique, s'inscrive dans votre cerveau.
La plasticité neuronale est une réalité pour tous. A chacun de se responsabiliser et d'entraîner son cerveau par des exercices optimisant notre santé et notre vie.

Quand l'amour de Soi est là, fort et intensément présent, quand nous désirons prendre notre vie en main, et que nous décidons de dépasser une maladie, nous prenons conscience de la faculté de notre compagnon fidèle, le cerveau à exaucer nos désirs et nos volontés.

3.5.2.2. Activité physique et récréative

Sur le plan physique, nous réalisons que *notre corps possède les atouts nécessaires comme la force, l'endurance, l'élasticité, la souplesse, la flexibilité, la vitalité, l'élan.* Une fois ces idées intégrées, nous retournerons plus facilement faire du sport avec un sentiment que notre corps est apte, qu'il *est fait pour l'activité physique.*

D'un point de vue émotionnel, l'expérience du sport enrichit notre cerveau et notre corps tout entier, ainsi que les circuits chimiques qui les nourrissent via la génération de substances comme les endorphines (hormones inhibant les enképhalines émises par le corps lors du ressenti de la douleur) et la sérotonine, pour ne citer que les plus importantes. De surcroît, nous nous sentons plus joyeux, voire euphorique (au fur et à mesure que je dépasse mes limites), et le plaisir est là, les circuits chimiques participent à ces émotions et à ces sensations.

Le mental se renforce *via* l'introjection que « je peux le faire, je peux surmonter les obstacles que le sport demande (temps, énergie, courage, dépassement de soi, effort, résistance) ». L'activité physique participe grandement à l'enclenchement d'un cercle vertueux, les bénéfices et le bien-être ressentis par celle-ci nous donnant envie de la pratiquer de nouveau. Chaque fois que je vais la réaliser, je vais avancer en me dépassant, et je sentirai que j'évolue.

Le sport, la danse, la pratique d'un instrument de musique, l'écriture, la peinture, le chant, les mathématiques, la biologie, toutes ces disciplines favorisent l'expression des potentiels qui, quand nous les exerçons et les développons, nous aident à en exprimer d'autres, se fécondant entre eux jusqu'à l'infini. On pourrait dessiner cette évolution comme des cercles concentriques qui montent en spirale, qui s'entrecroisent et ainsi s'ensemencent les uns les autres. C'est ce qu'on appelle l'intégration.

Nous avons déjà commencé la pratique des exercices donnés, dont certains tendent à redonner le plaisir d'une activité quotidienne, comme les mouvements segmentaires, la respiration, l'ancrage et la marche. J'ai aussi parlé de la danse ou toute autre activité physique à pratiquer tous les jours. Nous découvrirons par la suite que quelques exercices, souvent ludiques et plaisants, peuvent être réalisés, même à la maison, pour garder une bonne forme. Pouvant être faits également lors de–déplacements professionnels ou personnels, ils vous dispenseront de devoir fréquenter les salles de sport.

La pratique de plusieurs sports fût pour moi un chemin salutaire. La haute montagne, l'escalade et l'alpinisme en général, le ski, la randonnée et la natation m'ont donné le goût de l'effort, de la volonté, du courage, de la persévérance, de l'endurance, de la camaraderie, de la solidarité, de l'amitié, de l'altruisme, et tant d'autres qualités de l'être. Et surtout, cela a éveillé en moi l'amour bienveillant pour la nature, et les espaces ouverts à l'infini. Mon accident a, inopinément, interrompu cette passion. Mes douleurs chroniques développées quelques années plus tard, un ulcère au duodénum, et un stress omniprésent dans ma vie, engendrèrent cette quête du mieux-être et du bonheur. Sans cette pratique assidue, ces maladies auraient eu raison de ma santé et de mon être tout entier.

De même que pour mes relations interpersonnelles, le

confort de mon lieu de vie, et mon alimentation, l'activité physique est une nourriture en soi, maintenant non seulement mon corps en forme, mais participant surtout à mon équilibre psychique.

A contrario, quand le corps est extrêmement endolori, aller courir est la dernière chose à laquelle nous pensons, je vous l'accorde. Il faut alors arriver à nuancer. Il y a des moments de répit, le corps n'étant pas toujours douloureux, fort heureusement, et nous nous sentons alors suffisamment vigoureux pour effectuer quelques gestes ou pratiquer une activité physique modérée.

Cette dernière, adaptée aux possibilités de chacun, a démontré son incroyable bienfait à muscler notre corps et notre moral. Quand nous avons un trop-plein d'énergie non dépensé, nous sommes agités, inquiets, ainsi notre corps et notre esprit peinent à trouver le repos.

Nous consommons en moyenne 2500 calories par jour et nous en dépensons 1500 en moyenne avec notre mode de vie sédentaire, dans le meilleur des cas. Ces 1000 ou plus de calories non dépensées, donc non brûlées par l'organisme, restent alors stockées sous forme de graisse. Ces kilos en trop sont fortement nuisibles pour lutter contre les douleurs chroniques, vos articulations sont alors hyper sollicitées et les tissus conjonctifs – les cartilages – finissent par s'user ou se détériorer, aggravant encore plus la longue liste de souffrances corporelles.

Nous verrons par la suite que l'activité physique joue également un rôle important dans la maîtrise du stress.

3.5.3. Comment maîtriser son stress ?

Un troisième aspect concerne la diminution du stress éprouvé dans nos vies effrénées. Dans ce sens, de nombreux exercices ont déjà été donnés (respiration, mouvements segmentaires, ancrage, etc., voir chapitre 1) et d'autres seront proposés plus loin. Le but étant de favoriser la détente et de prévenir la recrudescence du stress, responsable de l'apparition de plus de 70 % des maladies qui touchent les êtres humains, dont la fibromyalgie, les douleurs chroniques, l'ulcère et les allergies, comme cela fut mon expérience. Le stress est aussi lié à notre angoisse face à un futur incertain, basé sur notre sentiment d'incompétence pour aborder les défis que la vie nous impose. A ce sujet, dans le chapitre 4, Amour de Soi-même, bonheur et guérison, des exercices dont l'objectif est de renforcer notre identité intégrée seront aussi proposés, la finalité étant de nous préparer à vaincre nos maladies.

Nous étudierons également le plus imposant des fléaux, appelé communément le « Mal du 21ème Siècle », le stress ! Nous vous montrerons qu'il est possible de le contrer grâce à l'expérience de la paix, du plaisir et du bonheur. Ce fléau, ajouté au stress post-traumatique très actif chez les patients douloureux chroniques, est nuisible pour la santé retardant ou rendant difficile l'autoguérison. Les résultats de centaines d'études neuroscientifiques démontrent que le stress est l'ennemi N° 1 d'une bonne santé et d'une bonne qualité de vie.

Mais qu'est-ce que le stress et comment agit-il sur notre corps ?

Comme déjà expliqué, nous fonctionnons en tant qu'unité organique. Cela veut dire que ce qui affecte notre corps touche également notre esprit et notre psyché (âme en grec). Et ce qui bouleverse ce dernier se manifeste dans l'organisme tout entier. C'est-à-dire, que les traumas vécus, psychiques, physiques et/ou sexuels, déséquilibrent générant des modifications délétères dans notre système nerveux, immunitaire et endocrinien (hormones), et les structures physiologiques assurant l'unité fonctionnelle de l'organisme.

Le stress est d'origine émotionnelle et est lié à un sentiment d'incapacité à surmonter les obstacles de la vie. Les épreuves sont quotidiennes pour tout un chacun. Lorsque nous pensons et sentons que les compétences et ressources nous font défaut pour aborder ces épreuves, le stress assaille notre psyché.

D'un point de vue physiologique, il se traduit par une libération accrue de deux messagers chimiques dans notre cerveau : l'adrénaline et la noradrénaline. L'effet le plus directement visible est une augmentation de la pression artérielle et une respiration plus rapide. Comme de plus grandes quantités d'oxygène parviennent aux muscles, le corps est préparé à une réaction de type fuite ou combat, selon les circonstances. Peu après, les glandes corticosurrénales libèrent dans le sang une hormone du stress, le cortisol. Avec, à nouveau, un effet mobilisateur : cette substance stimule la production de glucose par le foie, ce qui élève le degré d'éveil et d'attention. Certains composants du système immunitaire sont également excités, de façon à combattre une potentielle infection (54).

On sait aujourd'hui que le stress vécu dans les grandes crises existentielles fragilise les cellules cérébrales. A l'inverse, comme indiqué au chapitre précédent, l'activité physique libère des molécules faisant croître les neurones et nous protégeant ainsi contre les effets délétères du stress. Aussi, la recherche du sens aux évènements vécus, en les réinterprétant de façon souple et créative, est une aide précieuse pour dépasser les souffrances et aller de l'avant.

Par la suite, les effets apaisants des hormones et des neurotransmetteurs commencent à se faire sentir. Par exemple, le cortisol empêche que la réaction immunitaire ne s'emballe. L'homéostasie, l'équilibre interne de l'organisme, est ainsi rétablie. Un système du stress sain est donc en mesure de réagir vite et de manière adaptée, mais doit revenir au calme une fois l'alerte passée. S'il reste durablement excité, *il en résulte une dérégulation du métabolisme, des fonctions cardiovasculaires et du système immunitaire.* Ce dernier se protège contre le surplus d'hormones du stress, les cellules immunitaires devenant résistantes au cortisol. En situation de stress chronique, des processus inflammatoires peuvent se mettre en place, pouvant engendrer des allergies ou de l'obésité, du diabète ou des maladies coronariennes. L'amplification des processus inflammatoires peut aussi conduire à des comportements dits d'épuisement, marqués par une somnolence inexpliquée, une perte d'appétit et de désir, *une perception exacerbée de la douleur* ainsi que des baisses d'attention et de mémoire. Le stress chronique peut donc faire basculer dans un état semblable à une dépression (54).

Ainsi, il n'est pas étonnant que les traumas vécus réveillent, chez certains individus, un stress post-traumatique, en lien avec les souffrances physiques, psychiques et/ou sexuelles (via des images qui reviennent sans cesse à la conscience) lequel, en l'absence d'un traitement immédiat, finit par créer des douleurs chroniques. Le stress durable ou très puissant amenuise aussi l'activité des facteurs neurotrophiques qui stimulent ordinairement la formation des cellules nerveuses et des synapses. Cet effet touche particulièrement l'hippocampe, essentiel aux processus de mémorisation. Chez les personnes endurant un stress chronique, cette aire du cerveau est en moyenne plus petite que chez des personnes qui en sont moins sujettes. Selon les études sur le sujet, ceci pourrait constituer un facteur de risque dans le développement des troubles de stress post-traumatique.

Cela reste exceptionnel que cette globalité qui forme notre être soit comprise par les médecins. Quand nous avons un accident, nos organes, nos os, nos muscles et no tendons sont réparés. Quand nous avons une maladie, les symptômes sont soulagés, ou les organes sont réparés via des opérations ou d'autres traitements. Mais les « séquelles » des maladies ou des accidents au niveau de la psyché, et donc dans l'ensemble de l'organisme, sont souvent ignorées, à tort. Car ce sont les revécus de ces séquelles, que je regroupe sous l'appellation de pertes collatérales, qui provoquent les douleurs chroniques. Je démontre dans cet ouvrage que la remémoration de ces pertes et le ressenti - presque inconscient de ces séquelles –

qu'elle engendre déséquilibrent l'ensemble de notre organisme et déclenchent l'apparition des douleurs.

Les souffrances qui n'étaient pas visibles, car non conscientisées au moment du traumatisme, restent toutefois cristallisées dans l'amygdale, et la répétition des vécus et expériences similaires ou rappelant le traumatisme initial va réveiller la mémoire corporelle et activer les souffrances psychiques. Notre corps étant une unité intégrée, tout traumatisme psychique laisse une trace ou une inscription corporelle, de même que les souffrances corporelles laissent une trace psychique.

Le manque d'autonomie par exemple, à la suite de longues périodes de convalescence, est une véritable épreuve pour les êtres adultes que nous sommes, habitués à aller et venir à notre guise, ou à réaliser tous les gestes et les actes du quotidien destinés à assouvir nos besoins organiques : boire, manger, vider notre vessie ou nos intestins, nous déplacer, prendre notre douche, etc. Si durant notre maladie ou notre accident cette autonomie a été dramatiquement réduite, un stress s'éveillera par la suite à la moindre convalescence, et sera à l'origine d'une douleur. Notre corps est une unité fonctionnelle et nous avons besoin, pour être en bonne santé, de sentir que celle-ci opère en totale autonomie.

Ce sont donc bien ces pertes collatérales *invisibles* au début qui chronicisent nos souffrances en les transformant en douleurs.

Lorsque j'ai compris cette donnée fondamentale, ma vision concernant mes expériences vécues a changé. Je le *savais* car j'avais fait l'expérience corporelle, organique. Chaque fois que j'en vivais une, je sentais qu'elle éveillait des ressentis, des émotions, des sensations dans mon corps, et en modifiait l'ensemble.

Il me fallut faire un vrai travail afin d'accepter d'avoir perdu à jamais ces souvenirs et que je devrai dorénavant m'en accommoder. Désormais, je vivrai en ignorant certains moments du passé partagés avec mes amis, je n'aurai plus accès à l'ensemble des souvenirs de mes expéditions et toutes les merveilles ainsi vécues. Le pire étant que les souvenirs heureux et drôles s'étaient évanouis laissant place uniquement à la réminiscence des moments difficiles et ténébreux. J'appris alors, par un travail d'acceptation, à maîtriser le stress que ces derniers généraient, tels des parasites s'invitant inopinément dans ma vie. Nous verrons ultérieurement, lors de l'exercice destiné à réguler notre stress, que l'acceptation des souvenirs difficiles est absolument nécessaire afin de retrouver la paix de l'âme.

De la manière dont vous exprimez le *ressenti* du vécu dépend la réponse organique. Il est certain que les traumatismes qui ont jalonné notre existence sont indépendants de notre volonté. Il serait aberrant de les convoiter. La trame de cet exposé vous guide pour *transformer* ce qui a été vécu *en lui redonnant un sens* et vous permettre ainsi d'avancer. Oui, cela est possible !

Une fois ma position de victime abandonnée et résolu à reprendre les rênes de ma vie, je suis à même de pouvoir choisir *comment, avec qui et où* vivre, de façon à modifier la réponse de mon organisme. L'état émotionnel qui découlera de l'expérience informera différemment ma conscience, en fonction de ce que je viens de vivre et du ressenti, perçu de manière positive ou comme désagréable (personnellement je trouve que l'acception « négatif » n'est pas adéquate, car toutes les expériences nous donnent de la connaissance et informent donc notre conscience). Cette reconnaissance de l'interaction entre « moi et les autres » ou « moi et la vie » nourrit ma conscience qui sera alors, par la suite, capable d'identifier les expériences salutaires pour moi et celles qui seraient nocives. Je parle bien d'expériences, situations, relations, lieux, nourriture, environnements, autres. Les personnes en elles-mêmes ne sont pas toxiques (hormis des personnes à profil pathologique), ce sont les situations que nous vivons et les relations, entre autres... Nous approfondirons ces notions dans le chapitre 4.

Mais, pourquoi est-ce indispensable de surmonter les souffrances, de les laisser définitivement derrière et de laisser la place à d'autres ressentis, émotions, sentiments et activités comme la joie, la paix, le plaisir, ou la créativité par exemple ?

Parce qu'un autre aspect est omniprésent dans les états de mal-être, très propices pour le maintien et l'apparition de troubles et de maladies d'origine psychique : le manque de présence à soi dans l'instant présent, envahissant petit à petit l'ensemble de l'organisme. En effet, il est très déstabilisant d'être constamment tourné vers le passé ou vers le futur. Ces deux *temps* ne faisant pas partie du présent : le passé n'existe plus, et le futur n'existe pas encore. Or, la vie est là, maintenant !

Lorsque nous restons ancrés dans le passé notre vie, qui se déroule dans la préciosité de l'instant présent, se perd, se dépense, se gaspille, n'a pas de substance ni de conscience. Nous ne sommes tout simplement *pas là, dans le moment présent qui est le cœur de la vie.* Ruminer sans cesse le passé est un des comportements qui maintiennent la douleur en place par la reviviscence sans fin des situations de stress.

Et encore une fois, les exercices proposés dans la méthode MIGERR sont destinés à redonner un sens aux traumatismes vécus, à transformer notre vision de ceux-ci en nous créant une nouvelle vie ou une façon différente d'expérimenter l'existence.

Patricia Thivissen, journaliste scientifique nous dit : « Après la maladie ou un stress intense, la résilience peut « se travailler » en pratiquant régulièrement des activités de méditation de pleine conscience, qui limitent les effets du stress sur l'organisme. » (55). Qui plus est, des études récentes ont montré que la méditation de pleine conscience limite l'usure des chromosomes. L'effet antistress produit par l'entraînement réduit la libération d'hormones comme le cortisol et l'adrénaline, et diminue l'usure des chromosomes (55).

C'est par le simple fait d'observer notre respiration,

d'accepter les choses comme elles viennent, comme elles sont, que nous pouvons vaincre ce fléau qu'est le stress.

La méditation serait une voie royale pour atténuer les effets du stress en limitant l'impact des épreuves de vie sur le corps et le psychisme.

La pratique méditative de la pleine conscience est un temps pour soi. Il fut exposé auparavant que notre vie ne se réalise que dans le moment présent. Toute pensée tournée vers le passé est vaine si elle véhicule des regrets, le passé étant un temps clos, révolu. De même que toute réflexion envisageant le futur est stérile. Un futur sans douleurs chroniques ne peut être possible que si l'on se concentre sur le moment présent. C'est à l'instant vécu ici et maintenant qu'une graine avec d'autres possibles est semée dans l'espace et dans le temps et, à partir du présent, elle pourra fleurir dans une vie future.

La méditation proposée dans les documents et vidéos de la méthode MIGERR intégrale est aussi destinée à accueillir vos douleurs sans les juger, mais plutôt pour les comprendre et à les accepter. Plusieurs exercices pour identifier la source souffrante de vos douleurs et faire le deuil ont été proposés auparavant. Si des informations supplémentaires sur des traumatismes jusqu'alors non identifiés se manifestent lors de cette méditation, ils pourront être traités avec l'exercice des deuils N°26 donné dans le chapitre 2.

<u>Exercice N° 38 : méditation assise
de la pleine conscience</u>

- Effectuez cet exercice 2 fois par semaine au minimum.
- Prévoyez 20 minutes pour commencer, rallongez à 45 par la suite, progressivement.
- Prenez place assis, en tailleur ou en lotus si vous pouvez, dans un endroit calme et à l'abri des bruits.
- Dans toutes les positions assises il faut vérifier que :

le buste est droit et vertical, la tête, le cou et le dos sont alignés, les épaules et les abdominaux sont relâchés mais toniques, les mains reposent sur les genoux, les yeux sont fermés, le corps reste immobile pendant la pratique.

- Commencez à porter votre attention à votre respiration, jusqu'à être celle-ci. Restez dans cet état une dizaine de minutes.
- Si des pensées envahissent votre esprit, laissez-les passer tels des nuages, sans vous y accrocher.
- Si des douleurs se réveillent, portez votre attention « lucide » vers elles. Etablissez une vraie communication avec vos douleurs, au point de « comprendre » leurs messages. De quoi vous parlent-elles ? Quelles fonctions accomplissent-elles dans votre vie aujourd'hui ? De quels souvenirs ou traumatismes sont-elles nées ? De quelles souffrances non exprimées dérivent-elles ?
- Le plus souvent les réponses viennent sous forme d'images, d'émotions ou de sensations ou ressentis corporels. Il ne s'agit donc pas de pensées, qui sont plutôt des créations de l'esprit, ceci est important.
- Dites à vos douleurs que vous accueillez *ses révélations*.
- Puis revenez à votre respiration et continuez la méditation.
- Si pendant ces méditations aucune douleur ne se réveille, ressourcez-vous dans la paix profonde que procure le vide.

3.5.4. La créativité au service de notre guérison

J'ai amplement exposé combien notre identité est le reflet de l'expression de nos potentiels génétiques, facilitée ou inhibée par la richesse ou la pauvreté de notre environnement. Les ecofacteurs humains et environnementaux jouent donc un rôle primordial.

Notre identité est une alchimie parfaite entre nature et culture. Le tempérament, d'origine biologique est inné et associé à la génétique, le caractère de son coté, d'origine culturelle est acquis et relié à notre éducation, tous domaines confondus. Ces deux aspects constituent notre personnalité, laquelle se forge, c'est-à-dire *se révèle* et se *transforme par l'apprentissage*, tout le long de l'existence grâce aux expériences vécues. Cependant, notre essence reste immuable, en dépit de ces changements permanents. *Elle me permet d'être toujours le ou la même*, mais en permanente transformation et évolution.

La personnalité associée à nos potentiels génétiques, comme un bagage unique pour tout un chacun, explique pourquoi certains individus ont une grande vitalité par exemple, d'autres ont un communicationnel/social facile, d'autres développent un lien profond avec la nature, certains sont empathiques, ou ont une créativité extraordinaire, d'autres encore sont plus sportifs, autant de traits et de personnalités. Cependant, n'y voyez aucun déterminisme, le destin n'est pas figé !

Forts de nos bagages génétiques, la neuroscience - soutenue par l'épigénétique - nous confirme aujourd'hui que, par la pratique, nous pouvons développer tous ces potentiels restés inhibés par notre éducation ou la culture dans laquelle nous avons grandi. L'individu est doté d'une capacité cérébrale permettant d'apprendre et développer tout ce qu'il souhaite, à tous les âges de la vie. Nous pouvons changer de métier, apprendre à jouer la guitare, chanter ou danser, développer notre écriture, devenir des philosophes, nous entraîner à un sport, devenir des acteurs…apprendre à être des guérisseurs pour nous-mêmes. Tout est permis, tous les apprentissages étant à notre portée.

Nous sommes capables de forger notre identité par les apprentissages de nouvelles compétences et par leur répétition et, en même temps, elle se *révèle* dans le miroir de l'autre par les expériences, dans les interactions avec autrui.

Certaines personnes pensent à tort ne pas détenir certaines capacités, compétences ou talents. Du fait qu'elles ne les ressentent pas dans le moment présent, elles sont persuadées qu'elles ne font pas partie de leur *bagage génétique*. Je me dois de démentir cette croyance limitative. Les quelques 25000 gênes qui nous composent, lorsqu'ils se potentialisent durant l'expérience de l'existence, le résultat est une manne existentielle illimitée.

A cela s'ajoute une découverte relativement récente dans le domaine des neurosciences, *la plasticité neuronale*. Une définition simple de cette caractéristique du cerveau serait celle-ci : « La plasticité neuronale, neuroplasticité ou encore plasticité cérébrale sont des termes génériques qui décrivent les mécanismes par lesquels le cerveau est capable de se modifier lors des processus de neurogenèse dès la phase embryonnaire ou lors d'apprentissages. Elle s'exprime par la capacité du cerveau de créer, défaire ou réorganiser les réseaux de neurones et les connexions de ces neurones. Le cerveau est ainsi qualifié de « plastique » ou de « malléable ». Ce phénomène intervient durant le développement embryonnaire, l'enfance, la vie adulte et les conditions pathologiques (lésions et maladies) (56).

« Créer », est le mot d'ordre aujourd'hui, si nous voulons apprivoiser notre santé, mettre les chances de notre côté pour guérir et établir ainsi les bases d'une vie orientée au plaisir et à la plénitude.

3.5.4.1. Notre cerveau a la capacité de réaliser tous nos rêves !

Dit autrement, notre cerveau a la capacité physiologique et fonctionnelle d'apprendre ou réapprendre à faire tout ce que nous désirons jusqu'à notre dernier souffle. Cela veut dire aussi que nous pouvons exprimer tous ces potentiels dont nous avons rêvés. Notre cerveau nous le permet. Nous en avons la capacité.

Des comportements, aptitudes, capacités telles que l'endurance, la persévérance, le courage, la détermination, ou même l'acharnement s'apprennent. Un exercice adéquat pratiqué en entraînement régulier, conjugué à une répétition de 40 jours, crée le réseau neuronal contribuant à ce que la nouvelle capacité reste opérationnelle à vie. C'est une merveilleuse nouvelle !

Notre cerveau est un prodige, au service de nous-même, de notre croissance et de notre développement. Il faut juste savoir l'utiliser, voire l'exploiter.

Pour dépasser, maîtriser—ou contrôler les douleurs chroniques, il nous faut du courage et de la détermination. Mais pas celui nécessaire pour porter du poids ou faire un marathon, celui qui vient du cœur, celui qui nous pousse à nous aimer, à oser être qui nous sommes, à vouloir accomplir nos rêves, à vivre une vie sans les béquilles de la douleur. La volonté de regarder nos douleurs en face et leur dire : « Stop, ça suffit, j'en ai assez de vous, je peux et je veux vivre sans vous, je vous laisse partir ! »

Cette voie peut paraître assez simpliste pour certains. Mais, qui a dit que la vie devait être toujours difficile ? Qui a inscrit dans votre cerveau que nous devons *ramer* pour être heureux et en bonne santé ?

Après 17 ans de souffrance, et en vivant dans l'ignorance de ce que je pouvais réaliser, je me suis réveillée un matin me disant justement cette phrase : « J'en ai assez de souffrir, je veux et je peux me débarrasser de mes douleurs chroniques, maintenant ! ». Certes, j'avais fait des formations, acquis des outils ayant expansé ma conscience, m'étais entraînée à la méditation. Je biodansais régulièrement, je marchais plusieurs fois par semaine, faisais du sport, me nourrissais correctement, prenais soin de moi… mais, d'où me venait le courage nécessaire pour me convaincre qu'il était possible de me délester des douleurs chroniques ?

3.5.4.2. Le courage de dire « oui » à la vie

Après avoir pris un temps pour ordonner ce processus que je suivis intuitivement, organisé les étapes l'une après l'autre telles que je les avais franchies, pris conscience de mes idées, de mes croyances, regroupé les informations et recherches glanées çà et là sur les douleurs et la fibromyalgie, je trouvai la force et l'espoir d'un changement de vie s'éveilla alors en moi. J'avais le pouvoir de me réaliser, de reconquérir mon cœur par les milliers de *vivencias*, de me réapproprier mon corps et de reprendre mon destin en main. Ce long cheminement m'a permis de croire à nouveau en moi, de réveiller les milliers de possibilités offertes pour surmonter les obstacles de ma vie, dont mes maladies en faisaient partie.

Avec le recul et ma riche expérience professionnelle, je peux aujourd'hui vous affirmer que *ce processus de transformation est à la portée de tous*. Nous pouvons nous contenter de notre statut de malade, voire d'handicapé de la vie, ou prendre notre courage à deux mains et nous affranchir de ce lourd fardeau. Je suis désolée si ces propos vous choquent ou vous paraissent brutaux, voire violents, ils émanent juste d'une croyance profonde. Peut-être pourriez-vous regarder au plus profond de vous et déterminer si vous avez vraiment *tout mis en œuvre* pour surmonter la maladie. Et quand je dis tout, je veux dire tout ce qui est en votre pouvoir. Faut-il encore savoir ce que *tout* veut dire.

La méthode MIGERR, basée sur une orientation *psychocorporelle*, se propose comme une méthode intégrale dans le sens où tous les aspects de l'être humain sont revisités. Tout ce qui fonde l'humain a été exposé ou le sera dans cet ouvrage. Son approche vise essentiellement à imprégner le besoin de revisite, d'élaboration, de réédition et de transformation des traumatismes psychiques – reflétés sur notre corps – afin de s'acheminer vers une guérison durable.

Certains aspects mériteraient d'être davantage approfondis, je vous l'accorde. Cependant, mon objectif n'était pas d'écrire une encyclopédie sur l'être humain, mais plutôt de proposer une méthode simple et accessible à tous avec laquelle nous puissions nous débarrasser de nos maladies, lorsque celles-ci se chronicisent avec le temps nous dépossédant ainsi de l'opportunité de vivre librement.

Pour que chacun puisse vivre ce processus d'accompagnement jusqu'à la guérison, développer le courage est de rigueur. Mais, que faire si je ne trouve pas la volonté ? Où puis-je l'acquérir ? Comment pourrais-je devenir courageux ? D'où nous vient cette ressource-? Qu'est que c'est au juste ?

La définition suivante me semble appropriée : le courage (dérivé de cœur) est une vertu permettant d'entreprendre des choses difficiles tout en surmontant la peur et en affrontant le danger, la souffrance et la fatigue. Depuis l'antiquité, et dans la plupart des civilisations, il est considéré comme l'une des principales vertus, indispensable au héros.

Vaincre nos maladies est un acte héroïque dont l'énergie nous vient du cœur. De ce cœur d'où émerge l'amour de soi ? Certainement. De ce corps où la peur peut être vaincue par l'amour de la vie, d'une envie de vie vécue avec plénitude ? Sans aucun doute.

Dans tous les cas, guérir nous demande du courage, celui de nous transformer. Et cette évolution est une voie qui demande une dose immense d'amour de soi. Et comme disait C.G. Jung « Ce n'est pas en contemplant la lumière que l'on devient lumineux, mais en portant son regard sur sa propre obscurité, ce qui est beaucoup plus impopulaire parce que beaucoup plus difficile » (57). Le besoin humain le plus impérieux aujourd'hui est de transmuer nos ombres en lumière et cette étape passe par un autre préalable et essentielle, la reconnaissance nos propres ombres. Ce chemin demande une grande conscience de soi et une bonne dose d'humilité.

Parce que oui, la maladie fait partie de nos ombres, terrée dans notre conscience, interdite parfois à nous-même. Le chemin consiste à parcourir le labyrinthe de notre existence et ouvrir les portes restées jusqu'alors fermées. En rouvrant ces dernières, nous aurons l'accès global à notre vécu, celui qui a façonné notre être, parfois à notre insu. Ces vivencias personnelles, souvent douloureuses, parfois déchirantes, se sont transformées en zones sombres derrière lesquelles se cache notre lumière. Notre mission lors de ce processus consiste à déchirer le voile, à faire tomber les masques derrière lesquels notre souffrance émotionnelle s'est transmutée en douleurs qui se sont cristallisées avec le temps afin d'y mettre la lumière. L'amour de soi-même a la force de nous accompagner dans cette magnifique mission.

Autrement dit, le courage de guérir est un processus qui va du chaos à l'ordre.

3.5.4.3. La danse bénéfique des hormones

Les exercices proposés dans la méthode MIGERR ont été élaborés afin de stimuler l'expression d'émotions spécifiques, dans le but d'activer les ressentis corporels à travers la sécrétion naturelle d'hormones et de neurotransmetteurs liés à l'émotion que l'on cherche à éveiller.

Ainsi, on pourrait croire que l'hormone liée au courage serait l'adrénaline ou le cortisol, ou encore la testostérone. Or, il n'en est rien.

La façon dont l'hormone du courage fonctionne et la raison pour laquelle elle est considérée comme l'hormone de ce sentiment, sont que, lors de sa stimulation, elle régule notre réponse face à la peur et inhibe la réaction de lutte ou de fuite. Dans les moments où elle est activée, elle amplifie notre conscience sociale et illumine les zones du cerveau associées à la signification des actes et à leur valeur. A travers cet exercice, nous apprenons à reprendre confiance en nous et nous augmentons notre désir d'aider les autres.

L'hormone dont je parle est l'ocytocine. Elle conduit notre conscience mentale vers ce qui est important pour nous et ouvre notre pensée vers autrui en développant l'empathie. Elle stimule la confiance et donne le courage d'agir dans notre monde social, en diminuant les sensations de peur et en accroissant celles de la compassion. Le changement de conscience créé par cette hormone favorise l'alliance du courage avec une meilleure capacité de concentration, un sentiment de plénitude ainsi que du bien-être.

L'ocytocine a été appelée « l'hormone de la liaison » ou « hormone de l'amour » et est fortement stimulée pendant l'allaitement, l'intimité et dans les relations avec nos êtres proches. Elle l'est également–lorsque vous recevez un compliment, jouez avec vos enfants, étreignez quelqu'un dans vos bras, caressez votre chien ou votre chat, ou encore quand vous relater les moments heureux...

De cette façon, nous pouvons stimuler, via un exercice spécifique, des hormones comme l'ocytocine, la dopamine, la sérotonine, le GABA, etc., renforçant ainsi les émotions générant des comportements bénéfiques pour notre santé et notre existence. Et plus nous répétons des exercices qui actionnent les bonnes hormones, plus nous aurons envie de les répéter. Darwin l'a confirmé il y a presque deux cents ans !

Quand nous cherchons à dépasser une maladie comme la fibromyalgie ou les douleurs chroniques, ou toute autre, établies depuis des années dans notre corps, psyché, mental et chaque acte du quotidien, le seul fait de penser à les laisser derrière nous peut engendrer un gouffre d'incertitude devant nous. Une peur mélangée au désir peut s'installer, créant une confusion alors très énergivore. Le doute entre un « oui, je peux le faire » et un « non, c'est impossible », peut valser un long moment dans notre esprit. La réflexion alors inefficace ne sera pas d'une grande aide. En effet, le mental est une machine puissante et capable de construire des gratte-ciels fondés sur de l'argile. Si, par malchance, vous êtes de nature à être fortement influençable, vous n'aurez pas le courage de continuer ou d'entamer un quelconque processus de guérison.

Le meilleur chemin pour se redonner de la motivation est l'expérience, autrement dit, la vivencia dans l'ici et le maintenant, imprégnée de toute notre détermination à vaincre la maladie si pesante. L'avantage de la vivencia est qu'elle ne nécessite pas de mental pour être vécue, mais d'un corps bien enraciné dans une réalité nouvelle qu'il désire voir advenir. Il sera alors un moyen fabuleux pour découvrir une expérience corporelle capable de neutraliser un mental trop envahissant. L'exercice que je vous propose est de cet ordre-là, comme toutes les propositions faites dans cet ouvrage. Dans la méthode MIGERR intégrale, il a amplement fait ses preuves et nous aide à ne plus accepter (inconsciemment bien entendu) de vivre des situations qui nous détruisent. Sa puissance n'est plus à démontrer.

Exercice N° 39 : renforcer ma détermination

- Installez-vous dans un lieu calme et à l'abri des regards et du bruit.
- Prenez position debout, jambes écartées de la largeur du bassin, corps droit et ouvert à l'expérience.
- Recueillez-vous dans votre cœur une minute en posant les mains sur votre poitrine, tête pliée avec dévotion envers vous-même, yeux fermés.
- Sentez la force de l'amour pour vous et la vie que vous désirez vivre.
- Il est très utile d'invoquer ce *vers quoi* vous aimeriez orienter votre détermination, par exemple : dépasser la maladie.
- Quand vous vous sentez prêts, ouvrez les yeux, posez votre regard face à vous et allongez les bras le long du corps.
- Prenez une profonde inspiration, vous gardez dans le cœur votre courage déterminé à surmonter votre maladie. En un geste rapide et précis, pliez le bras droit à 90° et posez la paume ouverte sur le cœur et, en même temps que vous avancez votre jambe droite d'un pas en avant, légèrement pliée, vous allongez droit devant vous votre bras à 90° du corps, en le tendant au maximum, paume ouverte à l'horizontale et regardant vers la terre, doigts dépliés et joints, bien tendus. Le geste peut rappeler celui d'un

couperet.

- Ce qui donne la force à l'exercice c'est la rapidité, la précision des gestes et le fait de faire les gestes du bras et de la jambe en même temps.
- Si vous souhaitez renforcer la sensation de détermination, vous pouvez émettre un cri.
- Répétez-le plusieurs fois.
- Notez sur votre Journal de guérison les ressentis.

L'ensemble du corps est impliqué dans les exercices et ceux-ci suivent des étapes successives, dont chacune est très détaillée et les gestes décrits sont précis. Pour faciliter leurs apprentissages, des vidéos sont proposées dans le but de pouvoir exécuter correctement les exercices nécessitant une procédure rigoureuse, comme celui-ci.

En effet, il nécessite un entraînement assidu pour atteindre le summum de l'expression de la détermination. Ce qui est certain, c'est la sensation de force indéfectible et lucide qui s'en dégage et le ressenti de notre capacité à aborder la vie et la maladie de manière différente. La force et le courage trouvent des opportunités nouvelles pour grandir en nous.

De plus, nous sommes invités à toujours donner un sens aux exercices et aux gestuelles de vie qui sont proposés dans cet ouvrage. Sans celui-ci, les gestes deviennent automatiques et le vide laissé par l'automatisme sera comblé par de nouveaux gestes pourvus de nouveaux sens pour notre vie. L'enrichissement, dans l'idée d'un accomplissement de soi, ainsi qu'une vision plus vaste de notre existence, sont les premiers signes d'une guérison de l'âme, antichambre de la rémission du corps.

Lorsque nous développons nos potentiels génétiques, les vicissitudes de l'existence deviennent des défis à surmonter. Nous comprenons que les difficultés font partie du parcours, qu'elles sont autant d'épreuves ponctuant notre parcours pour nous obliger à aller de l'avant, à explorer des aspects de nous ayant besoin d'émerger vers la lumière.

La maladie peut être considérée comme une ombre parmi la lumière de la vie, comme un chemin à parcourir avec un but en soi, ce dernier étant de nous rendre notre entièreté, par l'intégration des morceaux de notre histoire de vie jusqu'alors refoulés. Et, à l'évidence, ces pans de notre histoire enfermaient des émotions demeurées trop longtemps prisonnières de notre corps, enfermant la joie, l'amour et la vie dans nos cellules.

Le défi consistera alors à prendre notre courage à deux mains et, avec une grande détermination, partir à la conquête des émotions, des sensations et des ressentis, voire des non-dits, restés oubliés dans le labyrinthe de notre existence. Il est important de laisser émerger le sentiment, de réparer le mal fait (sous réserve que la situation le mérite), et de communiquer à autrui tout ce qui est resté sous le joug du silence, durant parfois des décennies, pour enfin libérer notre âme et notre corps d'une telle souffrance.

Ce parcours nécessite certes beaucoup de courage et de détermination. Après quelques moments tempétueux, des instants de chaos même, la paix ressentie vaut toutes les épreuves franchies.

Dans tous les cas, nous avons la capacité et les moyens nécessaires pour réaliser un tel processus, et plus encore. Je suis déterminée à instaurer en vous l'idée que notre être tout entier contient une myriade de possibles, et que leur mise en lumière est une étape passionnante durant notre passage sur terre. La découverte de loger dans un habitacle pléthorique de possibilités est une source inépuisable de joie et de promesses d'une vie meilleure, plus épanouissante avec un horizon infini.

3.5.4.4. Comment (me) créer une autre réalité ?

La créativité nous aide à transcender les barrières mentales et les croyances limitatives, à différencier ce qui est possible de construire de ce qui ne l'est pas.

Néanmoins, une surprise nous attend au moindre détour. Plus nous faisons l'expérience de projets pensés auparavant comme inatteignables, plus notre créativité s'accroît pour se transformer en un besoin d'expression et d'expansion. Et plus nous nous exprimons au travers les différentes formes d'art, et plus nous devenons créatifs. Je suis aujourd'hui convaincue *que le futur appartient aux créatifs.* Au niveau de la maladie, la fonction créative nous renforce dans notre idée que, *si je me suis créé une vie de souffrance, je peux aussi me bâtir une vie de plaisir et de plénitude !*

Notre monde est une construction, une création fondée sur des croyances et des mythes partagés. D'autres mondes sont alors possibles d'être créés et construits ?

Je suis époustouflée de lire et penser que l'Homo *sapiens,* que nous sommes, fut en mesure de construire un monde, à certains égards, imaginaire, et de l'entretenir. Notre monde, une édification de toutes pièces, s'est fait par conviction de nos ancêtres qu'il était préférable d'unir leurs forces et de créer des villes et des empires pour s'y abriter, qu'il fallait également créer des religions, des nations et des droits de l'homme afin de *mieux* cohabiter (bien que l'histoire démontre le contraire), que l'argent, les livres, les lois étaient nécessaires pour vendre et marchander, échanger et communiquer, réguler les comportements, que la bureaucratie, les horaires et la consommation de masse étaient indispensables à l'évolution de l'humanité. Bref, un monde échafaudé siècle après siècle. Et c'est bien nous que l'avons fait !

De même qu'il est difficile pour certains d'admettre que ce monde dans lequel nous vivons est notre œuvre, il n'est pas non plus aisé d'assumer, par les malades que nous sommes, que notre monde de douleurs a été un édifice nécessaire. Il n'est pas à la portée de tous de comprendre que quand les émotions ressenties lors de nos traumatismes devenaient *insoutenables,* c'est-à-dire impossibles à élaborer par notre psyché, ces émotions se sont inscrites dans notre corps. Le cerveau a alors mémorisé les traumas que nous n'avons pas pu prendre soin en temps et en heure, et, par défaut, notre corps en a pris la charge. Si ce mécanisme n'opère pas, c'est notre mort. Ou la folie. Notre corps est sage, sa biologie, programmée pour vivre, a voulu que nous vivions, ou plutôt, que nous survivions.

Notre psyché, trop encombrée par les souffrances vécues, n'a pas pu faire face. Notre corps a donc créé la douleur, comme il engendre d'autres maladies. Ce sont des chemins à expérimenter, peut-être pour mieux nous connaître ? Dans ce chemin de connaissance, nous sommes contraints de développer des nouvelles ressources, d'exprimer des potentiels restés endormis, de faire croître en nous la graine d'amour que nous nous portons. Un chemin somme toute fabuleux.

Si notre psyché a élaboré cette stratégie de survie, elle est à même d'en créer de nouvelles plus positives. Les questions à se poser seraient, quelle vie ai-je envie d'avoir ? Quelles activités me combleraient de bonheur afin de me réaliser ? Qu'est-ce qui m'épanouirait vraiment ? Comment me sentirais-je sans douleur au quotidien ?

Les réponses sont multiples, à chacun de dessiner le monde qu'il a envie d'habiter, de féconder et fertiliser de ses envies, besoins, rêves, désirs, illusions. Nous pouvons fleurir dans le désert de nos existences, cela nous le savons. A nous de le mettre en actes.

Il suffit d'emprunter ce chemin une fois pour que l'autoroute neuronale se câble avec la répétition de l'expérience. Il faut un bref laps de temps, 40 jours, pour que ce processus se stabilise dans nos circuits neuronaux. Qu'est-ce que 40 jours dans une vie ?

Quand je vivais sous l'emprise de mes douleurs chroniques je n'ai jamais cessé de rêver à une vie sans douleurs. Je n'ai jamais non plus arrêté de faire des projets de vie, de suivre mes élans du cœur, de changer de métier, de me former, de changer de pays, d'avoir plusieurs maisons, jusqu'à me faire construire celle de mes rêves, d'exercer un métier qui me passionne, d'écrire des livres pour partager mon expérience. Me créer, dans ma tête, une vie nouvelle, libre et sans barrières, m'a profondément aidée à la faire devenir réalité. Donner du mouvement à cette idée d'une nouvelle vie par la danse, le dessin, l'argile, la peinture, la sculpture, le chant, la musique, lui donner des couleurs et des formes, découper des images et en faire un collage, l'écrire … sont autant d'approches qui m'ont aidée à la concrétiser.

Toutes les formes d'art que je mentionne ont abouti à la création d'une discipline à part entière nommée l'art-thérapie. Les effets thérapeutiques de l'art sont de mieux en mieux établis, et les dernières études montrent qu'il a le pouvoir de stimuler la neuroplasticité. L'art-thérapie a des multiples effets positifs, allant de la rééducation motrice à l'amélioration de l'humeur et de l'estime de soi. Ses bienfaits résultent du plaisir et de la satisfaction éprouvés à réaliser des belles œuvres, mais aussi, dans certains cas, à des changements neuroplastiques dans le cerveau (58).

En ce qui me concerne, chaque fois que mon idée d'une vie nouvelle se modelait dans un art, je la vivais, je la *vivenciais* de tout mon être. Chaque cellule de mon corps intégrait cette possibilité, au point que j'en étais émue jusqu'aux larmes. A force de la créer inlassablement dans ma tête et de la concrétiser dans une matière, elle est devenue une réalité palpable !

3.5.4.5. La créativité est un chemin qui va du chaos à l'ordre

La créativité est une *fonction* de notre organisme, comme le sont la fonction de reproduction, la respiration, la digestion. Notre corps crée sans repos de nouvelles cellules, de nouveaux tissus, os, muscles, tendons, ongles, cheveux. Nous sommes nés pour créer. Notre corps nous le rappelle à chaque seconde.

Il y a une phrase du Maître Osho qui me parle au cœur : « Peindre, sculpter ou faire des chaussures n'a pas d'importance. Ce qui a de l'importance c'est de mettre votre âme dans tout ce que vous créez. » (59).

Notre vie est le reflet de notre âme, pour changer de vie, il faut illuminer et imprégner notre âme des couleurs de nos rêves, des élans de nos mouvements, des ébauches de nos desseins, des ailes de nos désirs.

La créativité est une activité qui fait partie intégrante de la transformation cosmique. Un chemin du chaos à l'ordre. Si l'acte de vivre est une manifestation subtile du prodigieux mouvement d'un univers biologiquement organisé et en permanente « création actuelle », la créativité humaine pourrait être considérée comme une extension de ces mêmes forces biocosmiques qui s'expriment à travers chaque individu. Nous sommes à la fois le message, la créature et le créateur (9).

Notre univers, notre environnement et notre vie sont en constante et permanente création. Rien n'est figé, tout est mouvement. La contemplation de cet univers en constante création est une source inépuisable de créativité. L'être humain est par essence imaginatif et la grande difficulté des individus est la surabondance de leur imagination. L'être créatif a besoin de développer une attitude d'humilité, laquelle consiste à abandonner nos multiples options et à placer en une seule d'entre elles notre amour serein.

Dans ce sens, se créer une vie sans douleurs demande une concentration dans le moment présent, qui se creuse et s'ancre dans l'ici et maintenant. Nous laissons derrière nous un passé souffrant, devant nous se profile alors un futur épanouissant. La méthode MIGERR met le focus sur le présent et le futur, à nous de nous le réapproprier pour qu'il advienne.

La fonction inventive est extensible à l'extérieur de nous. Nous nous créons notre environnement, au travers le choix d'un métier, d'un conjoint, d'une famille d'un lieu de vie, d'un cercle d'amis, d'une religion, d'une philosophie, d'une foi ou la croyance en un univers infini, d'une maladie, de douleurs. Nous créons continuellement notre réalité. Nous sommes les artisans de notre vie, les orfèvres de notre quotidien.

Se poser les questions suivantes régulièrement est très enrichissant. Cela nous aide à faire un bilan de notre capacité à rêver, à créer, à concrétiser, puis à modifier ce qui est à transformer. Quel métier ai-je envie de faire ? Avec qui je souhaite partager ma vie ? Où ai-je envie de vivre ? Concernant la maladie et les douleurs chroniques, nous pourrions ajouter : comment imaginer ma vie sans douleurs ?

Je vous propose une voie possible pour vous façonner la vie de vos rêves, une vie où la douleur serait complètement maîtrisée, chassée de votre quotidien. A vous, par la suite, d'alimenter ce rêve avec d'autres outils.

Nous allons ensuite combiner un exercice de visualisation créative et de créativité matérialisée. Pour étayer l'importance et la force de notre imagination, je citerai B. Cyrulnik qui décrit ainsi cette super capacité de l'être humain « ...une visualisation provoque des modifications précises de fuseaux neuronaux qui envoient des informations dans le corps, dans les jambes ou ailleurs. Une représentation mentale peut modifier notre corps. » (49).

La visualisation est un outil puissant pour nous aider à nous concevoir une autre réalité. Combinée à l'art comme thérapie, elle décuple les effets afin de nous sentir les acteurs vivants de notre futur.

Exercice N° 40 : mon « collage » de la vie que je désire vivre !

- Cherchez des magazines, cartes postales, photos, coupures de journaux et toute autre image qui s'apparente à ce que vous désirez vivre. Munissez-vous d'un support dur d'au moins 30x30 cm, d'une paire de ciseaux, d'un tube de colle à papier.
- Installez-vous en tailleur ou toute autre position confortable et méditez sur la vie dont vous rêvez. Respirez plusieurs fois profondément jusqu'à vous sentir apaisé et de retour à votre centre, votre cœur.

- Lorsque vous imaginez votre vie n'oubliez pas, tout est possible, il n'y a pas de limites ! Les limites sont mentales, la méditation nous invite à quitter le mental étriqué pour nous élever vers des sphères amples et infinies.

- Si la méditation ne vous convient pas, faites un rêve éveillé. Allongez-vous confortablement, et laissez partir votre corps et votre mental vers des confins lumineux, pétillants et vibrants de vie, des endroits de rêve. Invitez à votre voyage votre famille, des amis, des animaux, des anges, des elfes, et tout autre être qui vous inspire.

- Ensuite, dès que vous vous sentez prêt.e, sortez progressivement de votre rêve ou méditation et installez-vous pour créer votre réalité nouvelle.

- Commencez à feuilleter les magazines, les journaux et découpez les images qui vous inspirent, là où vous vous projetez, où vous vous dites « je me vois bien vivre à la campagne », ou « je sens que mon corps aimerait bien nager à la mer », ou encore « je me sentirais heureux/euse si je pouvais soigner les gens avec une approche naturelle », « j'aimerais tellement avoir une vie de couple épanouie »...Sentez les images et les effets qu'elles éveillent dans votre corps : envie, désir, épanouissement, bonheur, plaisir, complétude...tout est à votre portée, tout est pour vous, créez ce collage et qu'il soit le reflet fidèle de vos désirs de vie, même les plus fous !

- Maintenant découpez et collez les images dont vous voulez être l'acteur. N'importe comment c'est parfait. Chevauchez-les les unes sur les autres, tout est parfait.

- Ecrivez sur le collage des désirs, des rêves, des besoins, formulés au moment présent, par exemple : « je vis à la campagne », « je me sens aimé », « j'ai une santé à toute épreuve », « je suis heureux/heureuse », etc., tout est permis.

- Dès que vous sentez que votre œuvre est terminée, remerciez-vous et finissez par la phrase « je m'aime et je m'accepte totalement et inconditionnellement ».

- Accrochez votre collage dans un lieu bien visible, là où vous la regarderez cent fois par jour.
- Montrez-la aussi à votre famille, amis, collègues en leur disant « voilà la vie que je suis en train de me construire »
- Ecrivez dans votre Journal de guérison les émotions éprouvées.

Ce dernier et la visualisation qu'il implique est d'une extrême puissance. N'oubliez pas que les grands créateurs font toujours au préalable des maquettes de leurs œuvres avant de les réaliser. Parfois ils utilisent les collages pour visualiser tout ce qu'ils souhaitent mettre en place, qu'il s'agisse des édifices, des stades, des aménagements, des jardins, des vêtements, des films, des vidéos, des peintures.

Si toutefois vous affectionnez un autre matériel comme l'argile par exemple, sculptez avec vos mains une pièce où vous allez créer des formes qui seront la traduction de vos rêves, de vos désirs, de vos envies et de vos besoins. Là aussi, aucune limite, tout est possible. Il se peut qu'il n'y ait que vous qui la compreniez et c'est très bien ainsi. Cette œuvre contient l'essence de la vie que vous souhaitez pour vous.

La même vivencia peut être réalisée en peinture. Prenez un format qui vous convienne, choisissez les couleurs qui vous parlent, dessinez et peignez votre vie telle que vous la désirez. Pas de limite de formes, de mouvements, de profondeur, de lumière. Tous les sentiments et tous les désirs peuvent être traduits par un coup de pinceau et les couleurs de l'arc-en-ciel.

J'aimerais finir avec une belle et prometteuse phrase d'Osho : « La créativité est le parfum de la vraie santé. Lorsque quelqu'un est vraiment sain, la créativité lui vient naturellement, l'impulsion de créer surgit » (59).

3.5.5. Les voies pour épanouir le plaisir

Il est nécessaire d'expliquer que le ressenti du plaisir,

face aux épreuves existentielles, est de loin le plus difficile à faire émerger. Comment transformer notre souffrance en plaisir ? *Voici une des sept clés pour surmonter les douleurs chroniques, fibromyalgie, extrapolable à des nombreuses maladies.* De la même façon que nous avons appris à souffrir, nous pouvons apprendre à jouir de la vie. Ne jamais oublier que nous sommes des êtres en perpétuel apprentissage et tout comportement qui se répète se renforce, disait Charles Darwin il y a presque 200 ans ! Je vais proposer des exercices pour amorcer un changement dans la sélection de pensées et d'actes qui renforceront cette délicieuse et vertueuse sensation pour notre corps.

Le ressenti du plaisir a joué un rôle essentiel dans mon processus de guérison. Comme mentionné plus haut, le plaisir est une des composantes du bonheur, avec le sens et l'engagement selon la psychologie positive.

Sans cette capacité à ressentir ce merveilleux sentiment et apprendre à comment l'ancrer, la guérison devient difficile. Mais, comme toutes nos aptitudes, le plaisir s'apprend ou se réapprend.

La découverte de la Biodanza et la pratique régulière et fréquente de la danse et des mouvements pleins de sens, sont devenues pour moi un espace me procurant beaucoup de plaisir, ce dernier grandissant au fur et à mesure de ma pratique. L'activité physique, si présente durant ma jeunesse de sportive, me procurait également le ressenti de ce sentiment si bénéfique pour combattre les douleurs. J'avais abandonné l'alpinisme depuis longtemps, mais les sports comme le ski, la randonnée et la natation restaient pour moi des occupations au travers desquelles mon plaisir exultait. J'allais comprendre bien plus tard que la pratique régulière de ces activités allait être un des facteurs de dissolution de mes douleurs chroniques. Le désir qui me motivait et le ressenti du bien-être qui en résultait, avec la libération des neurotransmetteurs comme la dopamine, les endorphines, la sérotonine et l'ocytocine, faisaient le reste.

Le Dr. Benezech écrit « L'activité physique constitue probablement le paradoxe le plus frappant de cette réflexion sur la douleur chronique. Paradoxe, pour qui prend comme référence les fonctionnements anatomiques et physiologiques locaux dans la compréhension du phénomène douloureux chronique ; inversement, cette activité constitue un exemple supplémentaire étayant une logique différente de cette problématique. » (14).

Il existe des cas de patients douloureux chroniques pour qui certaines tâches quotidiennes ou des environnements au travail deviennent intolérables, alors que, questionnés sur ce qu'ils aiment faire, les réponses fusent sur le plaisir qu'ils avaient, avant le fatidique diagnostique de la fibromyalgie, à faire du VTT, de la randonnée, de la danse ou toute autre activité qui leur procuraient du plaisir.

Tel était mon cas. Mes douleurs survenaient comme des pointes de flèches dès lors que je devais réaliser des activités qui me déplaisaient comme balayer, repasser, passer l'aspirateur, plier le linge, porter du poids, ou quand j'étais en état de stress, ou subissait des pressions insoutenables au travail. Elles provoquaient littéralement chez moi de la souffrance émotionnelle et, faute d'avoir trouvé un autre moyen d'expression, celle-ci se transformait en douleur.

Le Dr. Benezech le décrit fort bien lorsqu'il raconte la solution qu'il proposait à ses patients douloureux chroniques, à savoir apprendre à entendre la souffrance globale (il y en avait beaucoup), en comprendre l'impact sur les individus qui s'étaient construits comme ils avaient pu, développant une perception d'eux-mêmes particulière où ce qui est pénible, intolérable, a pris la tonalité de la douleur, et *où la mise en jeu de ses capacités physiques, dans un environnement qu'il affectionne, apaise grandement ses maux* (14).

3.5.5.1. Plaisir et guérison

Le Dr. Benezech poursuit son analyse du paradoxe suivant : chez les personnes douloureuses chroniques, la perception de la douleur diminue lorsqu'ils font une activité physique ou une autre activité qu'ils affectionnent particulièrement. Il en conclut pour ces patients : « ...Il vous faut tous les jours pratiquer une activité physique qui soit plaisante pour vous, que vous vous donniez les moyens pour vivre le plus souvent possible ce qui s'est vécu ce jour-là. » (14).

Sébastien Bohler, rédacteur en chef du magazine Cerveau & Psycho, nous partage dans un éditorial l'histoire vraie d'un cycliste de 105 ans : « Une chose m'a frappé en assistant au record établi par le cycliste Robert Marchand sur la piste du vélodrome de Saint-Quentin-en-Yvelines, le 4 janvier 2017. Non pas le fait qu'il ait parcouru 22 kilomètres en une heure, ni même son âge avancé de 105 ans (même si, il est vrai, c'est en soi extraordinaire) : non, c'étaient ses mots à l'issue de l'épreuve. « J'aurais pu aller plus vite si j'avais su, mais je n'ai pas vu le panneau qui indiquait qu'il ne me restait que cinq minutes. » Et sa voix incisive, nerveuse, décidée. Sa lucidité, sa volonté audible, déployée chaque jour à l'entraînement. »

De nombreuses études neuroscientifiques concluent que courir, nager, faire du vélo, danser ou pratiquer une autre activité plaisante pour soi, si elle est régulière, diminue les symptômes des personnes atteintes d'une dépression légère à modérée. Pour beaucoup de patients, ce serait même le traitement le plus efficace et le plus sain.

Le sport renforce, entre autres, notre capacité biologique de résistance au stress, stimule la synthèse de nouveaux neurones et améliore l'estime de soi.

Dans un article écrit par Ferris Jabr, journaliste scientifique et éditeur aux magazines Scientific American, Mind, New York Times Magazine, The New Yorker et Outside, il raconte l'histoire d'une patiente appelée Elizabeth, hospitalisée à la suite d'une tentative de suicide, atteinte de graves troubles de l'appétit et du sommeil. Elle avait progressivement renoncé à tout ce qui lui procurait du plaisir, comme les films, les livres et la musique. Elle s'était éloignée de ses amis et manquait régulièrement les cours à l'université. Avant sa tentative de suicide, elle ne sortait plus de son lit, malgré l'action des antidépresseurs. Dans ses moments les plus sombres, des pensées obsessionnelles d'automutilation et de suicide lui traversaient l'esprit (51).

Dans un second temps, elle est orientée vers l'hôpital de Saratoga Springs, où les médecins lui proposent une prise en charge plus globale. En plus des médicaments et des consultations psychologiques, d'autres activités quotidiennes sont prescrites : de l'art créatif et des marches à pied en plein air. Un thérapeute lui conseille également de pratiquer une autre activité physique. A la sortie de l'hôpital, Elizabeth commence à fréquenter les salles de sport, entre 3 et 5 fois par semaine et à pratiquer la zumba.

La dépression est présente chez la plupart des patients douloureux chroniques, à des degrés divers. L'activité physique régulière améliore l'humeur et diminue les symptômes dépressifs. Comment ? Depuis dix ans les scientifiques ont découvert que l'exercice physique modifie le cerveau. A la seconde où vous courez, pédalez ou dansez, la chimie de votre corps commence à changer.

Il accélère la fréquence cardiaque et disperse davantage le sang, l'oxygène, les hormones et les neuromédiateurs dans l'ensemble de l'organisme. Les études suggèrent que l'exercice modéré régulier provoque un meilleur câblage du cerveau et une activation du système immunitaire qui rendent le corps plus performant dans la lutte contre les tensions physiques et mentales. Plus nous vivons un stress varié (et non chronique et permanent), moins nous avons de risques de développer un épisode dépressif. De fait, la plupart des scientifiques considèrent la dépression comme un trouble de la gestion du stress (51).

De plus, le sport favorise la sécrétion de BDNF (*brain-derived neurotrophic factor*), un facteur qui stimule la création de nouveaux neurones dans l'hippocampe, structure jouant un rôle principal dans l'apprentissage, ainsi que dans différentes aires du cortex. Le sport engendre également la production de nouvelles cellules sanguines et une irrigation plus efficace du système nerveux, et, par conséquent, prolonge la durée de vie des neurones. Ces effets sont provoqués par une augmentation naturelle, dans l'organisme, de la concentration d'hormones de croissance, comme le BDNF, et de neurotransmetteurs, surtout la dopamine, la molécule associée au plaisir et à la motivation (51).

Les recherches sur la fibromyalgie ont conclu que l'activité physique est efficace contre la dépression *si le patient peut choisir le type de sport et son intensité*. Toutes les personnes ne peuvent pas avoir une activité physique qui plaise dans leur histoire personnelle. Certaines personnes éprouvent des difficultés importantes pour pouvoir envisager un engagement sportif.

Cependant, la marche, déjà proposée dans ce livre comme un exercice simple et accessible à tous, peut être réalisée d'une façon progressive. On peut commencer par quelques mètres dans un premier temps, davantage si possible, pour atteindre ensuite une progression et une régularité.

Le vélo d'appartement peut constituer un moyen précieux pour les personnes très occupées, sa pratique étant indépendante des conditions météo. La natation, en piscine ou en mer et ses mouvements en apesanteur, peuvent aider d'autres personnes, celles dont les muscles semblent raides.

Dans tous les cas, et d'après de nombreuses études, les personnes atteintes de douleurs chroniques et ayant accepté la reprise d'une activité physique en ont été contentes dans l'ensemble. Il s'agit seulement que chacun envisage une activité physique qui lui soit agréable, *la chimie du corps fera en sorte que le plaisir éprouvé donne envie de répéter l'expérience.*

D'autres activités sont aussi source de plaisir. Il s'agit pour cela de « se concentrer » sur l'effet qu'elles nous procurent afin d'ancrer cette bénéfique sensation. J'adore les bains chauds, d'autant plus que je ne peux pas en prendre souvent. Raison de plus pour l'apprécier quand cela arrive. Avec quelques poignées de gros sel et une dizaine de gouttes d'une huile essentielle relaxante, c'est absolument merveilleux. Mon corps frétille de plaisir ! De même, quand je prends un café sur une terrasse ensoleillée en bonne compagnie, lorsque je peux désaltérer ma soif avec un verre d'eau fraîche, ou encore manger un bon repas en famille, marcher dans la nature, lire un excellent livre…les exemples sont innombrables.

C'est la façon de percevoir ces moments qui m'a permis de transformer progressivement mes douleurs en plaisir. Pendant que je réalisais une de ces activités, mes sens plongeaient littéralement dans le bien-être ressenti et l'engrammait ainsi dans mes cellules, de sorte que je focalisais mon attention sur cette sensation, celle-ci bloquant ainsi la douleur mise alors en sourdine. *Il s'agit somme toute d'une question de messagers chimiques, dit autrement, la dopamine, générée par la sensation de plaisir, inhibe les enképhalines, hormones liées à la douleur.* Avec l'entraînement, cela est tout à fait possible. Je peux toujours choisir sur quoi focaliser mon attention.

En effet, notre cerveau est programmé pour ressentir du plaisir. Des aires et des mécanismes spécifiques sont destinés à cette fin essentielle à l'être humain. La principale préoccupation d'un organisme vivant est de satisfaire ses besoins pour rétablir son équilibre interne et se développer. Pour cela, il a mis en place le medial forebrain bundle (MFB) qui est le circuit de la récompense et du plaisir. Les structures cérébrales qui régulent le MFB sont l'aire Tegmentale ventrale (ATV), l'hypothalamus, le noyau Accumbens, le septum, l'amygdale et le cortex préfrontal. (60).

Le MFB motive l'individu à agir en récompensant l'action à l'origine du rétablissement de l'équilibre interne. Lorsqu'un déséquilibre interne apparaît et que l'individu agit pour rétablir l'harmonie, le MFB libère de la dopamine dans le noyau Accumbens, le septum, l'amygdale et le cortex préfrontal pour récompenser l'action qui l'a réajusté. La dopamine procure une sensation de plaisir bénéfique au développement des facultés physiques et psychiques de l'individu Les effets de la dopamine, qui favorisent l'ouverture aux autres, aux jeux, aux activités créatives, à la connaissance, à la quête de partenaires sexuels, etc., renforcent l'estime de soi, (60).

En provoquant un affermissement positif, la dopamine favorise la mémorisation de l'expérience, de l'action ou de la personne responsable de cette récompense. En assimilant l'expérimentation procurant du plaisir, le système limbique motive l'individu à la reproduire pour se procurer à nouveau des récompenses. Prenons l'exemple d'un petit singe qui a faim et tiraillé par des crampes d'estomac. Pour satisfaire le besoin physiologique de se nourrir, il grimpe en haut d'un arbre pour cueillir de gros et longs fruits jaunes. En mangeant ces bananes, il ressent un tel plaisir qu'il sera motivé à reproduire cette action lorsqu'il sera à nouveau affamé.

De même, un adulte éprouvant du plaisir en réalisant une expérience spécifique, comme par exemple nager, marcher, danser ou chanter ou toute autre activité, mémorisera l'expérience dans son système limbique afin de la reproduire pour se procurer à nouveau le ressenti de la récompense. Cette donnée *est une clé dans le chemin de la guérison.*

La dopamine intervient dans de nombreuses fonctions cérébrales : les mouvements, la motivation, l'humeur et la mémoire. Ces actions, cependant, ont un revers de médaille. Le neurotransmetteur est aussi impliqué dans les addictions, la schizophrénie, les hallucinations et la paranoïa. Pourtant, la dopamine est souvent synonyme de « molécule du plaisir ». Cette substance explique l'effet des médicaments psychoactifs ; elle donne du sens et de la saveur à la vie ; elle est responsable du bien-être associé au sport, à l'alimentation, au sexe, aux liens sociaux ; elle régule le sommeil et l'éveil ; elle est impliquée dans l'apprentissage ; elle a un rôle important dans l'attention et la vigilance (61).

Kent C. Berridge et son collègue Terry Robinson, de l'Université de Michigan ont conclu, après plusieurs expériences, que la dopamine n'était sans doute pas la molécule du plaisir, mais plutôt celle du désir. Le désir lui-même étant parfois source de plaisir, mais, à long terme, s'il n'est pas satisfait, provoque de la frustration. Les scientifiques venaient de distinguer la recherche du plaisir de son obtention. Ils ont nommé la quête de satisfaction orchestrée par la dopamine, le désir ou l'envie, et son accomplissement, qui serait indépendant des circuits dopaminergiques, le plaisir (61).

Beaucoup de personnes dépendantes à une drogue ou à un comportement subissent une sorte d'escalade du désir sans augmentation proportionnelle du plaisir. Cela illustre ce que Berridge et Robinson ont appelé dès 1973 la théorie de *l'incentive sensitization* pour (sensibilisation incitative) ou théorie du désir. Cette théorie a été confirmée par d'autres scientifiques (61).

Berridge pense que la dopamine « enregistre les expériences – même insignifiantes – ce que vous sentez et entendez – et amplifie parfois leur importance » et vous pousse à les rechercher.

Alors, comment la dopamine intervient-elle dans la motivation ? Selon certains chercheurs, *le cerveau utilise la dopamine pour identifier les actions et les objets qui nous apporteront la plus grande récompense.* Il distingue ce que vous recevez de ce que vous espériez obtenir.

Ces études nous montrent que nous pouvons mener des actions qui nous sensibilisent en nous incitant à les répéter. L'ensemble d'exercices qui composent la méthode MIGERR se base sur les résultats de ces études.

Le comportement d'un individu diffère en fonction des résultats qu'il a obtenus. Lorsqu'une action (entreprendre, obéir, créer, conquérir le pouvoir, apprendre, lutter, etc.) mène au succès (rapport amoureux, reconnaissance, augmentation, promotion, diplôme, médaille, etc.), le MFB sécrète de la dopamine pour provoquer un renforcement positif.

Éric Fromm propose une distinction entre les « plaisirs primaires et secondaires ». Le plaisir primaire contribue au plaisir sous une forme « hédoniste ». Étant provoquée par un « stimulus actif », dès qu'il est satisfait, l'intensité de sa sensation diminue rapidement. Étant donné que cette dernière s'épuise relativement vite, l'individu est motivé à renouveler fréquemment cette expérience pour pouvoir ressentir à nouveau du plaisir. À l'inverse du plaisir primaire, le secondaire ne repose pas exclusivement sur la recherche d'expériences agréables. Il contribue au bonheur sous sa forme « eudémonique » et à la réalisation de Soi. Étant provoquée par un « stimulus passif », l'intensité de la sensation d'un plaisir secondaire est durable. Étant durable, l'expérience qui le procure ne nécessite pas d'être renouvelée fréquemment (62).

Le plaisir secondaire est le résultat d'un travail, d'un apprentissage et d'un entraînement inscrits progressivement dans le corps et l'esprit. La pratique quotidienne d'une activité permet à l'individu de développer ses potentiels, ses talents et ses compétences. En effet, pour grimper un col, le cycliste doit s'entraîner, comme pour développer son projet d'entreprise, l'entrepreneur doit beaucoup travailler, pour publier ses travaux, le chercheur a dû faire de la recherche, ou encore, pour réussir ses examens, l'étudiant a dû développer ses connaissances. Dans ce cas, le plaisir ne provient pas d'un stimulus, mais *du résultat de l'effort qui a permis d'atteindre l'objectif que l'individu s'est fixé.*

Même si l'accès aux plaisirs sur un mode secondaire consiste à utiliser nos talents, à développer nos compétences, à favoriser notre croissance personnelle et à poursuivre un objectif qui donne un sens à notre vie, le plaisir secondaire n'est pas tout à fait identique aux processus de réalisation de soi. En effet, tandis que cette dernière vise à l'accomplissement de la vocation inscrite dans la structure intérieure, le plaisir secondaire vise à l'épanouissement personnel. D'un côté, c'est l'actualisation de sa structure intérieure qui donne un sens à l'action, et de l'autre, c'est la recherche du bonheur.

Pour reprendre J.D. Vincent, le plaisir entre dans la catégorie des sentiments. C'est un état hautement subjectif qui possède un sens s'exprimant dans une intention. A la fois état et acte, le plaisir est la cause proximale de nos comportements et de nos conduites. Le plaisir "état" est intimement lié aux processus cognitifs (ex : la mémoire) et à la connaissance qu'en a le sujet ; le plaisir "acte" est intimement lié aux processus de motivation (tendance impérieuse) et de désir, défini par le but à atteindre et l'activation qui lui est associée (63).

En caricaturant, il est possible d'envisager la pharmacologie du plaisir comme une possibilité d'actions neurochimiques à différentes étapes (cibles) : la mémoire, la stimulation périphérique, l'activation, le désir et le plaisir. Parallèlement et selon le principe des processus opposants, le plaisir ne peut être séparé de son contraire, l'aversion ou la douleur. Chez l'animal, ce duo peut être analysé, sur le plan comportemental, par le couple approche (plaisir) - fuite (aversion), et par des systèmes physiologiques de récompense et de punition.

Le plaisir n'existe que sur la base de l'échange, notamment celui de subjectivité (via le langage chez l'homme, par exemple, ou l'interaction de mimiques). Cet échange implique soit l'autre (la sexualité), soit notre propre production idéatoire (le plaisir solitaire), soit le monde virtuel (les ordinateurs), source d'émotions et de plaisir.

Les sources du contentement sont les récompenses. Celles dites naturelles sont doubles : 1) soit motivationnelles et incitatives représentées par les caractéristiques de l'objet du désir (sensorialité) ; 2) soit consommatoires représentées par les conséquences physiques de la satisfaction du désir. Ces deux versants du plaisir, appétitif et consommatoire, sont les caractéristiques des récompenses dites naturelles.

Le plaisir joue un rôle fondamental dans la lutte contre les douleurs chroniques. Ce qui est à retenir, à l'unanimité des algologues, c'est que *le plaisir serait le meilleur antidote contre la douleur*. La récompense serait la diminution de cette dernière, voire sa disparition, et le ressenti d'un état de bien-être général, nous incitant ainsi à renouveler les expériences qui nous ont procuré du plaisir. Un cercle vertueux fabuleux est alors enclenché.

Avec le prochain exercice, je vous propose d'identifier les règles-clés suscitant chez vous un début de motivation afin d'entamer cette démarche participant grandement au dépassement définitif de votre maladie.

Exercice N° 41 : comment me motiver pour reprendre l'exercice physique ?

-   Prenez votre Journal de guérison
-   Rappelez-vous de ce que vous aimiez particulièrement avant la maladie ou l'accident : la randonnée, la natation, le foot, la danse, le club de gym ?
-   Ecrivez sur votre cahier la réponse, une ou plusieurs.
-   Ensuite remémorez-vous les sensations éprouvées lorsque vous pratiquiez cette ou ces discipline(s), notez-les.
-   Notez aussi les liens sociaux et amicaux que cette pratique facilitait.
-   Notez aussi les moments où vous avez ressenti la sensation de victoire : comment s'est-elle manifestée dans votre corps ?
-   Identifiez maintenant ce qui vous motiverait à faire une activité physique, reprendre la compétition ? rejoindre un collectif pour développer des liens sociaux ? être davantage dans la nature ? etc., écrivez la ou les motivations.
-   Déterminez-vous à mettre en place l'activité que vous affectionnez tout particulièrement. Si besoin, pratiquez l'exercice N° 39.
-   Commencez par pratiquer l'activité de votre choix dix minutes par jour ou vingt minutes tous les deux jours. Comme la pratique doit être progressive, ajoutez cinq minutes tous les mois, jusqu'à arriver à une heure par jour

ou tous les deux jours.

- Quel que soit l'activité pratiquée, faites-vous guider par un kiné ou un coach ou un professeur de la discipline choisie, afin qu'il vous conseille sur la posture adéquate à observer, ainsi que sur le matériel à utiliser, notamment les chaussures ou baskets.
- Fixez-vous des objectifs motivants, mais réalistes.
- Lorsque vous commencerez à pratiquer l'activité de votre choix, notez vos ressentis, émotions et sensations, notamment en lien avec le plaisir ressenti.
- Si toutefois aucune pratique n'est motivante pour vous pour l'instant, obligez-vous à prendre les escaliers au lieu de l'ascenseur, à faire vos démarches à pied au lieu de prendre la voiture quand les distances vous le permettent.
- Finissez l'expérience avec la phrase « je m'aime et je m'accepte totalement et inconditionnellement »

La guérison de la fibromyalgie passe par la pratique d'une activité physique qui procure le plaisir de sentir que nous nous dépassons, que nous nous engageons dans le processus de l'autoguérison. Je suis convaincue aujourd'hui que la décision de réaliser une activité plaisante est en soi un signe de début de guérison, les autres aspects ici abordés feront le reste.

3.5.6. Pour une écologie existentielle

Finalement, un sixième aspect, peut-être plus révolutionnaire, est celui de notre lien à la nature et à l'univers. Notre culture actuelle tend à nous couper de ce lien essentiel et à ses forces, avec comme résultat la fragilisation de notre être. L'individu moderne croit davantage dans les forces d'Internet que dans celles de la Mère-Terre. Or, les personnes pratiquant une activité régulière et fréquente en plein air ou dans des espaces naturels se portent mieux au niveau de leur santé, sont plus fortes et mieux parées pour faire face aux malaises et aux maladies. Dans ce sens, je compléterai mes propositions avec d'autres exercices très simples à faire pour développer ou fortifier cette reliance aux éléments de notre environnement, à ceux présents dans la nature et à la force du cosmos. Ce lien nous aide grandement à ne jamais nous sentir seuls, mais unis à la force infinie de l'univers, à chaque atome qui le compose, à chaque élément qui en fait partie.

Nous sommes les enfants de la terre, cette certitude devrait nous pousser, biologiquement parlant, à chercher la connexion permanente avec la nature et les éléments qui la composent. La nature est source d'une force incontestable, nous relier à elle revient à retrouver et à nous approprier ces énergies qui nous nourrissent et nous fortifient.

L'épigénétique étudie le façonnement de nos gênes par l'environnement. Pour l'être libre et conscient que nous sommes, choisir notre environnement est une étape importante, notre santé globale en dépendant.

3.5.6.1. Comment je me sens dans mon lieu de vie ?

Nous sommes amenés à habiter dans des lieux que nous ne choisissons pas forcément. Par exemple quand nous sommes mutés pour notre travail, en fonction de la scolarité de nos enfants, ou de l'emménagement avec notre partenaire de vie, ou pour toute autre raison.

Néanmoins, de la qualité de notre lieu de résidence dépend parfois notre état de santé. Cette conscience n'est pas universelle et nous pouvons être portés à croire que rien ne peut changer.

Habiter dans des grandes villes polluées par le bruit, l'eau, l'air, la lumière des publicités et les gaz de voitures, a une forte incidence sur notre organisme. Ceci n'est plus à prouver. Tous ces facteurs sont ressentis comme stressants par notre corps.

Le bruit par exemple, a des effets sur l'audition et peut

affecter l'ensemble de l'organisme. Il constitue une nuisance très présente dans la vie quotidienne de chacun. Deux tiers des personnes interrogées citent le bruit à leur domicile comme première source de nuisance lors de l'Enquête TNS SOFRES, 2010 (64). De même 67 % des actifs jugent leur milieu de travail bruyant et stressant selon l'Agence européenne pour la sécurité et la santé au travail, (65). À ces expositions subies s'en ajoutent d'autres, volontaires, lors des loisirs.

Le cumul de toutes ces sources sonores peut avoir un impact sanitaire non négligeable. Les effets auditifs par exposition sonore excessive sont connus. Mais, au-delà de la seule sphère auditive, le bruit peut affecter l'individu et entraîner des troubles de formes très diverses : perturbation du sommeil, désordres cardiovasculaires, troubles digestifs, effets sur le système endocrinien, aggravation des états anxio-dépressifs. Les effets délétères du bruit résultent habituellement d'un processus long et complexe influencé par un grand nombre de facteurs résultant du contexte et du vécu propre à chacun. Ces effets représentent un coût social pour l'individu et pour la société assez considérable.

Pendant longtemps, le bruit ne fut considéré qu'en tant que phénomène physique agissant sur le seul système auditif. Nous savons maintenant que cette conception est fausse. Il entraîne des réactions pouvant déstabiliser l'ensemble de l'organisme.

Quels sont les effets non auditifs du bruit ? Selon l'Agence européenne pour la sécurité et la santé au travail (65), lorsque l'organisme n'est plus en mesure de supporter la situation bruyante, le phénomène de stress apparaît. Il peut être identifié à partir des perturbations physiologiques et organiques qu'il engendre (sécrétion d'hormones : noradrénaline, adrénaline, cortisol). Il évolue en trois phases : une réaction d'alarme, une étape de résistance et un stade d'épuisement. Nous l'avons expliqué plus haut.

En réponse à un bruit, l'organisme réagit comme il le ferait de façon non spécifique à toute agression physique ou psychique. S'il se répète, il va entraîner une multiplication des réponses de l'organisme, et peut induire, à la longue, un état de fatigue, voire d'épuisement. Au-delà de cette réaction, le corps peut ne plus être capable de répondre de façon adaptée et voir ses systèmes de défense devenir inefficaces (65).

L'exposition à un stress chronique est associée à des changements métaboliques augmentant ainsi le risque de maladie cardiovasculaire, et contribuant également à l'altération de la fonction immunitaire, au diabète, à des symptômes dépressifs et à des troubles cognitifs. On observe alors une dégradation de l'état de santé de l'individu. L'adaptation de ce dernier dépend alors de sa perception de la situation.

La possibilité d'exercer un contrôle sur la sonorité atténue les effets physiologiques et comportementaux de réponses au stress. Selon le contexte, des stratégies d'ajustement peuvent être mises en place : l'évitement, c'est à dire fuir le bruit ; la vigilance : concentration et recherche d'information sur celui-ci ; le déni : prise de distance par rapport au bruit.

Il en va de même pour l'air, l'eau, la lumière, les gaz des voitures et des usines. Chaque facteur de pollution affaiblit notre organisme *via* le système immunitaire participant, soit par l'apparition de troubles, soit en renforçant les effets délétères des maladies.

3.5.6.2. Que faire pour améliorer notre environnement de vie ?

Nous sommes en partie responsables de notre bien-être et cette responsabilité implique de nous éloigner des sources de pollution. Au niveau du bruit par exemple, la mesure la plus simple consiste à se boucher les oreilles avec des bouchons adaptés. Concernant l'air, dans les grandes villes le port des masques est le plus utilisé. Nous protéger de la lumière avec des rideaux occultant ou des stores. Nous habituer à filtrer l'eau avec des dispositifs adaptés ou boire des eaux minérales à faible résidu (voir sur l'étiquette). A chaque problématique il existe des solutions adaptées. Il convient à chacun de se renseigner. La priorité étant de diminuer, autant que possible, les sources de pollution et donc de stress, parfois très insidieuses.

Les douleurs chroniques sont déjà une source de stress importante pour l'organisme, inutile d'en rajouter d'autres. Nous sommes aussi acteurs dynamiques de notre santé et chacun peut faire des gestes pour l'améliorer.

Dans les cas où cela est possible, déménagez dans des endroits plus calmes, voire à la campagne, à la mer ou à la montagne. Cette solution, idéale, n'est pas simple à mettre en place. Elle n'est pas impossible non plus. Des adaptations, notamment de trajets scolaires et professionnels, devront être faites. Il n'empêche, la santé est notre priorité. Cependant, ces ajustements sont tout à fait possibles. Une fois l'expérience faite et le changement réalisé, on s'aperçoit que les complications étaient, encore une fois, imaginaires. La paix, le calme et le bien-être ressentis dans un lieu de vie en milieu naturel sont incomparables.

C'est bien dans notre foyer que nous rentrons pour nous ressourcer et nous reposer avec notre famille, notre conjoint, nos enfants, ou notre animal de compagnie. Notre maison est notre refuge, elle doit être un lieu qui nous ressource.

Dans le chapitre « La créativité au service de notre guérison » je vous ai proposé un exercice de créativité efficace pour *imaginer* quel est votre lieu de vie idéal. Je vous invite à imaginer, c'est-à-dire à utiliser la *pensée magique*, très puissante - préconisée actuellement dans le traitement des douleurs chroniques – pour rêver de votre lieu de vie et l'intégrer à votre collage. N'oubliez jamais cette phrase : *notre réalité est un monde construit, d'autres constructions sont alors possibles !*

3.5.6.3. La nature, une source de guérison ?

Nous sommes issus de la nature, nos ancêtres ne faisaient qu'un avec elle. Les modes de vie d'antan se déroulaient dans et avec la nature. Celle-ci pourvoyait à l'ensemble des besoins de la tribu, communauté ou village. Les rôles étaient aussi bien repartis, chaque membre accomplissait ses labeurs destinés à la survie du groupe. Ce lien indissoluble à la nature coule dans nos veines pour peu que nous nous rapprochions d'elle. L'inconscient collectif nous donne accès en permanence à cette mémoire des temps où l'être humain et la nature vivaient en fusion.

J'ai vécu 50 ans dans des grandes villes du monde, j'avoue que je m'en accommodais très bien. Je confesse aussi que j'étais dans l'ignorance des effets, ô combien néfastes, de ces environnements sur ma santé. Mon inconscience cependant a eu un prix que j'ai payé avec ma santé. Hormis les maladies déjà énoncées, un stress chronique m'accompagna durant une longue période de ma vie. Il me fallut un changement radical pour m'en rendre compte.

Ce témoignage pour vous dire que tous les changements sont possibles. Certainement que les prises de conscience y sont pour beaucoup. Notre histoire de vie est parsemée de changements et des transformations, parfois sans nous en rendre compte. Et comme dit un proverbe français « Rien n'est impossible à celui qui a bonne envie. »

Changer d'habitudes peut prendre sa source dans la lecture d'un texte, d'un poème, lors d'une balade, en feuilletant un magazine, en allant à la source même de ce que nous sentons à même de pouvoir embellir notre vie. Je vous encourage donc à regagner le plus possible la campagne, la montagne, la mer, y aller pour la journée, faire une randonnée, une promenade en famille agrémentée d'un délicieux pique-nique, partir en vacances dans des endroits proches de la nature, privilégier les endroits paisibles, calmes, où la sérénité sera un attrait supplémentaire. Qui sait ? Peut –être que l'envie de déménager adviendra pendant un de ces séjours ?

3.5.7. Apprendre à poser des limites

L'intitulé de ce chapitre et son lien avec le dépassement de la maladie peut paraître surprenant. L'amour de soi-même constituant la clé de voûte pour débuter un processus de guérison. Apprendre à identifier la qualité de nos relations interpersonnelles est fondamental pour (re)commencer à nous aimer. Nous verrons dans ce sous-chapitre comment reconnaître la qualité de nos relations, et que faire pour les améliorer, ceci étant impératif pour consolider le processus de guérison de la fibromyalgie et éviter des rechutes dues aux situations de stress, angoisse ou anxiété.

On a déjà relaté la façon dont les expériences nous apportent la connaissance, celle-ci se transformant en conscience de soi, de l'autre et du monde. *Cette boucle : expérience – connaissance – conscience – expérience nourrie, est la base de notre unité d'apprentissage en tant qu'êtres humains.* Nous l'avons amplement expliqué dans le chapitre 1.

A la suite de cette information précieuse, il est fondamental de comprendre que l'activation fréquente des expériences *réorganise les réponses face à la vie*. Mais, quelle est exactement la *réorganisation de ces réponses* et *comment* y arriver afin de garder l'unité fonctionnelle de notre organisme en bonne santé ?

Au fur et à mesure que je vis des expériences nourrissantes, par exemple, en réalisant certains des exercices proposés ici, et qu'en parallèle je constate - par les émotions que j'identifie lors de mes échanges - maintenant des liens toxiques avec certaines personnes de mon entourage, des conflits intérieurs peuvent émerger, et ces derniers sont une des sources d'émergence de douleurs chroniques et autres maladies.

3.5.7.1. Les relations interpersonnelles

L'expérience du lien avec les autres, en déclenchant certaines émotions ou ressentis, ou les deux, m'informe sur la façon dont je vis mes relations interpersonnelles et les effets de celles-ci sur mon corps et donc sur ma santé. Les douleurs, si elles apparaissent, sont un indice que la qualité de mes connaissances interpersonnelles a une incidence sur la chronicisation de mes douleurs chroniques, à moins qu'elles ne soient leur origine. Il ne s'agit plus de penser mon entourage, mais d'être à l'écoute de ce que mon corps m'informe sur ces mêmes relations afin de pouvoir y remédier. Notre être étant une unité, un système indissociable, tout ce qui le touche génère des modifications dans l'ensemble du système.

Si au fur et à mesure que vous vous entraînez à la méthode MIGERR, vous sentez un amour grandissant pour vous-même, vous mettant en confiance pour « oser » vouloir vous débarrasser des douleurs chroniques, une valeur essentielle vous est offerte : le courage. Votre soi est de plus en plus renforcé et vous êtes fier de votre évolution. Imaginons que vous partagez ce bonheur avec un/e ami/e et que celui-ci vous dit « que tout cela ce sont des balivernes et que vous savez que ces maudites douleurs chroniques vous les porterez à vie, quoi que vous fassiez »…Cet ami/e a touché cette valeur importante mise au service de votre bien-être en la piétinant. Il vient de *transférer* sur vous ses propres limites à affronter des situations difficiles. Résultat des courses : votre moral s'effondre, vous laissez tout tomber, vous êtes frustré, vos douleurs augmentent, …avec le temps, vous réalisez que cette relation n'est pas nourrissante pour vous. Que faire ?

Le constat des situations ou de relations toxiques nous informe qu'entre ce que je désire vivre et ce que je vis, se trouve une brèche, que j'ai clairement envie de colmater. Comment faire ? En réorganisant la réponse face aux situations vécues ?

3.5.7.2. Mais, comment réorganiser la réponse ?

Cela dépend de la situation. Je vous donnerai quelques situations possibles et quelques pistes pour les améliorer, et des exercices à faire pour mettre au service des conflits quelques ressources qui ont fait amplement leurs preuves.

Le besoin humain fondamental est l'empathie, c'est-à-dire la nécessité d'être accueilli et entendu sans jugement face à ce que nous éprouvons. Au fur et à mesure que nous intégrons des parties de nous restées oubliées durant des années de souffrance, notre être s'éveille et de nouvelles sensations apparaissent. Elles ont toujours été là, mais on ne pouvait pas les entendre, frigide à une partie de la vie et à ses stimuli.

Lorsque notre corps et notre être s'éveillent à de nouveaux besoins, et que ceux-ci sont assouvis, des nouveaux apparaissent. Nous changeons, nous évoluons, nous nous transformons et nous désirons alors faire des nouvelles expériences. Nous commençons donc à échafauder des projets, des envies de faire d'autres activités émergent, et nous mettons en place des actions afin de les accomplir.

Dans tous ces changements, notre environnement peut se sentir déstabilisé. Ça va trop vite ! Et tant mieux pour vous ! Mais les personnes qui vous entourent peuvent vous brider, vous dire de rester raisonnable, de ne pas vous lancer trop vite, de ne pas être à l'écoute de l'envie de vivre qui se manifeste en vous. Un manque d'empathie peut alors émerger. Les dialogues proposés par la suite, inspirés de plusieurs approches différentes, peuvent vous être utiles pour exprimer vos nouveaux élans de vie. Cela peut rassurer votre entourage et vous donner la paix pour continuer votre chemin.

Exercice N° 42 : dialogue pour exprimer ce que je désire vivre

- Après un échange difficile et démoralisant avec un proche

prenez un rendez-vous avec vous-même et faites le bilan de ce qui s'est passé.

- Munissez-vous de votre Journal de guérison.
- Notez vos échanges, vos ressentis et vos émotions. Tachez de vous rappeler de ce que vous avez exprimé et de réaction de votre interlocuteur/rice et de ce que vous avez ressenti et dans quelle partie du corps cela s'est fait sentir. Si des douleurs sont apparues, notez-le.
- Les échanges sont d'excellents moments pour nous connaitre et connaitre nos réactions.
- Si un échange vous a perturbé, identifiez la *valeur* qui a été touchée en vous, ceci est essentiel. Exemple : « la non-écoute », « le manque d'empathie », « le manque de considération », etc.
- Ecrivez toutes vos découvertes dans votre Journal de guérison
- A la suite de vos prises de conscience, appelez votre ami/e et dites-lui que vous désirez partager un moment avec lui/ elle.
- Donnez-lui un rendez-vous dans un lieu calme.
- Installez-vous face à face, inspirez profondément et partagez avec lui/elle ce que vous avez découvert.
- Posez le cadre comme suit :
- Dites à votre ami/e de ne pas vous interrompre, que chacun doit écouter l'autre jusqu'à la fin et que chacun parle à son tour.
- Que l'écoute se fait avec le cœur aussi.
- Qu'il ne s'agit pas d'une accusation contre lui/elle, mais que vous avez besoin d'exprimer ce qui vous dérange, blesse, fait souffrir.
- Quelques pistes pour un échange :
- Je te remercie d'être venu/e pour partager avec moi…
- Je souhaite te parler de la dernières fois…
- Quand je t'ai fait part de mon parcours actuel pour vaincre mes douleurs chroniques, et que je t'ai dit combien j'étais fier/e de moi et que tu m'as répondu « que tout cela

ce sont des niaiseries et que je savais que mes douleurs chroniques je les porterais à vie, quoi que je fasse », je me suis senti/e très mal, frustré, déçu, en colère, découragé [...] et en plus mes douleurs ont redoublées [...]

- Je veux te dire que je vis une situation difficile et que j'ai besoin de personnes qui me soutiennent dans mes choix, et que je n'ai pas du tout besoin d'amis qui me découragent et me brisent dans mes élans.
- Je tiens à développer des amitiés « nourrissantes » et je désire mettre de côté des amis « dévalorisants ».
- Veux-tu faire partie des amis qui me nourrissent et me soutiennent ?
- S'il/elle vous répond « oui », vous pouvez la remercier et lui proposer une étreinte.
- S'il/elle vous dit « non », vous pouvez la remercier pour les moments passés ensemble et lui dire que, pour l'instant, cette relation ne vous convient plus. Proposez-lui de partager une étreinte et éloignez-vous sans regrets.
- Notez dans votre Journal de guérison ce que vous avez ressenti.

Ce dialogue peut s'adapter à une infinité de possibilités. Lorsque nous entamons un travail sur soi, une œuvre créative, un projet ou toute autre activité basée sur nos compétences, nos désirs ou nos besoins, et que des personnes importantes pour nous nous tournent le dos ou nous critiquent ouvertement, nous avons intérêt à proposer ce genre de dialogue pour éclairer la relation et la fonder sur de nouvelles bases. Nous ressentirons une grande paix au fur et à mesure que nous nettoierons notre relationnel. Nous nous rendrons compte qu'il vaut mieux n'avoir qu'une poignée de bons amis/es, qu'en avoir des dizaines sur lesquels on ne peut pas compter.

Les potentiels contenus dans les gênes se développent et s'expriment grâce aux ecofacteurs humains et environnementaux qui nous entourent depuis notre plus jeune âge. Tout le long de notre vie nous développons et renforçons des liens familiaux, sociaux, amicaux, religieux, professionnels, associatifs, etc.

Ces derniers sont une source intarissable d'émotions, de ressentis, de sensations et de sentiments. Ils nous procurent des bases solides pour nous développer et nous épanouir et sont le substrat même de notre identité en tant qu'individus. Ces liens se nourrissent par réciprocité. L'être humain est un être sociable, grégaire. Nous avons besoin de nous sentir appartenir.

Des études démontrent que plus nous avons de réseaux, de groupes d'appartenance, et plus notre santé mentale est assurée. Les relations positives sont un formidable terreau pour éloigner la dépression, et pour qu'elles accomplissent cette formidable fonction, elles doivent être de qualité, c'est-à-dire *nous nourrir*. La nourriture ici est entendue dans le sens qu'elles doivent nous faire sentir aimés, acceptés tels que nous sommes, respectés, valorisés, accueillis, soutenus dans nos choix. Quand ces qualités dans les relations viennent à manquer, l'effet contraire se produit. Nous nous sentons alors rejetés, dévalorisés, haïs, discriminés, jugés, parfois violentés. Ces rapports délétères sont corrélés à l'apparition de désordres mentaux et de maladies. Et, parmi ces dernières, la fibromyalgie et les douleurs chroniques y occupent une place importante.

Nous ressentons parfois un sentiment d'échec dans notre façon de communiquer. Ce dernier est souvent lié à la difficulté à identifier nos besoins et le manque d'attention aux besoins de nos semblables. La méthode MIGERR se focalise justement sur cette écoute de soi, laquelle facilite en même temps, par la connaissance de nous-même, la compréhension du besoin des autres.

On peut avoir l'impression de faire beaucoup d'efforts et prendre beaucoup d'énergie afin de formuler correctement les choses, d'utiliser le bon terme et surtout le bon ton afin être entendus, compris. Et quand la communication ne passe pas, alors nous nous crispons, créant également une crispation chez l'autre. Et on peut se dire : si cela pouvait se passer d'une manière plus sereine, plus fluide et moins conflictuelle…Cette façon de communiquer s'apprend, et les dialogues que je vous propose obéissent à ce dessein-là.

Les maladies comme la fibromyalgie, les douleurs chroniques, et même le stress ou le burnout, nous parlent d'un besoin profond de remise en question de nos habitudes, aussi dans la communication.

La qualité de nos relations interpersonnelles étant un facteur supplémentaire de bonheur ou de souffrance, lorsque nous les ressentons conflictuelles, un bilan objectif s'impose. Les conflits relationnels - impliquant des souffrances psychiques et par inscription corporelle physiques -, les nettoyer et les pacifier est un programme fondamental. Finalement, la paix dans nos échanges nous assure une vie de collaboration et d'entraide qui sont des besoins humains essentiels pour bien vivre.

3.5.7.3. Les liens familiaux, amoureux, amicaux et professionnels

Dans notre civilisation chacun peut aisément choisir son partenaire amoureux, ses amis, ses collègues de travail. Nous pouvons dire qu'en Occident nous habitons un monde pléthorique, les opportunités étant partout autour de nous. Quand notre conscience grandit, nous réalisons que nous avons fait des choix et que nous pouvons continuer sur cette lignée. Il est difficile actuellement pour un adulte conscient d'avouer qu'il a été obligé de choisir un amoureux, son mari ou sa femme, que ses amis lui avaient été imposés, ou qu'il n'a pas eu le choix de son métier ou de son poste de travail.

Nous vivons dans un monde libre, et cette liberté induit aussi une responsabilité de nos choix. Prendre conscience de notre chemin est signe d'évolution personnelle, soit pour le continuer comme il est, soit pour le changer.

Il est toutefois difficile, voire douloureux, d'admettre que j'ai choisi un chemin qui me fait souffrir, je vous l'accorde. Cependant, il est aussi d'une grande ouverture à d'autres possibles. Quand je me sens victime du destin, je peux me sentir emprisonné. Quand je deviens acteur, je me rends libre de le changer, de me créer un autre monde. Ce livre vous propose de choisir la voie de la liberté et par conséquence de la responsabilité, cela va de pair.

Nous pouvons dire que nos liens amoureux, amicaux, professionnels sont la résultante de nos choix. Par contre, les liens familiaux, filiaux, ne sont pas liés à nos options personnelles. Malgré cela, personne au monde ne peut nous obliger à perpétuer des liens avec des membres de notre famille qui nous ont fait souffrir et/ou qui continuent dans cette voie. D'aucuns ne peuvent nous imposer d'entretenir des échanges avec des membres de notre famille qui ne nous nourrissent pas. Dans ce sens-là, nous avons le choix. Soit d'améliorer la relation, soit de nous en éloigner. Nous y reviendrons.

Les liens amoureux répondent à une élection personnelle et, après une période de connaissance et de découverte mutuelle, il est plus facile de nouer une relation harmonieuse, stable, sécure. C'est un besoin humain. Il n'empêche que les relations de couple n'ont jamais connu un tel état de chaos au point que le nombre de divorces est en nette augmentation. Cette difficulté relationnelle, comme la plupart d'ailleurs, est due essentiellement à un problème de communication.

Comme toutes les relations celle du couple répond à des besoins, conscients ou inconscients, avoués ou inavoués. Mais il y a un besoin inhérent à chaque être humain, celui d'être aimés, de nous sentir aimés afin d'avancer plus sécures sur notre parcours de vie. Malheureusement, au nom de ce besoin, nous pouvons, à tort, sacrifier nos valeurs pour le maintien de la relation. Nous n'osons pas dire à l'autre ce qui nous manque, nous frustre, nous déçoit, nous met en colère...par peur de le perdre.

Un bon nombre de couples vivent ainsi, dans les non-dits, des années durant. Ces longues périodes à ressentir des émotions et sentiments délétères sont un terreau fécond pour que des malaises et maladies prolifèrent.

En effet, ce sacrifice de soi ne peut durer dans le temps sans qu'un accident ou qu'une maladie nous touche. Nous sommes une unité organique et ce qui touche notre monde émotionnel touche l'entièreté de notre être. Développer des bonnes relations est donc un *besoin organique.* Quand nous saisissons l'importance de la qualité de nos relations, et réalisons que notre santé peut être déséquilibrée par les tissus relationnels tricotés tout le long de notre vie, nous sommes prêts à faire un nettoyage par le vide, un travail de « débroussaillage » pour déterminer quels sont les ecofacteurs humains que nous souhaitons continuer à entretenir et ceux à mettre de côté. Notre santé étant en jeu, pacifier nos relations ne peut plus attendre.

Au travers cet amour grandissant que je nourris à mon égard, nécessaire pour comprendre le besoin d'amour des autres, je peux commencer à faire une introspection pour déterminer cette qualité du lien que je développe vis-à-vis des personnes de mon entourage, afin de déterminer quelles sont ces personnes qui m'aiment, me soutiennent, me donnent de la force, me nourrissent. Pour les autres, je peux décider, soit d'aborder avec elles à quel point la relation m'est pernicieuse et tenter de la réparer, soit quitter ces personnes. C'est toujours mon choix !

Le ressenti des douleurs chroniques vient aussi de la qualité de notre tissu relationnel. Comme déjà abordé auparavant, la frustration, la déception, la colère (en général issue de l'injustice ressentie) et l'hostilité, sont autant d'émotions qui entretiennent le cercle vicieux des douleurs.

Soigner nos relations, c'est aussi préserver notre corps et éloigner les facteurs nuisibles. Pour cela, il est nécessaire de reconnaître la relation bonne et positive pour nous de celle qui ne l'est pas ou plus.

Catherine Gueguen, pédiatre à l'Institut hospitalier franco-britannique Levallois Perret décrit la relation idéale de la façon suivante : « ...De l'aube de leur vie jusqu'à leur dernier souffle, les humains désirent tout d'abord être aimés, mais aussi être réellement écoutés, respectés, reconnus pour ce qu'ils sont. Plus précisément, ils souhaitent que leurs émotions, sentiments et désirs soient entendus et compris. Ils souhaitent recevoir des conseils, de l'aide si nécessaire, mais leur plus profond désir est avant tout d'entretenir des relations harmonieuses, empathiques. » (3).

Les exercices suivants auront pour but d'identifier quelles sont ces relations harmonieuses et empathiques dont nous avons besoin pour bien vivre. Il est fondamental d'avoir à l'esprit qu'il ne s'agit *nullement de juger la ou les personnes* mais *la qualité du lien entretenu.*

Tous les exercices donnés ici suivent une progressivité rigoureuse, destinée à nous forger un ensemble d'outils orientés à dépasser les douleurs chroniques, parmi d'autres maladies. *Toutes les maladies sont multifactorielles.* La méthode MIGERR tient compte de cet aspect essentiel pour avancer vers un futur plus limpide et paisible, ou dans tous les cas, vers l'avenir que nous désirons pour nous. Il est important de suivre l'ordre donné pour mettre en pratique les exercices. Par ailleurs, vous pouvez aussi les répéter plusieurs fois, notamment en ce qui concerne les liens relationnels, d'autant plus si votre entourage est composé de plusieurs personnes gravitant autour de vous.

Exercice N° 43 : introspection et bilan de la qualité de mes relations interpersonnelles

- Installez-vous dans un lieu confortable et à l'abri des bruits pour commencer une méditation sur vos relations.
- Prenez contact avec votre corps, votre cœur, votre respiration. Laissez vos pensées passer tels des nuages,

sans vous y accrocher. Prenez 10 minutes dans cet état de pleine présence en accueillant tout ce qui vient.
- Prenez votre Journal de guérison et divisez une page en 3 colonnes, notez sur celle de gauche chaque personne de votre tissu relationnel par leur prénom. Pensez et sentez chacun d'entre eux, remémorez-vous des échanges via des paroles, des regards, des gestes, des activités faites en commun…ou tout autre souvenir en lien avec la personne.
- Indiquez à côté du prénom sur la colonne du milieu si vous ressentez *ce lien* comme nourrissant, neutre ou nuisible (dans cette indication il n'y a pas de jugement de la personne mais *du lien*).
- Sur la colonne 3, à droite de la feuille, identifiez pour chaque personne en quoi ce lien est nourrissant, neutre ou nuisible, en ajoutant une caractéristique ou valeur partagée, par exemple pour lien nourrissant : empathie, écoute mutuelle, entraide, solidarité, soutien, etc. ; pour lien nuisible : dévalorisation, critiques, maltraitance, jugements, etc.
- Remerciez d'ores et déjà chaque individu avec lequel vous êtes en relation, il vous apporte un cadeau immense seulement pour avoir croisé votre chemin, il vous aide à mieux vous connaître. Finissez cette étape en créant un « pont de lumière » (j'envoie de la lumière à une personne à partir de mon cœur) entre vous et l'individu qui figure dans votre Journal de guérison.
- Finissez l'exercice en répétant la phrase « je m'aime et je m'accepte totalement et inconditionnellement ».

Une fois cet exercice fini, vous pouvez établir une liste de priorités concernant les liens que vous désirez maintenir. Certains sont très bien et vous nourrissent, d'autres nécessitent une *mise au point*.

Il est certain que chacun est comme il est et que dans

nos échanges nous croyons toujours donner le meilleur de nous-même. Il est aussi sage d'accepter l'autre comme il est. Cependant, si la façon de faire ou de communiquer de l'autre nous blesse ou nous dérange au point de tomber malade ou d'aiguiser nos douleurs chroniques, on peut envisager *une mise à distance temporaire*, le temps peut-être de comprendre cette relation et ses enjeux. Notre interlocuteur, père, mère, fils, ami/e, collègue, camarade, peut ne pas penser la même chose. Il/elle peut croire que vos relations sont excellentes, puisqu'il vous donne (ou croit vous donner) le meilleur de lui/elle. Vous ne ressentez pas la même chose. Comment faire ?

Ce qui est important dans les relations c'est mon ressenti, et non celui que l'autre croit de notre relation. Cet aspect est fondamental à intégrer. Si, par exemple, *je me sens constamment jugé,* c'est cela qui est important. Si votre mère vous affirme que ce qu'elle dit est pour votre bien, cela ne change pas ce que vous ressentez. Le pire étant que, ses propos à votre égard ont des effets néfastes sur votre santé !

C'est bien la raison pour laquelle je parle d'une mise à distance temporaire si nécessaire. Une autre possibilité étant de faire l'exercice que je vous propose par la suite. Il donne d'excellents résultats. Quelques mises en garde, toutefois, s'imposent. La qualité de la relation et les échanges en feedback (retro alimentation en français) se nourrissent d'un aspect qui n'est pas toujours évident à acquérir, celui de *l'écoute empathique avec présence totale.* Pour mémoire, l'empathie est cette qualité par laquelle je me sens accueilli et entendu sans jugement dans ce que j'éprouve.

Gueguen cite Jean Decety, chercheur en neurosciences affectives et sociales à Chicago, qui différencie la sympathie de l'empathie. La sympathie c'est ressentir le désir d'apporter du bien-être à quelqu'un. Il fait la distinction aussi entre empathie cognitive et empathie affective. La première signifie « ...comprendre les intentions d'autrui ». L'empathie affective pour sa part désigne « ... le fait de sentir, partager les émotions et sentiments d'autrui ». Elle ajoute plus loin « ...Vouloir à tout prix le bien-être de quelqu'un sans éprouver d'empathie est source de beaucoup de conflits et d'erreurs. » (3).

L'empathie affective est cette qualité d'écoute qui implique de se rendre totalement disponible à ce que l'autre me dit, de ne pas le juger mais, bien au contraire, de me mettre à sa place pour tenter de sentir ce dont il me parle. Quand je lui parle, l'autre personne écoute sans rien répondre en retour. Au contraire, il ne fait *qu'écouter et accueillir*. Sans cette qualité de présence et d'écoute, aucun dialogue ne donne de fruits. Il est donc essentiel de bien poser le cadre avant de commencer à échanger.

Si ce dernier proposé est respecté, les relations s'enrichissent et s'approfondissent à des points insoupçonnés. La confiance se renforce et l'authenticité refonde la relation.

L'être humain est entré en lien avec ses semblables depuis la nuit des temps. Cette nécessité relève de l'instinct grégaire, un mandat de vie. Nous avons besoin les uns des autres pour bien vivre. Les échanges ainsi faits tissent des réseaux de collaboration, d'aide et de solidarité. J'aime mon ami/e, mon collègue, mon amoureux, et lui/elle m'aime en retour. L'amour filial, fraternel, passionnel est bien le sentiment qui scelle ces relations.

Au-delà de l'amour qui en est le substrat, dans ces relations, chaque individu entend assouvir des nécessités qui lui sont propres. Par exemple, « je peux développer une amitié par le besoin d'avoir de la compagnie et de l'écoute », « je peux approfondir les liens avec un collègue car j'ai besoin de collaborer », etc. Ces nécessités n'ont pas à être justifiés, il en est ainsi. Il est intéressant de les reconnaître. Tous les liens entre êtres humains obéissent à des pulsions, parfois conscientes, mais le plus souvent inconscientes.

Quand les besoins dans nos relations ne sont pas comblés, ils produisent des sentiments néfastes pour notre santé, comme la colère, la frustration, la déception, l'hostilité. Ces sentiments entretiennent les douleurs chroniques et bien d'autres pathologies. Il est donc impératif d'exprimer tout cela à ces personnes qui nous entourent.

<u>Exercice N° 44 : enrichir mes liens interpersonnels en dialoguant sur mes besoins</u>

- Faites une méditation de la pleine conscience de 10 minutes, dans le but de vous relier profondément à votre soi. Inspirez-vous de l'exercice N° 38.
- Prenez votre Journal de guérison et divisez une page en 2 colonnes.
- Reprenez la liste de vos relations faite lors de l'exercice précédent.
- Notez à coté de chaque prénom le ou les besoins que vous cherchez à combler avec ces personnes. Exemples : financier, sécurité, partage, sexuel, affectif, de couple, professionnel, autres.
- Revenez à votre état méditatif et *sentez* ce que votre corps vous communique quand vous reliez la personne x au besoin (s) recherché (s) dans la relation. Notez ce ressenti à côté du prénom de la personne.
- Si votre ressenti n'est pas agréable car le besoin recherché n'est pas assouvi et des émotions ou sentiments tels que la colère, l'amertume, la déception, la tristesse, la frustration, la honte ou autre sentiment émerge, je vous propose de l'exprimer pour éventuellement le transformer avec l'exercice qui suit.
- Prenez rendez-vous avec votre ami.e, collègue, amoureux, etc. dans un endroit calme et paisible, de préférence en dehors de votre maison (parc, place, café, etc.). Dites-lui que vous avez besoin de lui parler en tête à tête. Ne donnez aucune autre information par téléphone. Inutile.
- Accueillez chaleureusement la personne. N'oubliez pas qu'elle donne le meilleur de lui/elle.
- Une fois face à face commencez par poser le cadre suivant :
- Commencer à le remercier pour sa disponibilité et son temps, dites-lui que ce que vous allez lui dire est

important pour vous.

- Invitez votre interlocuteur à ne pas vous interrompre, en lui proposant que chacun écoute l'autre jusqu'à la fin et que chacun parle à son tour.
- Que l'écoute se fait, avant tout, avec le cœur ouvert.
- Qu'il ne s'agit pas d'un jugement de lui ou d'elle, mais plutôt *d'un état des lieux de la relation dans l'objectif de l'améliorer.*
- Quelques pistes pour un échange :
- Je te remercie d'être venu/e partager avec moi...
- Je voulais avant tout te dire combien notre relation·est importante pour moi, les moments partagés ont toujours (ou souvent, parfois...) été plein de joie (ou légèreté, drôlerie, échanges intéressants...). En tout cas c'est ce que je croyais. Il s'avère que j'effectue un travail personnel afin d'identifier *la qualité* de mes relations et sur quels *besoins* elles reposent. Je me suis rendu compte que mon besoin de (l'identifier) dans notre relation n'est pas comblé comme il m'est nécessaire. Il s'agit de *mon ressenti* (important car irréfutable et indiscutable).
- Vous ajoutez que vous désirez garder cette relation seulement et uniquement si vos besoins peuvent être accueillis et acceptés par lui/elle, qu'à ce moment de votre vie cela vous est foncièrement nécessaire.
- Il est souhaitable que vous lui expliquiez que cette relation, telle qu'elle est, vous fait souffrir, et qu'actuellement vous avez besoin d'être choyé·e, chéri·e. Votre maladie et douleurs sont une quantité plus qu'importante de souffrance, vous n'avez pas besoin d'en rajouter.
- Laissez ensuite votre ami, collègue ou amoureux·euse vous répondre. Mais cette réponse ne doit pas être *une justification* de pourquoi il/elle ne répond pas à vos besoins, mais surtout un compromis sur le respect de ce qui fonde votre relation, à savoir, vos besoins respectifs.
- Clôturez l'exercice avec un échange chaleureux de mains

ou une étreinte, quelle que soit l'issue.
-	Notez les ressentis de vos échanges sur le Journal de guérison.

Faites ce dialogue pour chaque relation pour laquelle vous sentez qu'une mise au point est nécessaire. Vous avez besoin de vous alléger l'esprit et la vie pour continuer votre processus de guérison.

J'insiste ici sur le fait que les douleurs chroniques, fibromyalgie et la plupart des maladies ayant une origine multifactorielle - génétique, biologique, physiologique, psychologique, émotionnelle, sociale et le style de vie en général – la méthode MIGERR vous propose d'améliorer tous les aspects sur lesquels vous pouvez intervenir, afin de mettre toutes les chances de votre côté pour éradiquer les douleurs chroniques et vaincre la fibromyalgie.

Dans ce sens, les cercles vertueux de notre vie sont en lien également avec le ressenti du besoin de poser des limites aux autres et aussi à soi-même. Quand les mauvaises habitudes s'installent durablement et que les malaises ou les maladies commencent à faire leur apparition dans notre corps, limiter ces mauvaises habitudes et surtout les relations difficiles et peu nourrissantes, s'impose.

Dans le chapitre 1, je propose de mettre en place « l'observateur » qui est en nous, et qui peut nous faciliter l'écoute de soi, quand cela devient difficile, voire impossible. Dans l'acte d'établir des limites, il peut s'avérer un véritable compagnon de vie. Cela équivaut tantôt à se contenir soi-même, par exemple quand nous sommes tentés de rester dans des relations conflictuelles, et parfois à stopper autrui quand ce dernier dépasse les limites de ce que je peux tolérer vis à vis de moi-même, mes valeurs m'y aidant.

Se comprendre dans le but d'admettre en soi l'inacceptable devient essentiel. Reconnaître également ma part de responsabilité dans l'entretien de relations peu nourrissantes, voire toxiques, est aussi une étape fondamentale. Les liaisons sont réciproques, le je plus le *tu* deviens le *nous*, une autre entité. Cela veut dire que je suis une entité, le *je*, l'autre est une entité différente de moi, le *tu*, et notre relation commune est une troisième entité, le *nous*. Quand je propose de nettoyer ou de limiter les relations toxiques, je parle du *nous*. Ce n'est donc pas moi qui suis toxique, ce n'est pas non plus l'autre qui l'est, mais la relation établie sur de *mauvaises bases*. Ces dernières devant être parlées, convenues, établies, si cela n'est pas fait en temps et en heure, cela rendra la relation floue, difficile, voire douloureuse.

Quand le besoin de poser des limites aux autres s'impose, la peur d'être rejeté ou de ne plus être aimé peut alors surgir. Elle est liée à notre enfance et à nos parents et peut devenir un obstacle majeur pour cesser la relation avec des personnes que nous ressentons comme négatives pour nous-même. Et je dis bien « ressenties » négatives pour nous, c'est-à-dire sans jugement d'autrui, mais plutôt comme préjudiciables, dans ce que nous sommes et ce que nous désirons comme expérience positive dans nos vies.

Pour approfondir dans ce sens, je recommande le livre de Thierry Janssen « Le travail d'une vie » sur lequel je me suis partiellement basé pour écrire ce chapitre (68). Il sera très utile pour commencer à prendre conscience du poids de notre histoire de vie dans la difficulté à limiter nos mauvaises habitudes comme celles des autres nous concernant.

3.5.7.4. L'art de (se) poser des limites

Revenons au fait de savoir poser des limites. Si nous savons que manger une tablette de chocolat par jour peut s'avérer très mauvais pour notre santé à court ou moyen terme, limiter cette mauvaise habitude est absolument nécessaire. Or, la limiter peut se révéler un véritable combat contre soi, avec de maigres résultats accompagnés d'une sensation de culpabilité ne faisant ainsi qu'accroître le malaise et augmenter certainement cette compulsion.

La mise en place de « l'observateur » est alors très profitable. Il pourra décrypter pour nous quelles sont les circonstances qui nous poussent à manger cette tablette. Il sera également en mesure de détecter les émotions et les ressentis corporels générés par ces circonstances qui nous induisent à chercher cette tablette et à la manger, comme une sorte de compensation. S'agit-il d'une situation que nous vivons avec nous-même ou un tiers est-il impliqué ? Est-ce que nous nous sentons envahis, trahis, humiliés, abusés ou toute autre émotion négative, par quelqu'un de notre entourage ? Pensons-nous être dans l'impossibilité de réagir convenablement pour nous protéger d'un sentiment ou d'un acte duquel nous nous sentons « victimes » ? Quelle que soit la situation, son désamorçage dépendra des causes, internes ou externes, qui la génèrent. L'identifier devient alors crucial pour la limiter. L'observateur peut réaliser cette mission pour nous, son « détachement » de toute réaction nous aidera ainsi à identifier ce qui se joue dans la situation en question. Prenez le temps de faire ce travail. Il est extrêmement positif pour votre bien-être.

Ainsi, se poser des limites demande de savoir ce que génère comme émotion la situation à l'origine de la compulsion de manger une tablette de chocolat, par exemple. Ce que le chocolat vient « combler » comme vide.

Avant de poser des limites, il est essentiel d'écouter notre corps pour qu'il nous livre le message de ce qui est ressenti comme préjudiciable ou de ce qui est bon pour nous, et rien que pour nous. Il s'agit alors d'un acte pour notre bien-être et non pas contre autrui.

Concernant la tablette de chocolat, après l'avoir mangée, je peux sentir mon corps lourd, ma digestion difficile et, de plus, je me sens coupable. Sans parler des effets néfastes sur la santé, notamment l'élévation du taux de sucre dans le sang ! Mais, pourquoi ai-je eu le besoin de me jeter sur une tablette de chocolat pour l'avaler tout entière ? Que s'est-il passé dans ma vie ? Quelle situation ai-je expérimenté avant de l'engloutir ? Comment me suis-je sentie après cette situation ? Quelle émotion a-t-elle jailli de cette expérience ? Quel besoin non assouvi ai-je comblé avec cette tablette de chocolat ? Cette énumération n'est pas exhaustive, mais traduit en grande partie le processus à faire dans le but de prendre conscience de la manière dont *nous agissons dans la vie*, comment cette dernière fait appel à un processus. Cela voulant dire à un ensemble de facteurs se conjuguant par étapes dans des situations où sont impliquées les personnes autour et avec nous.

Si nous voulons nous guérir de nos malaises et de nos maladies, nous devons essayer de comprendre *pourquoi nous agissons ainsi* à chaque fois que nous sentons qu'une situation nous fait mal ou nous rend malade. Ces prises de conscience de comment nous agissons dans la vie, c'est-à-dire ce qui *nous pousse à*, nous fourniront des éléments précieux nous éclairant sur ces comportements qui devront, soit être conservés lorsque nous nous sentons nourris et épanouis, soit être modifiés quand nous les sentons délétères pour notre avenir et pour la guérison de nos maladies.

L'acte de ne pas poser de limites à des situations jugées comme mauvaises, voire dangereuses pour nous, contient *inconsciemment des peurs*. Ceci est profondément vrai pour les liens familiaux. Il peut s'agir de la peur d'être plus ou moins aimés, par exemple, si nous ne nous plions pas ou plus aux règles établies dans la relation. Ces dernières, je le répète, nous viennent depuis notre tendre enfance, étape durant laquelle nous avons reçu très souvent, trop souvent même, l'injonction « d'être gentils » et de nous soumettre à la volonté des parents ou à d'autres membres de la famille avec une autorité tacite.

Il existe une infinité d'exemples de ce type. Si nous nous arrêtons sur nos agissements le long d'une seule journée on s'apercevra que plusieurs fois par jour nous franchissons – inconsciemment - les limites que nous nous sommes - consciemment - imposées. Nous savons par exemple qu'il est très dangereux, lors d'une soirée ou au restaurant, de boire un dernier verre proposé gentiment par un ami quand nous ressentons déjà un léger état d'ivresse. Et pourtant ! Dans ces situations, il est très difficile de se libérer du regard inconscient d'une personne qui est proche et que nous apprécions et de dire non, gentiment et poliment, non. Et nous voilà donc à dire oui, même en sachant que nous courons des risques.

Nous n'arrivons pas à nous libérer des injonctions reçues durant notre enfance. Et pourtant, franchir ce cap nous libère de la prison dorée des amours-attaches qui nous soumettent, qui sapent notre volonté et fragilisent notre identité d'une façon insidieuse. Dire non, et mettre à distance certaines relations, est le prix de la liberté.

Que se passe-t-il en nous quand exercer cette liberté devient si difficile ? Peut-être que nous n'avons pas réfléchi au fait que nous avons besoin de poser des limites, en total méconnaissance des causes et de ses conséquences sur notre soi. Il n'empêche, des sentiments de regrets, de colère, de rage peuvent émerger en notre for intérieur et nous ignorons ce que ces émotions nous livrent comme message, ou, pire encore, de quel aspect de nous elles parlent.

Ainsi, l'acte de poser des limites implique un travail au préalable afin de les installer consciemment en nous, pour les définir dans chaque domaine de la vie et avec chacune des personnes de notre entourage.

Au cours de l'adolescence, étape dans laquelle se forge notre identité, le besoin d'appartenance à des groupes peut nous pousser à fumer, nous droguer ou commettre des actes malveillants, pour soi et pour autrui. La nécessité d'apprendre à poser des limites, quand les conséquences des actes sont connues (fumer, boire de l'alcool, conduire à grande vitesse, avoir des rapports sexuels sans se protéger, etc.), devrait être enseignée à l'école. De nombreuses situations *limites* vécues par des jeunes, ainsi que leurs conséquences catastrophiques parfois, seraient ainsi évitées.

Ceci demande de savoir, de ressentir ce qui est bon ou

mauvais pour soi. Dans le chapitre 1, « écouter son corps », j'explique combien il est fondamental de commencer ce processus pour reconnaître ce que nous fait du bien ou ce qui nous détruit. Ce savoir n'est pas intellectuel mais corporel. Il s'agit d'une nouvelle épistémologie, d'une façon autre d'acquérir de la connaissance. L'écoute du corps est aussi une discipline qui devrait être enseignée dans les écoles. Bien des vies seraient ainsi épargnées.

Quand je suis face à une personne de mon entourage et que je me sens prêt à fixer des limites par rapport à une situation donnée, il est crucial de comprendre que je n'agis pas « *contre elle* » mais « *pour moi* ». Lorsqu'un tiers est impliqué, il est important d'être clair sur ce point, et il est inutile que cette personne, chère à notre cœur, se sente rejetée ou offensée. La bienveillance s'impose et les mots doivent être clairs dans le sens que nous mettons une barrière pour notre bien.

Lorsque nous endurons des situations de souffrance, de dévalorisation, de manque de respect, d'abus de confiance, c'est-à-dire des expériences où nous ne sommes pas respectés à la hauteur de ce que nous estimons mériter, ou que nous sentons que les limites posées préalablement ne sont pas honorées, nous devons signifier à l'autre notre désaccord. Ces actes de « pose de limites » demandent un grand courage et surtout une dose importante d'amour de soi. L'exercice N° 39 cité précédemment, « renforcer notre détermination », peut-être une excellente préparation pour réaliser celui qui sera détaillé ci-après.

Il est certain que fixer des limites à des situations non nourrissantes pour soi, demande au préalable de *savoir*, par une approche corporelle, ce qui n'est pas perçu comme valorisant ou nutritif pour notre être. L'étape consistant à ressentir à l'intérieur de soi ce que je veux ou ce que je ne veux plus vivre et expérimenter est le préambule indispensable pour nettoyer notre relationnel. D'autres exercices ont déjà été proposés dans ce sens. Il est fondamental, pour que le processus MIGERR opère les changements profonds nécessaires au dépassement de la maladie, qu'ils soient réalisés dans la séquence proposée.

Ce prochain exercice est détaillé dans une vidéo.

<u>Exercice N° 45 : (ré) apprendre à dire « NON »</u>

- Munissez-vous de votre Journal de guérison.
- Prenez place dans un endroit calme de la maison et arrangez-vous pour ne pas être dérangé pendant au moins 10 minutes.
- Suivez l'exercice N° 1, sur la respiration consciente debout, pour vous détendre et vous connecter à votre intérieur.
- Une fois que vous vous sentez détendu, posez les mains sur votre cœur et reliez –vous à l'amour qu'y se loge. Sentez l'amour que vous vous portez à vous-même, à vos êtres chers, à vos animaux, à la nature, et laissez cet amour vous emplir totalement.
- Maintenant sentez les situations que vous avez vécues et identifiez celles qui vous semblent ne pas respecter votre être, celles où vous sentez que les limites de ce que vous souhaitez vivre ont été dépassées. Par exemple, des situations où vous vous sentez manipulé, abusé, traité irrespectueusement.
- Divisez une feuille de votre Journal de guérison à la verticale, notez ces situations à gauche et les personnes impliquées à droite, par ordre de priorité. En premier la ou les situation/s que vous sentez insoutenables, ensuite les autres.
- L'objectif étant de les traiter les unes après les autres, de poser des actes hautement symboliques, c'est-à-dire de les rééditer puis les bannir de votre existence.
- Lorsque vous êtes prêt, prenez position debout, jambes écartées de la largeur du bassin, mains le long du corps, regard fixe face à vous. Le corps est détendu et tonique.
- Ensuite posez votre main gauche sur votre cœur et votre

main droite par-dessus la gauche. Sentez à nouveau la première situation qui vous semble intolérable, souvenez-vous des sensations que celle-ci provoque dans votre corps : de la colère ? De la honte ? De la rage ? De la haine ? De la tristesse ? Accueillez et acceptez ce qui vient sans le juger.

- Ensuite, attendez que la sensation qui émerge imprègne votre bras droit, et avec cette sensation projetez-le avec détermination vers le devant, à 90 ° du corps, avec la paume ouverte à la verticale, avec l'intention de stopper une situation, en émettant, avec force, netteté et courage un « NON ». Le geste est net, la gestalt est faite de la voix, le bras et la main.

- Refaites ce geste autant de fois que vous en ressentez le besoin pour une même situation. Ce « *non* » contient votre refus de continuer à vivre ce que vous ne souhaitez plus ! Permettez que l'émotion jaillisse de votre corps, elle renforcera les effets de ce puissant exercice.

- Finissez l'exercice quand vous sentez que vous avez assez exprimé de *non* et que votre limite sera aisément posée une prochaine fois face à votre entourage ou la personne impliquée.

- Terminez l'expérience avec la phrase : « Je m'aime et je m'accepte totalement et inconditionnellement ».

- Notez sur votre Journal de guérison ce que vous avez ressenti en lien avec la situation que vous cherchez à limiter et aussi en lien avec vous-mêmes.

- Regardez la vidéo de cet exercice avant de commencer la pratique.

Faites cet excellent exercice pour chacune des situations pour lesquelles vous ressentez le besoin de poser des limites.

4. Chapitre IV : Amour de soi-même et guérison

« Aime-toi toi-même et tu vaincras la maladie »
Elizabeth Rojas Ruiz

La conscience d'être vivant permet de prendre contact avec sa propre identité. *La conscience intensifiée de soi amplifie la perception des autres et du monde.* La conscience d'être vivant est l'acte premier de l'identité : le point vers lequel convergent l'expérience et la conscience.

L'identité d'un individu s'organise en fonction des deux pôles, à priori opposés, mais en réalité complémentaires. Notre organisme, au sens physiologique du terme, se nourrit d'activité et de repos. Ces deux axes constituent notre quotidien. L'activité relance une partie de notre système nerveux autonome, dit orthosympathique, le repos inhibe ce système en éveillant le sous-système dit parasympathique. Le premier est associé à l'adrénaline, le second à l'acétylcholine. Nous avons besoin d'observer un équilibre entre ces deux sous-systèmes générateurs d'hormones qui déclenchent d'autres systèmes hormonaux indispensables à l'organisme. Les personnes ont besoin d'activité et de repos afin d'avoir un équilibre neurochimique, celui-ci étant associé à un bon fonctionnement de l'unité organique. En médecine traditionnelle chinoise nous parlons du yin - féminin, et du yang -masculin.

Notre corps est un médium pour canaliser ces deux forces, le yin – terrestre, le yang – du ciel (voir exercice N ° 30). Nous avons autant besoin de l'une que de l'autre, la santé étant associée à une parfaite *balance* de ces deux forces. Dans l'univers tout existe parce que son opposé existe (jour-nuit, hiver-été, ciel-terre, haut-bas, nord-sud...). En nous c'est la même chose. Nous sommes prêts à l'activité après une bonne nuit de repos.

De plus, à travers le mouvement associé à l'activité,

nous continuons notre processus identitaire, étape nous mettant face à nos choix existentiels par l'éveil de la conscience qui s'ensuit après les expériences. Chaque fois que je réalise une activité, un mouvement ou un geste, une partie de moi s'exprime dans l'environnement, dans le monde, et la réponse de celui-ci, via les interactions et les relations interpersonnelles, viendra nourrir mon identité. Le, qui suis-je ? se révèle dans le miroir de l'autre.

La conscience de soi se forge donc dans cet échange perpétuel entre moi et autrui, moi et le monde. Ces échanges donnent lieu à des ressentis, des émotions et des sentiments, lesquels nourrissent notre conscience en modifiant ensuite les expériences futures. A chaque fois que je réalise une expérience de vie, j'en retire une connaissance de moi, des autres et du monde, et cette connaissance nourrit la conscience en renforçant le Soi.

C'est donc la connaissance, via l'expérience, qui nourrit le Soi et qui permet son évolution, cette dernière allant dans le sens d'une pyramide dont la base est l'estime de soi. Cet amour de soi forge notre confiance, celle-ci consolidant notre affirmation sur qui nous sommes dans le monde.

Cette échelle évolutive se fait progressivement. Les expériences nous sont essentielles pour y parvenir, ce chemin est celui de toute une vie. Les difficultés existentielles, comme les accidents ou les maladies peuvent mettre en péril cette évolution. Mais ce proverbe de Confucius nous montre que nous pouvons et devons développer le courage pour nous relever et continuer notre route à chaque fois : *"Notre plus grande gloire n'est point de tomber, mais de savoir nous relever chaque fois que nous tombons."*

4.1. LE POUVOIR DE LA VOLONTÉ

Les études scientifiques montrent que le pouvoir de la volonté est un outil de premier plan pour préserver ses objectifs dans un monde saturé de distractions et de tentations. Christophe André, médecin psychiatre à l'hôpital Sainte-Anne, à Paris, nous dit que, depuis les années 2000, de nombreuses recherches scientifiques ont exploré de nouveau le concept de volonté, notamment au travers des mécanismes d'autocontrôle. Le terme de volonté appartient au langage courant (ensemble de forces psychiques portant à l'action) et philosophique (pouvoir de se déterminer soi-même), là où l'autocontrôle désigne en psychologie la capacité à réguler ses propres comportements, et les facteurs environnementaux qui les influencent, en fonction de ses objectifs et de ses valeurs (66).

La volonté serait donc la capacité à s'engager dans un comportement qui ne va pas forcément nous apporter des bénéfices à court terme, mais nous en assurer à long terme : par exemple, en ne relâchant pas ses efforts à la première difficulté rencontrée.

Roy Baumeister, professeur de psychologie à l'Université de Floride résume sans détour : « Le meilleur moyen d'aller bien, c'est d'arrêter de faire n'importe quoi. » (67).

Cette dernière citation colle parfaitement au thème qui nous intéresse ici, à savoir, vaincre nos maladies. Je ne dis pas que nous faisons n'importe quoi pour ou ne pas nous guérir, mais que pour se rétablir, nous avons besoin de revoir l'ensemble de notre style de vie et aussi l'individu qui l'expérimente, nous. Cet examen nous demande une lucidité et une conscience de soi pour identifier tous les facteurs nécessitant d'être améliorés et d'autres littéralement transformés. Et cette analyse exige une dose de volonté et de transparence envers soi-même, afin de ne pas nous leurrer. S'auto-analyser dans le « *comment je vis et ce que je fais vraiment pour me guérir* » est l'apanage de l'individu avec une grande conscience nourrie d'une bonne dose d'amour de soi. Sans ce dernier, pas de guérison possible. Pourquoi ? Parce que la rémission demande des changements relativement considérables dans notre mode de vie et ceci exigeant une volonté et un courage prenant source dans l'amour de soi.

Nous avons exposé, dans le dernier chapitre, six des sept facettes retenues dans la méthode MIGERR. La septième sera abordée dans ce chapitre. Elle est certainement la plus ambitieuse, elle est aussi la clé maîtresse de notre guérison.

S'aimer est le travail de toute une vie. Je parle ici de s'aimer vraiment au point de pouvoir faire des changements dans mon quotidien susceptibles d'améliorer ostensiblement ma santé et ma vie. Si nous avons manqué d'amour dans notre plus tendre enfance, ce travail est encore plus ambitieux, mais pas impossible. La lucidité est donc de rigueur afin de considérer l'ampleur de cette mission, assurément une des plus merveilleuses de notre existence.

Si des traumatismes ayant brisé le « peu » ou « pas » de confiance développée s'ajoutent à ce manque d'amour subi durant notre enfance, faire (re)naître, renforcer et ancrer l'amour de soi est alors une étape indispensable à notre guérison.

On pourrait supposer que seul l'amour nous permet de guérir, car lui seul nous fait grandir et nous entraîne par-delà nous-même. Dépasser la maladie revient à nous surpasser.

4.2.   L'AMOUR DE SOI-MÊME EST LA BASE DU SOI

« L'Amour est une victoire infinie »
Osho

De nombreuses personnes passent leur vie à se blâmer, à se sentir coupables, à se mépriser. Dans différentes situations, nous sentons que nous ne sommes pas à la hauteur, pas assez capables, pas assez compétents, ni possédons suffisamment de talents. Dès qu'un projet ne réussit pas comme nous l'avions envisagé, nous nous traitons de nul ou nulle, bon ou bonne à rien, écervelé ou écervelée… nous n'avons pas le droit à l'erreur, nous n'avons pas appris que les échecs sont les maîtres de l'existence.

Nous sommes tous nés avec des forces et des faiblesses, des qualités et des défauts. Personne n'est parfait ! Cela vous semblera tout à fait inusité, mais ces derniers sont nécessaires, car ils sont complémentaires à nos qualités. Tant que vous chercherez à cacher vos défauts ou à les améliorer, vous oublierez de mettre en avant vos qualités.

Depuis toujours, on nous apprend à être gentils, bons et généreux envers les autres, à toujours faire passer leurs intérêts avant les nôtres, voire à être dévoué à autrui. La question suivante s'impose : comment puis-je aimer les autres si je ne m'aime pas assez moi-même ? Puis-je aller à la source de l'amour et nourrir les autres sans m'arrêter sur ma propre personne pour d'abord m'aimer moi-même et fort de cet amour l'essaimer autour de moi ?

Le dévouement a des limites. Les reconnaître, c'est aussi nous préserver de la maladie ou en guérir. Nous sommes tous égaux, ou presque, concernant les besoins de reconnaissance, acceptation et amour.

Etes-vous tenté de faire plaisir aux autres avant de vous faire plaisir à vous-même ? Passez-vous les besoins des autres avant les vôtres ? Qui vous a appris que l'amour se manifeste en donnant tout ce que nous sommes et ce que nous avons aux autres ? Alors, pourquoi devrait-on faire passer les autres en premier pour, finalement, s'oublier.

4.2.1. S'aimer pour aimer l'autre

Les réponses à ces questions ne sont pas simples, une clé de réflexion néanmoins s'impose. Comment pourrais-je aimer, faire plaisir, être dans la compassion ou l'empathie sans ressentir du plaisir, de la compassion, de l'empathie et de l'amour d'abord moi-même ? L'être humain ne peut donner ce qu'il n'a pas expérimenté lui-même, pour lui-même, c'est-à-dire ce qu'il a vécu et intégré en lui.

Notre éducation y est pour beaucoup, nulle part on ne

nous apprend à nous aimer. On nous dit d'aimer les autres, d'être gentils avec eux, de leur faire plaisir, avant d'observer tous ces trésors pour soi-même.

Quand l'amour de nos parents a été absent durant les premières années de vie, l'amour de soi est un chemin qui commence lorsque nous comprenons et que nous ressentons que nous avons une valeur intrinsèque, que nous méritons de l'attention, de la bienveillance, de la reconnaissance, de la gentillesse et de l'amour des autres, que nous sommes des êtres nés pour l'amour et que c'est ce dernier qui constitue le pilier de notre Soi. Pour cela, il est nécessaire parfois de faire un processus de réparation, d'élaborer les deuils de tout cet amour que nous n'avons pas reçu, de tous nos besoins qui n'ont pas été comblés, par négligence, ignorance ou toute autre raison de la part de nos parents, de panser nos blessures narcissiques. En d'autres termes, s'aimer soi-même En d'autres termes, s'aimer soi-même est une nécessité résultant d'un travail de rétablissement de sa propre valeur, et de faire valoir aux yeux et aux cœurs des autres ce besoin. Mais ce processus doit être fait par chaque individu, c'est bien l'aboutissement d'un travail personnel.

Une fois l'amour de soi réparé et rétabli en nous, on peut ensuite donner aux autres dans la mesure qui nous convient ou de ce qui nous est possible, encore une fois en pleine conscience.

Ceci peut être considéré comme une forme de narcissisme pathologique. Il n'en est rien. Sans une dose d'amour de soi, nous devenons de véritables paillassons pour les autres et pour nous-même. Notre valeur est méconnue, et cette dévalorisation entretient un cercle vicieux qui nous dit « Tu mérites bien tes souffrances » ou « Qui es-tu pour avoir une vie meilleure ? » ou encore « …Mais regarde-toi, regarde ta vie, que peux-tu attendre de mieux ? ».

L'auto-dévalorisation est apprise très tôt dans notre enfance. Ainsi les maltraitances physiques, psychiques et parfois sexuelles sont un ciment pesant et préjudiciable, permettant à celles-ci de s'entretenir sous forme de pensées et ressentis toxiques. La maladie que nous développons et qui se chronicise est en général un fruit du non-amour de soi en tant que résultante de l'absence d'amour de nos parents ou personnes qui nous ont élevés.

Nous sommes des êtres uniques et singuliers, et nos qualités, comme nos forces et nos faiblesses, font partie intégrante de notre personnalité. Cessons alors de mettre en avant tout ce qui ne va pas et tâchons de reconnaître nos qualités avant nos défauts. Lorsque nous les exposons, nous exprimons qui nous sommes dans notre plus pure expression et gommons ainsi nos aspects négatifs. Autrement dit, exprimer notre lumière fait reculer nos ombres. Il s'agit d'une étape fondamentale pour faire régresser nos maladies.

Je vous propose d'accepter vos défauts et vos faiblesses, en totale conscience, comme faisant partie intégrante de vous-même et de choisir de mettre en avant ce qui est positif en vous ! Votre rayonnement en sera augmenté et vous serez transformé !

Une partie importante de la méthode MIGERR consiste à (ré) apprendre l'amour de soi, ce dernier nous aidant à entamer ce processus de guérison des douleurs chroniques et des maladies en général. C'est la cristallisation de ce sentiment d'amour de soi qui nous servira de ligne de départ pour transmuter, progressivement, la douleur en plaisir et en joie de vivre. Il suffit que ma conscience assume « que je le mérite », « que je le vaux bien » pour que les expériences nourrissantes proposées dans ce livre prennent racine dans notre psyché et inondent notre corps du sentiment merveilleux de mériter l'amour de soi, et l'amour, véritable, des autres.

Dans un monde rempli de tentations et de distractions faciles (télévision, films à l'ordinateur, réseaux sociaux, jeux électroniques), il est facile de trouver des prétextes pour ne pas lire, ne pas pratiquer du sport ou ne pas atteindre mes objectifs, comme observer un processus intégral pour dépasser mes maladies. Nous définir un objectif et l'atteindre peut-être un vrai challenge pour certains. Et tant mieux, une excellente occasion pour nous mettre à l'épreuve et nous prouver à quel point nous nous aimons !

Même si nous sentons que nous n'avons pas reçu tout l'amour dont nous avions besoin durant notre enfance, à l'adolescence et lors de notre âge adulte, ce processus est réversible. Nous pouvons agir pour rétablir cet amour de nous-même. Finalement, la personne qui doit le plus s'aimer, se valoriser, se cajoler, se protéger, c'est soi-même. Nous sommes en capacité, dans n'importe quelle circonstance, d'être proche de nous-même, et, cette proximité et cette sensation de s'auto-valoriser, de se protéger et de s'aimer est non seulement un besoin, mais également un devoir.

L'exercice que je donnerai ci-après est à faire très régulièrement. Il se peut qu'au début nous ressentions une grande émotion, surtout liée au fait de réaliser combien nous nous sommes délaissés, éloignés de notre centre affectif, la façon dont nous avons anéanti la lumière de l'amour qui nous habite depuis toujours. Laissez couler cette émotion, elle est salutaire et aide à dissoudre les cuirasses dont nous nous sommes entourés pour nous protéger des carences affectives et parfois du vide de notre environnement. Dites-vous bien que chaque fois que vous pleurez, vous vous rapprochez un peu plus de votre essence divine, celle d'être un être d'amour qui a besoin d'amour pour vivre.

<u>Exercice N° 46 : je m'aime de plus en plus</u>

- Installez-vous dans un lieu confortable et calme, à l'abri des autres et du bruit.
- Prenez la position assise qui vous convient, sur une chaise, un canapé, au sol sur un coussin, là où vous êtes bien.
- Munissez-vous de votre Journal de guérison.
- Fermez les yeux et faites des respirations profondes pour vous détendre pendant 5 minutes.
- Ensuite enveloppez-vous de vos bras, en position de vous

protéger et de vous relier à vous-même.

- Ensuite ouvrez les yeux et commencez à prendre vos mains l'une dans l'autre et à les caresser, avec une grande tendresse. Remerciez-les pour tout ce qu'elles vous permettent de faire. Embrassez-les avec amour. Développez la capacité de vous émerveiller de tout ce qu'elles nous permettent de réaliser.

- Continuez à vous caresser la tête, le visage, le cœur, la tête, toujours avec un amour grandissant pour vous-mêmes. Ces parties nous permettent de faire tant de choses merveilleuses !

- Plus rien n'existe d'autre en ce moment que l'amour que vous vous portez.

- Continuez par vous donner du contenant, en caressant vos bras, vos épaules, votre cœur, votre ventre, en sentant un grand amour pour votre corps. Ce corps, la vie vous l'a donné pour faire l'expérience de la joie, de la santé, du plaisir, de la tendresse.

- Commencez à répéter cette phrase, avec lenteur et profondément connecté à vous-même et votre corps qui vous permet d'interagir dans le monde : « Je m'aime et je m'accepte totalement et inconditionnellement ». Répétez-la autant de fois que nécessaire.

- Si des émotions vous viennent, accueillez- les, laissez-les couler. Elles sont le signal que l'amour commence à vous habiter, que vous réalisez peut-être combien vous vous êtes délaissé.

- Notez dans votre Journal de guérison ce que vous avez ressenti.

Depuis des nombreuses années je propose cet exercice à mes stagiaires et j'ai pu constater que ses bienfaits sont immédiats et les prises de conscience surviennent assez rapidement, parfois même pendant de sa réalisation.

La phrase qui accompagne la plupart d'exercices de la

méthode MIGERR « Je m'aime et je m'accepte totalement et inconditionnellement » est à répéter durant 40 jours (temps nécessaire pour développer de nouveaux réseaux neuronaux), afin que notre conscience se nourrisse profondément et que de nouveaux circuits se modèlent dans votre cerveau.

4.2.2. Activité et repos participent à augmenter la conscience de soi

J'ai exposé en introduction à ce chapitre que le Soi, cette entité unifiée que nous sommes, se nourrit de notre conscience d'exister, laquelle se construit et émerge au travers un *continuum* pulsant qui va de l'activité au repos et *vice-versa*. Pendant les moments où nous sommes actifs, nos mouvements, nos gestes, nos paroles et tous les actes du quotidien nous informent sur la perception de notre corps dans l'espace et les interactions de celui-ci avec le monde. La phase de repos favorise également la conscience de soi, alimentée par les moments d'introspection, d'intériorisation et des émergences de l'inconscient – via nos rêves- durant le temps de sommeil. Ces deux pôles sont le substrat de notre identité. L'un n'existe pas sans l'autre.

Notre conscience acquière de la connaissance aussi bien que nous soyons en mouvement qu'au repos.

Dans notre culture, l'hyperactivité peut être favorisée car confondue avec le dynamisme. Cela est une grave erreur. Notre Soi a besoin de se mettre au repos, de l'intimité pour mieux se connaître, mieux s'apprivoiser et donc mieux se nourrir, cette dernière acception étant citée dans un sens large. Ces moments de calme, d'introspection, de méditation favorisent une connaissance de soi sans commune mesure avec l'activité.

Pour nous affirmer dans le monde, il est donc indispensable de bien se comprendre, de savoir quels sont nos besoins, nos désirs, nos rêves, nos aspirations les plus profondes. Identifier les valeurs qui guident notre chemin est aussi essentiel. Si ces dernières sont en lien avec le regain d'une autonomie de vie, d'une indépendance par rapport aux médecins, aux médicaments et aux injonctions invalidantes entendues sans cesse quand nous sommes touchés par la maladie, alors, nous pouvons retrouver une dignité d'être humain et devenir le créateur et créatrice de notre vie.

Si, par contre, nous sommes éloignés de la responsabilité des répercussions de nos émotions, agissements, mouvements, pensées, croyances et décisions sur nos difficultés existentielles et de santé, il est alors essentiel de faire l'expérience de notre valeur en tant qu'être humain.

La vie a une valeur intrinsèque. Tous les êtres vivants ont une valeur en soi. Vous en avez une inhérente à la vie qui vous habite et elle est infinie. Cette dimension peut se perdre dans le labyrinthe de la maladie. Les maltraitances physiques, psychiques ou sexuelles subies durant votre vie ont pu avoir raison de votre sentiment de valeur. Nous avons déjà parlé des pertes collatérales entraînant ces traumatismes et la manière dont celles-ci ont laissé des traces indélébiles dans notre corps, traces qui, sans une élaboration des deuils, se cristallisent sous forme de douleurs chroniques ou autres pathologies.

Quel que soit le traumatisme que nous ayons subi, notre valeur en tant qu'être vivant reste inchangée. Celle-ci, quiconque ne peut nous l'ôter. Il est un héritage par le prodigieux programme d'exister. Ne l'oubliez jamais !

Quand cette « valeur d'exister » habite dans chacune de nos cellules, ce sentiment nous accompagne où que nous allions. Un halo de protection nous préserve alors contre toutes sortes d'abus ou d'intention d'exploiter notre pureté.

Dans la mesure où la gestuelle du prochain exercice est très précise, une vidéo est proposée dans sur notre plateforme de vente des vidéos de la méthode MIGERR intégrale.

Exercice N° 47 : radicaliser ma valeur d'être

-   Prenez place debout dans un lieu où vous savez que vous ne serez pas dérangé pendant 10 minutes.

- Quand vous vous sentez bien ici et maintenant commencez à suivre les étapes décrites ci-après.
- Ecartez vos jambes de la largeur du bassin. Le corps est droit mais pas rigide. Les bras sont le long du corps, le regard face à-vous est fixé sur un point neutre.
- Sentez votre être présent à la vie, sentez votre reliance à tout ce qui vous entoure, puis à tout ce qui existe. Rappelez-vous de la merveille qui est votre corps.
- Inspirez profondément, inspirez la vie et la joie d'être. Reliez-vous à tous les êtres humains de la planète et sentez les liens invisibles qui vous y unissent. Vous êtes un membre de l'espèce humaine, unique, et jamais il n'y aura sur terre un autre être comme vous. Vous êtes une merveille de la nature, un prodige de perfection. Votre valeur est infinie.
- Quand vous vous sentirez empli de ces sentiments, levez le bras gauche lentement en pliant le coude, avec une présence totale à votre geste, et tout en levant ce bras, fermez le poing. Le poing vient se poser devant votre poitrine sans la toucher. Le même geste est à faire avec le bras droit, de sorte de le croiser sur le poing gauche. Puis remontez les bras croisez une vingtaine de centimètres pour ensuite les descendre dans le but « d'assoir » cette valeur en vous.
- Le regard reste fixe face à vous, avec une dignité accrue. Vous pouvez sentir la valeur immense de votre être dans chacune de vos cellules.
- Restez dans cette posture le temps nécessaire pour bien ancrer le sentiment immanent de votre valeur.
- Revenez à la position de départ, détendez-vous en respirant profondément.
- Notez sur votre Journal de guérison les sensations que vous avez ressenties.
- Regardez la vidéo proposée avant de faire cet exercice.

4.3. LA CONFIANCE EN SOI EST LE TREMPLIN POUR DÉPASSER LES MALADIES

L'amour de soi est la base de la pyramide identitaire et c'est bien lui qui nous fournira la confiance nécessaire pour entamer un travail de guérison. Passer de la maladie-béquille à la guérison-autonomie est un bouleversement pour chaque individu. Nous avons besoin de sentir que nous pouvons le faire, que nous possédons toutes les ressources et compétences, que de toute façon nous détenons, et que nous sommes en capacité de les mettre à contribution pour notre propre salut. L'amour ainsi nourri chaque jour vous donnera la confiance nécessaire pour vous dire « Oui, je peux le faire. », « Oui, j'ai les ressources et les compétences pour m'en sortir. », « Tout dépend de moi. ».

J'ai déjà expliqué que nous sommes pourvus de milliers de potentiels et comment ceux-ci fonctionnent. Ils sont autant de « réserves latentes » en nous et il suffit d'en faire l'expérience, c'est à dire de les éveiller, de ressentir ce que cette dernière génère en nous, pour qu'une nouvelle connexion, un nouveau câblage se fasse dans notre cerveau. Finalement, que vous le croyiez ou non, cela n'a aucune importance. Il suffit de l'expérimenter, en totale présence et conscience, pour que celle-ci s'enregistre comme un « acquis » dans notre cerveau.

Nous allons donc faire l'apprentissage de la confiance en soi, comme nous l'avons fait étant enfant. Vous rappelez-vous la première fois que vous avez fait un pas ? Votre élan pour marcher était bien plus fort que la peur de tomber, n'est-ce pas ? Ou, avez-vous le souvenir de votre envie d'apprendre à faire du vélo ? Rien ne pouvait vous arrêter, même une possible chute. Ou encore cette première fois que vous avez chaussée des patins à roulettes ?

La peur de l'échec de l'action ne fait pas partie du monde de l'enfant, à moins que des traumatismes importants aient eu lieu très tôt. Elle commence à faire partie du monde de l'adulte, mais il s'agit d'une peur « acquise », d'un diktat diffusé par la famille, la société, le monde de la maladie, des professionnels de la santé qui voient dans la fibromyalgie une situation irréversible. Il n'en est rien. La crainte contribue à affaiblir notre système immunitaire et paralyse notre pouvoir de décision et d'action. Elle étouffe notre capacité à voir toutes ces ressources sommeillant en nous, et elle est aujourd'hui le moteur qui fait tourner le monde. C'est plus simple de manipuler des personnes craintives que celles faisant confiance à la vie. Celles se faisant confiance sont libres de décider et sont plus autonomes. Leur sens critique les aide à voir plus clair sur ce qui est possible, à discerner ce qui est vraiment bon pour elles de ce qui les détruit et les anéantit.

Dans mon expérience de guérison de la fibromyalgie, la confiance a joué un rôle clé. À un moment donné, je me suis dit « J'en ai assez d'entendre les médecins me dire que je ne peux rien pour moi-même. », « Que mes douleurs seraient mes compagnes les plus fidèles et ce pour la vie. ». J'ai dit « Non ! ». Je m'affirmai « J'ai les capacités, j'ai les outils pour les transformer en plaisir. » Et « Je me fais confiance, mon intuition, cette boussole intérieure m'a dit : Vas-y, tu as tout en toi pour laisser les douleurs chroniques dans le passé, tu peux le faire ! » Et je l'ai fait.

Comment l'ai-je fait ? En partie avec le prochain exercice. Sa simplicité cache des ressources incroyables pour ancrer la confiance en soi, dans notre corps, jour après jour. Les différentes études et recherches orientées à comprendre la maladie de ces vingt dernières années dans les domaines des neurosciences, de la psychologie et de l'algologie, ont confirmé une grande partie du processus de guérison que j'ai entamé il y a déjà seize ans, mis en place par intuition, après avoir fait l'expérience de rendre conscients tous ces potentiels génétiques présents dans mes cellules.

Aujourd'hui, des études démontrent que nous avons la possibilité, via nos pensées, de nous créer une autre réalité. A partir de celle-ci, et donc de l'esprit, nous pouvons modifier nos comportements.

Quatre cents ans après Descartes, nous vivons souvent encore dans l'idée confuse que nous sommes dotés d'un corps et d'un esprit clairement séparés. Un corps biologique et un esprit immatériel, que certains pensent ce dernier immortel. Mais, dans le même temps, nous sommes entourés de découvertes prouvant quelque chose de très différent. Deux chercheurs français, Gaël Chételat, directrice de recherche à l'Inserm à Caen, et Antoine Lutz, chargé de recherches au Centre de recherche en neurosciences Inserm CNRS, à l'Université de Lyon 1, se sont associés à un important projet européen sur l'impact de la méditation sur le vieillissement cérébral. Leurs recherches montrent que nos pensées peuvent littéralement faire grossir certaines parties de nos cerveaux qui, normalement, rétréciraient avec l'âge (67).

Les résultats de l'étude montrent que chez les sujets pratiquant régulièrement la méditation un certain nombre d'aires cérébrales sont à la fois plus volumineuses et plus actives que chez les personnes, de même âge et de même niveau d'éducation, n'ayant pas pratiqué la méditation. Ces aires sont : l'insula, liée à la perception de la respiration et des battements cardiaques, le cortex préfrontal ventromédian, responsable de notre capacité à attribuer des émotions aux autres, et le cortex cingulaire antérieur, siège de la conscience intéroceptive (états internes du corps), de l'orientation et de l'attention. En outre, la jonction temporo-pariétale est plus volumineuse (sans être plus active) et le cortex cingulaire postérieur plus actif – sans être plus volumineux. Quant à l'hippocampe, structure cérébrale tout particulièrement altérée par la maladie d'Alzheimer, il est également préservé dans une zone appelée CA1, qui sous-tend la mémoire des lieux, de la position dans l'espace, et la capacité à orienter l'attention (67).

L'insula et le cortex cingulaire sont des régions du cerveau sensibles aux stimuli qui capturent notre attention ou qui permettent à cette dernière de revenir sur un sujet qui nous intéresse et sur lequel nous souhaitons nous concentrer.

Pour cette raison, ces zones du cerveau font partie de ce

que les neuroscientifiques appellent le réseau de saillance, qui repère ce qui, dans notre environnement, est digne d'attention. Et de nombreuses études ont permis d'observer que développer son réseau de saillance s'accompagne d'une meilleure conscience de sa respiration, de son cœur, d'une *perception plus régulée de la douleur*, et du contrôle des moments où nos pensées dérivent, comme lorsque nous rêvassons (67).

Outre le bénéfice pour notre santé mentale, ce constat nous apprend *que notre esprit change notre cerveau*. Les pensées que nous nous entraînons à produire lors d'exercices quotidiens de méditation modifient la structure de notre encéphale. Mais évidemment, ce dernier produit les pensées qui le guérissent. *Il s'autoguérit littéralement.*

Muscler notre esprit par une méditation quotidienne nous aide à bien vieillir, en évitant le déclin cognitif et la maladie en général, en maîtrisant les douleurs en particulier. Pour ce faire, il est essentiel de minimiser les facteurs négatifs : réduire le stress, l'anxiété et la dépression, réguler son attention et ses émotions.

4.3.1. Comment la méditation préserve-t-elle notre cerveau ?

La pratique de la méditation fait fonctionner le cerveau d'une manière particulière. L'équipe d'Herbert Benson de l'Université de Harvard a établi des liens fascinants entre les approches méditatives et la santé physique en se centrant sur l'expression des gènes. Ces chercheurs ont démontré que la pratique de la méditation activait les gènes impliqués dans les mécanismes protégeant l'organisme contre les effets du stress (68).

Un autre aspect crucial de la discipline méditative porte sur le contrôle de l'attention. Au cours de celle-ci, la personne passe une bonne partie de son temps à fixer son attention sur quelque chose de précis, par exemple sa propre respiration, et à noter les moments où cette attention en dévie. Cet exercice permet de progressivement prendre conscience des stimuli extérieurs éloignant l'attention de son objet initial (par exemple des sons), puis des stimuli intérieurs, comme des pensées fugaces, des émotions, des sensations corporelles... La méditation fait donc travailler l'attention et la prise de conscience de ce qui nous entoure mais aussi de ce qui se passe en nous.

Une véritable médecine corps-esprit peut se développer à partir de ce circuit rétro alimenté qui est « je pense, donc je guéris ». La méthode MIGERR met en avant ces formidables découvertes, dans le but de les mettre au service de notre guérison.

Le prochain exercice fut une aubaine pour moi. Chaque fois que j'avançais d'un pas vers le futur, je le faisais avec l'intention de me créer une vie sans douleurs chroniques. Avec une grande intuition, j'utilisais mes pensées et mon pouvoir d'attention sur le moment présent pour enraciner cette nouvelle réalité en moi, et ça a marché. Je faisais un exercice spécifique, celui détaillé à la suite, mais je le pratiquais aussi chaque fois que je marchais dans la rue, la nature, partout. Mon intention de vaincre la fibromyalgie était ferme, j'étais déterminée, ce sentiment emplissait tout mon être. Je le pensais aussi évidemment. Une fois de plus, la médecine corps-esprit a fonctionné. Les pensées positives irradiaient mon corps d'un espoir bienheureux, qui régénérait et fortifiait mon cerveau. Cette phase fut décisive pour ma guérison.

La marche a toujours augmenté ma conscience corporelle et elle m'a rendu la force de vaincre mes douleurs. Ma confiance atteignit un niveau tel qu'il me permit, non seulement de dépasser mes douleurs chroniques, mais de faire de ce chemin un parcours professionnel.

La marche est un acte que nous réalisons toute la journée. Un individu devrait marcher minimum 30 minutes par jour, ou 8000 à 12000 pas, selon l'âge. De la « qualité » et « présence » de notre marche dépend notre sentiment d'ancrage à la vie et de la confiance à avancer sur notre chemin. Beaucoup de personnes n'ont pas conscience de l'importance de la marche, en commençant par bien poser les pieds sur la terre. Ils cherchent parfois « l'ancrage » dans les livres ou des formules intellectuelles quand celle-ci est un acte physique qui se réalise avec l'entièreté de notre corps, la conscience incluse. C'est une démarche qui se vit, qui s'expérimente pas à pas, minute après minute. De notre présence à notre marche dépend le futur de notre vie !

Chaque fois qu'un individu entreprend une action, qu'il se met en mouvement avec une intention, un objectif ou un but et que ceux-ci l'habitent pleinement, c'est-à-dire dans son corps tout entier, le message qu'il dégage est celui de savoir où il va, de connaître sa destination, d'être certain de ce qu'il veut. Toute la conscience de soi est en mouvement. Sa démarche est remplie de lui-même, pas une once de doute ne peut le perturber, la confiance inonde toutes ses cellules.

Cet exercice m'a aidée - et m'aide toujours - à ancrer la confiance en moi à des niveaux que je n'aurais même pas soupçonnés. Il fut un véritable tremplin dans mon processus de guérison.

<u>Exercice N° 48 : méditation dynamique de la pleine présence</u>

- Prévoyez une demi-heur à 45 minutes, de préférence dans la nature, un parc, un parcours- santé.
- Portez des chaussures et des vêtements confortables.
- Adoptez une posture qui sollicite votre attention permanente et veillez à la garder tout le temps de la méditation dynamique.
- Le corps est droit, tête, thorax, pelvis et jambes alignés, ventre rentré.
- Commencez à marcher en posant bien les pieds par terre, en commençant par poser les talons d'une façon ferme, comme si vous vouliez vous ancrer sur la croute terrestre, puis déroulez le pied jusqu'aux orteils. A chaque pas levez les genoux d'au moins 20 centimètres, ce mouvement

simple accroît notre impulsion vitale et celle-ci augmente la confiance en soi.

- Portez une totale attention à vos gestes, à votre respiration et aux battements de votre cœur.
- Une fois la reliance à otre corps acquise, commencez à répéter ces phrases à chaque pas, comme un mantra : « Je surmonte ma maladie, je peux le faire »…durant tout le temps de la marche.
- J'ai exposé les bienfaits de la méditation en tant qu'activité régulière. Cette marche doit se faire tous les jours. En cas d'impossibilité de le faire à l'extérieur, exercez-vous lors des marches dans la maison ou dans votre immeuble.
- Finissez l'exercice et notez dans votre Journal de guérison ce que vous avez ressenti.

La méditation est une voie très utilisée aujourd'hui pour la prise en charge aussi bien de la douleur que dans différents types de pathologies. Il peut s'agir de douleurs osseuses, articulaires, musculaires, liées au mal de dos, viscérales. Le principe est toujours le même : il s'agit de changer l'expérience vécue de la douleur. La méditation vous apprend à entrer en relation avec la souffrance d'une façon différente car, il n'est pas question de faire en sorte que la douleur s'arrête, ni de l'occulter, ni même de s'en distraire, mais plutôt de se tourner vers la réalité de sa présence, afin de la vivre autrement. Le maître mot est « lucidité ». La méditation nous aide à vivre la douleur avec plus de lucidité.

4.4. L'AFFIRMATION DE SOI AU SERVICE DE NOTRE GUÉRISON

Oser s'affirmer s'apprend ! Notre société ne veut pas de sujets affirmés. Savoir ce que l'individu veut, ce qui est bon ou juste pour lui est « dangereux » pour les pouvoirs en place. Plus nous doutons de nos choix, de si telle ou telle situation est bonne ou mauvaise, juste ou injuste, et plus nous sommes manipulables à volonté. Les autres décident pour nous, ou plutôt, je délègue mon pouvoir en un tiers.

C'est exactement ce qui se passe quand nous tombons malades. Nous sommes bombardés d'informations, de diagnostiques catastrophistes, de statistiques terrifiantes, de suites et d'issues compliquées, parfois incertaines car inconnues (c'est bien le cas de la fibromyalgie, maladie dite « orpheline », c'est-à-dire qu'elle touche un faible pourcentage de la population et que en général elle ne fait pas l'objet d'un traitement). Nous sommes assaillis de doutes, la peur au ventre s'installe, le futur s'assombrit.

Trop c'est trop. Notre mental et notre corps sont pris en étau par les incertitudes. Nos pensées et nos réflexions s'embrouillent, et nous ne savons plus finalement quel chemin est bon pour nous. Notre confiance en nous disparaît et peut ne plus jamais revenir. Alors nous faisons confiance à autrui, nous abandonnons complètement le choix de notre traitement dans les mains des médecins ou du personnel soignant.

Tout cela, je le connais fort bien, je suis passée par là aussi. Je comprends combien il peut être difficile de faire le bon choix, combien les lourds traitements médicamenteux sont présentés comme l'alternative la plus fiable, la plus sure et la plus efficace. Et la plus riche en effets secondaires aussi ! Mais cette omission est de rigueur chez la plupart des médecins.

Pouvoir aborder la fibromyalgie et les douleurs chroniques sous tous les angles exige primo, que nous connaissions bien notre corps et que nous soyons à l'écoute de ses messages, et secundo, faire des recherches sur des alternatives de traitements possibles, sans effets secondaires.

Connaître les tenants et aboutissants de cette maladie, ou toute autre, demande de l'effort, du travail de recherche. Il est nécessaire d'assimiler comment fonctionne l'être humain, de savoir les réactions de notre organisme à telle ou telle molécule, les interactions des traitements entre eux. Cela demande un effort considérable à fournir si nous voulons un avis clair. De plus, il se peut aussi que nous entamions- en parallèle - un travail basé sur la recherche de nous-même et du langage corporel dans le but d'intégrer ses messages. Car, tôt ou tard, nous comprenons que le corps est l'expression visible de la conscience comme une maison est l'expression visible de l'idée que s'en est faite l'architecte. La formule *locus minoris resistentiae* désigne l'organe qui, sur le plan physique, a pris la place d'un problème qui n'a pas été résolu consciemment sur le plan psychique. Nous l'avons déjà évoqué. L'alternative de e traduire ce que notre corps a à nous dire est incontournable. Nous seuls pouvons la suivre et sommes à même d'accueillir les réponses.

Car, pour nous affirmer face aux médecins, nous devons « savoir ». Dire au médecin, « Docteur, pouvez-vous me conseiller des thérapies et/ ou des traitements avec moins d'effets secondaires s'il vous plaît, j'ai lu qu'il en existe » demande du courage, des connaissances des effets secondaires subis par notre corps, comme de la conscience de l'existence d'autres méthodes non invasives existantes. Consulter des médecins homéopathes ou naturopathes, avec une approche phytothérapeutique, ou toute autre alternative est aussi une voie nécessaire. On compte aujourd'hui d'innombrables molécules sous l'appellation *compléments alimentaires* destinées à soulager des symptômes. On a déjà mentionné l'harpagophytum contre les douleurs par exemple. Quoi qu'il en soit, nous affirmer devant notre médecin s'impose dans le but de lui signifier que nous nous prenons en main.

Je peux confesser aujourd'hui que cette connaissance de ce qui était bon pour ma guérison fut un travail de plusieurs années. Il est certain qu'il me fallut beaucoup étudier et lire, changer de fond en comble mon mode de vie, faire un travail d'écoute corporel grandissant, apprendre à transmuter la douleur en plaisir, intégrer le fait que mon cerveau avait des capacités inimaginées, que je possédais des ressources insoupçonnées, et faire le lien entre toutes ces composantes. Ces données ont été agrégées, incarnées dans mon corps et c'est cette *incarnation* qui a fortifiée la confiance dans les choix pour ma santé.

A ce moment-là, je compris la sacrée différence qu'il y avait entre le penser et l'agir. Tant que nous restons au niveau du mental, le changement est difficile, voire impossible. Mon expérience m'a amenée à incarner, à vivre, profonde et intensément, cette guérison. La méthode MIGERR est plus le résultat de la *conscientisation d'une expérience vécue et intégrée* que des notions et des concepts. Cette connaissance s'est traduite au fil des années par une plus grande affirmation de moi-même et c'est cela que je tiens à partager avec vous.

L'état de paix que génère la méditation quotidienne, ajouté à tous les exercices proposés dans la méthode MIGERR préparent pour l'exercice suivant, qui est une nouvelle proposition afin que chacun libère les souffrances à l'origine des douleurs chroniques.

Jacques Salomé a écrit une belle phrase qui introduit très bien la prochaine étape, il a dit : « J'ai fait un pas immense le jour où j'ai compris que j'étais seul à entretenir mes souffrances. ». Je sais qu'il est difficile d'admettre que nous sommes les artisans de nos souffrances et que nous les entretenons comme on arrose un jardin. L'admettre est un pas immense dans le processus pour les combattre. Car, si c'est bien moi qui les entretiens, c'est bien moi qui peux y mettre fin. *Vouloir c'est pouvoir.*

La douleur doit *quitter* notre corps, nous pouvons la dissoudre grâce, entre autres, au fait de confier notre mal-être à des personnes qui ont assisté, directe ou indirectement, au traumatisme qui l'a engendré. Cette double et redoutable épreuve peut néanmoins s'avérer extrêmement efficace pour exprimer l'émotion restée cristallisée durant le vécu traumatique.

Pour cela, il est nécessaire d'identifier au préalable les personnes avec qui nous souhaitons partager nos souffrances. Peut-être effectivement celle impliquée dans la situation traumatique que vous avez identifiée comme étant l'élément déclencheur de vos douleurs chroniques, peut-être d'autres personnes proches qui vous ont soutenu au cours de toute la période de la maladie et qui ont été témoins de vos souffrances émotionnelles restées sous silence. C'est à vous de décider, selon votre ressenti. Il est possible de le faire également par étapes, l'important étant de vous libérer de cette détresse qui se perpétue avec le temps et les non-dits.

Exercice N° 49 : partager les souffrances à l'origine de ma maladie

- Faites une ou plusieurs méditations de la pleine conscience afin d'identifier le ou les personnes avec qui vous souhaitez communiquer sur votre maladie.
- Reprenez votre Journal de guérison et notez sur une feuille le prénom de la personne (une à la fois) en lien avec les ressentis et/ou émotions identifiés pendant et à la suite de votre traumatisme, accident ou maladie, que vous avez repéré comme étant le facteur déclencheur de vos douleurs chroniques. Dans votre Journal de guérison vous l'avez consigné lors de l'exercice N° 21.
- Ecrivez ensuite ce que vous avez envie de lui dire.
- Prenez rendez-vous avec la personne avec qui vous souhaitez communiquer, en lui disant, par exemple, que vous aimeriez lui parler de vous et de ce qui vous afflige en lien avec vos douleurs chroniques.
- Le lieu doit être propice, un banc dans un parc, un salon de thé reposant et calme, chez vous dans le silence et une ambiance détendue. L'environnement doit faciliter la communication et l'écoute empathique.
- Adressez-vous à lui ou elle en lui disant que vous aimeriez partager vos émotions et ressentis émergés durant ce processus, car vous sentez que vous avez besoin de vous en libérer et de débarrasser ainsi votre corps de cette charge émotionnelle.
- Dites-lui que vous avez besoin d'échanger, et surtout que vous *avez besoin d'être entendu*.

- Communiquez aussi qu'il ne s'agit pas de faire un procès à l'autre, mais plutôt de vivre une libération pour vous, et qu'il/elle peut vous aider dans cette phase, et que vous attendez juste de l'écoute et de l'accueil. Cette partie est indispensable afin d'éviter un dialogue ou une discussion qui pourrait aggraver vos douleurs.

- Mettez-vous face à face, le dialogue les yeux dans les yeux est important pour ressentir de la reconnaissance de la part de l'autre.

- Soyez direct et bienveillant en même temps, rien n'est plus difficile que d'écouter une personne qui tourne autour du pot pour communiquer quelque chose d'important, cette attitude rend l'autre anxieux.

- Il s'agit de *parler de vous*, inutile de mentionner l'autre ou les autres.

- Commencez à lui parler de vos prises de conscience, en lui expliquant comment vous *vous êtes senti(e)* au moment où le traumatisme a eu lieu, le moment où vous avez reçu le diagnostic de votre maladie, ou autre, quelles ont été vos émotions, ressentis, sensations.

- Continuez à lui parler de tout ce que ce traumatisme a généré chez vous comme perte directe et aussi les pertes collatérales identifiées dans l'exercice N° 24.

- Très important : si vous êtes face à la personne impliquée dans votre traumatisme identifié comme déclencheur de vos douleurs chroniques, n'accusez pas la personne, ne la jugez pas, ne la déresponsabilisez pas non plus. Ne lui pardonnez pas non plus si vous n'êtes pas prêt·e.

- Racontez-lui comment vous vous êtes senti au moment de l'évènement et après, le but est de l'en informer afin qu'elle en prenne connaissance. Cette personne fera toute seule son chemin.

- Pour vous le but est de soulager votre corps des souffrances si longtemps accumulées.

- Une fois que vous aurez fini de lui parler, restez un moment en silence, puis remerciez-la du temps qu'elle vous a

consacré. Si le cœur vous en dit, serrez ses mains dans les vôtres, les yeux dans les yeux, ou serrez-la dans vos bras.
- Une fois la personne partie, finissez par la phrase habituelle « Je m'aime et je m'accepte totalement et inconditionnellement ».
- Ecrivez vos émotions et vos prises de conscience dans votre Journal de guérison.

Celui que je viens de décrire et de vous proposer est très fort et demande du courage, à la hauteur aussi des résultats attendus dans le soulagement de vos douleurs. Dans l'exercice N° 26, un autre exercice a été présenté pour « communiquer », via l'écriture, avec des personnes impliquées, directement ou indirectement, dans les traumatismes identifiés comme déclencheurs de votre maladie. Ce protocole de deuil est utile dans ce but de diluer les souffrances qui sous-tendent vos douleurs chroniques.

4.4.1. La puissante vivencia du rêve éveillé

Ce processus de guérison se poursuit avec un exercice qui est aussi très puissant car libérateur, certainement un des plus importants de la méthode MIGERR. C'est bien pour cette raison que je le propose vers la fin de cet ouvrage puisque, en quelque sorte, il commence à clôturer ce processus. Il est à faire plusieurs fois jusqu'à éliminer définitivement les douleurs de votre corps.

Cet exercice, une véritable vivencia, fait appel à tout ce que nous avons pu développer ensemble comme compétences : la présence à ce qui est, l'expérience en soi (la vivencia), l'écoute émouvante du corps, la réalisation des deuils des pertes subies, l'acceptation de la responsabilité sur ma santé, le courage et la détermination à vaincre la maladie, la communication des souffrances engendrées par le traumatisme, la reliance à des forces que nous possédons, la capacité à nous créer une nouvelle réalité. Le prochain exercice nous demande d'avoir intégré en soi tout ce dont je suis capable, de sentir que la guérison est là, à deux doigts de moi, que je peux utiliser des facultés insoupçonnées pour y parvenir.

Avant de mettre en pratique la prochaine proposition je vous conseille d'avoir franchi les étapes énumérées ci-dessus, et surtout, de faire en sorte que toutes les pertes collatérales aient été identifiées et exultées de votre être, que vous ayez pleuré tout ce que vous avez perdu, que vous soyez en paix avec votre bilan. Il est fondamental aussi d'avoir intégré que ce qui appartient au passé ne reviendra plus, vous l'avez accueilli et accepté avec amour. La colère, puis la tristesse ont laissé place à la paix.

Le rêve éveillé, comme le vagabondage mental, sont essentiels à la créativité et au ressourcement du cerveau. Lorsque nous errons mentalement, ce dernier se déconnecte de la réalité et se laisse porter au fil de ses propres images intérieures. Il détient un important centre de notre capacité d'imagerie interne, appelé cortex préfrontal dorsolatéral, situé dans la partie antérieure de notre encéphale. Ce centre fait partie d'un réseau nommé « réseau de mode par défaut » qui centralise la base de notre soi. Celui-ci ayant la propriété de s'activer lorsque nous sommes peu stimulés de l'extérieur et que nos propres schémas mentaux peuvent tourner en roue libre (69).

La rêverie et le vagabondage mental interviennent dans de nombreux actes mentaux, tels que la création, la résolution de problèmes personnels, la planification et l'apprentissage. L'exercice proposé plus loin fait appel à ce centre et à ses propriétés de rêver une autre réalité. En complément, les études neuroscientifiques récentes nous proposent une panoplie de techniques « nouvelles » pour diminuer ou maîtriser le ressenti de la douleur. Une de ces techniques est l'autohypnose. Ces études nous disent que cette dernière pratiquée de manière répétée, modifie parfois les circuits de la douleur et diminue ainsi la souffrance (70).

Le prochain exercice a été déterminant pour vaincre mes douleurs chroniques. Je l'ai appelé « rêve éveillé auto hypnotique pour transcender les douleurs chroniques », puisqu'il fait appel aux qualités d'un rêve éveillé et, en même temps, à notre capacité à nous auto hypnotiser et à agir ainsi sur notre corps et ses sensations à travers l'utilisation de la pensée magique. Toutefois, celui-ci n'a pas eu comme dessein de diminuer ou d'anesthésier les zones douloureuses de mon corps, mais plutôt d'utiliser les atouts de ces techniques pour restituer les douleurs à la nature, ici conçue comme une entité créatrice et réceptive.

C'est donc bien avec cet exercice que j'ai pu vaincre définitivement mes douleurs chroniques. Nous avons déjà exploré notre capacité à nous reconstruire une autre réalité par les pensées liées aux actes pleins de sens. Cet exercice, alliant la pensée magique via le rêve éveillé, l'autohypnose et ses pouvoirs d'agir sur nous, est une véritable guérison quantique. La créativité, en utilisant des forces de la nature comme la lumière et les vibrations, l'affirmation dans le sens que « Je peux faire quelque chose pour moi-même », et la détermination à agir basée sur une confiance en mes capacités, y participent aussi pleinement. J'insiste sur le fait que je suis arrivée à ce stade de mon processus et que j'ai pu réaliser ce rêve éveillé auto hypnotique une fois seulement après avoir franchi toutes les autres étapes. Une dose de croyance infinie en mes possibilités d'autoguérison s'était ancrée fortement en moi. J'ai senti que j'avais *le pouvoir de me guérir*, que j'étais en mesure de faire appel aux forces cosmiques, que je pouvais me créer une vie sans douleurs, que j'étais déterminée à vivre sans les béquilles de la douleur, que j'étais enfin prête. Mon état d'âme rayonnait de toutes ces convictions. Ce rêve éveillé auto hypnotique fut alors un voyage extrêmement salutaire, au point que je m'en sers encore aujourd'hui quand certains malaises se déclarent.

Cet exercice fait appel à la technique de Qi Kong Chemise de Fer, technique apprise au Pérou, Bolivie et Chili, transmise par des chamans, et il s'avère d'une efficacité redoutable. Je vous invite à le répéter jusqu'à la disparition totale de vos douleurs.

<u>Exercice N° 50 : rêve éveillé auto hypnotique pour transcender les douleurs chroniques</u>

- Envisagez d'être dans un lieu calme, sans interruption, pendant minimum 40 minutes. Coupez tous les téléphones.
- Choisissez un lieu chaleureux, douillet, confortable, comme un canapé ou votre lit, bien enveloppé si nécessaire.
- Faites une bonne dizaine de respirations conscientes couchées, comme proposé dans l'exercice N° 6.
- Prenez contact avec votre corps et identifiez les parties douloureuses ou celles qui le sont d'habitude.
- Reliez-vous à ces zones avec un amour si intense qu'une lumière les envahit. Commencez à leur dire adieu, en les remerciant pour tout ce qu'elles vous ont apporté et appris en connaissance de soi. Prenez votre temps.
- Ensuite, imaginez que sous votre lit vous ouvrez une tranchée dans la terre, sous votre maison, un peu plus grande que votre corps, en laissant la terre des deux côtés.
- Puis revenez à vos douleurs et, en utilisant la pensée magique, donnez- leur une couleur, une forme et une consistance, par exemple : couleur noire, en forme de coulée, consistance visqueuse.
- Vous allez superposer à vos douleurs ces caractéristiques (celles que vous leur avez données) et vous allez imaginer qu'elles quittent, qu'elles glissent de votre corps en les déposant directement au fond de la tranchée. Répétez cette vision pour chaque zone douloureuse jusqu'à vider votre corps. Il se peut que des pleurs émergent, accueillez-les avec amour.
- Si vous sentez que ce sont des émotions comme la

colère, la tristesse, la rage ou autre qui doivent quitter préalablement votre corps avant les douleurs, allez- y, faites-les sortir en premier, c'est essentiel !

- Une fois que vous avez vidé votre corps de ses douleurs et/ou émotions, remettez la terre pour recouvrir la tranchée, en demandant à la Mère Terre de les transformer en fleurs ou en tout autre élément de beauté.

- Revenez à votre corps et imaginez qu'une couleur vive, lumineuse et intense (utiliser la couleur blanche, dorée ou rose) commence à remplir les espaces laissés par vos douleurs. La lumière doit remplir chaque cellule, chaque parcelle vidée. Prenez tout le temps qu'il vous faut, il s'agit d'un moment sublime !

- Continuez à insérer des bulles pétillantes de la même couleur, ou d'une autre, dans tout votre corps pour l'alléger et le rendre joyeux.

- Fermez le protocole à votre aise, mais tranquillement. Si vous ressentez le besoin de dormir reposez-vous, si vous vous sentez en forme sortez marcher ou faire une activité plaisante.

- Décrivez par la suite sur votre Journal de guérison comment vous vous sentez.

Durant l'expérience que je viens de partager avec vous, mes douleurs chroniques ont reculé d'une façon importante et ce dès le premier exercice. La vivencia fut fulgurante. Afin toutefois de me rassurer, je réitérai cet exercice régulièrement pour vérifier que mes douleurs étaient définitivement parties. Je l'ai répété durant plus de 1 mois, tous les jours. J'avais énormément de souffrances à évacuer et vu l'efficacité de l'exercice, j'en profitai également pour restituer au monde toutes les souffrances vécues au cours de plus de 40 ans de vie.

Je fis cette expérience en mars 2004. Nous sommes en mars 2024 et je n'ai plus jamais ressenti de douleurs chroniques. Je suis définitivement guérie !

4.4.2. Bonheur, réalisation de soi et guérison

« Celui qui a une raison de vivre, peut endurer n'importe quelle épreuve ou presque »

Nietzche

Lorsque je souffrais de douleurs chroniques, je voyais la vie souvent en noir, tout me semblait difficile et me demandait beaucoup d'effort. Je naviguais parfois dans les ombres de l'existence. Je ne cessai pas pour autant de travailler, de créer, d'aimer, de me promener, de m'occuper avec amour et joie de ma fille unique. Cette attitude m'a certainement aidée par la suite.

J'apportais, malgré, tout ce que j'endurais à ce moment-là, de la joie et de l'entrain à ma vie. Certes, cela me demandait des efforts, mais je tenais à ne pas succomber. Une force me poussait à mettre des gris et des couleurs dans mes actes. J'avais la chance de pouvoir partir en week-end à la montagne, à la mer, de danser, de retrouver mes amis, de voyager parfois dans des contrées lointaines avec mon amoureux et ma fille, de faire un peu de sport. J'appris également à apprécier tout cela, à graver les instants de bonheur, éphémères, certes, mais vécus nonobstant avec intensité. C'est peut-être bien cette attitude qui a facilité le processus que j'allais mettre en place plus tard pour me guérir des douleurs chroniques et de mon ulcère, où bonheur et plaisir joueraient un rôle déterminant.

Le roi du Bhoutan, Jigme Singye Wangchuck, préconisa en 1972 un nouvel indice, le bonheur national brut (BNB). Son but étant de bâtir une économie au service de la culture du Bhoutan reposant sur des valeurs spirituelles bouddhistes. Entre autres objectifs, il sert à guider l'établissement de plans économiques et de développement pour le pays. Le BNB est une tentative de définition du niveau de vie en des termes plus psychologiques et holistiques que le produit national brut. Les marqueurs de bien-être ne sont pas les biens matériels et la richesse des habitants, mais ce qui les rend vraiment heureux.

Nous inspirer de cette philosophie peut changer considérablement notre existence. Nous focaliser sur ce que nous avons, et non pas sur ce qui nous manque. Investir notre temps à faire ce qui nous rend heureux et non pas à ce que nous devons faire. Vivre le moment présent pour cesser de ressasser le passé ou penser à l'incertitude du futur, ou encore apprécier les liens d'amour et d'amitié que nous partageons avec nos êtres chers. Autrement dit, thésauriser ce qui est là, dans l'ici et maintenant.

Cette façon de vivre allège le quotidien et le rend plus allègre. J'ai toujours été stupéfaite quand j'observe le bonheur des enfants des favelas de Rio ou l'insouciance des personnes en Inde, des populations dont le lendemain n'est pas toujours assuré. Est-ce là la clé du bonheur ? Vivre et jouir de ce que nous sommes et avons dans le moment présent sans nous soucier de l'après ?

4.4.3. Expérimenter la vivencia de ce qui *est* avec tout notre être serait une voie d'accès aux merveilles de ce monde ?

Le bonheur correspond *à la prise de conscience du bien-être et de ses manifestations*. Il nous invite à prendre conscience de notre vie, de notre entourage familial, amical et social, de notre environnement, de nos biens matériels, de notre temps libre, de notre accès aux loisirs, du temps que nous consacrons à faire du sport, peindre, chanter ou aller au cinéma. Les études scientifiques nous montrent que chaque individu peut atteindre le bonheur en le cultivant régulièrement, car celui-ci n'est pas un savoir, mais plutôt une pratique, voire un entraînement.

Le neuroscientifique Antonio Damasio, Université de Californie du Sud, considère le bonheur comme un sentiment. Autrement dit, il serait « l'expérience privée d'une émotion » et correspondrait à la prise de conscience de ses états internes agréables – corporels, mentaux ou les deux -, et obéirait à l'équation : bonheur = bien-être + conscience de ce bien-être (42). A ce propos Camus écrivait : « Ce n'est plus d'être heureux que je souhaite maintenant, mais seulement d'être conscient. »

Sans cette prise de conscience, nous passons à côté du bonheur (par exemple, vous êtes à la montagne avec des amis, vous marchez dans un paysage merveilleux, il fait beau et bon, l'ambiance est détendue, mais votre esprit est ailleurs, c'est-à-dire « préoccupé »). Se rendre disponible pour savourer ce qui nous arrive de bon et agréable est une porte d'accès efficace au bonheur.

Et cette conscience nous pouvons l'exercer dans notre vie jour après jour, au niveau de notre existence : réaliser que nous sommes entourés de nos êtres chers, que nos amis sont présents Et cette conscience, nous pouvons l'exercer dans notre vie jour après jour, au niveau de notre existence : réaliser que nous sommes entourés de nos êtres chers, que nos amis sont présents quand nous les appelons, que nous avons à manger à volonté, que l'eau chaude et froide coule de nos robinets, que nous avons un lit chaud et confortable, que l'accès aux soins est assuré, que nos enfants ont une éducation multidisciplinaire, que nous jouissons d'une ambiance relativement sécure, que les loisirs sont à notre portée et tant d'autres sources de bonheur. Nous sommes des privilégiés du monde, pour la plupart d'entre nous la vie est confortable, pléthorique, tranquille... Il est essentiel de *prendre conscience* de notre chance et de nous en réjouir à chaque instant.

Prendre conscience de ces états de bonheur, même s'ils

sont petits et éphémères, mais réaliser qu'ils sont souvent là, est porteur d'une vie meilleure. Des nombreuses études prouvent que *cultiver* ces petits moments si agréables et épanouissants à notre âme, les *déguster pleinement*, les *ancrer* en nous comme des trésors, est l'unique voie qui nous assure un bien-être durable. Finalement, c'est bien ça le bonheur ! Une succession de petits instants de joie, de plénitude, de félicité. Les grands épisodes de joie intense sont plus rares.

Durant mon processus, cela fut un apprentissage. J'avais une nette propension, à certains moments, à voir la vie plutôt en noir et blanc, me fixant plus sur le noir que le blanc. D'après les études scientifiques, cette fixation sur le négatif serait un héritage lié à la survie de l'espèce. J'avais vraiment de quoi observer une attitude de survivance, surtout lorsque je me remémorais mon enfance avec un père violent et abuseur sexuel, une fratrie nombreuse laissée aux soins des nounous dont l'attitude était parfois douteuse, une famille dysfonctionnelle avec l'absence régulière des parents, la solitude, le sentiment profond d'abandon et de laissée pour compte, les difficultés de ma mère à joindre les deux bouts à la fin du mois après son divorce et la pénurie permanente de nourriture. N'importe quel enfant issu d'une enfance pareille serait plutôt focalisé sur la survie, et c'est bien de cela qu'il en était question parfois.

Cela aussi a fait partie du processus de guérison depuis le début de mon travail personnel et humain, de laisser en arrière mes souffrances liées à une enfance malheureuse, d'où un sentiment de déréliction me submergeait parfois dans une profonde tristesse.

Mais au moment de faire mon processus de guérison, je n'avais plus vraiment besoin de m'inquiéter pour assurer mon alimentation, mon toit et ma sécurité ! Tout cela était bien présent et acquis. D'où venait alors ce penchant à fixer le noir, le vide, le manque ?

Être heureux et le rester demande notamment de faire un effort pour apprécier ce que l'on a, ce que l'on est.

Les recherches en psychologie démontrent que la prospérité, la santé et la beauté influent peu sur le bien-être. Ainsi, dans la mesure où les besoins fondamentaux sont satisfaits (manger, avoir un toit et vivre en sécurité), il ne semble pas exister d'auspices plus ou moins favorables au fait d'être heureux ou malheureux. Est-ce une affaire de génétique ?

S. Lyubomirsky, D. Schkade et K. Sheldon, du Département de psychologie de l'Université de Californie à Riverside, ont proposé une théorie qui décrit les principaux déterminants du bonheur. Les déterminants génétiques – imposant un niveau de base élevé, moyen ou faible – sont responsables de la moitié environ des différences interindividuelles au niveau du bonheur. Ce dernier dépend donc à moitié du niveau de base dont on a hérité.

En parallèle de ce déterminant prépondérant, un autre, moins important (dix pour cent environ des variations interindividuelles), est en lien avec les conditions de vie, c'est à dire au fait que l'on est riche ou pauvre, bien portant ou chétif, marié ou divorcé, etc. Nous pouvons en conclure que les conditions de vie n'ont pas toute l'importance que les croyances lui accordent.

Si 50 pour cent représentent les prédispositions génétiques et 10 pour cent sont reliés aux conditions de vie, à quoi correspond la marge de manœuvre de 40 pour cent ? A la possibilité que nous avons d'agir sur notre niveau de bonheur. Cela veut dire qu'une personne malheureuse a d'importantes ressources psychologiques pour être plus heureuse, sous réserve d'analyser les comportements et activités des individus plus heureux, leur façon de vivre et de penser.

4.4.4. Comment se sentir plus heureux ?

Selon des nombreuses recherches, les personnes plus heureuses consacrent beaucoup de temps à leur famille et à leurs amis et entretiennent ces relations régulièrement. Elles expriment souvent leur gratitude pour ce qu'elles ont, sont les premières à offrir leur aide à leurs collègues ou à des passants. Elles imaginent leur avenir avec optimisme, savourent les plaisirs de la vie et vivent intensément le moment présent. Elles pratiquent un sport régulièrement et ont des objectifs et des ambitions (71).

Il y a, nonobstant, un obstacle majeur à devenir heureux et le rester. Les recherches montrent que, même quand le niveau de bonheur a augmenté grâce au plaisir d'une victoire sur soi-même par exemple, ou que la douleur d'une défaite a été expérimentée, les émotions et sentiments ont tendance à s'estomper avec le temps. Ce phénomène - l'adaptation hédonique – indique que l'on s'habitue vite aux changements, si bien que le bonheur tend à revenir vite à son niveau initial.

Plusieurs équipes de chercheurs soulignent qu'il est important de s'adapter aux événements négatifs, c'est-à-dire de récupérer aussi vite que possible après un évènement grave. Mais cette faculté de récupération à un coût : l'adaptation hédonique aux événements positifs (71). Selon plusieurs autres études, cette dernière serait rapide et totale.

Peut-on contrecarrer l'adaptation hédonique dans l'idée de vivre un bonheur augmenté durablement ? La réponse est oui, les pistes sont nombreuses. Une des voies est celle de rompre la routine et d'apprécier les événements positifs. L'expression de ce que nous ressentons lors d'une nouvelle amitié ou d'un emploi qui nous réserve des surprises est aussi un chemin. Lorsque nous sommes en couple, la réalisation des activités différentes des époux et le partage des expériences est aussi un moyen pour amoindrir l'adaptation hédonique, par rapport à un couple gagné par la routine.

Une autre piste est celle de faire l'effort d'apprécier ce que nous avons ou acquérons, un nouveau poste de travail plus intéressant, une voiture plus grande et confortable, un nouveau cercle d'amis, un logement plus ample et mieux situé. Prendre conscience que rien n'est acquis pour toujours, c'est-à-dire que nous pourrions perdre tout cela, maintiendra mieux les émotions positives et la satisfaction que nous en retirons.

Un des aspects les plus importants dans la sensation d'être heureux est *d'être dans la gratitude* de ce que nous sommes et de ce que nous avons. Nous accepter tels que nous sommes, *des êtres en devenir*, est une des clés pour le bonheur et l'amour de soi. Valoriser aussi le fait que nous réalisons des efforts pour combattre la maladie et que nous sommes disposés à faire des pas et des processus pour nous en sortir, est le chemin vers un bonheur durable.

La phrase que je propose souvent en début ou en fin d'exercice « *Je m'aime et je m'accepte totalement et inconditionnellement* » a un effet puissant sur notre bien-être. La prononcer en soupesant la profondeur de chaque mot est une source d'émotion. Répétée souvent, surtout quand nous voulons nous blâmer ou nous autocritiquer, désamorce rapidement cette mauvaise habitude trop ancrée chez beaucoup de gens, bien malheureusement.

4.4.5. Les bienfaits de la gratitude

La gratitude, énoncée par des phrases dites à haute voix, est une belle voie pour prendre conscience et donner de la valeur à ce qui nous entoure. Elle nous permet de réaliser que nous vivons dans le confort et dans la richesse des liens. L'exprimer souvent à nos amis et à nos collègues pour les remercier de leur présence, de leur aide et de leur collaboration, contribuera à tisser avec votre entourage des liens plus forts et plus solides. Manifester de la gratitude aux êtres chers de notre famille, aide grandement à maintenir la solidité des liens filiaux.

Mais nous avons vu combien l'aptitude à être heureux demande un travail, notamment sur la marge de manœuvre de 40 pour cent sur laquelle nous pouvons agir. Cette dernière nous informe que toutes les personnes ont les capacités de modifier, par des propositions simples, comme celles que je viens de nommer, leur indice de bonheur. Cela n'a rien à voir avec notre état de santé, les études l'ont aussi démontré. Celle-ci ne joue un rôle pour l'expérience du bonheur qu'à hauteur de 10 pour cent. Puisque nous avons tous d'importantes ressources psychologiques pour être plus heureux, l'exercice suivant nous invite à changer notre vision de notre propre bonheur.

<h3 align="center"><u>Exercice N° 51 : prendre conscience
des bonheurs qui m'entourent</u></h3>

- Prenez environ 30 minutes dans un endroit paisible et à l'abri des bruits et dérangements. Coupez tous les moyens de communication.
- Munissez-vous de votre Journal de guérison.
- Faites 10 minutes de méditation de la pleine conscience, portez votre attention à votre corps.
- Ensuite revenez à votre vie : votre travail, vos êtres chers, vos amis, vos collègues, votre logement, votre nourriture, vos loisirs, vos vacances, vos animaux de compagnie. Passez en revue tout ce qui constitue votre existence et ce à quoi vous consacrez votre temps, votre énergie, votre créativité.
- Prenez conscience de tout l'amour et l'amitié dont vous jouissez, identifiez les personnes qui vous entourent, vous apprécient, vous aiment, notez leurs prénoms et les sentiments qu'elles vous inspirent.
- Ensuite listez vos possessions et biens (la liste est vraiment longue), les conforts qui constituent votre quotidien.
- Consignez ensuite dans votre Journal de guérison vos actes altruistes et solidaires, c'est-à-dire tout événement ou expérience personnelle dont vous pouvez vous réjouir ; tous les comportements serviables dont vous faites preuve pour vos êtres chers, amis, collègues et inconnus, personnellement ou de façon anonyme, spontanément ou en planifiant vos actions ; tous les services et aides qui

vous rendent votre famille, amis, collègues, voisins.
- Prochaine étape, lire tout ce que vous avez noté, en prendre pleine conscience et remercier, *de tout votre cœur*, la vie, Dieu, un dieu, l'univers, une entité de référence pour vous, à vous de choisir.
- Ensuite, je vous propose d'écrire dans votre Journal de guérison comment vous pouvez cultiver votre optimisme en imaginant votre avenir sous un jour plus radieux.
- Finissez l'exercice avec la phrase « Je m'aime et je m'accepte totalement et inconditionnellement ».

Dès que votre optimisme chute et que les craintes et les doutes apparaissent, je vous propose de relire votre Journal de guérison. Formuler à haute voix la gratitude pour tout ce que vous êtes et tout ce que vous avez, ancrera le sentiment d'une part que vous le méritez, d'autre part que la vie vous sourit et vous aime.

4.4.6. L'importance de réaliser ses rêves et l'accomplissement personnel comme moteur de guérison

Dans mon expérience de vie, élargie à toutes les personnes que j'accompagne dans le domaine professionnel, j'ai compris que le désir de réaliser ses rêves était un moteur puissant pour dépasser et surmonter les obstacles et vicissitudes de l'existence.

Tout être humain, vous et moi, ne peut se forger un chemin sans rêves, sans illusions, sans espoir. Le rêve contient la promesse d'un avenir meilleur, il nous donne la motivation et la force pour surmonter les difficultés de l'existence. Et vous le savez autant que moi, quand la souffrance envahit notre être, le rêve d'une vie sans douleur surgit avec une force capable de déplacer des montagnes. C'est ce que j'ai traversé dans ma vivencia, c'est cela ma proposition : incarner cette force et l'atteler à vos rêves afin qu'ils deviennent réalité.

Une vie sans douleur contient la promesse de la

réalisation de tous les possibles qui habitent en nous.

Il suffit pour cela de croire en nous, de placer la confiance en nos compétences, de nous lever chaque matin en nous disant que oui, mes rêves me donneront la force nécessaire pour surmonter les obstacles, qu'ils seront la lumière perçue la fin du tunnel, que mes rêves m'investiront du courage pour faire tout ce qui est à ma portée pour les réaliser et me sentir accompli.

Rêver d'une vie sans douleur dans le but d'accomplir le Soi contient déjà la promesse de la victoire. Songer, c'est permettre à la matière de s'imprégner de nos illusions. Agir, c'est ancrer dans la matière le devenir de l'être.

Quels étaient ces rêves qui ont soutenu ma lutte contre la fibromyalgie, telles des lumières dans l'obscurité de mon âme ? Quelle puissance contenaient mes illusions pour que la force et la persévérance aient accompagné mon chemin malgré les souffrances émotionnelles et physiques ? Je me suis posée cette question mille fois, et j'ai obtenu mille réponses. Le temps et l'écriture de ce livre me donnent d'autres raisons, des raisons connues et confirmées aujourd'hui dans mon cœur. Après tant d'années d'interrogations, les explications, inattendues, émergent au fur et à mesure que ces pages se remplissent de mon histoire.

Il fut un temps où je pensais que l'accomplissement de mon être ne pouvait advenir en premier lieu que par la réalisation des rêves matériels. J'avais tellement manqué d'amour, de contenant structurant et de tendresse durant mon enfance que mes relations amoureuses n'aboutissaient à rien de glorieux. Elles laissaient mon cœur, mon corps et mon mental insatisfait. Dans mes relations amoureuses l'amour, le vrai, celui qui se vit dans l'alchimie heureuse et épanouissante du fétiche et de l'amnios (dans ces acceptions psychologiques) était une quête permanente, sans que je parvienne à le vivre.

Face à ces désillusions amoureuses, j'ai préféré me consacrer à une vie de création professionnelle, d'exploration du monde et d'activité physique. Non pas que l'amour n'était pas au rendez-vous. Mais les relations étaient compliquées, inassouvies, laissant au passage des stèles de frustrations.

J'avais néanmoins l'amour de ma fille. Notre lien a toujours été pour moi une lanterne sur le chemin pour avancer. Elle est une femme aujourd'hui, maman d'un petit bébé doux, rieur et comblé, épanouie dans son couple, réalisée dans son travail, avec une vie équilibrée et riche. Elle est et sera toujours une source d'allégresse pour mon cœur. Je porte en elle une admiration pour son courage, son intelligence multiple, sa débrouillardise, son optimisme et son coté aventurier et explorateur du monde. Cet amour oui, il est là, indéfectible ! L'amour doux et innocent de mon petit-fils me comble d'une joie nouvelle, passer du temps avec lui est un des moments que je privilégie. Le surinvestissement dans mon domaine professionnel au Chili m'apportait un bonheur éphémère. Je veux dire par là que je me sentais comblée par moments mais par d'autres je ressentais qu'un grand vide s'ouvrait en moi. Un jour, je compris que l'exercice de la profession de spécialiste de la protection de l'environnement faisait partie d'un rêve de jeunesse. La découverte d'autres parties plus spirituelles, plus en lien avec l'essence même de l'être et de la vie me manquaient.

C'est alors qu'un songe s'est profilé dans ma tête, rêve qui allait aboutir à l'écriture de ce livre. A ce moment-là, je n'étais pas en mesure de corréler mes maladies au manque de rêves. Je savais juste que ma plus grande ambition touchait à sa fin. Il fallait m'en créer d'autres.

Au fur et à mesure que je clôturais mes projets au Chili, l'avenir professionnel que je désirais fut plus en lien avec l'être humain, son expansion, aussi bien vers son intériorité que vers les autres et le monde. Aujourd'hui je peux affirmer que ce rêve répondait aussi à mes besoins. J'allais allier ce qui m'avait manqué à ce que j'allais donner. Y a-t-il plus belle profession que de nourrir l'autre tout en se nourrissant soi-même ? Cette découverte, dès le début, m'a émerveillée.

Revenons au début de cette quête. Quitter mon monde

professionnel pour m'en créer un autre s'avéra être une belle et passionnante étape. Celle-ci commença en 1997 avec ma formation en Reiki, continua en 1998 avec ma formation et mon travail en tant que coach, de 1998 à 2001 mes expériences avec des chamans m'apportèrent des visions et des outils comme le Qi Kong Chemise de fer, un outil précieux. En 2001, ma formation s'est poursuivie avec la Biodanza, s'ensuivirent ensuite d'autres formations en France et ailleurs, toutes m'ayant apporté l'accès à ma corporalité, au monde spirituel, à l'ouverture de mon cœur, à la totalité de mon être.

Ces approches me nourrissaient des possibles dans toutes les dimensions de l'existence. J'allais aussi me former à bien d'autres disciplines, et l'ensemble de celles-ci me procurèrent et me donnent encore une possibilité précieuse pour avancer, évoluer et m'épanouir.

Mon rêve commençait à se matérialiser. La révélation de l'essence de l'être humain et la mise en lumière de tout ce qu'il peut advenir me touchent encore aujourd'hui. Je suis toujours profondément émue quand j'accompagne des personnes qui se cherchent… Et quand quelques mots ou quelques propositions bien concrètes de mouvements, de danses, de jeux ou de protocoles trouvent un écho dans leur âme, leur donnant ainsi la possibilité de diminuer leurs ombres et d'augmenter ainsi leur lumière, quelle merveille !

En 2021, s'est ajouté le bonheur inattendu d'être Mamie. Le bébé de ma fille remplit ma vie de joies inconnues, d'envies de l'accompagner dans le divertissement que procurent la découverte des jeux, de la peinture pour enfants, de s'imprégner les mains et le cœur de la pâte à modeler, des câlins et des rires, des jeux de cache-cache, des promenades revigorantes, des danses joyeuses…un monde merveilleux et nouveau s'ouvre à moi et me sens profondément heureuse de pouvoir le parcourir avec mon petit-fils !

Cet exercice est un des plus pertinents pour dépasser les douleurs chroniques, il nous parle de ce que nous désirons le plus voir advenir dans nos vies.

<u>Exercice N° 52 : je m'approprie le rêve de ma vie</u>

- Installez-vous dans un endroit confortable et assurez-vous de ne pas être dérangé. Disposez d'environ 30 minutes.
- Prenez votre Journal de guérison et gardez-le à coté de vous.
- Faites une méditation de pleine conscience pour revenir à vous et quitter temporairement le monde des pensées.
- Ensuite, allongez-vous pour initier un rêve éveillé libre. Sa durée peut être d'entre 15 et 20 minutes.
- La détente doit être profonde, aussi respirez, en inspirant et expirant profondément plusieurs fois.
- Détendez votre corps, vous pouvez commencer par relâcher vos orteils, un pied après l'autre, puis vos pieds, vos chevilles, vos mollets, vos genoux, vos cuisses, une partie du corps après l'autre, sans en oublier aucune. Au fur et à mesure vous sentirez votre corps devenir léger, vous pouvez aussi avoir la sensation de perdre vos limites corporelles, c'est un bon indice, laissez-vous aller.
- N'oubliez pas que vous devez être détendu mais éveillé.
- Une fois et état atteint, un flux d'images, d'émotions, de sentiments, spontanés, comme dans un rêve ou une association libre se présenteront à vous. Ces images et ces matériaux émanent du langage symbolique de l'inconscient.
- Laissez ce monde onirique vous envahir totalement, ils auront un sens précis pour vous à un moment donné.
- Il n'est pas nécessaire de prendre des notes pendant ce rêve éveillé. La force des images symboliques et archétypiques est assez puissante pour rester gravée dans votre mémoire.
- Laissez-vous saisir par les images, en permettant qu'elles vous enveloppent entièrement jusqu'à vous fondre avec. Elles sont la réalité rêvée du moment, promesse d'une

future matérialité.
- Clôturer le rêve éveillé par des profondes inspirations puis de la gratitude envers vous et le monde.
- Après le rêve il y a une phase d'interprétation.
- Ecrivez dans votre journal ce que vous avez ressenti, les images qui sont apparues, le lien entre les images qui ont émergé et les émotions ressenties pendant leur vision.

Faites des rêves éveillés autant de fois que l'occasion se présente. Parfois ils font intrusion dans des moments de détente, relâchement, relaxation profonde. Ils sont alors le signe qu'un monde nouveau s'ouvre à vos possibles, l'avenir s'en inspirera le plus souvent à votre instar.

Il a l'avantage de laisser parler l'inconscient. Dans le quotidien habituel de beaucoup de personnes, l'accès au monde pléthorique de l'inconscient est bloqué, nous restreignant la possibilité de nous nourrir de tout ce contenu de Soi. Celui-ci correspond à la partie sous l'eau des icebergs, c'est-à-dire plus de 90 pour cent de notre conscient. Quel gâchis !

La méthode MIGERR est une voie de guérison intégrale. Et cette dernière nécessite de rattraper le temps et nous accomplir en réalisant nos rêves. Dans le chapitre précédent, j'exposai l'importance de pratiquer des activités plaisantes comme un atout majeur pour éloigner les douleurs chroniques. Vivre en se focalisant sur le plaisir, exercer un métier qui nous mette en joie et faire des loisirs qui nous procurent du plaisir, est essentiel pour notre santé. Même lorsque nous dépassons les douleurs chroniques, la joie doit rester la *finalité* de notre vie. Sans ce sentiment, les douleurs risquent de refaire leur apparition.

Je me répète peut-être, mais identifier ce qui nous motiverait à dépasser les douleurs est une étape primordiale du processus de guérison. Sans cette expérience, il est difficile, voire impossible, d'envisager leur recul et leur disparition.

Piocher dans notre inconscient les éléments éveillant des bribes de nos rêves restés enfouis au fond de nous, parfois pendant des décennies, c'est amorcer les possibles qui deviendront par la suite des métiers à exercer, des activités ludiques à faire, des engagements associatifs qui auront un sens pour nous, et qui nous aideront à maintenir la ferme détermination de transformer, jour après jour, nos douleurs en plaisir. Vivre nos rêves est le plus beau chemin pour se sentir intensément vivant, ici et maintenant et pour l'éternité.

Celui-ci est mon souhait le plus cher pour chacun d'entre vous.

CONCLUSION

Ecrire ce livre fut pour moi une vraie délivrance, un véritable accouchement, un processus riche, une prise de conscience nouvelle. Avant de le commencer, je ne l'aurais jamais envisagé ainsi, d'autant plus qu'auparavant, j'avais rédigé d'autres textes sur le sujet, me permettant également de plonger dans mon histoire de vie. Ce livre, cependant, est allé chercher bien plus en profondeur. De nouveaux vécus se sont littéralement dévoilés à moi. Retracer et exposer la chronologie des faits, tel que cela a été fait ici, a contribué grandement à ce que d'autres souvenirs, parfois avec leurs lots de souffrance, enrichissent ces pages. Leur contenu s'en est trouvé enrichi, par plus de véracité et de profondeur dans les faits, plus d'émotion, de sensations et, par la suite, de prises de conscience avec l'émergence de nouveaux possibles.

Je fus moi-même étonnée par ces nouvelles découvertes, l'apparition d'autres souvenirs en lien étroit avec l'apparition de mes douleurs chroniques. J'ai pu saisir toute la justesse des mécanismes de refoulement des souffrances qui, j'en suis aujourd'hui certaine, nous coupent de nous-même, des autres et du monde. Ceci étant, ils nous empêchent dans une certaine mesure de sombrer. J'ai réalisé à quel point mes épreuves furent nombreuses, bouleversée par l'émergence violente de nouveaux souvenirs. Ces passages m'ont confirmé qu'il reste encore dans mon inconscient un nombre indéfini de souvenirs auxquels je n'ai pas encore accès. Je suis consciente que les souffrances ont laissé des traces dans mon être, et que leur oubli a protégé pendant un temps mon intégrité. J'accepte avec humilité que cela est destiné à me protéger. Je sais également qu'ils referont surface un jour. Je serai prête alors à les accueillir, suffisamment armée pour les affronter et les apprivoiser.

En racontant mon histoire et le processus suivi pour me guérir de mes maladies, je me suis sentie très proche de tous ces êtres qui souffrent sur la planète. En revisitant mon parcours, les traumatismes vécus et leurs conséquences sur ma santé, j'ai ressenti une grande compassion pour l'humanité tout entière. Je sais que la souffrance est inhérente à la condition humaine. Je sais aussi que toute ma vie, j'ai voulu que cela change. J'ai souhaité éveiller les consciences du fait que nous pouvons, chacun d'entre nous, jouer un rôle pour que cela advienne.

Nous avons la possibilité de changer notre façon de vivre la vie. Je suis persuadée que chaque individu de ce monde peut, par des gestes simples, améliorer son mode de vie, prendre soin de son être, avancer dans la prise en charge de sa santé. Cette vision implique d'être et de se sentir un citoyen du monde collaborant à son amélioration. Prendre les rênes de sa santé, c'est prendre également ceux de sa vie. C'est un fait majeur. « *Nous sommes libres, terriblement libres* » disait Rolando Toro Araneda. La façon dont nous utilisons cette liberté détermine, non seulement notre futur en tant qu'individus, mais aussi l'ensemble de l'humanité.

Chaque être humain a une immense responsabilité. Notre futur en tant qu'individus, en tant qu'organes de cet immense organisme qu'est l'humanité, dépend de nous, de la façon dont nous expérimentons l'existence, et cela passe par notre style de vie, tel que je l'ai exposé dans ces pages. Les points retenus comme faisant partie d'un bon style de vie regroupent les aspects essentiels de toute vie, de tous ceux qui doivent être considérés pour guérir de nos maladies. La réflexion fut longue pour arriver à identifier tout ce qui conditionne la guérison. Notre système de santé actuel, notamment la médecine conventionnelle, n'aborde malheureusement pas la guérison comme un processus intégral. A tort. Guérir est un parcours, le travail d'une vie. Nous y atteler sans précipitation, avec une pleine présence et une totale conscience est signe de *sagesse et de lucidité*.

C'est bien ces mots - sagesse et lucidité - qu'il convient d'utiliser pour transcrire le caractère presque hiérophanique du processus de guérison. Oui, cette dernière est une manifestation de la sacralité de la vie en chacun d'entre nous. Restituer la libre circulation de l'énergie vitale est un projet prodigieux auquel chacun doit consacrer son temps, son énergie, son courage et son amour. Le corps et la vie humaine ont un caractère sacré, quelles que soient les vicissitudes vécues.

Cette vision n'est malheureusement pas répandue, notre société et son éducation n'envisageant aucunement notre nature avec cette sacralité. Quel dommage ! Si chaque être humain abordait sa propre vie, et par extension celle des autres avec cette optique, que de souffrances et de violences seraient évitées. Mon souhait est que ces pages et la méthode MIGERR soient utiles pour entamer cette réflexion. Tout le monde sait que la souffrance est inhérente à l'humain que nous sommes. Depuis la nuit des temps, les civilisations en témoignent. Cependant, nous vivons dans une ère où l'information est plus accessible que jamais. Et qui dit information dit connaissance, puis réflexion et finalement prise de conscience. Lorsque tous les êtres humains auront fait ce parcours, les souffrances inutiles pourront être épargnées et les malaises qui se transforment en maladies diminués ostensiblement.

Notre défi sur terre ne devrait pas être de dépasser des maladies, surtout celles d'origine psychosomatique, souvent survenues par négligence ou ignorance, que cela soit au niveau personnel ou planétaire. Nous sommes sur la planète Terre pour expérimenter le *bonheur d'une vie épanouie*. Voilà notre mission première. Aujourd'hui plus que jamais, ce mot, bonheur, est à la une des préoccupations de toutes les sociétés. Est-ce notre ultime finalité que de venir au monde pour souffrir ? Je ne le pense pas une seconde. Il est certain, toutefois, que la souffrance est un chemin riche de connaissance de soi, des autres et du monde. Mais nous pouvons heureusement nous former pour remplacer la douleur par le bonheur. Notre monde est une construction, il est donc possible de créer d'autres réalités.

Et pour conclure cet ouvrage en toute beauté et cohérence, je souhaite clore ces pages avec un dernier exercice, à réaliser lorsque vous aurez fini de lire ce livre et que vous aurez mis en pratique la méthode MIGERR.

Avez-vous remarqué le geste que fait le sportif quand il gagne un match et célèbre sa victoire ? C'est exactement ce que je vous propose, de célébrer, d'affirmer votre victoire sur la maladie ! Nous le savons maintenant, notre cerveau a une capacité incroyable. Il ne fait pas la différence entre le réel et l'imaginaire. L'un et l'autre ont la capacité de générer les mêmes hormones, ces molécules qui nous font sentir la vie. Cet exercice fait appel à cette capacité de l'organe qui crée notre vie. Nous allons expérimenter le triomphe sur nos douleurs chroniques et nos maladies.

Exercice N° 53 : un dernier pour toute la vie, m'autocélébrer !

- Prenez place debout dans un lieu où vous savez que vous ne serez pas dérangé pendant au moins 10 minutes.
- Ecartez vos jambes d'un peu plus que la largeur du bassin, afin d'augmenter votre base d'ancrage. Sentez la force avec laquelle vos jambes vous portent, solides et fermes sur la terre. Si vous ressentez une quelconque faiblesse, fléchissez vos genoux et enracinez davantage vos jambes et votre corps. Faites-vous confiance, elles vous ont toujours porté là où vous vouliez aller.
- Mettez les mains sur votre cœur pour vous relier à votre centre affectif. Ressentez dans tout votre corps cet amour grandissant pour vous-même, laissez-le l'emplir, et combler votre être.
- Dès que vous sentirez une force nouvelle vous envahir, levez les bras écartés avec les poings bien fermés au-dessus de votre tête, celle-ci regarde le geste des bras. Si vous le pouvez et éprouvez l'envie, sautez, sautez tout en criant oui, oui, oui !

- Notez sur votre Journal de guérison les sensations ressenties.

Si ce livre et la méthode MIGERR qu'il propose vous donnent envie de vivre une existence pleine et tournée vers la recherche du plaisir, du bonheur et de l'amour, vous êtes victorieux. Car votre santé se nourrit plus de ces composantes que des souffrances dérivées des traumatismes et des violences. A quand ce monde nouveau ? Pouvons-nous, chacun d'entre nous, nous engager vers l'avènement d'une société différente où la quête de la lumière guiderait notre chemin ? Autrement dit, pouvons-nous consacrer nos vies à l'expérience de l'amour, de la paix et du bonheur afin d'enrayer l'apparition des maladies ?

Il s'agit là de mon souhait le plus cher.

J'invite chaque lectrice et lecteur à grossir cette file de personnes marchant ensemble vers la création d'un monde nouveau, où chacun serait le message, la créature et la création.

5. CALENDRIER REFERENTIEL

Ce calendrier référentiel concerne les 52 exercices de la méthode MIGERR repartis en 16 semaines. La durée du processus pour soulager durablement la fibromyalgie et les douleurs chroniques ne doit pas dépasser quatre mois, temps pour garder une bonne dynamique tout en privilégiant l'objectif de vivre sans douleurs. Si ce délai vous semble difficile, prenez quelques mois supplémentaires mains n'arrêtez pas la pratique quotidienne, le but étant d'intégrer des comportements plus positifs et donc bénéfiques afin de soulager durablement les symptômes.

Le temps de réalisation de chaque exercice est donné dans le calendrier. Si malgré le temps proposé vous sentez que des émotions doivent encore s'exprimer, continuez à faire le même exercice.

Vous pouvez modifier la durée des exercices en fonction de vos besoins et résultats. Le but étant de surmonter les douleurs chroniques, il est fondamental, pour assurer le succès total du programme, de faire l'ensemble des exercices proposés dans la méthode MIGERR.

De même, on ne doit pas sauter une étape de la méthode, le risque est de ne pas pouvoir intégrer la prochaine. La méthode MIGERR a été conçue comme une totalité, dont la progressivité est rigoureuse.

Il a été observé que notre état émotionnel peut être "instable" après un exercice remuant nos souvenirs comme ceux proposés ici. Aussi, la répétition des exercices est voulue et nous garantit l'équilibre émotionnel. La répétition des exercices est aussi destinée à l'intégration de l'attitude ou du comportement bénéfique à notre mode de vie. Si vous sentez que des émotions doivent encore sortir, continuez à faire le même exercice.

Si vous ressentez le besoin d'être guidé et/ou

accompagné dans la réalisation de la méthode MIGERR, n'hésitez pas à demander un rendez-vous pour un ou plusieurs séances de coaching. Ces dernières ont été conçues pour vous soutenir, encourager et motiver chaque semaine jusqu'à la rémission totale des douleurs chroniques ou fibromyalgie.

Programme Méthode MIGERR de 16 semaines																
	Mois 1				Mois 2				Mois 3				Mois 4			
Protocoles	1	2	3	4	5	6	7	8	9	10	11	12	13	14	15	16
Exercice N° 1 à 15																
Exercice N° 16																
Exercice N° 17																
Exercice N° 18																
Exercice N° 19																
Exercice N° 20																
Exercice N° 21																
Exercice N° 22																
Exercice N° 23																
Exercice N° 24																
Exercice N° 25																
Exercice N° 26																
Exercice N° 27																
Exercice N° 28																
Exercice N° 29																
Exercice N° 30																
Exercice N° 31																
Exercice N° 32																
Exercice N° 33																
Exercice N° 34																
Exercice N° 35																
Exercice N° 36																
Exercice N° 37																
Exercice N° 38																
Exercice N° 39																
Exercice N° 40																
Exercice N° 41																
Exercice N° 42																
Exercice N° 43																
Exercice N° 44																
Exercice N° 45																
Exercice N° 46																
Exercice N° 47																
Exercice N° 48																
Exercice N° 49																
Exercice N° 50																
Exercice N° 51																
Exercice N° 52																

<u>Bibliographie générale</u>

- **Abraham, Ralph, McKenna, Terence et Sheldrake, Rupert.** « Trialogues aux confins de l'Occident. Chaos, créativité et re-sacralisation du monde ». Editions, Collection Science en conscience, 1993.
- **Aïvanhov, Omraam Mikhaël.** « Comment la pensée se réalise dans la matière ». Prosveta Edition, 2000.
- **André, Christophe, François Lelord.** « L'estime de soi ». Editions Odile Jacob, 2007.
- **Bachelard, Gaston.** « La terre et les rêveries de la volonté ». Editeur José Corti, 1945.
- **Benezech, Jean-Pierre.** « La douleur chronique : une face cachée de la résilience ». Sauramps Médical, 2005.
- **Berthoz, Alain.** « Le sens du mouvement ». Editions Odile Jacob, 2013.
- **Bogdanov, Slavica.** « Le pouvoir de l'intention ». Editions Jouvence, 2014.
- **Braverman, Eric.** « Un cerveau à 100% ». Editions Thierry Souccar, 2007.
- **Bruchon-Schweitzer, Marilou.** « Personnalité et maladie ». Editions Dunod, 2001.
- **Capdeville, Valérie et Doucet, Caroline.** « Psychologie clinique et psychopathologie ». Osiris Kiadó, Budapest, 2001.
- **Capra, Fritjof.** « Le temps du changement ». Editions du Rocher, 1990.
- **Castaneda, Carlos.** «Las enseñanzas se Don Juan». Editions CreateSpace Independent Publishing Platform, 2014.
- **Cazals-Ferré, Pierre et Patricia Rossi.** « Eléments de

psychologie sociale ». Editions Armand Colin, 2000.
- **Chodron, Pêma.** « Il n'y a plus de temps à perdre ». Editions Le Courrier du Livre 2011.
- **Corneau, Guy.** « La guérison du cœur ». Editions J'ai lu, 2003.
- **Csikzentmihalyi, Mihaly.** « Mieux vivre». Editions Pocket Evolution, 1997.
- **Cyrulnik , Boris.** « Un merveilleux malheur ». Editions Odile Jacob. 2002
- **Cyrulnik, Boris.** « De chair et d'âme ». Editions Odile Jacob, 2006.
- **Cyrulnik, Boris**. « De la parole comme d'une molécule ». Editions Seuil, 1995.
- **Cyrulnik, Boris**. « La petite sirène de Copenhague ». Editions Nouvelles éditions de l'Aube, 2012.
- **Cyrulnik, Boris.** « Les nourritures affectives ». Editions Odile Jacob, 2000.
- **Cyrulnik, Boris.** « Les vilains petits canards ». Editions Odile Jacob, 2001.
- **Cyrulnik, Boris**. « Un merveilleux malheur ». Editions Odile Jacob, 2002.
- **Cyrulnik, Boris et Jorland, Gérard.** « Résilience connaissances de base ». Editions Odile Jacob, 2012.
- **Cyrulnik, Boris, Bustany, Pierre, Oughourlian, Jean Michel, André, Christophe, Janssen, - Thierry, Van Eersel, Patrick.** Votre cerveau n'a pas fini de vous étonner. s.l.: Editions Albin Michel, 2012.
- **Cyrulnik, Boris.** Mourir de dire. Editions Odile Jacob, 2012.
- **Damasio, Antonio.** « L'autre moi-même ». Editions Odile Jacob, 2010.
- **Damasio, Antonio.** « L'erreur de Descartes ». Editions Odile Jacob, 2010.
- **Darwin, Charles.** « L'expression des émotions chez l'homme et les animaux ». Editions Rivages, 2001.
- **Davies, Paul.** « Les forces de la nature ». Editions Flammarion, 1996.
- **Defourmantelle, Anna.** « Eloge du risque ». Editions Payot et

Rivages 2011.

- **Dethlefsen, Thorwald et Dahlke, Rüdiger.** « Un chemin vers la santé ». Editions Randin, 1997.

- **Dufour, Daniel.** « La blessure de l'abandon ». Editions de l'Homme, 2016.

- **Einstein, Albert.** « Comment je vois le monde ». Editions Flammarion, 2009.

- **Freud, Sigmund.** « Trois essais sur la théorie sexuelle ». Editions Gallimard,1989.

- **Garaudy, Roger.** «   Danser sa vie ». Editions Seuil, 1973.

- **Gardner, Howard.** « Les formes de l'intelligence ». Editions Odile Jacob, 2014.

- **Gesell, Arnold**. « L'embryologie du comportement ». Editions P.U.F, 1952.

- **Grinder, John et Bandler, Richard**. « Transe-formations - Programmation Neuro-Linguistique et techniques d'hypnose éricksonnienne ». InterEditions, 1998.

- **Gueguen, Catherine.** Pour une enfance heureuse. s.l. : Editions Robert Laffont, 2014.

- **Hanus, Michel.** « Les deuils de la vie. Deuils et séparations chez l'adulte et l'enfant ». Editions Maloine, 1994.

- **Hanus, Michel.** « La résilience à quel prix ? ». Editions Maloine. 2004

- **Harari, Yuval Noah.** « Sapiens, une brève histoire de l'humanité ». Editions Albin Michel, 2015.

- **Janssen, Thierry.** « La solution intérieure. Vers une nouvelle médecine du corps et de l'esprit ». Editions Fayard, 2006.

- **Janssen, Thierry.** « La maladie a-t-elle un sens ». Editions Pocket, 2008.

- **Janssen, Thierry.** « Le défi positif ». Editions Pocket 2011.

- **Janssen, Thierry.** « Le travail d'une vie ». Editions Robert Laffont, 2001.

- **Janssen, Thierry.** « Vivre en paix ». Editions Robert Laffont, 2003.

- **Jung, Carl Gustav.** « Essai d'exploration de l'inconscient ». Editions Gallimard, 1988.

- **Jung, Carl Gustav.** « Métamorphoses de l'âme et ses symboles ». Editions Le Livre de Poche, 1996.
- **Jung, Carl Gustav.** « Psychologie et alchimie ». Editions Buchet - Chastel, 1970.
- **Krishnamurti, Jiddu.** « L'éveil de l'intelligence ». Editions Stock, 1985.
- **Lenoir, Frédéric.** « Du bonheur, un voyage philosophique ». Editions Le livre de poche, 2013.
- **Lenoir, Frédéric.** « La puissance de la joie ». Editions Fayard, 2015.
- **Lifar, Serge.** « La danse ». Editions Paris Journal Musical Français, 1954.
- **Lorenz, Konrad.** « Evolution et modification du comportement ». Editions Payot, 1990.
- **Lorenz, Konrad.** « L'agression ». Editions Flammarion, 2010.
- **Morin, Edgar et Kern, Anne-Brigitte.** « Introduction à la pensée complexe ». Editions Seuil, 2005.
- **Neuharth, Dan.** « Ces peurs et ces désirs qui nous gâchent la vie ». Editions L'Homme, 2007.
- **Osho.** « La liberté ». Editons Poche Jouvence, 2012.
- **Osho.** Créativité. s.l. : Editions Almasta, 2006.
- **Pallardy, Pierre.** « Et si ça venait du ventre? ». Editions Pocket, 2005.
- **Peale, Norman Vincent.** « La puissance de la pensée positive ». Editions Marabout, 2013.
- **Perls, Frédéric et all.** « Gestalt thérapie ». Editions Stanké, 2001.
- **Prigogine, Ilya et Sterngers, Isabelle.** « L'ordre du chaos ». Editions Fayard, 1988.
- **Regard, Jacques.** « Les émotions ». Editions Eyrolles, 2012.
- **Reich, Wilhelm.** « La fonction de l'orgasme ». L'Arche éditeur, 1970.
- **Reich, Wilhelm.** « L'analyse caractérielle ». Editions Payot, 1971.
- **Saldmann, Frédéric.** « Le meilleur médicament c'est vous ! ». Editions Albin Michel, 2013.

- **Salomé, Jacques.** « Le courage d'être soi ». Editions Guide (Poche), 2001.
- **Salomé, Jacques**. « Jamais seuls ensemble ». Editions Pocket, 2009.
- Science et Vie N° 1058. Novembre 2005.
- **Servan-Schreiber, David.** « Guérir ». Editions Pocket 2005.
- **Shahar, Tel Ben**. Conversation avec mon coiffeur pour aimer la vie. s.l. : Editions Pocket, 2017.
- **Singer, Christiane.** « Derniers fragments d'un long voyage ». Editions Albin Michel, 2007.
- **Teilhard de Chardin, Pierre.** « Le phénomène humain ». Editions Points, 2007.
- **Thich Nhat Hanh..** « Le miracle de la pleine conscience ». Editions J'ai lu, 2008.
- **Tisseron, Serge.** « Vérités et mensonges de nos émotions ». Editions Albin Michel, 2005.
- **Tollé, Eckhart**. Le pouvoir du moment présent. s.l. : Ariane Editions, 2000.
- **Toro Araneda, Rolando.** «La inteligencia afectiva». Ediciones Cuarto Proprio, 2012.
- **Toro Araneda, Rolando.** «Biodanza». Le Vivier, 2005
- **Varela, Francisco.** « Quel savoir pour l'éthique ? ». Editions La Découverte, 2004.
- **Varela, Francisco**. « El fenómeno de la vida ». Editorial: JC Saez, 2010.
- **Varela, Francisco, Thompson, Evan et Rosch, Eleanor.** « L'inscription corporelle de l'esprit ». Editions Seuil, 1993.
- **Vincent, Jean-Didier.** « Biologie des passions ». Editions Odile Jacob, 1986.
- **Vincent, Jean-Didier.** « Voyage extraordinaire au centre du cerveau ».Editions Odile Jacob, 2007.
- **Von Bertalanffy, Ludwig.** « Théorie générale des systèmes ». Éditions Dunod, 2002.

<u>Bibliographie citée</u>*

1. **Janssen, Thierry**. *La solution intérieure.* s.l. : Fayard, 2006.

2. **Damasio, Antonio**. *L'autre moi-même.* s.l. : Odile Jacob, 2010.

3. **Gueguen, Catherine**. *Pour une enfance heureuse.* s.l. : Robert Laffont, 2014.

4. **Un inquiétant manque de sommeil.** *Cerveau et psycho N° 102.* septembre 2018, pp. 74-82.

5. **www.amelioretasanté.com**. [En ligne] décembre 2017. http://amelioretasante.com.

6. **Giannelli, Maria Teresa, Université de Rome, et Patrizia Giannino et Alessandro Mingarelli de l'APRI**. https:// www.biodanza-sud.org/copie-de-origine. *www.biodanza-sud.org.* [En ligne] 2010. [Citation : 13 janvier 2019.] traduit par Elizabeth Rojas Ruiz.

7. **Reich, Wilhelm**. *L'analyse caractérielle.* s.l. : Payot, 1971.

8. **Toro, Rolando**. Cursus unique de formation en Biodanza SRT. *Module L'affectivité.*

9. **(HAS), Haute Autorité de la Santé**. www.has-sante.fr. *www.has-sante.fr.* [En ligne] Juillet 2010. https://www.has-sante.fr.

10. **www.rheumatology.org**. *www.rheumatology.org.* [En ligne] https://www.rheumatology.org/I-Am-A/Rheumatologist/ Research/Clinician-Researchers/Fibromyalgia-Impact-Questionnaire-FIQ.

11. **www.cpa.ca/fr.** */www.cpa.ca/fr.* [En ligne] https:// www.cpa.ca/sitemap/.

12. **/www.sickkids.ca**. [En ligne] http://www.sickkids.ca.

13. **Benezech, Jean Pierre**. *La douleur chronique : une face cachée de la résilience.* s.l. : Sauramps Médical, 2005.

14. **Calvino, Bernard**. Pourqoui al douleur reste en mémoire. *Cerveau et Pyscho N° 85.* Février 2017, pp. 40-45.

15. **Lefaucheur, Jean Pascal**. Activer les neurones pour calmer la douleur. *Cerveau et Psycho.* Février 2017, p. 46.

16. **Zhuo, Frode Willoch - Min**. Pourqoui la douleur reste en mémoire. *Cerveau et Psycho.* Février 2017, pp. 40-45.

17. **Wolfe F, Ross K, Anderson J, Russell IJ, Hebert L**. « The

prevalence and characteristics of fibromyalgia in the general population ». *Arthritis Rheum. 1995.* 1995, pp. 19-28.

18. **Solidarités, Ministère de la Santé et des.** *Journal Officiel du Sénat.* 3 Mai 2007, p. 915.

19. **OMS, Oganisation Mondiale de la Santé** -. www.who.int. *www.who.int.* [En ligne] http://www.who.int/gho/fr/.

20. **Jasson, Marie Claire.** *Mieux diagnostiquer et connaitre la fibromyalgie par l'étude de la symptomatologie clinique.* 2001-2005.

21. 21ème congrès français de rhumatologie, les professeurs de Belgique **JF Asueta-Lorente et M Léon du CHU Ambroise Paré, Mons, Louvain, A Fohn** de la Faculté de Psychologie de L'Université Catholique de et -, D Tordeurs et C Reynaert des Cliniques Universitaires. www.rhumatologie.asso.fr. *www.rhumatologie.asso.fr.* [En ligne] 14-17 décembre 2008. http://www.rhumatologie.asso.fr/02-Congres/ congres-2008.asp?intSM=SM4&strLien=Lien56.

22. **H. Bloch, E. Dépret, A. Gallo, Ph. Garnier, M.-D. Gineste, plus.** *Dictionnaire Fondamental de la Psychologie .* s.l. : Larousse, 1997.

23. **psychiatrie, Association américaine de.** www.cairn.inf. *www.cairn.inf.* [En ligne] 2013. https://www.cairn.info/ resume.php?ID_ARTICLE=ERES_MINAR_2013_01_0283.

24. **Peter, Kaster.** *"Anxiety, depression, and anger in the borderland of chronic pain.* s.l. : Department of Anaesthesiology, Intensive Care, and Pain Medicine and Department of Psychiatry Helsinki University Hospital and Faculty of Medicine University of Helsinki - Finland, 2015.

25. **Duckro, P et col**l. *Handbook of pain syndromes.* s.l. : Ed. Andrew R. Block, Edwin F. Kremer, Ephrem Fernandez., 1999.

26. **Benezech, J.P.** www.em-consulte.com. *www.em-consulte.com.* [En ligne] http://www.em-consulte.com/ article/82104/figures/douleur-et-colere.

27. **www.visualisation-creative.com.** *http:// www.visualisation-creative.com.* [En ligne] Juillet 2018.

28. **Bohler, Sébastien.** Imaginer, c'est presque réel ! *Cerveau et*

Psycho. Février 2019, N° 107, p. 8.

29. —. Harcèlement: le cerveau impacté. *Cerveau et Pyscho.* Février 2019, N° 107, p. 11.

30. **Bioy, Antoine.** Quand trauma psychique et douleur ne font qu'un. *Cerveau et Psycho.* Février 2017, 85, pp. 52-54.

31. **Hanus, Michel.** *Les deuils dans la vie.* s.l. : Maloine, 1994.

32. **Benoît Maillard, Franck Rexand Galais, Frédéric Gillot, Marine Letellier, Julien Nizard.** www.sciencedirect.com. *www.sciencedirect.com.* [En ligne] 2016. https:// **www.sciencedirect.com**/science/article/pii/ S1624568715001869#!.

33. **Jacquemont, Guillaume.** Faut-il cacher ses soucis à ses enfants? *Cerveau et Psycho.* Février 2019, p. 14.

34. **Shahar, Tel Ben.** *Conversation avec mon coiffeur pour aimer la vie.* s.l. : Pocket, 2017.

35. **Souccar, Thierry.** *Le mythe de l'ostéoporose.* s.l. : Thierry Souccar Editions, 2015.

36. **Dahlke, Thorwald Dethlefesen et Rüdiger.** *Un chemin vers la santé.* s.l. : Editions Randin, 1997.

37. **Saldmann, Frédéric.** *Le meilleur médicament, c'est vous !* s.l. : Albin Michel, 2016.

38. **Föllmi, Danielle et Olivier.** *Offrandes, 365 pensées de maîtres bouddhistes.* Paris : La Martinière, 2003.

39. **Toro, Rolando.** *Biodanza.* s.l. : Le Vivier, 2006.

40. **www.inserm.fr.** *www.inserm.fr.* [En ligne] https:// www.inserm.fr/inserm-global-search?s=%C3%A9pig %C3%A9n%C3%A9tique.

41. **Ivana Schroder, Alice Pringent et Pascal Derkinderen.** La maladie de Parkinson est-elle une maladie du ventre? *Pour la Science N° 95.* Avril - Juin 2017, pp. 102-107.

42. **Bourré, Jean-Marie.** Mangez de la graisse, c'est bon pour notre cerveau ! *L'Essentiel de Cerveau et Pyscho.* Aout-octobre 2015.

43. **Kesse-Guyot, Emmanuelle.** https://presse.inserm.fr/ moins-de-cancers-chez-les-consommateurs-daliments- bio/32820/. *https://presse.inserm.fr/.* [En ligne] 2013.

[Citation : 15 Février 2019.]

44. **www.passeportsante.net.** *www.passeportsante.net.* [En ligne] https://www.passeportsante.net/fr/Solutions/DocumentsReference/Document.aspx?doc=indice_tac_nu.

45. **Boris Cyrulnik, Pierre Bustany, Jean Michel Oughourlian, Christophe André, Thierry Janssen, Patrick Van Eersel.** *Votre cerveau n'a pas fini de vous étonner.* s.l. : Albin Michel, 2012.

46. **Desmurget, Michel.** Télévision: alerte sur nos neurones. *Cerveau et Pyscho N° 74.* Février 2016, p. 12.

47. **Fonseca, David.** L'activité physique réduit l'anxiété. *Cerveau et psycho, N°86.* Mars 2017, pp. 54-56.

48. **Jabr, Ferris.** Le sport contre la dépression. *Cerveau et pyscho.* Mars 2017, p. 46.

49. **Strahler, Jana.** Renaître après l'épreuve. *Cerveau et Psycho.* Novembre 2018, 104, pp. 52-57.

50. **Thivissen, Patricia.** Quand l'esprit répare le corps. *Cerveau et Psycho.* Novembre 2018, 104, pp. 66-69.

51. **www.wikipedia.org.** *www.wikipedia.org.* [En ligne] https://fr.wikipedia.org/wiki/Plasticit%C3%A9_neuronale.

52. **Platel, Fabrice Chardon et Hervé.** Quand l'art répare le cerveau. *Cerveau et psycho N° 98.* avril 2018, pp. 18-25.

53. **Osho.** *Créativité.* s.l. : Almasta Editions, 2006.

54. **Giuliani, Jean-Christophe.** www.mouvementpourundeveloppementhumain.fr. *www.mouvementpourundeveloppementhumain.fr.* [En ligne] 2017. http://www.mouvementpourundeveloppementhumain.fr/nos-fondements-theoriques/satisfaire-nos-besoins-un-choix-de-societe/satisfaire-nos-besoins-en-travaillant-5-jours-le-choix-de-la-catastrophe/.

55. **Szalavitz, Maia.** La dopamine messagère du désir. *Cerveau et psycho N° 88.* Mai 2017, pp. 15 - 19.

56. **Fromm, Eric.** beaussier.mayans.free.fr. *beaussier.mayans.free.fr.* [En ligne] http://beaussier.mayans.free.fr/IMG/pdf/HF_cours_5.pdf.

57. **Vincent, Jean-Didier.** *Biologie des passions .* s.l. : Odile Jacob,

1986.

58. **/www.tns-sofres.com**. */www.tns-sofres.com.* [En ligne] 2010. https://www.tns-sofres.com/sites/default/files/2010.06.29-nuisances-sonores.pdf.

59. **www.osha.europa.eu**. *www.osha.europa.eu.* [En ligne] 2005. https://osha.europa.eu/fr/themes/psychosocial-risks-and-stress.

60. **Janssen, Thierry.** *Le travail d'une vie.* s.l. : Robert Laffont, 2001.

61. **André, Christophe.** Et si vouloir, c'était pouvoir? *Cerveau et Psycho N° 69.* Mai 2015, p. 14.

62. **Damier, Philippe.** Comment prendre les bonnes décisions? *Cerveau et psycho N° 101.* Juillet 2018, p. 42.

63. **Lutz, Gaël Chatelat et Antoine.** Un cerveau plus jeune en méditant. *Cerveu et psycho.* Décembre 2017, pp. 46-47.

64. **André, Christophe.** Un esprit sain dans un corps sain. *Cerveau et psycho.* Novembre 2015, p. 16.

65. **Axelrod V. et all**. Augmenter ses capacités de rêve éveillé. *Cerveau et Psycho N° 69.* Mai 2015, p. 8.

66. **Wood, Franck Henry et Chantal.** Apprendre à vivre avec la douleur. *Cerveau et psycho.* Février 2017, p. 58.

67. **André, Christophe**. Une science du bonheur. *L'essentiel du Cerveau et psycho.* mai 2013, pp. 4-6.

68. **Sifneos, P.E.** www.cairn.info. *www.cairn.info.* [En ligne] https://www.cairn.info/l-alexithymie--9782804185961-p-41.htm.

69. **O.Kernberg, H. Kohut, J. Bergeret**. psyfontevraud.free.fr. *psyfontevraud.free.fr.* [En ligne] http://psyfontevraud.free.fr/AARP/psyangevine/publications/etatslimites.htm.

70. **M. Zoppi, M. Maresca**. *Reumatismo.* Firenze : Dipartimento di Medicina Interna, Sezione di Reumatologia, Università degli Studi di Firenze, 2008.

71. **Jung, Carl Gustav.** *Psychologie et alchimie.* s.l. : Buchet - Chastel, 1970.

72. **La visualisation.** *www.visualisation-creative.com.* [En ligne] Juillet 2018. http://www.visualisation-creative.com/

origine_de_la_visualisation.php.

73. **Kreutz, Gunter**. Danser pour soigner son cerveau. *Cerveau et Pyscho.* Mars 2017, pp. 60-65.

74. **http://www.arcagy.org**/infocancer/amp/plan-du-site.html. *http://www.arcagy.org/infocancer/localisations/autres-types-de-cancers/cancer-thyroide/maladie/epidemiologie.html/.* [En ligne] [Citation : 22 Janvier 2019.]